昨日的世界

一个欧洲人的回忆

【奥】斯蒂芬·茨威格◎著

朱倩◎译

辽宁人民出版社

图书在版编目（CIP）数据

昨日的世界：一个欧洲人的回忆／（奥）斯蒂芬·茨威格著；朱倩译． -- 沈阳：辽宁人民出版社，2025.6． -- ISBN 978-7-205-11544-9

Ⅰ．K835.215.6

中国国家版本馆 CIP 数据核字第 2025DC0561 号

出版发行：辽宁人民出版社

　　　　　地址：沈阳市和平区十一纬路25号　邮编：110003

　　　　　电话：024-23284191（发行部）　024-23284304（办公室）

　　　　　http://www.lnpph.com.cn

印　　刷：三河市九洲财鑫印刷有限公司

幅面尺寸：145mm×210mm

印　　张：18.5

字　　数：400千字

出版时间：2025年6月第1版

印刷时间：2025年6月第1次印刷

责任编辑：刘芮先

封面设计：胡椒书衣

版式设计：宋春梅

责任校对：吴艳杰

书　　号：ISBN 978-7-205-11544-9

定　　价：98.00元

译者序

《昨日的世界》是茨威格最后一部作品。作品完成后，茨威格与夫人双双服毒自杀。

《昨日的世界》是茨威格的自传，更是一个时代欧洲人的集体回忆。茨威格经历了两次世界大战，在此期间，茨威格辗转于欧洲各地，与一些世界级诗人、作家、雕塑家、音乐家多有往来，深切感受到了战争对人心灵的压迫和侵蚀。那是一个"理性遭到最可怕的失败，野蛮在时代的编年史上取得最大胜利"的时代，茨威格作为见证人，身心不堪重负，在尽全力做完记录后，选择了自杀。

斯蒂芬·茨威格（1881—1942），奥地利犹太人，在小说、诗歌、散文、戏剧领域享有世界性声誉，《昨日的世界》是其代表作之一。德国作家、1929 年度诺贝尔文学奖得主托马斯·曼评价茨威格说："茨威格在全世界范围内赢得的声誉实至名归。他天赋极高，但在时代的重压下，意志力却崩溃了，真是令人无比悲痛。他最让我欣赏的一点，是拥有独特的天赋，能够凭借心理上和艺术上的技巧栩栩如生地重现历史上的某些时期和人物形象。"可以看出，这段评价在很大程度上是根据《昨日的世界》作出的。

　　《昨日的世界》副标题是"一个欧洲人的回忆"，但这本书并不局限于对事实的简单回忆和记录，而是以小说家的技巧来展现，并将情感、哲思融入其中，层次丰富，滋味浓厚又细腻。阅读本书，有必要静下心来仔细品味。

前　言

　　我从来都没把自己看得那么重要，重要到非得让别人知道我的人生经历不可。我之所以下定决心来写这本书，并以自己为主人公——或者更准确地说，以我自己为中心——是因为我们那代人的经历、灾难以及磨炼要远多于以往任何一代。我允许自己站在台前的唯一原因，就是做一部幻灯片的讲解员。幻灯片的画面由时代造就，我的作用只是为大家讲解那些画面。我要叙述的其实是我那个时代所有人的经历，而非我个人的经历。

　　我们那代人的命运之坎坷，几乎是以往任何时代的人都无法比拟的。我们中的每个人，即便是最幼小和最微不足道的那个，其心底里也曾有过被欧洲大陆上几乎无停息的、如火山喷发般的动荡不安所激发的震撼。而据我所知，我是我们那代人中最具以下有利条件的：我既是奥地利人，又是犹太人；既是一个作家，又是一个人道主义者与和平主义者；巧合的是，还生活在最动荡不安的地方。那里曾发生过三次重大动荡，以至于我的生活发生了翻天覆地的变化[1]，与过去的一切都断了联系。那三次戏剧般的动荡使我陷入空洞，陷入不知何去何从的处境——而我已对此习以为常。我并不怨恨，在我看来，当一个人颠沛流离的时候，他才能对自由有全新的感悟；当一个人与一切都断开联系的时候，他才能毫无顾虑。因此，我对自己这部作品的最低要求就是态度公平、毫无成见——这也是所有如实讲述某个时代的作品所必须遵循的一个大前提。

无论在哪个时代，像我这种人都是十分罕见的，因为我已不被任何的根所牵绊，甚至连那块为根输送养分的土地，我也与之断了联系。1881 年，我出生在一个强盛的帝国——哈布斯堡王朝[2]。时至今日，它的一切痕迹都已被抹除，消失于地图上。我是在维也纳长大成人的，当时它是一座拥有两千年历史的、多国的建都之地。在它降级为德国的一座省会城市[3]之前，我被迫离开了它——如同一个逃犯。我用母语写的书在那里被付之一炬，但那些书也被那个国家的无数读者当成挚友。离开那儿以后的我再也不属于任何一个国家了，无论走到哪儿，我都是别人眼中的外乡人，或者顶多是个客人。我曾把欧洲视为

---

[1]　这里所说的翻天覆地的变化,指的是茨威格本人先后三次搬家和流亡他国的经历。

[2]　由德意志的一个封建家族——哈布斯堡家族创建于1282年,其统治范围包括德意志民族神圣罗马帝国、西班牙王国、奥地利帝国、奥匈帝国及其他一些小国家。1918 年,奥匈帝国覆灭,哈布斯堡王朝也随之终结。

[3]　1938 年,奥地利被德国吞并,维也纳也因此由首都降级为省会。

故乡，可惜在第二次自相残杀的战争中，它选择了自我毁灭，落得个分崩离析的下场。自那以后，它便在我心中荡然无存了。在那个时代，理性惨败，野蛮大获成功。尽管不愿意，但我还是成了其间的一个见证者。在那个时代，人们的道德从无比高尚到坠入谷底，这样的变化前所未有。我之所以挑明这一点，是出于耻辱而非自豪。

从我长出胡子到胡子变成灰白色这短短五十年间，发生的剧变甚至远超于之前普通的十代人的时间。变化实在是太多了——这是我们那代人的共同心声。在我的过去和现在之间，春风得意和日渐破败之间，差距是如此之大，以致我有时产生这样一种错觉：我拥有的不只是一种人生，而是好几种截然不同的人生。每次在不经意间提及"我的人生"这个词时，我都忍不住问自己：我指的是哪一种人生呢？是一战前的，二战前的，还是现在的？很多时候，我都要面对类似的问题，比如在提及"我的家"这个词的时候，我也常常搞不清楚自己指的是巴斯 [1]，是萨尔斯堡 [2]，还是维也纳那个与父母同住的家。在提及"我们那个地方"时，我总是诚惶诚恐地暗暗告诫自己：虽然我视那个地方的人为同乡，可在他们眼中，我已不再是他们中的一员了——就像我不是美国人中的一员，或者英国人中

---

[1]　巴斯（Bath），英国城市，位于英格兰埃文郡。1939 年，茨威格离开伦敦，来到这里定居。

[2]　萨尔斯堡（Salzburg），奥地利萨尔茨州的首府。一战期间，茨威格离开维也纳，来到这里定居，一直住到 1934 年。

的一员那样。我和我的故乡之间已经不存在那种与生俱来的关系了。如今这个地方[1]，我也自始至终都没有真正地融入。在我的心里有三个世界，分别是我长大成人的世界、现在的这个世界以及处于二者之间的世界。这三者之间的区别越来越大，直到最后，处于一种截然不同、各自孤立的状态。

在与年轻的朋友们交谈时，我有时会提及一战前的一些事。每当这时候，他们就会问一些问题。在我看来，那些问题很突然，因为我认为那都是显而易见的客观事实。可我发现，同样的东西却被他们视为历史，视为难以想象的事情。尽管如此，一种潜在的本能还是使我认为他们有理由那么问，其原因在于，我们的今天、昨天、前天之间已经失去了沟通的桥梁。

如此之多的剧变压缩在一起，一股脑儿发生在短短一代人的生活当中——对此，就连现在的我也不禁感到诧异。毋庸置疑，那种生活中充斥着异常的艰辛和凶险。要是跟祖辈人相比的话，这一点就更加突出了。我父亲和我爷爷有过怎样的经历呢？他们一辈子都以一种单调的方式生活着，没显赫过，没落魄过，也没遭遇过什么动乱和惊险；他们的生活中有的只是些许担忧和很难感觉出来的循序渐进式的变化；他们的生活节奏一成不变，给人一种安定舒适、风平浪静的感觉；流淌着的时间将他们从摇篮送向坟墓。从出生直到死去，他们都在同一片土地、同一座城市，甚至基本在同一栋房子里生活着。他们通过报纸了解外界，而报纸上的那些事情从来都没敲响过他们的

---

[1]　指作者茨威格在创作这本书时的所在地,他起初在纽约,后来又搬到了巴西。

房门。他们那个时代可能也有过战争，但以现在的眼光来看，那不过是小打小闹而已，而且一般都发生在边境那种遥不可及的地方，所以他们听不到炮火轰鸣。再者说，那种战争往往顶多持续半年就彻底结束了，最终在史书上占据短短一页的篇幅。然后人们将其忘却，再次回到过去一成不变的生活中。

不同的是，我们这代人所过的并不是那种一成不变的生活。过去的已经再也不会回来了，我们也没有从中得到什么。在过去的历史上，各种剧变都是按一定规律或频率发生在某个国家或某一百年当中的，而我们这代人所吃的苦头已达到了极限。以往，像革命、动乱、战争、饥荒以及国家经济土崩瓦解这些剧变，每代人顶多经历其中一种——之所以这样说，是因为常有那种运气好的国家，或者运气好的那么几代人，连一次剧变都没经历过。而反观现已年届六十的我们这代人呢，有什么世面是我们没见过的？有什么苦是我们没吃过的？有什么事是我们没亲历过的？人们所能想象出来的所有苦难都被我们经受遍了，而且这种日子还没到头呢，因为我们还要硬着头皮继续活下去。

人类史上规模最大的两次战争，我本人不仅都亲身经历过，而且还先后支持了不同的阵营：一战时，我支持的是德国；而二战时，我支持的则是反德国的一方。一战前，我尽情享受着最大化的自由；而战争过后，我体验到的却是几百年间都未曾有人体验过的非自由。我曾饱受赞誉，也曾遭受无故排挤；我拥有过自由，也受到过束缚；我当过富人，也当过穷人。《启示录》中提到的那几匹马所寓意的革命、饥荒、通货膨胀、恐怖统治、瘟疫以及流亡，我统统都经历过。我见证了意大利的法西斯主义、德国的国家社会主义以及俄国的布尔什维克主义这些群众性思潮的诞生和扩张。在这些思想潮流中，德国的国家社会主义对欧洲文明之花的荼毒是最深的，它简直就像无法挽救的疫病一般。

当时的人类文明退步到了早就被遗忘的、匪夷所思的野性状态。那种野性以刻意反人性的东西为信仰。未经宣战就发动进攻这种事已经有几百年没发生过了，但在那种野性的召唤下，它再次发生了。与之一同出现的，还有集中营、动用重刑、肆意掠夺以及炮轰没有布防的城市等。上述的一切都是我亲眼所见，而我却只能当一个两手空空、无计可施的见证者。所有那些暴行是此前五十代人都未曾经历过的，希望后世的人们能不再准许它们发生。

然而，我也同样亲眼见证了一些与上述情况相矛盾的事实，那就是在道德上退步近一千年的同时，人类也在科技和智慧方面取得了意外成果。它在短时间内所取得的成果，超越过去几百万年的总和。这些成果使人类社会获得了长足发展：飞机的发明，意味着人类战胜了苍穹；语音全球同步传输的实现，意味着人类摆脱了空间距离的束缚；使原子发生裂变，意味着人类攻克了治疗某些恶疾的难题。像这样的事几乎天天都会发生：前一天还被认为是天方夜谭的事，到第二天就已经成为现实。总的来说，在我们这代人之前，人类既没有展现出魔鬼般凶狠残暴的面孔，也没有取得神创般惊人的成果。

对于那种令人惊讶、令人忐忑，又极其戏剧化的生活来说，我既是亲历者，又是见证者。在这里，我想再重申一次：我认为自己似乎有责任做一个见证者，因为我们那个时代所有的人都亲身经历了那些剧变，并被迫在过程中成了见证者。全球即时通信的实现，让我们无法回避，无法像过去的人那样，对那些剧变抱着事不关己的态度。我们此生都注定要与时代紧密相连，难以分割。远在欧洲的我们，能够足不出户，就在上海的住宅遭到轰炸且伤者还没被解救出来的时候得知消息；数千海里外的大海上若是发生了什么事，我们转眼间就会看到相关照片——使我们如同亲临现场。这种信息间的互通互涉是一刻也不停息的。在这种情形之下，无论是能让人藏身的安全之地，还是用金钱换取安稳这种事，统统都不存在了。无论什么时候，无论走到哪里，我们都逃不出命运之手的严密掌控——它把我们拖进它的游戏，不停地戏弄着。

由始至终，我们都只能被迫听命于国家的要求，去做愚蠢至极的政治上的牺牲品，去顺应极度光怪陆离的变化，把个人命运与集体命运拴在一起。在集体命运面前，个人的奋力反抗毫无意义。最终的结果就是，我们每个人都被裹挟了。作为完完整整地经历过这种时代的人，或者更准确地说，被这种时代强行推着走的人，我们连停下来喘口气的机会都没有。就个人经历而言，我们这个时代的人要远超于祖辈人，就连现在，我们都正处于新旧交替的变革之中。

对于现已年届六十的我们来说，1939 年 9 月的那天意味着时代已彻底完成了它对我们这代人的塑造和培养。从这个角度来说，把那一天作为这本个人回忆录的终结之日，不能说一点刻意的成分都没有。在我看来，若能以见证者的身份把那个支离破碎的时代的实际情况记录下来，并流传后世，即便内容极少，那也算得上是没有虚度此生了。

我非常清楚，这本回忆录创作于战争时期，那时我身居他乡，身边连一点有助于回忆过去的资料都没有。就创作环境而言，它是很糟糕的。但也正是这一点，使它得以展现出那个时代的鲜明特色。在我住的那个旅馆房间里，找不到一本自己以前写的书或记录，也找不到一封朋友的书信。此外，由于当时国家间的信件寄递线路被切断了，或者换个说法，查验规定所导致的通信不畅使我没办法向外界咨询。就像数百年前，轮船、火车、飞机、邮政以及电信业都还没诞生时那样，当时所有人的生活都处于一种完全与外界隔绝的状态。因此，这本回忆录里的各种记载全都源于我的个人记忆。时至今日，除了被我记下来的以外，其他东西都不见了——我已经失去它们了。好在我们这代人已经熟练地掌握了一种技巧，那就是绝不留恋那些已经失去了的东西。在文献资料和细枝末节方面，这本书的确有所不足，但这也刚好使它得以展现出别的优势。这样说是因为，我认为记忆并不是一种"纯粹出于偶然地记住一件事和忘记另一件事"的原理，而是一种"对大脑里的东西进行归纳整理和断然清除"的能力。在漫漫人生路上，一个人之所以会忘记一件事，是因为他潜在的本能早已作出了"要把这件事彻底忘记"的决定。不会被忘记的，是那些想为自己保留，同时也为他人保留的东西。从这个角度来说，真正在这里讲述和摘选各种回忆的，其实是你们，而不是我。尽管如此，你们还是能通过它对我临终前的人生之路有所了解。

斯蒂芬·茨威格

目录

一　太平盛世　　　　　　　　　　　　001

二　19 世纪的学校　　　　　　　　　043

三　性意识的觉醒　　　　　　　　　099

四　大学生涯　　　　　　　　　　　133

五　永远朝气蓬勃的城市——巴黎　　181

六　崎岖的发展之路　　　　　　　　231

七　前往欧洲以外的地方　　　　　　257

八　欧洲的辉煌与阴暗　　　　　　　279

九 1914 年，战争刚刚爆发的时刻 309

十 为团结而奋斗 341

十一 在欧洲的心脏 365

十二 重返祖国奥地利 401

十三 再次走向世界 433

十四 日落 461

十五 希特勒的崛起 497

十六 和平垂死挣扎 529

一

太平盛世

在一种宁静祥和的气氛下，

我们长大了，

猝不及防间，

我们被推进了一个花花世界，

直面从四面八方袭来的数不清的惊涛骇浪，

我们对身边的所有事物都饶有兴致，

它们有的令人喜爱，

有的令人生厌；

一种忐忑不安的情绪总是在我们的心中跌宕起伏，

我们在感受，

可我们感受到的东西却在世俗喧嚣的冲击下四散开来。

——歌德

　　如果要简单明了地概述一战前，也就是我长大成人的那个时代，那么我想，用"太平盛世"这个词是最恰如其分的了。在我们的奥地利君主国———一个拥有近千年历史的国家，仿佛任何事物都能够千秋万代地存在。为这种永续的存在提供最高保障的，是国家本身。

在这个国家，人民所拥有的权利是经国会书面认可的，关于人民要履行的各项义务也有详尽的规定。国会经自由选举而来，是为人民代言的国家机关。我们的通用货币是奥地利克朗，由于它是一种亮闪闪的、质地坚硬的金币，所以能为货币流通的稳定性提供保障。在这个国家，人人都清楚自己有多少家当，能赚多少钱；人人都清楚做什么是合法的，做什么是违法的。无论做什么，人们都有可参考的规章制度，限度清晰。对于颇有家资的人来说，每年能获利多少一算便知；对于政府和军队里的人来说，有关何时升职或何时退休的问题，准确答案就在日历上。对于过日子所必需的衣食住行、夏日旅行、人际交往等费用，每家每户不仅有相应的预算，而且还必定会额外存一小部分钱，以便应对疾病或各种变故。在有住宅的人看来，把房子留给后辈，就相当于留给了他们一个再安稳不过的家；无论是乡下的院子，还是城里的商铺，都是可以世代相传的产业；就连尚在摇篮中的婴儿都有积蓄，这笔小小的积蓄是家人们为他将来在生活中对抗风险所准备的储备金。

上述一切都深深仰赖于这个疆土广阔的国家，还有那位尊贵无比的老皇帝。要是老皇帝过世了，自然会有一位新皇帝登上皇位。然后，一切都照常进行，不会有任何变化。对此，这个国家的人们都心中有数，或者说都认为理所当然。诸如战争、革命、剧变这些事，都被认为是不可思议的。在那个理性的时代，几乎不会发生任何过度偏激或暴力的行为。

无数人都对这种宝藏般的太平盛世心驰神往。只有在这种太平盛世，生活的意义才能得以体现。期盼着分享这份宝藏的阶层越来越多——起初还只是一些颇有家资的人为生活在这种太平盛世感到庆幸，后来，越来越多的平民百姓也开始有这样的想法了。

正是在这样一个太平盛世，保险行业步入了辉煌：人们为保障住宅安全而购买火灾保险和防盗险；为保障田地收成而购买防冰雹险和其他防灾类的保险；为应对各种变故和疾病而购买人身保险；为保障老年生活而购买养老保险；为让女儿在出嫁时拥有一份丰厚的嫁妆，在她还是个婴儿时就把一份保险单放进她的摇篮里。发展到最后，工人阶级也开始为争取公平的薪资待遇而联合起来，为自己争得了相应的薪酬和医疗保险；用人们也为自己预存了养老金和丧葬费。毕竟，只有那些认为后半生再无顾虑的人，才能尽兴地活在当下、享受当下。

人们过着勤劳朴素的生活，却也笃信自己所买的那些保险能够防止不幸闯进他们的生活，这种自以为是的态度中隐含着重大的危险。19 世纪的人信奉自由派的理想主义，他们真心认为自己所选的平坦大道能够顺通无阻地通向最完美的世界。对于过去那些充斥着战争、饥荒以及动荡的时代，他们不屑一顾。在他们看来，那个时代的人类还没完全开化，没发展到完善的程度；而如今，彻底清除暴力和罪恶是指日可待的——再过几十年，这个目标就能实现了。

在当时，人们的动力源于这样一种坚定的观点：社会不断进步是一种无坚不摧的发展趋势。人们对这种观点的笃信甚至超越了《圣经》，而当时蓬勃发展的科技不断创造出来的新奇迹，又为这种观点提供了确凿的证明。

的确，在那个太平的世纪临近尾声时，世界上大部分地区都呈现出一派欣欣向荣的景象，而且这种发展势头越来越突出，速度越来越快，形式也越来越多样化：过去夜晚的街道上那晦暗不明的灯光，已被明亮的电灯所取代；无论是在城区，还是在郊外，街边的商铺里都散发着令人陶醉的夺目的光芒；即使两个人相距很远，他们也可以用电话互相联络；马车已经被速度快得多的汽车取代；伊卡洛斯一心向往的天空，人类已经可以在其中遨游；便捷的设施从有钱人家走入普通百姓家；人们不必再去水井或水渠汲水；生火做饭不再像过去那样麻烦；人们普遍开始注重卫生，过去那种"目之所及尽皆肮脏"的景象已一去不返；开始进行体育锻炼以后，人们变得越发美丽和强健；在街上的行人中，畸形、甲状腺肥大、四肢残缺的也变得越来越少。这一切的缔造者，是"科技进步"这个天使。在社会福利方面，进步也是接连不断：公民的个人权利逐年增多；法律制度越来越有温情，越来越人性化；连普遍贫穷这个万恶之源，看起来也不是个无解之题了；拥有选举权的阶层更多了，这也使更多的人能依靠法律为自身争取应得的权益；为了让无产阶级过上快乐安康的生活，许多社会学家和教授纷纷献计献策。

上述种种成果使 19 世纪的人们深感骄傲，因此，他们有这种"社会每过十年就会迈上一个新台阶"的想法也就不足为奇了。当时的人们就像不信世上有女巫和鬼魂一样，也不信欧洲的不同民族之间会开战，不相信会发生那种文明倒退回野性时代的事情。我父亲那辈人总是坚信：宽宏大量、和平相处的态度能起到制约作用，只要彼此友好往来，国与国之间、宗教与宗教之间的矛盾隔阂就能慢慢消除，世人就能共享那份珍贵的宝藏——过上安稳和平的日子。

在那个时代，人们痴迷于理想主义，对未来的态度是积极乐观的。他们认为，在科技飞速发展的同时，人类的道德水平也会随之飞速发展。对此，我们这代人觉得荒唐至极，因为在我们的字典里，"安稳和平"是一个很久以前就被删除了的词。身处 20 世纪的我们这代人并不相信人的道德是可以培养的，因为经历过太多突发的集体性野蛮残暴事件的我们已经麻木了。我们都认为以后还会发生更恶劣的事，并对此抱着拭目以待的态度。弗洛伊德说，我们的文化和文明都如同薄纸，它们的底线能被突如其来的、具有破坏性的潜意识轻易击穿。在这一点上，我们必须承认他说的是对的。

如今的世界，是一个毫无立足之地、毫无权利、毫无自由、毫无和平可言的世界。对此，我们这代人应该已经慢慢适应了。我们的前辈坚信，随着社会的飞速发展，人类会变得越来越有人性。可是，为了继续活下去，我们已经把他们的这种信仰抛弃了。我们经历过一场重大的浩劫——它摧毁了人类近一千年的发展成果，也使我们得到了沉痛的教训，所以我们认为，他们那种盲目乐观的态度已经过于陈旧。虽然这样说，但比较之下，我还是认为前辈们的理想主义更人性化、更有积极意义。我们整天都活在煽动人心的口号当中，而前辈们却不仅在心中有崇高而美好的理想，还能为理想而奋斗。正因如此，我才始终都没把埋在心底的那种理想彻底清除掉，尽管对于那种理想，我已经看透，且不抱任何希望了。如今，无论周围如何喧嚣，无论我和那些与我命运相似的人被如何羞辱，我都无法彻底抛弃自己年轻时的信念，那就是，终有一日我会摆脱逆境，重拾美好。我之所以会产生这种信念，是因为年少时期成长环境的熏陶——那个年代的气质已经深入我的骨髓，流淌在我的血液之中了。如今的我只感到失魂落魄、无计可施，如同一个盲人，在令人恐惧的绝境中四处找寻。尽管身处绝境，我仍然时不时地抬起头来，望向星空——这星空曾照亮了我的年少时光。与此同时，我也会想起父亲那辈人留下来的信念，那就是，早晚有一天，这个世界会走上不断进步的道路。从这个角度来看，眼前的退步只不过就像乐曲中暂时的停顿一样。这信念对我来说是一种宽慰。

直到今天，太平盛世被风云巨变彻底摧毁，我们才恍然大悟：原来，所谓的太平盛世不过是海市蜃楼而已。可是，我父母那辈人要怎么说呢？他们就在那海市蜃楼中生活，如同生活在石头砌成的房子里。他们生活得那样安逸，完全没遭遇过任何狂风暴雨。不可否认，他们也准备了对抗各种风浪的防御工具，这个工具就是金钱。他们努力使自己的金钱越积越多，朝着巨富的方向发展。在那个时代，他们的那种财富规模是抵御风浪最坚固的墙和窗户。

在我看来，我的父母是那种典型的"富裕的犹太中产阶级"。在维也纳的文化发展过程中，他们这个阶级的人曾作出过重大贡献。然而，后来却得到被斩草除根的回报。在维也纳，大概有一两万个家庭跟我父母一样，过着安稳闲适、不显山不露水的生活。因此，我在本书中所讲述的并不只是我父母这一家人的生活，而是那个凡事都有保障的世纪，还有我父母所属的那个阶级中所发生的事。

我父亲的家族来自一个犹太人聚居区——摩拉维亚[1]，那是个乡下地方，面积不大。生活在那里的犹太人没有一点受拘束的感觉，因为无论是与当地农民还是城镇居民，他们都能和谐共处。他们也不像东欧的犹太人，也就是加利西亚[2]犹太人那样总给人一种急性子的印象。他们身体健壮，走起路来就像穿行于田地中的当地农民那样稳稳当当、不慌不忙。从很早以前开始，他们便不再是正统教徒，而是"进步"的狂热信徒——在那个时代盛行的就是"进步"这种信仰。在政府践行自由主义的阶段，他们参与了选举，并让自己最爱戴的人当上了国会议员。

后来，他们离开家乡，搬到了一座文化层次很高的城市——维也纳。令人感到惊奇的是，他们迅速地习惯了那里的生活。他们自身的崛起与那个时代欣欣向荣的普遍趋势之间是有内在关联的。在此过程中，我们家族的发展极具代表性。

我爷爷过去是做手工纺织品生意的。19世纪后半叶，奥地利的工业逐渐步入繁荣。由于从英国引进的织布机和纺纱机效

---

[1] 摩拉维亚（Moravia），一个过去的地区名，现已不存在，位于捷克东部。

[2] 加利西亚（Galicia），过去的地区名，在如今的波兰西南部。

率更高，所以相比于传统的手工织布机，它们产出的纺织品在价格上要低廉得多。凭借自身在商业上天生的洞察力和全局观，犹太商人首先意识到，获得丰厚利润的唯一途径就是实行工业化生产，因此，奥地利有必要这么做。于是，他们开始建厂。建厂的投资非常少——草草搭盖起厂房，用水力来驱动各种机器。这样的工厂日后逐步发展成了波希米亚纺织工业中心，使奥地利和巴尔干半岛的工业都在其掌控之下。一开始，犹太商人们的经营模式还只是充当中间商，从成品的转卖中获利。在这方面，我爷爷就是比较具有代表性的人物。当生意被我父亲接手时，他已决意步入新时代了。在三十岁那年，我父亲创建了一家小型织布作坊，地点在波希米亚北部。在他谨小慎微的经营之下，原来的作坊在数年间逐步发展成了一家颇具规模的公司。

那个年代的经济相当繁荣，但在经营发展中面对各种诱惑时，我父亲一直保持着谨小慎微的态度。他的这种态度既与时代有关，也与自身的性格极为相符。从本质上来说，他就是一个节制且绝不纵容贪欲的人。在那个时代，首要的宗旨是"凡事先求稳"。我父亲始终将此牢记于心。此外，那个时代流行一种说法，叫"根基稳固"。我父亲很认同这一点，所以他认为无论是通过办银行贷款，还是通过抵押来扩充公司规模，都不如坐拥一家资金"根基稳固"的公司重要。他此生最引以为傲的一件事就是，他没有在任何一张借据或期票上留有自己的签名。不仅如此，在他最常办理业务的银行，也就是最值得信赖的罗斯柴尔德银行，他也一直是贷款给别人的一方。他不喜欢做那种以投机来获利的事，也不喜欢做冒险的事——即便只有一丁点风险也不行。终其一生，他都没有在不知内情的情况下做过一单生意。

无论是刚积攒起财富时，还是财富越积越多时，他都认为成功的奥秘不在于有胆有识，不在于抓住机遇，也不在于高瞻远瞩，而是在于他已经养成的一种习惯。在那个谨小慎微的时代，很多人都有跟他一样的习惯。这种习惯就是，对于赚来的钱，只花其中非常少的一部分，至于剩下的——这部分逐年累积的钱财数目非常庞大——则都用于继续投资。那个时代还有个"为日后着想"的流行说法。当看到有人把赚来的钱花掉一半，一点也不"为日后着想"时，绝大部分人都会认为这个人是个不值得信赖的败家子。我父亲对此也抱着同种态度。其实，把利润当本钱进行再投资的这种积富手段是很守旧的，尤其是对于一个身处经济繁荣时代的富人来说。因为在那个时代，国家还没意识到应该把那些超额收入的所得税提高百分之几。另外，还有一些投资是能获得丰厚利息的，比如购入国家债券或工业股票。不过，我父亲的那种赚钱方式虽然守旧，但也算是正确的选择，毕竟当时的环境跟后来不一样——后来发生了通货膨胀，勤劳朴素的人被盗窃，正当守法的公民被欺诈。在当时，获利最多的正是那种从不做投机生意、极具耐性的人。在我父亲五十岁时，即便放眼国际，他也已经算是一位大富翁了。他之所以能有这般成就，正是因为他在那个时代中做到了顺势而为，用那种守旧的方式去赚钱。

有了钱以后，我们家仍然过着异常简朴的生活——这与家中财富的激增形成了鲜明的对比，仅有的一些变化是：为了便于生活，我们陆续购置了一些小型的家用设备；我们搬离了原来的小房子，住进了一栋比较大的房子；在春天的午后，我们会租一辆马车出行。去外地旅行时，我们还是会跟以前一样，坐二等车厢。直到五十岁那年冬天，我父亲才"奢侈"了一回，和我母亲一起去尼斯度了一个月的假。在生活方面，我们家的一贯宗旨是：精打细算、量力而行，绝不在外人面前显露财富。直到已经坐拥百万资产时，我父亲都没抽过一支进口雪茄，就像弗朗茨·约瑟夫[1]皇帝只抽便宜的弗吉尼亚雪茄那样，他只抽一种本国产的、很常见的雪茄——特拉布科[2]牌雪茄。打牌时，他每次的押注都很小。从始至终，他都以这种简朴、舒服、低调的方式生活着。

跟别的生意场上的人相比，他显得更有涵养、更庄重得体，因为他不仅精通钢琴，而且字也写得俊秀，还会讲法语和英语。对于别人有意授予他的各种荣誉头衔或职务，他都毅然推辞了。其实，身为一位大企业家，他完全有资格接受，而且这在当时也很常见，可终其一生，他都没把那些东西视为理想，也没接受过其中的任何一个。从始至终，他都没有对别人提过什么要求，也没有对人说过类似"劳您费心"或"太感谢您了"的话。

---

[1]　弗朗茨·约瑟夫（Franz Joseph, 1830—1916），指弗朗茨·约瑟夫一世。

[2]　特拉布科（Trabuco），雪茄品牌之一，属于普通档次，价格也比较便宜。

在他看来，内心深处的自尊和骄傲，要远胜于表面的光鲜。

有种情况是必定会发生在每一个人身上的，那就是在人生中的某个阶段，我们的性格会变得像自己的父亲那样。比如现在的我，性格就与父亲越来越像了——只想一个人安安静静地生活，不喜欢在公众场合露面。其实，我的这种性格与我从事的职业之间是有冲突的，因为在一定程度上，作家得被迫向别人介绍自己，或者在公众场合露个面。但由于我跟父亲一样，在内心深处总有一种骄傲，所以从始至终，我都没接受过任何一种形式的荣誉头衔，没接受过任何一枚勋章，没当过任何一个学会的会长，没当过任何一所研究院的院士或理事，也没当过任何一个评审委员会的委员。就算是去参加豪华点的筵席，我都感到非常难受。替别人去求人帮忙这种事，我也开不了口，因为一想到要为达成某种目的而主动找别人说些什么，我的嘴巴就不听使唤了。

在这个世界上，要想一直都能自由地生活，就得要点手段，懂得躲避，正如歌德的那句名言："面对排挤时，能够使自己幸免于难的，唯有身上的勋章和头衔。"我和父亲那种因循守旧、自我节制的生活态度并不符合时代的潮流。对于这些，我心里都很清楚，但由于一直把父亲牢记于心，所以对于他那种深埋于心底的自尊和骄傲，我便不能弃之不顾。无论何时，我都以不显山露水为荣，而且在心底那份骄傲的敦促下，我也时刻都不让自己做争强好胜之事。如今，我对父亲充满了感激，他把一笔珍贵的财富留给了我，让我对自由有了发自内心的体会。在如今这个世界，恐怕只有这笔财富才是最靠得住的。

在家世方面，我母亲与我父亲之间有很大的区别。我母亲姓布雷特豪尔，出身于一个跨国大家族。由于她的出生地是安科纳——一座位于意大利南部的城市，所以在很小的时候，她就能把意大利语说得像德语一样流利。当她想和我外婆或我阿姨说些事情，又不方便让身边的女佣们知道时，她就会切换成意大利语。在很小的时候，我就经常吃意大利烩饭和洋蓟——在那个年代，洋蓟还是一种特别新奇的菜——以及其他一些在欧洲南部地区很流行的菜。正因为这一点，后来我每次到意大利时，刚一下车，回家的感觉就油然而生。

虽然我母亲会说意大利语，但她的家族却并不是意大利人。按我外公的想法，他们的家族应该朝着国际化发展。一开始，布雷特豪尔家族做的是银行业生意，并立志成为世代相传的大型银行家族——就像犹太人那样。当然，他们的生意规模远不如犹太人。他们的家族最初定居在瑞士边境的一座小城，名为霍恩埃姆斯。很久以前，家族里的人就各自搬走了，有的去了圣加伦，有的去了维也纳，有的去了巴黎。至于我外公，他去了意大利。我还有个舅舅，去了纽约。家族成员之间这种跨国性的联系使他们更体面、更有见识，也更有一种源自家族的光荣感。这个家族中已经没有人再做小商贩或中间商了，取而代之的是做银行家、经理、教授、律师、医生。他们每个人都会说多种外语，关于这个，我脑海中至今还有一个印象深刻的场景：在我那个定居巴黎的姨母家用餐时，席间的每个人都能从容地切换各种语言。

这个家族对自己的身份格外看重，如果家族中有女孩到了嫁龄，而她家又比较贫穷，那么家族成员就会纷纷出力，为女孩置办一份极其体面的嫁妆，目的是使女孩不至于屈身下嫁。虽然我父亲已经是一位非常受人推崇的大工业家，而且他与我母亲的婚姻生活也十分幸福，但直到现在，我母亲都不能接受他把两家的亲戚放在一起谈论或比较。姓布雷特豪尔的每一个人身上都有种顽固的傲气，这种傲气源自他们的上等家庭出身。多年以后，那个家族中一位特别喜欢我的成员对我说过这样一句话："你才算是有资格做布雷特豪尔家子孙的人。"尽管这是对我身份的肯定，但他当时的傲慢态度仿佛透出这样一种言外之意："能够成为这个家族的子孙，算你三生有幸。"

　　与一部分通过自力更生而使家族崛起的犹太人家族一样，我外公的家族也为自己踏入了"贵族"行列而感到骄傲。对于这种情况，幼年时期的我和哥哥有时觉得挺有意思，有时又很反感。很多时候，我和哥哥都能听到大人们在探讨"谁优雅，谁不够优雅"的问题。在与人结交前，他们会审视对方的家庭背景，看他有没有上等家庭的出身。更有甚者，连那人的亲属都不放过，要看看人家的身世和经济状况如何。无论是在家里，还是在社交场合，大人们的谈话间始终都流露着这样的等级观念。可是从根源上来说，现在的各个犹太家族最早都是从同一个地方出来的，他们之间的差距也就是最近半个世纪或一个世纪才逐渐拉开的，这有什么值得在意的呢？正因如此，那时的我和哥哥才都觉得那些大人既滑稽又虚伪。这种以"上等"家庭自居的思想在当时的小男孩眼里是彻头彻尾的矫揉造作，然而时隔多年以后，我才发现，它正好把犹太人的本性中最内核，也最令人费解的追求体现出来了。

如果你也跟大多数人一样，认为犹太人的最大特点是把积累更多的财富视为毕生所愿，那就大错特错了。积累更多的财富根本就不是犹太人的终极目标，它顶多只能算是为达成目标而需要用到的一种工具罢了。隐藏在犹太人心中最真实的渴望是增长智慧，从而实现文化层次上的提升。在整个犹太民族中，那些生活在欧洲东部地区的犹太人身上的优缺点是比较有代表性的。很早以前，那里的犹太人就认为，从身份层次上来说，致力于研究《圣经》的学者要远高于大富翁。由此可见，在犹太人心目中，单纯在钱财方面的追求根本不值一提，精神方面的追求才是顶级的。一个超级大富翁在挑女婿时不会选一个做生意的小伙子，而是会选一个文化人——即使他穷困潦倒。在犹太人当中，这种对于文化人的尊重是不分阶层的。比如靠背着一大包商品，顶着太阳或冒着风雨沿街卖货的小商贩，纵然再怎么穷，他也愿意付出最大的努力去赚钱，以期自己的儿子中至少有一个能成为大学生。如果家族中的一个成员当上了教授、学者或者音乐家，成了典型的文化人，那么所有的家族成员都会感到与有荣焉。这个成为文化人的家族成员仿佛仅凭一己之力，便把整个家族的层次都抬高了。

在潜意识中，每个犹太人都尽力避免自己成为那种无德、吝啬、令人生厌、毫无文化、眼里都是生意的人。每个犹太人都立志踏入文化阶层——一个更纯粹的、视钱财如粪土的阶层。换个更直白的说法，每个犹太人心里都有种"救民族于水火之中"的想法，而这个"水火"指的就是金钱。受此影响，犹太家族致力于积攒财富的目标一般只能持续两代，或顶多三代，之后就渐渐显得干劲不足了。巧合的是，当一些家族处于鼎盛时期时，总会出现几个拒绝接手家族生意的后代。无论是银行、工厂，还是规模庞大又赚钱的商铺，年轻的后代们统统不稀罕。比如说，罗斯柴尔德勋爵 [1] 当上了鸟类学家，瓦尔堡 [2] 当上了艺术史学家，卡西雷尔 [3] 当上了哲学家，塞松 [4] 当上了诗人。他们作出这样的选择并不稀奇，因为很多犹太人都跟他们一样，受一种潜意识想法的支配：我要从犹太人的小圈子里挣脱出去，因为他们是一群冷冰冰的赚钱机器。透过这种现象，我们就可以看出埋藏在这类人心底的梦想：努力使自己踏入文化阶层。这样才能使自己不再只具有犹太人的气质，而是多一些普遍的人性。换句话说，犹太人所谓的"名门望族"，指的并不只是一个家族的社会地位，而是以开放的心态融入其他文化，甩掉或者准备甩掉身上那种因出生地而被迫带有的所有负面特质，如视野狭小、举止吝啬等。然而后来，当大量犹太人踏足文化领域，致使这个民族的人在行业中占比过大时，整个犹太民族

----

[1]　莱昂纳尔·沃尔特·罗斯柴尔德(Lionel Walter Rothschild, 1868—1937)，英国银行家、动物学爱好者。

[2]　阿比·莫里茨·瓦尔堡(Aby Moritz Warburg, 1866—1929)，德国艺术史学家。

[3]　恩斯特·卡西雷尔(Ernst Cassirer, 1874—1945)，犹太裔德国哲学家。

[4]　西格弗里德·塞松(Siegfried Sasson, 1886—1967)，英国反战诗人、小说家。

因此蒙受了重大灾难。这种悲剧以前也发生过一次，就是在犹太人努力积蓄财富的时候。对于犹太人来说，这种无论"怎样做似乎都不对，真不知该如何是好"的处境，也许是一种宿命。

在热爱文化这一点上，欧洲的任何一座城市都不能与维也纳相比。在哈布斯堡王朝统治下的那几百年，奥地利在政治方面没有过分的企图，在军事方面也没有任何举动，因而才给人们留下了一种十分繁华兴旺的印象。至于国家层面上的那种荣誉感，它是通过在艺术领域获得至高无上的地位来得以突出体现的。在哈布斯堡这个曾经一统欧洲的帝国之中，诸如德意志、意大利、弗兰德斯 [1]、瓦龙 [2] 这些曾被十分看重的城市或地区早已没落，而始终屹立不倒且散发着古朴的光芒的，只有这个帝国的首都——维也纳。

维也纳既是整个帝国的风水宝地，又是上千年来一直护佑着传统的神明。它最初的城墙是由罗马人修建的，当时的罗马人把它视为城堡，也把它视为前线上的岗哨；既靠它抵挡外敌入侵，也靠它守卫拉丁人的文明。时隔一千多年，奥斯曼人大举进攻西方，在这股汹涌浪潮的冲击之下，维也纳的城墙倒塌了。维也纳这个地方，尼伯龙根 [3] 人曾经来过；在这个地方，

---

[1]　弗兰德斯（Flanders），过去的一个地名，位于欧洲西部。

[2]　瓦龙（Walloon），地区名，位于比利时南部。

[3]　尼伯龙根（Nibelungen），最早出自德国传说，在这里指的是德国南部。

格鲁克^[1]、海顿^[2]、莫扎特、贝多芬、舒伯特、勃拉姆斯以及约翰·施特劳斯这七位名垂史册的音乐大师曾先后为世界增添了璀璨的光芒；在这个地方，欧洲各种多彩的文化曾实现了汇聚；无论是在王公贵族的生活当中，还是在百姓的生活当中，德意志的文化与斯拉夫、匈牙利、西班牙、意大利、法兰西以及弗兰德斯的文化之间都存在着千丝万缕的联系。

　　将千差万别的各种文化融合在一起，并形成一种全新的、独属于奥地利和维也纳的特色文化，这才是维也纳这座以音乐著称的城市最具天分之处。以开放的态度吸收各家所长，靠独特的敏感性去接纳外界事物，这似乎是维也纳与生俱来的特性。它可以使各种才华横溢的人主动投身于它的怀抱，并令他们感到身心愉悦，与它和谐统一。生活在这种和谐的环境当中，人们无不感到舒服惬意。在不经意间，这里的每个人都信奉了超民族主义和世界主义。

　　通过维也纳的城市布局，我们能清晰地看出这座城市的兼容性。这种兼容性使城市给人一种平缓自然的感觉，就像优秀乐曲中的过渡那样。在数百年间，这座城市以内城为中心，缓慢且有条不紊地逐步向四周发展扩大。时至今日，它的人口数量已达两百万。尽管从人口数量上看，它已经像一座大型城市

---

　　[1]　克里斯托弗·威利巴尔德·格鲁克（Christoph Willibald Gluck，1714—1787），德国作曲家，最擅长谱写歌剧。
　　[2]　弗朗茨·约瑟夫·海顿（Franz Joseph Haydn，1732—1809），奥地利古典作曲家。

那样，既能满足人们购买各种奢侈品的愿望，又能满足人们在其他各方面的需求，但是，它跟伦敦和纽约那种大城市之间还是有区别的，那就是它仍然保留着自然风光。在维也纳这座城市的周边，可以看到各种各样的房屋，其中一些在多瑙河中显现出倒影，一些对面就是开阔的平原，一些松散地分布在田园或山林中，一些坐落在阿尔卑斯山余脉的小山冈上——那里满目苍翠，山的坡度并不大。各种城市设施与自然景致十分协调地融合在一起，简直令人难以分辨。但身处内城时，人们又会觉得，这个城市的平面布局很有层次感，就像树木横截面的年轮一样，一圈挨着一圈；古时候是重要防护围墙的那个地方，现在是一条宽阔的环城路；道路两侧是豪华的建筑物，众多豪华建筑物簇拥着历史悠久的宫殿。宫殿是一片建筑群，它们是整个城市的中心，是王室和贵族们的住所，也是最尊贵的所在。它们也记述着维也纳的历史，这些历史包括：贝多芬曾在利西诺夫斯基侯爵 [1] 家弹奏过钢琴；海顿曾为这里的埃斯泰尔哈吉家族 [2] 效过力，他的剧作《创世纪》也是在里面那所历史悠久的大学 [3] 首次上演的；历朝历代皇帝的起落，都有皇宫城堡作见证；拿破仑曾以这里的美泉宫为居所；当欧洲终于脱离土耳其人的魔掌时，联起手来的基督教世界的众位君王，曾集体在

---

　　[1]　利西诺夫斯基侯爵（Fürst von Lichnowsky），出身于罗马贵族世家，曾为莫扎特和贝多芬提供过大量的资金支持。

　　[2]　埃斯泰尔哈吉家族（Esterházy），匈牙利最大的贵族世家，家族历史可追溯至 15 世纪。

　　[3]　指维也纳大学。

这里的圣斯特凡大教堂下跪祝祷；数不清的科学界知名人士都莅临过那所大学。在历史悠久的宫殿建筑群中间，穿插着许多高耸的新建筑、灯光璀璨的商铺以及繁华的街道。对于这些新建筑的出现，原来的建筑也并无怨言，就像一块掉落的石头也不会对恒久不变的大自然有任何怨言一样。

这是一座对来客热情、包容，甘愿倾其所有的城市。这里能使人产生松弛感和幸福感，就像处处能带给人快乐的巴黎一样，唯一不同的是，在这里能更多地拥抱大自然。众所周知，维也纳是一座可以纵情享乐的城市。文化存在的意义，就是面对物欲横流的生活时，能够不加掩饰地用最美妙、最温暖、最难以言表的艺术手法或爱情去打扮它，不是吗？在这座城市里，开一瓶品质上乘的葡萄酒，喝一杯略微苦涩的生啤酒，品味各色美食、甜品、大蛋糕，这些都不过是寻常享受，至于不寻常的享受，指的是跟艺术有关的事情，比如弹琴、跳舞、表演戏剧、参加社交活动、注重涵养、保持仪态等。

在维也纳，无论对个人，还是对社会来说，政治、军事、经济方面的事都不是生活中最要紧的。看早报时，民众最先看的是皇家剧院有哪些节目要上演，至于国会上要讨论哪些议题，世界上发生了哪些大事，他们并不在意。皇家剧院，也就是城堡剧院，在维也纳和奥地利人心目中具有举足轻重的地位。在这一点上，别的城市的剧院基本没有可比性。在维也纳人和奥地利人看来，它不只是一个为演员提供表演场地的舞台，还是一面反射世间百态的镜子。只有通过这家剧院，人们才得以窥见所谓的"宫廷臣子（cortigiano）"们的雅趣。宫廷演员们的各种仪态都是观众想要学习和效仿的，比如，该如何穿着打扮，该以何种姿态走进房间，与人交谈时该如何措辞，作为一个有品位的男人该说什么和绝对不能说什么，等等。这家剧院的舞台不只是一个供人娱乐的场地，更是一本教材，它声情并茂地告诉观众该如何发音，如何保持高雅的仪态。

任何一个跟皇家剧院有关系的人都仿佛被圣光笼罩一般，哪怕只有那么一丁点关系，也足以令人对他肃然起敬。走在维也纳的街头时，总理或首富并不会引得路人回顾，但若是皇家剧院的男演员或女演员，那情况就截然不同了——他们会被任何一个女店员或车夫给认出来。对于当时还是小男孩的我们来说，能有幸与皇家剧院的某位演员（所有人都喜欢收集演员们的照片或个人签名）擦肩而过，是一件非常值得骄傲的事，同时也值得我们议论好长一段时间。人们狂热地追捧那些演员，就像宗教信徒似的。更有甚者，连在演员身边服务的人都能享受到同种待遇，比如桑尼斯塔尔[1]的理发师，约瑟夫·凯恩茨[2]的车夫，他们都很有身份，令人暗自艳羡。对于年轻的富家子弟来说，身穿演员的同款衣服是件很有面子的事。某位知名演员举办生辰纪念日或举办葬礼日的消息，要比所有的政治新闻都轰动得多。

---

[1] 阿道夫·冯·桑尼斯塔尔（Adolf von Sonnenthal），奥地利男演员，在本书所记述的那个时代非常出名。

[2] 约瑟夫·凯恩茨（Josef Kainz），奥地利男演员，在作者所说的那个时代非常出名。

　　对于身在维也纳的作家而言，能让自己的作品在城堡剧院上演是此生的终极理想，因为一旦理想实现，余生就会有享用不尽的尊贵和名誉了。例如，去剧院时，他可以享受终生免票的待遇；只要有公开的演出，他就能收到举办方的邀请函；王室贵族们也许会邀请他到家中做客。我本人就享受过这般尊贵的待遇，对此，我至今记忆犹新。一天上午，我接到城堡剧院负责人的邀请，来到他办公室。他先是向我道贺，而后便告诉了我一个好消息——我的剧本被城堡剧院选中了。当天晚上，我回到家时，在家门口发现了一张名片，是那位负责人的。想不到，他竟然会那样郑重其事地拜访一个年轻人。当时的我还只有二十六岁，但由于我成了一位能给皇家剧院写剧本的作家，所以在转瞬间便踏入了"上等人"的行列。负责人之所以像对皇家学院院长那般礼待我，其原因就在于此。

　　皇家剧院发生的事总是能间接地跟所有的维也纳人都扯上关系，即便是一个跟它八竿子都打不着的人。举一个我至今都记忆犹新的一个例子吧：一天，我家的女厨跟跟跄跄地来到我们面前，眼含热泪地说，她刚从别人口中得知，城堡剧院最出名的那个女演员夏洛特·沃尔特[1]去世了。要知道，这个大字不识几个的年迈女厨一次都没去过那家高不可攀的城堡剧院，也一次都没见过夏洛特·沃尔特——不管是在台上，还是在现实生活当中，因此，她那种悲痛欲绝的反应真让人摸不着头脑。

---

　　[1]　夏洛特·沃尔特（Charlotte Wolter），城堡剧院的女演员，在作者所说的那个时代非常出名。

话虽如此，但转念一想也不无道理，因为一位国家级的知名女演员就如同宝藏一般，是属于全体维也纳人的。如此说来，听到她去世的消息时，一个跟她毫无关系的人感觉像天塌了似的，这也就不足为奇了。凡是人们热爱的歌唱家或艺术家，其去世的消息都会令举国上下悲痛万分。直到今天，我仍然对城堡剧院的旧址——莫扎特的《费加罗的婚礼》首次上演的地方——即将被拆除时的场景印象深刻。当时，维也纳的社交圈人士在剧院大厅齐聚一堂。他们每个人的心中都激动万分，但神情却十分肃穆，就像在葬礼上那样。帷幕被拉下来的一瞬间，人们一拥而上，纷纷捡拾舞台上的地板残片，并视之为至宝，带回去作纪念，因为那上面有他们热爱的艺术家留下的痕迹。即便好几十年过去，仍有几十个人家里还保留着这份纪念品。那些毫无光泽的地板残片被装在做工考究的小盒子里，这不禁令人联想到珍藏在教堂里的那些圣洁的十字架残片。

当同样的事情发生在自己身上时，我们的表现也并不比他们更理性。我想说的是伯森多费尔音乐厅被拆除的那件事。那个音乐厅面积很小，是专门用来举办室内音乐会的。就建筑造型而言，它也很普通，没什么艺术价值。多年以前，那是个列支敦士登侯爵学习骑术的地方，后被改造成音乐厅时，也仅仅是用木板装饰了一下墙壁，根本算不上华丽。尽管如此，它在喜爱音乐的人心目中仍不失为一处神圣的所在，就像一把历史悠久的小提琴，令人魂牵梦萦。其原因在于，那里是肖邦、勃拉姆斯、李斯特、鲁宾斯坦举办过音乐会的地方，也是无数知名的四重奏首次公开奏响的地方。只可惜它得把位置腾出来，好让人在那里重新修建一座更具实用性的新建筑。那里有太多值得铭记的情景，以至于我们根本无法承受这个打击。当贝多芬的曲子临近尾声时，谁都舍不得起身离开。我还记得，演奏这首曲子的是罗斯四重奏乐团，他们绝佳的表演胜过以往任何一次演出。包括我在内的所有观众都在鼓掌欢呼，女人们难以遏制激动的情绪，低声呜咽着。对于这是最后一次演出的事实，我们都无法接受。有人把大厅的灯给关掉了，我们都知道，这是在给我们下逐客令，可整整四五百名观众全都留在原位，谁也不愿离去。半小时过去了，又半小时过去了，仍没有人离去，我们似乎想通过这种方式来施压，以期能挽救那个历史悠久的、神圣的音乐厅。记得贝多芬最后住过的那栋房子要被拆除时，身为大学生的我们写过请愿书，写过批评文章，还上街游行过，那时的我们是多么希望能阻止此事呀！在维也纳，每当这种有纪念价值的房子要被拆除时，我们就仿佛损失了一部分精神力量。

在维也纳，无论哪个阶层的人对各种艺术都是如此的热爱，其中又以对戏剧尤甚。就像我前面所说的那样，最近一百年来，维也纳这座城市虽然阶级层次划分得比较明显，但各阶级之间的关系却极为和谐。从始至终，皇室都掌控着公众的言论。皇家城堡除了是地图上的核心以外，还是整个哈布斯堡王朝融合了多民族文化的文化核心。皇家城堡被各大贵族的宅院簇拥着，这些大贵族包括奥地利贵族、波兰贵族、捷克贵族以及匈牙利贵族。在一定程度上，这些宅院起到了第二重防护墙的作用。自第二重防护墙向外，是上层阶级的住宅，其中包括小贵族、高官、工业家以及一些颇有声望的大家族。从这些住宅再向外，才是小市民阶级和无产阶级的居所。各阶层都有自己专属的社交圈，更有甚者，连他们的活动区域都是固定的。比如，在核心区活动的是大贵族，在第三区活动的是外交代表团，在环城路一带活动的是工商业从业者，在第二区至第九区的内城区活动的是小市民阶级，在最外面那一圈活动的是无产阶级。

虽然在活动范围上有如此清晰的划分，但每当重大节日到来，或在城堡剧院相聚时，各阶级之间还是有机会互相往来的。例如，当普拉特绿化区举办花车游行活动时，会有接近一万个来自上层阶级的人坐在豪华的马车里，接受市民们的三次欢呼喝彩。在这种场合中，到场的市民足有十万人。在维也纳，欢庆的由头可谓五花八门，凡与声色之事相遇，其他的一切就都得让路，比如宗教游行、基督圣体瞻礼、阅兵仪式、宫廷音乐节等。更有甚者，连出殡仪式都是一派喧闹的景象。遵守礼仪习俗的维也纳人无不希望自己去世时能拥有隆重的葬礼、体面的出殡仪式以及为数众多的、来送自己最后一程的人。不妨这样说，一个真正的维也纳人的去世，对他人来说是一次大开眼界的机会。在维也纳，人人都钟爱声音、色彩以及节日气氛。维也纳人总是沉浸在戏剧所带来的愉悦之中，因为他们觉得戏剧实现了舞台表演与现实生活之间的相互映照。正是在这样一种氛围下，维也纳全城上下逐渐达成了和谐统一。

维也纳人经常乐此不疲地议论自己喜爱的演员，而且议论的都是生活中不值一提的细微之事。有时候，他们对戏剧的这种痴迷简直到了荒谬的地步，以至于经常遭到嘲讽。不同于德意志这个强硬的邻国，我们奥地利在政治方面没什么存在感，在经济方面也不够发达，究其原因，可能与贪图享乐有一定关系。但是，由于我们格外看重艺术，所以在文化方面还是极具特色的。这一点的具体体现是：我们对任何一项艺术的非凡成果都非常崇拜。在艺术鉴赏方面，其他人的水平无法与我们相提并论——这与我们几百年来一直受这里的艺术氛围熏陶有关。由于这种鉴赏能力，我们在文化界也取得了相当出色的成绩。往往在受人敬重乃至受人崇拜的地方，艺术家的心情是最惬意的，创作的欲望也最高涨；往往在被整个民族视为头等大事的地方，艺术才会发展至巅峰。比如在文艺复兴时期，佛罗伦萨和罗马不仅令数不清的画家纷纷投入其怀抱，还对这些画家进行栽培，最终造就了诸多大师。在那种氛围下，每一位画家都把"与同行公开竞争"和"不断提高自身画技"视为一种责任。同样，在当时的维也纳，音乐家和演员们也都意识到，对于这座城市而言，他们是具有非凡意义的。

无论是在维也纳歌剧院，还是在城堡剧院的表演中，倘若出现一丝疏漏，比如错了一个音、短了一个音或者节奏出现偏差，那么马上就会有观众察觉出来，并提出批评。这种情况不只在首次上演中发生，而是在每场演出中都会发生；这种督促不只来自专业的评论家，也来自所有观众。观众的耳朵本来就灵得出奇，在日复一日的比较当中，敏感度更是不断地胜过从前。对于政治、行政、法律方面的问题，维也纳人的态度相当宽容，因为这些方面一直以来都颇为安稳和顺利，所以即便稍微出点差池或者出点格，人们也都能原谅。但换作艺术方面，他们就"眼里容不得沙子"了。因为在他们眼中，艺术方面的事涉及整座城市的荣誉。无论是歌唱家、音乐家，还是演员，每个人都不得不全力以赴，因为他们均身处于一种大浪淘沙的环境中。在维也纳，能当上明星已经是很艰难的事了，而要一直都当明星，那就更是难上加难了。在观众看来，艺术家哪怕只有些许放松，也是不可宽恕的。面对观众这种时刻都严苛至极的督促，只有不断精进技艺才有出路——对于这一点，维也纳的每一位艺术家都有清晰的认识。由此导致的结果就是，维也纳的整体艺术水平不断提升，直至无与伦比。从很小的年纪开始，我们就一直保持着看演出时一边欣赏，一边以极其严苛的标准去进行审视的习惯。

由古斯塔夫·马勒[1]担任负责人时，歌剧院的规矩严得如同铁打一般，交响乐团上台演奏时，每一位音乐家都在情绪激昂的同时又不忘保持小心谨慎的态度。如果有人认为上述态度理所应当，那么当他欣赏现在的戏剧演出或音乐会时，可能会觉得无可挑剔的连一场都没有。受这种习惯的影响，我们自己在进行艺术创作时，也保持着"高标准、严要求"的态度。当时维也纳的艺术水准之高，即便放眼国际，也只有寥寥几个城市能与之相媲美。因此，我们这些立志当艺术家的人一直都以那些艺术家的水准为目标。

当时的平民百姓也对音乐知识了解甚深，他们不仅清楚什

---

[1] 古斯塔夫·马勒（Gustav Mahler，1860—1911），奥地利作曲家、指挥家。

么样的韵律才是对的，还清楚演奏时应该讲究婉转和起伏变化。一个普通市民去小酒馆坐坐时，会要求老板给自己来一杯上等的葡萄酒，同样，也会要求乐队以高水准演奏一曲。在普拉特绿化区，当军乐奏响时，无论演奏者是德意志军乐队还是匈牙利军乐队，只需片刻，百姓就听得出谁的演奏水平更高，更让人过瘾。维也纳的空气中似乎带有韵律感，每一个在那里呼吸的人都能拥有它。我们这些作家就是如此，得到韵律感的我们会将它以一种优雅的姿态体现在一篇散文中。至于其他人，有的会把它体现在社交场合，有的会把它体现在平时的生活当中。在维也纳的上层阶级中，缺乏艺术感和不讲究礼节都是不受欢迎的。即便是身处最底层的、生活最穷苦的人，也有审美需求，这是身为维也纳人的本能。维也纳的自然风光，还有维也纳人的积极追求，会使每一个身在这里的人都深受感染。如果一个人身在维也纳，却不热衷于文化，不向往安稳舒服的日子，也无法识别各种艺术之美，那他就不是一个名副其实的维也纳人。

　　使自己适应这片国土和这种民族氛围，这既是犹太人自我保护的一种手段，又是他们心底里的愿望。他们希望拥有自己的家园，希望休养生息，希望安安稳稳地过日子，希望与当地人之间隔阂尽消。正因如此，他们才会以极大的热情去拥抱当地的文化，并使自己融入其中。在使外地人融入本地这一点上，奥地利几乎是所有国家中做得最好的，而且它所用的方法也是最见效的。在这方面能够与奥地利相比较的，恐怕也就只有15世纪时的西班牙了。

　　算起来，犹太人到维也纳定居至今已经有两个多世纪了。

自从来到天子脚下，他们所接触到的维也纳人都是一副无忧无虑、亲善友好的样子。维也纳人表面看似不拘小节，心底里却埋藏着一种本能，那就是渴望得到精神上的满足，且执着于审美。在这一点上，犹太人跟他们是一样的。更确切地说，在维也纳，犹太人获得了一个"寻求到自身使命"的机会。

在 19 世纪的一段时期，奥地利的王室和贵族不再像过去那样给予艺术家保护，也不再给予经济上的支持了。这与过去的情况大相径庭，因为在 18 世纪时，玛丽亚·特蕾莎[1]聘请过格鲁克做她女儿们的音乐老师；约瑟夫二世与莫扎特探讨过歌剧——当时的他完全是个资深的内行人；利奥波德二世[2]亲自创作过乐曲。然而，像弗朗茨二世[3]和斐迪南一世[4]这些后来的皇帝却对艺术毫无兴趣。至于我们那位年届八十的皇帝——弗朗茨·约瑟夫一世，他一生当中也就翻看过军队的名册而已，除此之外，连一本书都没看过或碰过。此外，他还流露出对音乐的极大抵触。大贵族们的表现也跟皇帝一样，过去那些经济上的支持，现在已经停止了。想当年，埃斯泰尔哈吉家族曾把

---

[1]　玛丽亚·特蕾莎（Maria Theresia, 1717—1780），18 世纪奥地利哈布斯堡王朝的女皇，于 1740—1780 年间在位。

[2]　利奥波德二世（Leopold Ⅱ, 1747—1792），神圣罗马帝国皇帝，于 1790—1792 年间在位。

[3]　弗朗茨二世（Franz Ⅱ, 1768—1835），神圣罗马帝国最后一位皇帝，于 1792—1806 年间在位。

[4]　斐迪南一世（Ferdinand Ⅰ, 1793—1875），奥地利帝国皇帝，于 1835—1848 年间在位。

海顿邀请到自家府邸中做客；为了让贝多芬的作品在自家府邸首次上演，洛布科维茨侯爵 [1] 府、金斯基家族 [2] 以及瓦尔德施泰因家族 [3] 之间曾发生过激烈的竞争；为了能继续欣赏《菲岱里奥》，伯爵夫人图恩曾言辞恳切地乞求过“乐圣”贝多芬，希望他别收回这部歌剧的乐谱。只可惜，那个艺术的鼎盛时期已经过去，再也不会回来了。现在，就连瓦格纳、勃拉姆斯、约翰·施特劳斯、胡戈·沃尔夫这种级别的艺术家，都得不到任何经济上的支持了。为了使音乐会继续保持高水准，也为了使画家和雕塑家们能继续靠技艺养家糊口，维也纳的平民阶级被迫承担起原本属于王室和贵族们的担子，开始在经济上支持艺术家们。在这个保护维也纳传统文化的璀璨时刻，犹太平民阶级首当其冲。这种举动背后的驱动力，是他们心中的骄傲和理想。

　　一直以来，犹太人都热爱维也纳，真心希望能长居于此。他们认为，热爱维也纳的艺术，就能让自己成为名副其实的维也纳人，也算对得起这座城市了。而提到对维也纳社会生活的影响，犹太的平民阶级向来不值一提，唯一例外的就是在艺术方面。在王室和贵族的盛势面前，再富有的平民都会相形见绌。世袭制导致国家级别的高官被王室垄断，贵族掌握着外交部门，

[1]　洛布科维茨侯爵（Fürst von Lobkowitz），出身于波希米亚贵族世家，贝多芬的重要资金支持者。

[2]　金斯基家族（Kinskys），波希米亚贵族世家，其家族成员多在外交部门任职。

[3]　瓦尔德施泰因家族（Waldsteins），波希米亚贵族世家。

名门望族把控着军队和其他级别较高的官位。踏入这样的特权阶级，是犹太人连想都不敢想的事。他们认为这种传统的特权制度很正常，对它保持恭敬的态度也是应该的。这方面的一个例子是，我父亲一辈子都没有踏足过萨赫大饭店[1]。那家大饭店的消费的确是比其他几家高了点，但这并不是我父亲从不光顾它的原因。真正的原因是，我父亲认为，如果他去用餐时恰好碰上了施瓦岑贝格亲王[2]或者洛布科维茨侯爵，那不仅令人窘迫，而且也不合宜。在这方面，我父亲始终都本能地抱着敬畏和避讳的态度。

只有在艺术方面，维也纳才真正实现了"众生平等"，因为那里的所有人都认为自己有责任保护艺术。说到保护艺术，犹太资产阶级在这方面可谓厥功至伟，因为他们不仅提供了大量的钱财支持，而且还在其他方面积极地推动艺术的发展。作为观众、听众、读者，他们是名副其实的。他们去剧院看戏，去音乐会听演奏，把书和画作买回来欣赏，还去展览馆参观。由于他们思维活跃，又很少受陈旧思想的影响，所以他们当中的很多人都成了新兴事物的开创者或推动者。有一项艰巨的任务就基本是由他们完成的，那就是收集并保藏 19 世纪的众多艺术瑰宝。

---

[1] 萨赫（Sacher）大饭店，维也纳的上层阶级非常钟爱的一家大饭店，始创于 1810 年。

[2] 施瓦岑贝格亲王（Felix Fürst zu Schwarzenberg，1800—1852），奥地利帝国首相，于 1848—1852 年间在位。

总而言之，只要是与艺术有关的各项事宜，就基本离不开犹太资产阶级。要是离开了犹太资产阶级对艺术矢志不渝的鼓励和支持，只靠王室、贵族或者当地那些富豪，那么在艺术上，维也纳必定会被柏林甩在后面，正如奥地利在政治上被德国甩在后面一样。说到当地那些富豪，他们都是基督教徒，对艺术上的事一点兴趣都没有。在他们看来，与其做那些推动艺术发展的事，还不如去骑马狩猎呢。只有犹太资产阶级才会对艺术创新之事感兴趣，也只有他们才会热情招待远道而来的客人，并成为对方的知音。在这方面，有一个发生在反犹时期的例子：当时，有人在维也纳修建了一家德国人的专属剧院，名为"民族剧院"。然而几个月过去了，剧院连编剧和演员都招不到，自然也不会有观众了，所以后来只能黯然收场。据我所知，这样的尝试仅此一次。上面的事例可以透露出一个隐情，那就是，一直被世人所赞叹的 19 世纪的维也纳文化，实际上其中有百分之九十要归功于身在维也纳的犹太人。这些文化成就是在犹太人的支持和培养下取得的，更确切地说，是他们自己所创造的一种独特的文化。之所以这样说，是因为在 19 世纪末的那几年，维也纳的犹太人恰好在艺术上有非常积极的表现，而在同一时期，西班牙的犹太艺术家们却在走下坡路。维也纳的这些令人瞩目的艺术成就，当然不是犹太人仅凭自身的创造力取得的，而是靠一种"移情"作用，才使它们绽放出独特的奥地利色彩和维也纳色彩。

在音乐创作上，戈德马克[1]、古斯塔夫·马勒以及勋伯格[2]的名声享誉国际；在圆舞曲和轻歌剧的创作上，奥斯卡·施特劳斯[3]、莱奥·法尔[4]以及卡尔曼[5]使传统艺术再次辉煌；在文学上，以霍夫曼斯塔尔[6]、阿图尔·施尼茨勒[7]、贝尔－霍夫曼[8]以及彼得·阿尔滕贝格[9]为代表的这些人，使维也纳的文学水平提升到了欧洲文学水平的高度，这是连维也纳文学的代

---

[1] 卡尔·戈德马克（Karl Goldmark，1830—1915），匈牙利作曲家、小提琴家，有犹太血统。

[2] 阿诺尔德·勋伯格（Arnold Schönberg，1874—1951），美籍奥地利作曲家、音乐教育家、音乐理论家，有犹太血统。

[3] 奥斯卡·施特劳斯（Oscar Straus，1870—1954），奥地利作曲家，有犹太血统。

[4] 莱奥·法尔（Leo Fall，1873—1925），奥地利作曲家，有犹太血统。

[5] 埃默里希·卡尔曼（Emmerich Kálmán，1882—1953），法籍匈牙利作曲家，现代轻歌剧创作方面的代表人物之一，有犹太血统。

[6] 霍夫曼斯塔尔，即胡戈·冯·霍夫曼斯塔尔（Hugo von Hofmannsthal，1874—1929），奥地利剧作家、散文家、抒情诗人。出身于西班牙的一个犹太家族。

[7] 阿图尔·施尼茨勒（Arthur Schnitzler，1862—1931），奥地利剧作家、小说家，维也纳现代派的重要代表人物，将意识流写法引入德语文学的第一人。

[8] 理查德·贝尔－霍夫曼（Richard Beer-Hofmann，1866—1945），奥地利作家，有犹太血统。

[9] 彼得·阿尔滕贝格（Peter Altenberg，1859—1919），奥地利散文家、诗人，有犹太血统。

表人物格里尔帕策[1]和施蒂弗特[2]都没有过的成就；在戏剧上，由于桑尼斯塔尔和马克斯·莱因哈特[3]的贡献，维也纳这座曾被誉为"戏剧之城"的城市重新被世人所熟知；在学术和科学上，由于弗洛伊德和科学领域那些举足轻重的人物所取得的成就，本就负有盛名的维也纳大学更被世人所关注。毋庸置疑，包括学者、艺术家、画家、导演、建筑师以及新闻界人士在内的这些维也纳文化领域的犹太人，他们都拥有极高的社会地位，而且非常受人尊重。

　　来到维也纳的犹太人热爱这座城市，同时也有种"既来之，则安之"的想法，因此，他们努力使自己融入其中，直至彻底习惯了当地的生活。不仅如此，他们还致力于为奥地利增光添彩，并把这视为一种不分国界的使命。如果目标实现，他们便感到无上光荣。在这里，我想再次强调一个事实，那就是在如今的欧洲和美洲，在音乐、文学、戏剧以及美术方面，那些为人所称道的、令奥地利文化焕发生机的成就当中，即使不能说多半，也可以说有很大一部分是由维也纳的犹太人取得的。而在"移情"的过程中，在精神领域的探索中，犹太人登上了一千多年以来从未到达过的巅峰。在此之前，人类的聪明才智

---

　　[1]　弗朗茨·格里尔帕策（Franz Grillparzer，1791—1872），奥地利剧作家，本身不是犹太人，但结交了许多犹太朋友。

　　[2]　阿达尔贝特·施蒂弗特（Adalbert Stifter，1805—1868），奥地利小说家、诗人、画家。

　　[3]　马克斯·莱因哈特（Max Reinhardt，1873—1943），奥地利导演、演员，有犹太血统。

已有数百年未曾得到释放了，直到在维也纳这里，生机盎然的它才与趋向没落的传统相互融合，再次光芒四射。

然而，进入 20 世纪以后，尤其是近几十年，有人想通过暴力手段把维也纳变成一座具有民族性和地方性的城市。这种行为严重地玷污了它，因为无论是这座城市本身的特色，还是它的文化特色，都在于海纳百川的胸怀和超越民族的精神。维也纳具有一种无与伦比的天赋，那就是它能够利用自身的和谐去消除因民族和语言差异所产生的一切矛盾。可以说，维也纳文化将西方世界的所有文化融会贯通了。无论在这里生活还是工作，都能产生一种远离了偏见和狭隘的感觉。我认为，做一个欧洲人的愿望在维也纳最容易实现，在这一点上，其他地方都不如它。而且我也意识到，我在年纪轻轻的时候就怀着热烈的情感，将实现欧洲大团结视为最高理想，这与维也纳这座城市是有一定关系的，因为它具有一种"海纳百川，有容乃大"的罗马精神。至于它对这种精神的捍卫，最早甚至可以追溯到马可·奥勒留[1]时代。

维也纳人在这座位于多瑙河畔的、历史悠久的城市中过着幸福快乐、逍遥自在的日子，然而，北边的德国邻居却用一种异样的眼神望着他们，那眼神中带着些许愠怒和鄙夷。在德国人看来，维也纳人既缺乏"干劲"，又缺乏那种"说干就干"

---

[1]　马可·奥勒留（Marc Aurel，即 Marcus Aurelius Antoninus Augustus，121—180），罗马五贤帝时代的最后一位皇帝，于 161—180 年间在位，政治家、军事家、哲学家，著有《沉思录》。

的果断。他们热衷于享乐，比如品尝美食、欢度节日、去剧院看戏，并由此创作出了非同凡响的音乐。

事实上，德国人身上的那种"干劲"的确不是维也纳人想要拥有的。维也纳人的想法是，与其追求那种容易使民族陷入动荡或灾难的"干劲"，与其为征服一切而永不停歇地奋力追逐，不如抛开芥蒂，轻轻松松地和谐共处。过去的维也纳人信奉一条行为准则，即"将心比心，宽以待人（Leben und leben lassen）"。那时候，各阶层的人都愿意按这条准则行事。时至今日，我依然认为它非常人性化，远胜过那种不容置疑的硬性要求。不同身份的人——比如有钱人与穷人、捷克人与德国人、犹太教徒与基督教徒——之间，虽然有时会互相出言嘲讽，但大部分时间是可以和谐共处的。那时的人们心里还没有仇恨，即使在搞政治运动或社会运动时也不例外。而如今的仇恨，是一战遗毒侵染进时代血液所造成的结果。过去，奥地利人之间即使发生冲突，也能保持义气和风度。尽管在报纸或会议上，国会议员们会互相指责，但经过一段冗长的西塞罗[1]式演讲后，他们仍可以并肩坐下，一起喝点啤酒或者咖啡。这时候，他们彼此间的称呼也不带尊称，显得亲近多了。即便是卢埃格尔[2]当维也纳市长时，他在私交方面也跟过去一样，并无变化——

---

[1] 马尔库斯·图利乌斯·西塞罗（Marcus Tullius Cicero，前106—前43），古罗马政治家、哲学家、法学家、演说家。

[2] 卡尔·卢埃格尔（Karl lueger，1844—1910），奥地利政治家，基督教社会党的创始人，于1897—1910年间担任维也纳市市长。

要知道，他可是反犹主义党派的首脑人物。

虽然我是犹太人，但无论是在中学和大学，还是在文坛之中，我都没有遭受过不平等的待遇，也没有因为这种身份而惹上什么麻烦——关于这一点，我一定要在这里坦率地说出实情。那时候，报纸上没有那么多国别之争、民族之争、派系之争；那时候，无论是国与国之间，还是人与人之间，都没有因仇恨而彻底划清界限；那时候，普通民众在公开场合也不像现在这样——情绪异常激动，令人心生反感；那时候，人们都认为个人的一切自由都合情合理，而现在，这种观念就像天方夜谭一样不可思议；那时候，宽宏大量在人们眼中还是一种高尚的品德，而现在，它却被误以为是胆小懦弱。

在我诞生和长大成人的那个世纪，社会是等级分明的，人们的生活是循规蹈矩、有条不紊、不慌不忙的。那时候，人们的感情还不像现在这样冲动。虽然飞机、汽车、机械、电话、无线电这些东西闯入了人们的生活，但这些变化并没有打乱人们的生活步调。无论是时光，还是人的年岁，都还保持着原来的那套衡量标准。那时候，人们的生活是那样的闲适。时至今日，当我试图在记忆里搜寻大人们的模样时，令我印象最深刻的就是他们大部分人都胖胖的——现在看来，他们发胖的年纪未免太早了些。才四十岁左右，很多男人的肚子就已高高凸起了，比如我的父亲、叔伯、老师，还有商店里的售货员，以及交响乐团中的一个成员——我还记得他所在的位置离乐谱架很近。这些男人看起来颇有气势，走路时慢悠悠的，说话时彬彬有礼，一边说还一边捋着胡子——那胡子通常呈银灰色，看起来是被精心保养着的。银灰色的头发和胡子被视为男人成熟稳重的象征，拥有它们的男人经常会下意识地提醒自己：不可以再像年轻人那样，作出不体面的举动，或显露出不可一世的傲气。

还记得我小时候，我那位当时还不到四十岁的父亲在下楼时没有一次是行色匆忙的，也从未在我们面前露出过惊慌失措的表情。在那个时代，普通市民的生活环境是非常安稳的，因为他们有各种保险作为保障，还有在幕后支持他们的势力，而且从没有经历过任何剧变。所以在他们看来，惊慌失措是有失体面的，再者说，那也完全没有必要。就算其他地方有灾祸发生，那也波及不到他们，因为他们身处于"铜墙铁壁"的保护之下。我父母的生活非常平静，完全没有受到英布战争、日俄战争乃至巴尔干战争的影响。看报纸时，遇到与战争有关的新闻，他们每次都是随手就翻过去，与看体育新闻时没什么两样。他们总是认为，除了奥地利以外，其他任何地方发生的事情都与他们毫不相干，而且那些事也不会令他们现有的生活发生任何改变。事实如此，难道不是吗？

在那个时代，奥地利还没有发生剧变，像那种货币在转眼之间就大幅缩水的事情也没出现过。要是股票骤然出现百分之四或者百分之五的跌幅，股民们就会把这视为一场足以令自己倾家荡产的灾难，每每提及此事都会眉头紧锁、惶惶不安。在那个时代，人们虽然也因为税率高的问题而发牢骚，但那种牢骚更多的是出于行为上的惯性，而非事实。事实是，相比于一战后的税率，他们那时的税率简直就跟小费一样不值一提。在那个时代，长辈们有一种流行的做法，就是留下遗嘱，并在遗嘱中不厌其详地传授各种保全财产的手段。似乎靠着这份遗嘱，继承人们就能获得终生的保障一样。正因如此，他们才会安然地享受生活，即使在遇到些许波折时也能泰然处之，那态度就像在安抚一只顺从可爱、从未受过惊的宠物一样。与他们相比，我过去的一些行为和反应就显得比较可笑了。比如，在报纸上看到关于区议会选举的报道时，尽管那种选举的规模小得可怜，我还是异常兴奋；在城堡剧院看演出时，只是为了件不值一提的小事，我就能跟别人讨论上好长一段时间；年轻的时候，因为一些细枝末节的问题，我就会情绪激动地与别人争论不休。在那个时代，令人感到苦恼和忧虑的无非就是这些琐事。能在那样一个波澜不惊的时代中度过一生，是一件多么值得庆幸的事呀！我的父母和祖父母就是这样幸运的人，他们的整个人生都是安安稳稳、纯洁无瑕的。

话虽如此，可我真的会因此而羡慕他们吗？我并不确定。因为我觉得他们那些宛如置身于天堂的人既不了解人间疾苦、命运无常、造化弄人，也不在意身边出现的各种危险和矛盾，而事实上，那些情况正以愈演愈烈的趋势在发展。一直以来，他们都过着安稳富裕的生活，几乎没人想到这样一些可能性：生活会令人精神紧绷，甚至不堪重负；突发的意外或惊天剧变会接连发生，仿佛永无宁日。他们深深沦陷在自由主义和乐观主义之中，不曾想到说不定哪一天，在太阳还未升起之前，现有的生活就被彻底颠覆了；就算在最漆黑的夜里，他们也不曾想到，在人类当中竟然会有那样的阴险恶毒；在面对各种劫难时，他们也不曾想到，人类会迸发出何种与之相抗的能量。

　　再看看我们这个时代的人都经历了什么：我们总是被急速向前的生活洪流推着往前走；我们与所有的根都断了联系；很多时候，我们都陷入一种无路可走的境地，只能一次次地逼着自己东山再起；我们被一种未知的力量玩弄于股掌之中，而与此同时，我们却又死心塌地地听命于它；对于我们来说，安稳的生活不过是儿时的幻想和今日的天方夜谭罢了；我们曾身处于剑拔弩张、极端对立的关系当中，体验过那种惶惶不可终日的感觉。在我们这个时代，个人的命运与世界的命运是时刻相连的。今天的我们已经从个人封闭的社交圈中跳了出来，转而站在一种时代和历史的高度上，与他人分享过去的一切痛苦和快乐。从这一点上来看，前辈们的视野是严重受限的，而我们这个时代的人，即使是最不值一提的那个，也要比过去最富有智慧的先贤更能洞悉现实。话虽如此，可在那些经历当中，我们只是牺牲了自己，却从未获得任何好处。

二

19 世纪的学校

　　我起初在国民学校读小学，毕业后便顺理成章地进入了文理中学。在那个时代，出于巩固自身社会地位的目的，富裕家庭在培养儿子的问题上都格外重视。他们会先聘请女家庭教师教孩子们学习法语、英语、音乐，等孩子们到了一定年纪，他们会再聘请男家庭教师来教授礼仪。那个信奉自由主义的时代看似开明，但实际上却认为能踏入大学那样的高等学府才算得上是"货真价实"。在这种观念的影响之下，所有上等家庭都致力于把儿子们培养成博士——哪怕只培养出一个也好。

　　然而，在踏入大学之前，我们要上好多年学，而且上学期间毫无乐趣。具体来说，国民学校要读五年，接着是文理中学，要读八年。在这十三年中，我们每天都得在硬邦邦的凳子上坐五六个小时。课间也不得休息，因为我们要利用那点时间完成作业。我们要接受所谓的基础教育，包括几何、物理以及其他几门学科。此外，还要上五门语言课，包括两种古典语，即希腊语和拉丁语，还有另外三种常用的"有生命力"的语言，即法语、英语以及意大利语。我们基本没有任何体育活动，也没有散步的时间，至于休闲和娱乐活动，就更是连想都不敢想了，因为我们的学业繁重到了无以复加的程度。我隐约记得在自己七岁那年，曾被强制要求学会一首合唱歌曲，曲名为《快乐无比的童年》。时至今日，那朴实无华的曲调仍在我耳畔萦绕，但歌词却怎么也想不起来了，因为我学这首歌的时候就磕磕绊绊的，而且我也不认为歌词里的童年生活反映的是现实。

坦白地说，无论是对国民学校，还是对文理中学的生活，我都非常反感，并且这种反感是与日俱增的。我渴望无聊透顶的学习生涯能早日结束，那样我就脱离苦海了。在我的记忆中，校园生活没有任何快乐可言，只有枯燥乏味、感情淡漠、死气沉沉。那本应是我一生当中最幸福快乐和自由自在的时光，然而它却被校园生活给摧毁了。当看到 20 世纪的孩子们过着幸福快乐、独立自由的生活时，说实话，我心里是有些嫉妒的，因为他们过得要比我们那时好太多了。

在很多情况下，现在的孩子都让我感到意外，因为他们与老师聊天时一点都不拘谨，双方的地位看起来基本是平等的。他们不是以一种畏缩的心态踏入校园的，而反观过去的我们，心里则是一直都很抵触校园，仿佛与它之间有道鸿沟；现在的孩子无论是在学校里，还是在家里，都可以毫无顾虑地表达自己的兴趣和心愿，他们是独立自由、顺应自然的，而反观过去的我们，在进入那栋令人厌恶的教学楼之前就已经浑身紧绷了，生怕自己被隐形的枷锁给铐住。在我们眼中，学校就是"逼迫""冷漠""无趣"的代名词。在那个地方，我们只能被迫死板地学习和背诵一些即使学会了也没什么意义的知识。那些知识在经过精心分类后，以一种专业的姿态呈现在我们面前，可我们对它们一点兴趣都没有，而且在实际生活中，它们也没什么用处。在学习的时候，我们感到非常空虚，一点都提不起精神。那种学习是受传统教育压迫的、纯粹机械式的学习，其目的也并非为了生活。直到中学毕业那天，我才对兴奋和快乐有了切身的体会。因为那天是我彻底告别校园生活的日子，我要对学校说声感谢。

平心而论，奥地利的学校本身其实并没有那么不堪。事实正相反，学校的所有教学计划都是精心布置的，其背后有着上百年的教学经验作为支持。如果老师能用富有活力的方式教学的话，那的确能为学生们打下有效且广博的知识基础。然而，由于那些生硬的教学计划和规章制度，我们的课堂总是呈现出一派沉闷至极的景象。老师们的教学没有任何个性，像一台毫无感情的自动机器，只会区分优良、及格与不及格，并以此判断学生的表现与教学计划之间的相符程度如何。

我们之所以感到难以忍受，就是因为这种校园生活味同嚼蜡、不够活泼、人际关系淡漠，感觉像生活在军营里一样。凡是学校安排的课程，我们必须得学习，而且每门功课都要参加考试。在八年的学习生涯中，没有任何一个老师问过我们喜欢上什么课，或是对我们说过一句含有勉励意味的话。可是，哪个少年的内心深处不渴望听到那些话语呢？

关于学校里那种沉闷至极的景象，通过那栋教学楼就可见一斑。那栋楼是实用性建筑的代表，已有五十年的历史，最初是以很低的费用草草修建而成的。它的墙壁阴暗湿冷，上面有斑驳的石灰粉痕迹；教室一点都不能使人感到心情舒畅，因为棚顶很低，墙上既没有挂画，也没有其他装饰物；厕所的味道很重，在教学楼里到处都能闻到；学校如同军营一般，所用的家具是各个旅店的淘汰品——不知道过去有多少人用过这些东西，也不知道将来还有多少人会继续将就着用它们。教学楼里那股发霉的味道至今仍令我记忆犹新，那味道跟奥地利政府所有办公室里的味道一模一样。记得那时候，有人把它形容为"金库味"。这种味道在空间密闭、堆积太多东西、暖气过分充足时最容易产生。起初，它还只是附着在人的衣服上，久而久之，便会侵染人的内心。上课时，我们每两个人一组坐在长条凳上，看起来就像在战争时期被迫划大船的犯人一样。那长条凳不仅低矮，而且极硬，以至于在上面久坐的人会弯腰驼背、骨头疼。冬日里，无罩煤气灯里发出的蓝色火光照得我们的书本忽明忽暗；夏日里，所有窗帘都被刻意放下来挡住窗户，以防学生们不专心听课，借机欣赏窗外的蓝天。处于发育期的青少年本应该多呼吸新鲜空气，多进行户外运动，可19世纪的人们并没有意识到这一点，还以为青少年在硬邦邦的凳子上坐了四五个小时后，只需休息十分钟，去阴暗、潮湿、狭长的走廊里待一会儿就行了。学校有一间体操室，我们每周去那儿上两节课，但这所谓的上课，其实就是用高抬腿的方式走步——走过来又走过去，反反复复，漫无目的。体操室的地面铺着木地板，所有的窗户都关着，我们每踏一步都会激起地面上的尘土。尽管条件如此之差，但站在学校的角度来说，他们做到了"重视青少年的身体健康"；站在政府的角度来说，他们做到了"在身体强健的基础上，对学生展开智力教育"。

　　时隔多年，再次从那栋教学楼前经过，看到它残缺破败、晦暗无光的样子时，我不免暗暗松了口气，心想：这座青少年时期的监牢，我终于再也不用进去了。事实上，我们这所学校还是很有名的。在它五十周年校庆之际，校方希望我能当着部长和市长的面说几句祝福语——之所以邀请我，是因为我读书时成绩优异，不过，我委婉地推辞了，因为对我而言，这所学校没有什么值得感谢的地方，要是让我说一些感谢的话，那等于是在自欺欺人。

　　话说回来，校园生活虽然令人感到懊恼，但这个责任并不在老师身上。对于他们，用善和恶来形容好像不太合适。他们不像专横的暴君，也不像热心的朋友，而是像可怜的奴隶，因为他们必须严格执行政府制订的各项教学计划。也就是说，他们也有自己要完成的"课程"。从这个角度来看，老师跟学生也没什么两样。记得午休的铃声响起时，我能明显感觉到老师跟我们一样开心，就好像终于能拥抱自由了似的。由于他们从没有了解过学生的内心，所以对学生也谈不上爱和恨。他们在数年间也不过只记住了寥寥几个学生的名字。关于该用什么方法来授课这个问题，他们并不怎么考虑。唯一值得他们在意的，就是学生在上一次作业中都出了哪些错。

　　老师与学生之间的联系仅限于一方高坐于讲台之上，另一方坐于讲台之下，以及一方问问题，另一方回答问题。在老师与学生之间、讲台与硬板凳之间、一目了然的高处与低处之间，横亘着一道无形的、阻止双方建立联系的墙，这道墙的名字是"权威"。身为一名老师，理应把学生当作一个渴望对他自己的独特个性有深入了解的人来看待，如若不然，也应该给学生建立一份"观察报告"——这种情况在如今已经很普遍了，然而，在过去那个时代，上述做法是远超老师的自身能力和权限范围的。再者说，对于老师而言，跟学生在私下里谈心，那就意味着双方在身份上毫无区别、完全平等了，这未免有损于他身为"年长者和资深者"的权威。从很早以前开始，我就完全记不起所有老师的名字和长相了，这一点也许是我们与老师之间不存在任何情分的最佳例证。时至今日，仍然令我印象深刻的，一个是那座讲台，另一个是我们班的记事本——因为那里面有学生的得分，我一直都想偷偷看一眼。我至今还对一个红色的小记事本和一支黑色的、快用完了的铅笔有点印象——这两样东西是老师用来记录学生得分的，另外还有我自己的练习本，上面有红色墨水的痕迹，是老师批作业时留下的。然而，我却无论如何都想不起来老师的样子，一个都想不起来，究其原因，可能是当时的我要么常以低头的模样出现在他们面前，要么一次都没仔细地看过他们。

据我回忆，当时我的那些同学没有一个不讨厌这种墨守成规的生活的。由此可见，我对校园生活的厌恶并不只是个人偏见。在墨守成规的生活中，我们的个人喜好和远大理想要么遭到压制，要么遭到摧残，剩下的只有空虚和无聊。时隔多年我才发现，我们这些青少年之所以在学校里被那样冰冷地对待，其原因并不是相关部门的忽视，而是政府在对待我们的问题上已经有了明确的计划——这种计划是经过反复考虑、不可以对外公开的。当时，我们的命运是被时代所操控的。在那个一心谋求太平盛世的世界里，年轻人是不受欢迎的，或者更确切地说，年轻人一直都是受到质疑的。对于市民社会[1]而言，不慌不忙地进步和保持秩序井然是值得骄傲的事。这种社会的对外宣言是：不慌不忙和不偏不倚属于优秀品质，这样的品质在生活所涉及的一切事物上都卓有成效，因此，对于进步道路上的急于求成，应该予以全面阻止。

在奥地利这个历史悠久的国家，统治者已满头白发，负责治理国家的大臣们也都上了年纪。这个国家只想通过避免各种暴力改革来稳住自身在欧洲的地位，除此之外，再无其他远大理想。但是，年轻人都是从骨子里渴望改革的，而且他们所渴望的改革往往是那种快速而剧烈的。这样一来，他们就成了一种"不安定因素"，使人感到担忧。对于这种"不安定因素"，国家要么尽力将它长期隔离，要么尽力将它遏制。因此，从这个角度来看，让学生快乐地度过学生时代，这本就不是国家所乐见其成的。

无论在哪方面，只要想有所提高，唯一的途径就是耐着性子等。我们一直都被这样遏制，就连年龄阶段的划分都跟现在的孩子截然不同。即使已经到了十八岁，老师却还是把我们视为小孩子。抽烟被抓现行要受罚，课堂上想去厕所得先举手报告，而且态度还得恭恭敬敬的。在那个时代的人们眼中，三十岁的男人仍是"一只羽翼未丰的幼鸟"，即便他到了四十岁，

---

[1]　市民社会（bürgerliche Gesellschaft），指市民的共同体，第一个提出这个概念的人是西塞罗。

也不能轻易让他担任重要职务，因为以他的能力还未必担当得起。想当年，古斯塔夫·马勒在三十岁的年纪就被破例提拔为皇家歌剧院院长时，整个维也纳都为之震动了，仿佛这是一件令人惊诧不已、完全料想不到的大事。人们在私底下纷纷议论，大致意思是说，怎么能让一个那么年轻的人去领导一个顶级的艺术组织呢？说这话时，他们恐怕是把莫扎特和舒伯特的事完全忘在脑后了，因为在创作出足以令自己终生享誉世界的作品时，莫扎特才三十六岁，舒伯特才三十一岁。

在那个时代，无论是哪个社会阶层的人，都对年轻人抱着质疑的态度，总觉得年轻人并不那么值得倚重。在我的印象中，我父亲的店铺就没接纳过年轻人，一个都没有。在那时候，一个人要是看起来格外年轻，那可是件很倒霉的事，因为这意味着他得处处与人们的质疑作斗争。如此一来，当时的社会上就频频出现这样一种情况：在升职这件事上，年轻人总是到处碰壁，而年长反倒成为一种优势。同样的情况如果在当下出现，人们基本都会认为太匪夷所思了。时至今日，时代已经彻底变了。如今在打拼事业的时候，四十岁的人想让自己看起来像三十岁，六十岁的人想让自己看起来像四十岁。现在这个时代普遍崇尚的是青春活力、敢打敢拼、信心满满。反观过去那个太平盛世，年轻人总是想方设法地把自己装扮得显老一些。这也是无奈之举，因为只有这样，他们才有机会更进一步。报纸上刊登着能使胡子快速生长的产品广告。医学院的应届毕业生们，不过才二十四五岁的年纪，就都蓄起显眼的大胡子，戴着金丝边眼镜了——而事实上，他们根本就不是近视眼。他们这样做的唯一目的，就是想让首次来就诊的病人认为他们经验丰富。男人们经常身穿长款的黑色礼服，走起路来不慌不忙、沉着稳重。要是情况允许的话，他们还会故意让自己的肚子凸出一些，这样一来，他们想要的那种成熟稳重的气质也就更突出了。对于想要获得成功或博取声誉的年轻人来说，必须先使自己看起来不再像个不值得被委以重任的小年轻，就算只是在外表上能做到这一点也好。记得上中学六年级或七年级时，我们就已经舍弃了原来的书包，转而用起了公文包，为的就是不让人轻易看出我们还是中学生。在现在这个时代，有活力、有自信心、有好奇心、勇敢、快乐这些年轻人身上的品质，都是让人羡慕不已的，但在过去那个崇尚成熟稳重的时代，这些品质却被视为一种不值得信赖的标志。

只有对这种与众不同的思想观念有所了解的人才能意识到，学校不过是国家的惯用工具罢了，它的作用是捍卫国家的权威性。学校要遵循的第一条准则是要让学生对当今的一切都怀有敬畏之心，并认为一切都是无可挑剔的。比如：老师的观点是绝对正确的；无论父亲说什么，孩子都不能表示反对；所有的政府机构，其权力是无可非议的，其存续是千秋万代的。其次是不能让青少年在生活上过于舒适。即使青少年是在家里面，这条准则也应当被遵循。年轻人得先清楚自己该尽哪些义务，而后才能被赋予一定的权利。而在所有义务中，最重要的一项就是无条件地顺从。在接受教育的时候，我们首先要牢记的一点就是，自出生以来，我们既没作出过任何贡献，又毫无人生经验可言，因此我们没资格提出任何问题或要求，唯一能做的就是永远对被赐予的一切心怀感激。

在我们还很幼小的时候，大人就开始用很笨的方法来恐吓我们了。比如，当我们还只有三四岁的时候，蠢笨的母亲和女仆们就吓唬我们说，要是敢再吵闹的话，就让警察来抓我们。上中学时，如果我们非必修课成绩不理想的情况被家长知道了，他们就会恫吓我们说，没必要再念书了，还是去学点技术吧。这种惩罚在资本主义社会无异于要把人打入无产阶级，对我们来说，没有什么能比这更恐怖了。

涉及与时代有关的重要问题时，无论提问的年轻人看起来多么诚恳好学，得到的回答都是："这种问题，说了你也不会明白的。"这种时候，大人总是一副咄咄逼人的架势，语气中也带着教训和叱责。年轻人无论是在家里、政府机构，还是学校，都要频频遭受各种指点。比如，"你还差点火候"，"你还完全不谙世事"，"当别人讲话时，你应该尽可能地保持谦恭有礼，而不是抢话说或提出反对意见，因为你的资历还不够"。学校里那些可怜的家伙，也就是老师，他们之所以能高坐于讲台之上，如同神像一般，总让人感觉高不可攀，其原因就在于此。

无论我们有怎样的想法和感情，都不能超出教学计划所规定的范围。学校根本就不在意我们的校园生活是否舒适，因为在校方看来，这个问题一点也不重要。那个时代的学校，其目标是阻碍我们进步，而非引领我们进步；它打算让我们对现有的社会结构无条件地顺从，不想对我们的精神进行培育，以免我们的精神世界变得多彩多姿；它想使所有人在能力上保持均等，为了达到这个目的，它限制而非促进个人能力的发展。年轻人所承受的这种心理压力——或者更准确地说，这种与正常心智发展相悖的压力——只能导致两种结果：一种结果是对一切都漠不关心，另一种是精神振奋、积极进取，而这两种结果在方向上是完全相反的。如果人们有兴趣的话，可以去看看精神分析学家的著作，看完之后就会了解，到底有多少"自卑情结"是那种极度不合理的教育所导致的。而最早提出"自卑情结"这个概念的人，正是从我们奥地利的传统学校里走出来的，这也许并非偶然。

从我个人的角度来说，这种来自学校的压力成就了我。正因为这种压力，我才在很小的年纪就爱上了自由。至于这种爱到了什么地步，现在的年轻人恐怕很难了解。这种压力也使我极度痛恨权威，痛恨用说教式的口吻谈话——这是我一辈子都没能摆脱掉的。在过去的很长一段时间内，我都本能地厌恶那种教训式的口吻，尤其是那种只凭主观臆断的教条主义的口吻。至于这种厌恶是从什么时候开始的，我已经记不清了。不过，我对自己以前旅行演讲时的一件事还有印象。当时，主办方希望我能在一所大学的大教室里演讲。可站上讲台时，我猛然间发现自己只能以居高临下的姿态演讲，而听演讲的那些人则不仅要在讲台下面的长凳上规规矩矩地坐着，还要被禁止说话，这简直跟我们当学生时一模一样。我立刻就有种很不舒服的感觉，因为这场景令我回想起读中学时一直都要面对的那种教训式的口吻——居高临下、耀武扬威，毫无朋友间交谈的那种亲切感，只有滔滔不绝、连珠炮似的胡说八道。如此一来，我不禁担心下面的人会讨厌我的演讲，因为我站在讲台上居高临下的那种姿态跟过去老师教训我们时差不多。那是我生平最不满意的一场演讲，其原因就在于我心里背负着前面所说的那种思想包袱。

在十四五岁之前，我们对校园生活还是比较满意的。我们会在背地里取笑老师，对每门课程都很感兴趣，学习也很认真。但是后来，我们的烦躁和郁闷与日俱增。在不知不觉间，学校里出现了一种令人费解的情况：我们这些男孩十岁进入文理中学，学制八年，但到第四年时，就我们所掌握的知识来说，已经超出了中学毕业生应有的水平。对于剩下的中学生涯，我们有种预感，那就是我们再也学不到更多有价值的知识了。更可悲的是，在自己喜爱的学科上，我们的知识量甚至超过了老师，这是因为自从大学毕业以后，老师们就再也不会为满足自己的好奇心而看书了。

与此同时，一种截然相反的情况逐渐突显出来：在教室里，我们一个个都心不在焉的——以前就是如此，更何况现在已经没有新鲜的知识可学了；而教室外，那日新月异的城市景象则让我们充满好奇、无比向往，因为那里有剧院、有博物馆、有书店、有大学，大街小巷都充斥着音乐声。于是，在教室里感到压抑的我们纷纷把注意力转移到了教室外的一切事物上，以满足我们对知识、艺术以及享受生活的渴望。

意识到自己喜欢艺术、文学、音乐的学生从一开始的两三个，到十几个，直至蔓延到差不多全班。导致这种现象的原因是，当年轻人喜爱某种事物时，他们那种积极热烈的态度会像麻疹或猩红热一样具有传染性。在班级里也是如此，一名学生要是喜欢上什么，很快就会有另一名学生被他传染。刚被传染上时，学生学习的积极性很高，受单纯的虚荣心驱使，人人都希望自己能成为最博学的那个。因此在大多数情况下，他们会互相激励、共同进步。这种积极性会把他们引向哪里呢？这就不好说了，因为很多时候，其结果都是在机缘巧合下促成的。要是班里有一名学生喜欢上了集邮，那用不了多久，就会有十几名学生受他影响，也沉溺于集邮；要是有三名学生非常仰慕跳舞的女演员，那么无论哪天都会有一群人站在歌剧院后台的出入口处。有一个班，比我们低三个年级，他们班的学生都疯狂地痴迷足球；还有一个班，比我们高一个年级，他们班的学生都非常喜欢研究社会主义和托尔斯泰；至于我所在的班级，同学们都对艺术抱有极大的热情。我本人的人生之路，也许就是由这种巧合铺就的。

在维也纳，人们对于戏剧、文学以及艺术的这种热爱是天性使然。维也纳的报纸上有一个精心策划的文化版面，文化领域的所有新闻都刊登在上面。无论何时何地，歌剧院和城堡剧院都是人们的热门话题；在任何一家证券交易所的墙上，人们都能看到知名演员的挂画。在那个时代，人们认为体育活动是野蛮的。身为文理中学的学生，我们比其他人更不好意思去关注它。而在同一时期，能体现人们的理想的电影也还未诞生。

喜欢戏剧和文学是没有坏处的，它跟喜欢打牌和喜欢结交女孩子完全不同，因此，即使在家，我们也没什么顾虑，因为我们的那些喜好并不会受到干涉。更何况我父亲在年轻的时候也痴迷于戏剧——维也纳的父亲们都是这样，在欣赏理查德·瓦格纳[1]的歌剧《罗恩格林》时，他那激动的样子跟我们欣赏理查德·施特劳斯[2]和盖哈特·霍普特曼[3]的首次戏剧演出时简直一模一样。每当有戏剧首演时，我们这些中学生都会争先恐后地抢着去看，原因很简单，次日早上到学校，当有的同学不能把整场演出从头到尾详细地描述一遍，而其他同学能有幸做到这一点时，这个同学会感觉很丢脸。

老师只要稍微留意一下，就会发现这样一种现象：每次有大规模的首演时，当天下午，班里就会有三分之二的学生莫名其妙地生病。之所以要请病假，是因为我们一定得赶在 3 点的时候去排队买票。而对于身为学生的我们来说，能买到站票已经是最好的结果了。老师只要足够细心，就会发现，在我们的拉丁文语法书的外皮下面，夹藏着里尔克[4]的诗；在我们的数学练习本上，有我们从借来的书上抄写下来的美妙诗歌。为了能在无趣的课堂上看自己喜欢的课外书，我们的诡计可谓层出不穷。当老师站在讲台上，以照本宣科的陈旧方式讲解席勒的

---

[1] 威廉·理查德·瓦格纳（Wilhelm Richard Wagner，1813—1883），德国作曲家、剧作家、指挥家。

[2] 理查德·施特劳斯（Richard Strauss，1864—1949），德国作曲家、指挥家。

[3] 盖哈特·霍普特曼（Gerhart Hauptmann，1862—1946），德国剧作家，1912 年诺贝尔文学奖获得者。

[4] 赖内·玛利亚·里尔克（Rainer Maria Rilke，1875—1926），奥地利诗人，代表作有《祈祷书》《新诗集》《杜伊诺哀歌》等。

《论素朴的诗和感伤的诗》时，我们就在下面偷偷地看尼采和斯特林堡 [1] 的著作。而对于讲台上那位古板的老人家来说，这两位作家的名字完全是陌生的。

对于艺术和科学方面的所有知识，我们都以一种热血沸腾的状态孜孜以求。为了能听到大学里的讲座，我们经常伪装成大学生，跟真正的大学生一起走进大学校园；有艺术展览时，我们会去欣赏；上尸体解剖课时，我们会张大好奇的鼻孔，四处嗅闻各种气味；当爱乐乐团进行排练时，我们会钻进去偷听；在旧书店里，我们翻看各种旧书；为了能在第一时间了解到新书出版的情况，我们每天都会去一趟书店，从头到尾地看架子上的书名。我们把大部分的精力都集中在了看书上，只要是可以看的书，我们都来者不拒。书的来源是公共图书馆，从那里借来以后，同学们会轮流看。

不过，要论最令人长见识和受教的地方，我们向来认为非咖啡馆莫属。在这方面，即使放眼全世界，也没有一个地方能与之相提并论。维也纳的咖啡馆不同于其他地方的咖啡馆，事实上，它相当于一个民主的聚会场所，而且无论是谁，只要买上一杯咖啡，就等于拿到了它的入场券。任何客人都可以用如此便宜的价钱在店里坐好几个小时。在此期间，客人可以聊天、写作、打牌、看邮件，而尤为重要的一点是，可以免费翻看海量的报纸杂志。在维也纳，凡是比较有档次的咖啡馆，里面的

---

[1] 奥古斯特·斯特林堡（August Strindberg, 1849—1912），瑞典作家，瑞典现代文学的奠基人。

报纸都非常齐全——除了当地的报纸以外，还会有德国其他所有城市的报纸，以及法国、英国、意大利和美国的报纸。另外，里面还有在世界上最有影响力的文学艺术方面的杂志，比如《法国信使报》《新观察》《创作室》《伯灵顿杂志》。

通过新书和演出这些第一手资料，我们可以知晓世界范围内的所有新闻。与此同时，我们还可以拿不同报纸上的评论来作对比。一个奥地利人之所以思维敏捷，并且能够了解世界变化的趋势，主要得益于他可以从咖啡馆里获得世上所有事件的全面信息，而且无论何时，他都能与身边的人在和谐的氛围中交换意见。每天在咖啡馆里坐上几个小时，我们就能做到无所不知，其原因就在于，我们有一群志趣相投、能够互相支持的伙伴。在关注世界上的各种艺术动向时，我们用的并不只是自己的两只眼睛，而是二十只，甚至四十只眼睛。当一个人在某件事上有所疏漏时，他会从别人那里得到相应的提醒。

话虽如此，但事实上，我们总是抢着发布新闻，都希望自己是最能震惊全场的、自己获得的知识是最新的，那架势就像在竞技场上争抢奖牌一样。之所以如此，是因为我们还很幼稚，爱在人前卖弄。举个例子，我们在讨论尼采这位极具争议性的哲学家时，有的人会出其不意地发表意见，用一种装腔作势、居高临下的口吻说道："可是在我看来，克尔恺郭尔[1]在个人

---

[1]　索伦·奥贝·克尔恺郭尔（Soren Aabye Kierkegaard，1813—1855），丹麦哲学家、神学家，现代存在主义哲学的创始者，后现代主义和现代人本心理学的先驱者。

主义思想方面要胜过尼采。"一听这话，我们顿时就慌了，心想：
"克尔恺郭尔是什么人？怎么某某知道，而我们却不知道呢？"
于是第二天，我们便争相跑到图书馆，去寻找那位在我们的知
识库中检索不到的丹麦哲学家的著作。我们都觉得，要是有一
件别人知道而我们不知道的新奇事，那实在有损颜面。正是在
那些大部分人还不太了解的新奇、怪异、不同凡响的事情上，
尤其是在严肃、正式的评论专栏里还没有任何讨论的事情上，
我们想要去探索和提前获知信息的积极性最高。在过去的很多
年间，我本人就保持着这种积极性。

对于那些还没有被大众所认可的、匪夷所思的、荒诞离奇
的、有冒进倾向的事，我们总是格外感兴趣，想去深入了解一
下。在好奇心的驱使下，凭着不甘落后、齐心合力的精神，世
上的任何事物在我们面前都无处遁形，也不会让我们感到可望
而不可即。就拿斯蒂芬·格奥尔格[1]和里尔克这两位诗人来说吧。
在我们读中学时，他们出版的书一共有两三百本，但在维也纳，
我们最多只能找到三四本。在书商的库存中，连一本他们的书
都没有；在报纸上，我们也没看到任何关于里尔克的评论。尽
管如此，身为中学生的我们却还是对里尔克的诗非常熟悉，熟
悉到对每一段，甚至是每一句都印象深刻。这种不可思议的成
果是我们凭意志力取得的。

身为青少年的我们，在思想上还不够成熟，个子也不够高，
而且每天都必须留在教室里上课。像我们这种状态的人恰好是

---

[1] 斯蒂芬·格奥尔格（Stefan George, 1868—1933），德国诗人。

年轻诗人最理想的读者。我们对诗很感兴趣，懂得如何品鉴它，而且对它还有足够充沛、一心向往的热情。在激发热情这件事上，我们拥有无限的潜力。在长达数年的时间里，我们这些青春年少的男孩一直醉心于书画、音乐、哲学。无论在校园里、在来往于学校的路上、在咖啡馆、在剧院，还是在散步的时候，我们都在探讨这些话题。至于其他事情，我们一概不感兴趣。

在我们的世界里，夜空中闪闪发光的星星是活跃在舞台上的男演员和指挥家，是出版了新书的作家，是在报纸上发表了新文章的作者。时隔多年，当我读巴尔扎克的书时，看到了一句他对自己年轻时期的表述，他说："在我的心目中，知名人士的形象一直都如同上帝。他们在讲话、行走、吃饭时，都是有别于普通人的。"而在年轻的时候，我们也有同样的感觉，因此，这句话令我非常震惊。在路上偶遇到古斯塔夫·马勒时，我们会感到荣幸至极，第二天一大早就迫不及待地把这个消息告诉同学们，而且在说的时候，脸上还带着一副自得的表情。在我年幼的时候，有人曾向约翰内斯·勃拉姆斯介绍过我。记得当时，他在我的肩膀上拍了拍，态度非常友善。对我来说，这件事真的太过惊喜了，以至于我一连几天都沉浸在那份感受中无法自拔。其实，一个当时才十二岁的小男孩并不知道勃拉姆斯究竟取得过哪些辉煌的成绩，但这并不妨碍我对他着迷。对我而言，我只需知道他拥有非凡的声誉和影响力，这就足够了。得知城堡剧院准备首次上演盖哈特·霍普特曼的戏剧时，我们班上所有同学从排练前的几个礼拜就开始心神不安；为了能抢先知道剧情和哪些演员会上台，我们会偷偷溜到主演和没有台词的龙套演员身边；为了打探到关于夏洛特·沃尔特或桑尼斯塔尔的内幕新闻，我们会特地跑到城堡剧院的御用理发师那里去剪头发。回想起我们过去的这些荒谬之举时，我并不感到难为情。如果有这样一个低年级学生，他是歌剧院负责灯光的工作人员的外甥，那么他不仅会受到我们这些高年级学生的特殊关照，还会被我们用各种方式拉拢。之所以这样，是因为我们在观看排练时可以借助他的关系悄悄来到舞台上。我们踏上舞台时的感觉要比但丁踏入圣洁的天堂时更为忐忑。

演员在我们心目中有着无限的威望，即便有个人要通过七八个人才能跟演员扯上关系，我们也依然会对他满怀崇敬之情；要是知道有个女人是弗朗茨·舒伯特的外孙女，那么即便她又老又穷，我们也依然会把她视为仙女下凡般的人物；要是在路上偶遇了约瑟夫·凯恩茨的仆从，我们会用敬佩的目光注视他，因为我们羡慕他能有幸陪伴一位备受拥戴、极具天分的演员。

以今天的眼光来看，我们那时的痴迷和冲动自然是非常可笑的。我们学着演员们的样子进行各种表演，看起来就像猴子一样；为了能比别人更出风头，我们全都兴致勃勃，如同参加体育竞赛。在那些不了解艺术的亲人和老师面前，我们这些参加过各种艺术表演的年轻人有种优越感，并为此感到非常骄傲。从我们的这种表现中，多少可以看出我们内心的虚荣和不够成熟。但是，对文学炙热的追求使年少的我们获得了大量的知识，持续探讨和剖析的过程使我们在小小年纪便拥有了一定的评断力和鉴赏力，直到今天，我仍然觉得这很不可思议。

在十七岁那年，我就对波德莱尔[1]和沃尔特·惠特曼[2]的每一首诗都有所了解了。不仅如此，对于其中最出名的几首诗，我甚至能够背诵下来。上中学和大学时，我读书的态度是最认真的，从那以后我就再也没有过那种状态了。在搜寻文学作品这件事上，我们的积极性非常高，以至于我们对所有的作品都印象深刻，不管是问世十年后才引起广泛关注的作品，还是稍纵即逝的作品。对于我们来说，这都是顺理成章的事。

记得有一天，我对自己崇拜的友人保尔·瓦雷里[3]说，在多年以前，我就已经与他的作品之间产生精神上的共鸣了。在三十年前，我就看过他写的诗歌，并且非常喜欢。瓦雷里带着友善的笑容说道："老朋友，别跟我开玩笑了。在1916年时，我的诗歌才刚刚出版。"于是，我说起自己在1898年时，曾在维也纳看到过一本小型的文学刊物，上面有他首次发表的诗歌。接下来，我又把那本刊物的颜色和尺寸描述得非常详细。结果他非常诧异，并承认我说得完全正确："即使在巴黎，知道那本刊物的人也寥寥无几，您却说在维也纳看到过它，这怎么可能呢？"我只好这样对他解释道："您在读中学的时候，

---

[1]　夏尔·皮埃尔·波德莱尔（Charles Pierre Baudelaire，1821—1867），法国现代派诗人，象征派诗歌的先驱者，代表作为《恶之花》。

[2]　沃尔特·惠特曼（Walt Whitman，1819—1892），美国诗人，人文主义者，代表作为诗集《草叶集》。

[3]　保尔·瓦雷里（Paul Valéry，1871—1945），法国象征派诗人，法兰西学院院士。

就已经在省会城市看到过马拉美[1]的诗歌了，而当时即便在文学领域，知道他的诗歌的人都少之又少。我的情况跟您当时是一样的。"他赞许道："没错，年轻人有寻找诗人的渴望，所以在很多时候，他们都能如愿以偿，能够找到自己心仪的诗人。"

我们的嗅觉一直都很灵敏，而且在生活中，我们总是善于使用嗅觉。正因如此，我们才会在那阵文学之风还没有从奥地利的边境吹过来时，就已经通过嗅觉判断出它的动向了。无论何时，我们都渴望获得新知识，因为我们想要通过它来提高自我认知；我们极度渴望得到属于自己的新知识，或者更准确地说，我们渴望得到的新知识不能是属于我们的父亲那辈人的，也不能是属于身边任何一个人的，而是只属于我们自己的。相比于中学老师、大学老师、大学生，我们这些更年轻的人的感觉要更加敏锐——就像动物能预知气候的剧烈变化那样。在老师还毫无觉察的情况下，我们就已经提前意识到：在一个世纪临近尾声之际，人们对艺术的看法也将告一段落。随之而来的就是革命，或者至少是价值观上的转变。

我们的父亲那辈人里面有许多大师级的人物，比如高特弗利特·凯勒[2]——文学领域的代表、易卜生——戏剧领域的代表、

---

[1]　斯特凡纳·马拉美（Stéphane Mallarmé，1842—1898），法国诗人，代表作为诗集《徜徉集》。

[2]　高特弗利特·凯勒（Gottfried Keller，1819—1890），瑞士作家，现代主义诗人，民主主义者，代表作为《绿衣亨利》。

约翰内斯·勃拉姆斯——音乐领域的代表、莱布尔 [1]——绘画
领域的代表、爱德华·冯·哈特曼 [2]——哲学领域的代表。在
我们看来，这些大师和他们所处的那个太平盛世有一个共同点：
不慌不忙。虽然无论是在艺术价值上，还是在思想价值上，他
们的作品都超群出众，但对我们来说，那已经没什么吸引力了。
因为他们的作品风格沉静守中，而我们这些年轻人活泼好动，
性子又急，二者在气质上并不契合。此外，我们觉得那些作品
已经赶不上时代进步的快节奏了。

而现在，恰巧就有这样一个人生活在维也纳：他是德国的
年轻人中头脑最灵活的，思想领域内最具冲锋精神的，他的名
字叫赫尔曼·巴尔 [3]。为了迎接所有新事物的到来，他正在努
力地清除各种障碍。在他的支持下，一个名为"分离派"的画
展在维也纳顺利举办。巴黎的印象派和点彩派画家的作品、挪
威的蒙克 [4] 的作品、比利时的罗普斯 [5] 的作品，还有人们能想

---

[1]　威廉·莱布尔（Wilhelm Leibl，1844—1900），德国画家，现
代主义画派的领袖人物。

[2]　爱德华·冯·哈特曼（Eduard von Hartmann，1842—1906），
德国哲学家，代表作为《无意识的哲学》。

[3]　赫尔曼·巴尔（Hermann Bahr，1863—1934），奥地利诗人、
剧作家、导演、文学评论家。

[4]　爱德华·蒙克（Edvard Munch，1863—1944），挪威画家，现
代表现主义绘画的先驱者，代表作有《呐喊》《生命之舞》《卡尔约
翰街道的夜晚》等。

[5]　费利西安·罗普斯（Félicien Rops，1833—1898），比利时
画家、版画家，比利时漫画的先驱者，颓废主义运动中的重要人物。

到的所有激进派画家的作品，都在这个画展上展出了。在这场画展中，一些激进派前辈大师的作品在令人耳目一新的同时，也引起了大众的广泛关注，而在此之前，他们的作品一直是被大众所忽视的。这些前辈大师有格吕内瓦尔德[1]、格列柯[2]以及戈雅[3]。过去，通往现代艺术的道路一直受阻，而这场画展扫清了那些阻碍。在这件事上，维也纳这座城市可谓作出了突破性的贡献。

在音乐领域，穆索尔斯基[4]、德彪西[5]、理查德·施特劳斯以及勋伯格的作品，使人们欣赏到了全新的节奏和音色。在文学领域，左拉、斯特林堡以及霍普特曼使人们第一次了解到了现实主义；陀思妥耶夫斯基使人们看到了斯拉夫民族的魔力；

---

[1] 马蒂亚斯·格吕内瓦尔德（Matthias Grunewald，1470—1528），德国画家，晚期哥特艺术大师。

[2] 埃尔·格列柯（El Greco，1541—1614），西班牙画家，代表作有《圣母子与圣马丁》《奥尔加斯伯爵的葬礼》《托列多风景》等。

[3] 弗朗西斯科·何塞·德·戈雅·卢西恩特斯（Francisco José de Goya y Lucientes，1746—1828），西班牙浪漫主义画派画家。

[4] 穆捷斯特·彼得洛维奇·穆索尔斯基（Mussorgsky Modest Petrovich，1839—1881），俄国作曲家。

[5] 克洛德·德彪西（Claude Debussy，1862—1918），法国作曲家，代表作为《牧神午后》。

魏尔伦 [1]、兰波 [2] 以及马拉美运用象征派手法凝练出了诗歌的灵魂，从而使抒情诗的境界提升到了一个前所未有的新高度；尼采使哲学发生了颠覆性的变化。在建筑领域，一种更大胆、更自由的建筑形式出现了，它主张抛弃过分装饰的古典主义建筑，倡导没有任何装饰的实用性建筑。

骤然之间，过去一向安稳舒适的旧秩序被打破了。在旧秩序中，"符合美学定义的美"一直都被认为是不可或缺的，而时至今日，人们开始对这种规矩产生了怀疑。前面所说的各种颇为大胆甚至是颠覆传统的艺术实验，往往会使以正统自居的资产阶级报纸的评论家们感到震惊，为了阻碍这股来势汹汹的洪流，他们企图为其安上"意志消沉""不求上进""胆大包天"之类的罪名。

面对这股洪流，年轻人以极大的热情选择投身其中。我们意识到，属于我们自己的时代来临了。这个新时代是专门为年轻人创建的。在新时代，年轻人终将获得属于自己的权利。如此一来，我们的那些行为——不守本分、到处搜寻、疯狂的痴迷——忽然就变得有价值了，这份价值体现在为新时代的艺术而进行的激烈斗争中，而且往往是会使用暴力手段的斗争中，

---

[1]　保尔·魏尔伦（Paul Verlaine，1844—1896），法国诗人，象征主义派别的早期领导者，代表作有《戏装游乐图》《无题浪漫曲》《智慧集》等。

[2]　让·尼古拉·阿蒂尔·兰波（Jean Nicolas Arthur Rimbaud，1854—1891），法国诗人，早期象征主义诗歌的代表，超现实主义诗歌的鼻祖，代表作有《巴黎长歌》，长诗《醉舟》《灵光篇》等。

我们这些中学生也能贡献出一部分力量。

每当有艺术实验时，我们都会前去观赏，比如魏德金德^[1]的戏剧演出或新诗诵读会。在观赏的过程中，我们除了精神上高度集中以外，两只手也在使劲用力。记得有一次，阿诺尔德·勋伯格在年轻时创作的一部十二音体系^[2]的作品首次上演。演出期间，有个男人不是大声地吹口哨，就是发出嘘声。于是，我亲眼看见我的朋友布施贝克用力地给了他一个耳光。任何一种新艺术出现时，我们都会为其保驾护航、冲锋在前，我们这样做的原因只有一个——它是新的，是会为我们创造新世界的。我们认为新艺术与我们相关，它的出现使我们终于可以过自己理想中的生活了。我们喜爱和痴迷于新艺术的另一个原因是：新艺术的创始人全都是年轻人。

在父辈们的那个时代，一位诗人或音乐家要是想出名，他不仅必须经历一个锤炼的过程，还要迎合市民阶层的审美，在艺术创作中只求稳当和中规中矩。按照父辈们的教导，我们要对那些在言行举止上都格外庄重的男士保持尊重。那些男士通常身着丝绒上衣，蓄着漂亮的胡子，胡须是灰白色的。维尔布

---

[1] 弗兰克·魏德金德（Frank Wedekind，生卒年不详），德国表现主义戏剧先驱作家。

[2] 现代音乐中的一个派别。

兰特 [1]、埃贝斯 [2]、达恩 [3]、保尔·海塞 [4]、伦巴赫 [5] 都是这样的男士。尽管现在已经不再出名了，但他们在过去都非常受人欢迎。在拍照的时候，他们的眼神总是很深沉，摆出一副极受人尊重的大文学家的样子，像在思考些什么。在言行举止上，他们与枢密顾问和红衣主教很相像，而且同样佩戴着勋章。

至于年轻的诗人、画家、音乐家，在人们眼中，他们顶多算是有前途、有才华的人罢了。他们需要被冷落一阵子，然后才有可能受到认可。在那个年代，人们都非常慎重，当某个人还没有取得非凡的成就时，别人是不会轻易认可他的。然而，非常年轻的诗人、画家、音乐家总是源源不断地出现，比如，原本毫无名气的三十岁的盖哈特·霍普特曼一夜成名，其作品也在德语戏剧的舞台上独占鳌头。还有斯蒂芬·格奥尔格和赖内·马利亚·里尔克，他们两个人都在还不到奥地利的法定成年年龄——也就是二十三岁时，就已经享誉文坛，并且拥有大

---

[1] 阿道夫·冯·维尔布兰特（Adolf von Wilbrandt, 1837—1911），德国作家，于 1881—1887 年间担任维也纳城堡剧院院长。

[2] 格奥尔格·埃贝斯（Georg Moritz Ebers, 1837—1898），德国作家，古埃及学学者。

[3] 费利克斯·达恩(Felix Dahn, 1834—1912)，德国民主主义作家、诗人、历史学者。

[4] 保尔·约翰·路德维希·冯·海塞（Paul Johann Ludwig Heyse, 1830—1914），德国作家，1910 年诺贝尔文学奖获得者，代表作为《特雷庇姑娘》。

[5] 弗朗茨·冯·伦巴赫（Franz von Lenbach, 1836—1904），德国画家，现实主义画派代表人物之一。

批忠实读者了。在我们的城市维也纳，突然之间冒出来一个名为"青年维也纳"的流派，其成员包括阿图尔·施尼茨勒、赫尔曼·巴尔、理查德·贝尔－霍夫曼以及彼得·阿尔滕贝格。由于他们对各种艺术手法的细心雕琢，富有特色的奥地利文化终于在欧洲的文化领域拥有了一定的影响力，而在此之前，这种情况从未出现过。不过，在所有杰出人物中，最令我们欣赏和痴迷的还是当属胡戈·冯·霍夫曼斯塔尔。看到他时，我们仿佛看到了自己心目中的高尚理想，而且作为与我们这些年轻人年龄相仿的诗人，他无可挑剔。

霍夫曼斯塔尔在小小年纪便展现出过人的才华和智慧，他的成名堪称神话。无论是现在还是未来，人们都会对他的事迹表示赞叹。在年纪轻轻的时候，他就在语言方面驾轻就熟、无可挑剔，而且想象力惊人。他随手一写，一行优美的诗就流于笔下。放眼世界文坛，像他一样伟大的天才恐怕也就只有济慈[1]和兰波了。在十六七岁的年纪，他不仅写出了传世的诗歌，而且还写出了前无古人的散文。这样的成就被记录在了德语发展史上，从此永世流传。他的出现非常令人意外，而且在刚被人发现的时候，他各方面就都已经达到完美的程度了。在他所属的那一整个时代，像他这种极其非凡、令人无法想象的人物仅此一例。因此，在他刚刚崭露头角时就认识他的人中，没有一个不被他惊艳到的。

---

[1]　约翰·济慈（John Keats，1795—1821），英国诗人，浪漫派代表人物之一，代表作有《恩狄芒》《夜莺颂》《希腊古瓮颂》等。

赫尔曼·巴尔在刚认识霍夫曼斯塔尔时就感到非常惊奇。巴尔在跟我谈话时经常提起这件事。据他所说，有一次，身为主编的他收到一篇文章，文章是从维也纳寄过来的。作者的名字很陌生，叫"洛里斯"（那时候，中学生是不能用自己的真名发表作品的）。这篇文章措辞优雅、想象力非凡、富有内涵、笔法纯熟、行文流畅，尽管巴尔接收的来稿源自世界各地，但在那些来稿中，没有一篇能与这篇相提并论。巴尔心想：这位陌生的"洛里斯"到底是谁呢？毫无疑问，他应该是一个已经上了年纪的人。这位神秘人应该过着深居简出的生活，经过多年的深思熟虑后，以最正宗、最凝练的方式形成了一种魔力，以至于令人沉迷其中无法自拔。一位如此富有智慧、如此天赋异禀的诗人居然跟自己一样，也生活在维也纳，而自己却从来都没听说过这个人！想到这里，巴尔马上写了封信，想要会会这位陌生人。他把见面的地点定在了格林施泰德咖啡馆——这是一家非常有名的咖啡馆，同时也是文艺青年们最主要的集会地。来到咖啡馆后，令巴尔感到意外的是，一个身材修长、没蓄胡子、穿着孩童样式短裤、中学生模样的男孩迈着轻快矫健的步伐来到他桌旁，然后鞠了一躬，用一种还没有过变声期的稚嫩嗓音，简洁而又干脆地自我介绍道："霍夫曼斯塔尔！我就是那个洛里斯。"时隔多年后，每次回想起自己当初的错愕时，巴尔还是难掩激动之情。一开始，他感到难以置信，作为一名中学生，霍夫曼斯塔尔居然能有那么高的文学水平、那么深远的见识、那么深刻的思想，而且对自己从没有亲身经历过的生活能有那么入木三分、一针见血的认识。

阿图尔·施尼茨勒也曾跟我说起他与霍夫曼斯塔尔最初相识时的情景。那时候，施尼茨勒的身份还是医生。在刚开始进入文学领域时，他的水平虽然还不足以维持生计，但已使他成为"青年维也纳"派的领军人物了。一些年纪比他更小的年轻人时常来找他，希望得到他的指导、听取他的意见、了解他的观点。他是通过一位熟人结识霍夫曼斯塔尔的。当时的霍夫曼斯塔尔还是一名中学生，个子很高。因其聪慧，施尼茨勒开始对他产生关注。有一天，这个中学生询问自己能否为施尼茨勒朗诵一段自创的诗体剧。施尼茨勒欣然同意了，并且还邀请他到自己独居的住所来。不过，霍夫曼斯塔尔毕竟还只是个中学生，他的作品应该只是那种偏感性的、伪古典主义风格的，所以施尼茨勒对他也没抱太大希望，只邀请了少数几位朋友一同欣赏。霍夫曼斯塔尔来了，他穿着孩童样式的短裤，看起来有点拘谨。随后，他就开始朗诵起来。

施尼茨勒对我说："仅仅过了几分钟，在场的所有人就都被他吸引住了。在认真倾听的同时，我们也互相交换着眼神，每个人的眼中都充满了惊喜和欣赏。他的作品在文字上无可挑剔，而且他的朗诵也非常有韵律感，犹如美妙的音乐。我们一致认为，他那种诗句是任何一个在世之人都写不出来的，甚至是除了歌德以外，没有人能写出来。虽然从形式的角度来说，他的诗句就已堪称无可挑剔（据我所知，直到今天，在德语诗歌的创作上，我都不知道有什么人能在这方面胜过他[1]），但

----

[1]　这段文字应该是作者茨威格对施尼茨勒的话所作的注释。

相比之下，他对这个世界的认识才是最令人惊叹的。作为一名整日在教室里上课的中学生，他对世界的那种认识是从何而来的呢？我想，唯一的答案应该就是玄妙的直觉吧。"当霍夫曼斯塔尔的朗诵结束后，众人都坐在原位默不作声。施尼茨勒对我说："有生以来，我还是头一次发现这样一位天才。从那以后，我再也没遇到过一个能让我那样为之惊叹的人。"

作为一个在十六岁时就开始显露过人才华的人，或许应该换个说法，别人在十六岁时只是刚刚显露才华，而他在十六岁时就已经将才华显露得淋漓尽致了，像他这样的人物，是注定要与歌德和莎士比亚齐名的。事实上，霍夫曼斯塔尔在日后也的确成了这样的人物，他的表现越来越趋于完美。他的第一部作品是诗体剧《昨日》。随后，他又创作出了戏剧《提香之死》。在这部大气磅礴的戏剧中，他提升了德语的表现力，使之如意大利语一般动听且富有韵律感。后来，他又开始创作诗歌。我们对他发表的每一首新诗都格外重视，即便在几十年后的今天，我还是能把他的那些诗逐行背诵下来。再后来，他又开始进行短剧和散文的创作。在几十页稿纸上，他尽情挥洒着笔墨，他的散文中不仅凝聚着丰富的知识，而且还饱含着他对艺术的独到见地和对这个世界的深刻认识。总之，他在中学和大学时期的作品犹如水晶一般，由内而外地散发出耀眼的光芒，与此同时，这水晶又是深沉且难以捉摸的。在创作诗歌和散文时，他手法娴熟，就像把伊米托斯山上芳香四溢的蜂蜡放在手中，随心所欲地揉捏。神奇的是，他的每一篇诗作都独具特色、不落俗套，而且在尺度上也把握得相当精准。阅读他的诗歌时，人们往往会有这样一种感觉：霍夫曼斯塔尔正在被一种难以捉摸的神秘力量所引导，走在一条无人行走过的路上，他写诗时的那些灵感一定是源于潜意识。

那时候，作为一群已经知道了什么是可贵的东西，以及应该去追求这些可贵东西的人，我们开始痴迷于这样一位超凡脱俗的人物，至于痴迷到了什么程度，现在的我已经复述不出来了。一想到有这样一位纯粹且卓尔不凡的天才诗人是从我们这代人中涌现出来的，一想到他就在我们身边，没有什么感觉能比这更醉人了。在我们这些年轻人心目中，他一直是那样的富有传奇和梦幻色彩，是与荷尔德林[1]、济慈、莱奥帕尔迪[2]齐名的令人难以企及的人物。因此，回想起自己在十六岁初见霍夫曼斯塔尔的那天时，我至今仍印象深刻。我们一直视霍夫曼斯塔尔为理想中的亦师亦友的人物，因此，对于他的一切动向，我们都格外关注。一天，在看报纸的时候，我们发现边角处有一条简短的告示。告示上说，霍夫曼斯塔尔即将举办一场关于歌德的演讲会，地点在学术俱乐部。得知此事的我们异常兴奋——这样一位天才居然会在那么小的地方作演讲，这也太难以置信了！我们都知道霍夫曼斯塔尔极受仰慕，所以一开始，我们还以为举办演讲会的大厅会人满为患。不过，借此机会，

[1]　弗里德里希·荷尔德林（Friedrich Hölderlin, 1770—1843），德国著名诗人，古典浪漫派诗歌的先驱者，代表作为《自由颂歌》和《人类颂歌》。

[2]　贾科莫·莱奥帕尔迪（Giacomo Leopardi, 1798—1837），意大利浪漫主义诗人。

我们也恰好再一次验证了：虽然我们这些中学生年纪小，看起来无足轻重，但我们对社会流行风向的感知是非常准确的。验证这一点的不仅是这次演讲会，也不仅是在霍夫曼斯塔尔身上。相比于维也纳的社会大众和官方媒体，我们的脚步是远远超前的。

为了抢占座位，心急如焚的我们专门提前半个小时就动身前往那里。结果事实证明，我们完全没必要那么做，因为那个小型的演讲大厅里只来了一百三四十人。当我们到场后，仅过片刻，一个又瘦又高、相貌平常的年轻人从我们身边经过。只见他径直走上讲台，然后马上开始了他的演讲。他的这一系列动作干脆利落，没给我们充足的时间去细细端详他。他举止灵活，比我们想象的要年轻些。他的胡子尚未完全成形，看起来很柔软；他的面部轮廓十分鲜明，面色黝黑，与意大利人有些相似；他的面部肌肉绷得很紧，一看就知道他有些紧张，而他那双眼睛也进一步印证了这一点；他的瞳孔是黑色的，目光很温和。从那双显然是高度近视的眼睛中，我们看到了局促不安。但是很快他就进入了状态，像善于游泳的人纵身跳入自己熟悉的河流中一样，开始流畅地演讲起来。随着演讲的进行，他的动作和神态都越来越从容自在。起初的那种拘谨全都消失不见了，取而代之的是彻底的放松和挥洒自如的表达。作为一位富于灵感的人，他在日常生活中就是这种状态——这是我在日后与他的交谈中观察到的。

他刚说头几句话，我就听出他的嗓音并不那么动听，而且偶尔有些尖锐，像是用了假声一样。不过，久而久之，我们都被他演讲的内容所吸引，听得热血沸腾，所以对他的嗓音和样貌也就不再那么关注了。他手里既没拿演讲稿，也没拿内容提要，也许他连细致的准备工作都没做过。但这并不影响什么，因为他拥有与生俱来的天赋，知道该怎样去运用语言所具有的形式感，而他是唯一一个懂得运用这种技巧的人。正因如此，他所说的每一句话都堪称完美无缺。他先是提出一些大胆的对立命题，当听众感到迷茫之际，他再抽丝剥茧般逐步分析，随后他又马上给出结论，并且这结论在逻辑上清清楚楚、无可挑剔，就这样，一个难解的问题被他完美地解决了。在听霍夫曼斯塔尔的演讲时，听众会有这样一种感觉——他所讲的内容，不过是他从他丰厚的知识储备中随意提取出来的一点而已。在演讲方面，他的技巧相当娴熟，他的知识广博而深邃，因此，即便就演讲中的任何一个细节问题铺展开来，进行更深入的分析和说明——也就是说，演讲时间即使再延长几个小时，这场演讲也不会降格，不会令人感到乏味。关于这一点，在场的听众应该都有这种感觉。

在今后很长的一段时间里，在与霍夫曼斯塔尔单独交谈中，我每次都能感受到他的这种独特的吸引力。事实上，他的确像斯蒂芬·格奥尔格对他的赞扬那样名副其实。斯蒂芬·格奥尔格曾说："他堪称一位了不起的开创家，不仅开创出了恢宏大气的诗歌，而且开创出了充满趣味的对话。"霍夫曼斯塔尔是个不拘小节、急性子的人。在日常与人的交往当中，内心敏感的他总是情绪不太稳定，郁郁寡欢。总的说来，跟他相处并不是一件容易的事。但是，当他被某一个话题所吸引时，他就会热情高涨，并且很快就能把话题引到他自己熟悉的知识范围内，或者只有他才知道的知识上。在与我交谈过的所有人当中，在思想深度上能与霍夫曼斯塔尔比肩的，只有成熟稳重、思路清晰的瓦雷里和性格急躁的凯泽林[1]。

在灵感爆发之际，霍夫曼斯塔尔仿佛能瞬间激活储存在自己知识宝库中的任何书籍、画作、景色。在运用比喻的时候，他的手法极为贴切，浑然天成，就像用左右两只手互作比喻那样。在表达观点的时候，他总是旗帜鲜明，就像把舞台上的布景板放到广袤无边的蓝天前那样。那次演讲会使我第一次对他那种鼓舞人心的、仅靠理性并不足以彻底理解的神秘气质有了最真实的感受。在那之后我与他的单独交往中，我同样有这种感受。

霍夫曼斯塔尔在余生当中再也没有超越过他在十六到二十四岁期间所创造的那些辉煌成就。他后期创作了优雅的散文，创作了一些戏剧段落，还创作了《安德烈亚斯》的部分篇章——作为一部未完结的作品，它也许堪称德语长篇小说之最。虽然我并不否认自己仍很欣赏这些作品，但由于他的戏剧写实性越来越强，功利和迎合时代审美的意味越来越明显，他过去那种令人如坠梦中的笔法已逐渐逝去了，他在稚嫩时期创作的那些诗歌中的纯粹的灵感也逐渐逝去了，随这些一并逝去的，还有他对我们这些在艺术方面吹毛求疵的年轻人的吸引力。作

---

[1]　赫尔曼·凯泽林（Hermann Keyserling，1880—1946），德国哲学家、旅行家、东方学家。

为未成年人的我们，凭自己独特而神秘的直觉预感到，在我们这代年轻人中，像霍夫曼斯塔尔那样神话般的事迹是不可复制的，也就是说，从今以后，我们当中再也不会涌现出像他那样的人了。

巴尔扎克曾用自己独一无二的手法描绘拿破仑这个楷模人物是如何令法国的一整代人群情激昂、奋发向上的。一名不起眼的少尉在历经种种后，最终竟然登上了皇位。这种事迹不仅轰动世界，而且令人感到匪夷所思。这不光是他个人的成功，还是年轻一代思想发展的成功。他的事迹仿佛在向人们宣示：并不是非得出身于王侯世家，才能在年纪轻轻时拥有权力和地位。即便是出身普通，甚至出身贫寒的一个人也可能在二十四岁时就当上将军，三十岁时就成为法国的领袖，而且如无意外的话，很可能在不久的将来成为世界领袖。在拿破仑这种绝无仅有的成功经历的激励下，成百上千的人辞掉了不起眼的工作，离开了没有发展前景的城市。自从有了波拿巴少尉这个榜样，法国的这代年轻人个个雄心高涨。拿破仑缔造了一支雄伟的军队，受他提拔的将军们纷纷在前面冲锋陷阵；他也缔造了《人间喜剧》中的主角，以及里面无数的异军突起者。

当一个年轻人在某件事上获得了前所未有的成功时，仅凭这一点，他的卓越表现就不仅会使自己身边的人备受鼓舞，而且能使未来的年轻人大受振奋。同样的，对我们这些还没有什么能力的人而言，霍夫曼斯塔尔和里尔克所取得的那些成就产生了非同凡响的激励作用。我们并不指望我们这代人当中还能再出现一个像霍夫曼斯塔尔那样的人物，再创造出他那样的神话。不过，只要有一个他这样的例子在，我们就会感到信心满满、干劲十足。他的例子切切实实地证明了一件事，那就是，即便生在我们这个时代，即便生活在我们这个城市，即便与我们有同样的处境，一个人照样有当上诗人的可能。

霍夫曼斯塔的父亲——一位银行经理，与我们同属犹太市民阶层。霍夫曼斯塔尔这位天赋异禀的诗人从小到大的经历跟我们一样：他住在我们住的那种房子里，他家的家具跟我们家的也没什么分别；从幼年时期开始，他就被灌输跟我们一样的道德观；他的中学生活跟我们一样枯燥乏味；他跟我们修读一样的课程，坐一样的硬板长条凳，而且一坐就是八年时间；他跟我们一样难以忍受校园生活，且有强烈的精神追求。但是，当他因坐在硬邦邦的凳子上而磨破裤子的时候，当他在体操室里用高抬腿的方式走来走去的时候，他却能摆脱束缚他的城市和家庭环境，纵身跳入一个广袤无边的精神世界。在一定程度上，霍夫曼斯塔尔的例子向我们表明了这样一种可能性：像我们这个年纪的中学生，即便每天如同生活在囚笼里一样，却还是有可能创作出美妙的作品，甚至是无可挑剔的作品。不管是在家里，还是在学校，我们都跟他一样，被人视为微不足道的小孩子，可他却能发表作品，并且因此而获得了极高的声誉。在尚未成熟的人眼中，这是一种多么具有吸引力的经历呀！

至于里尔克，他对我们产生的影响是不同的。如果说霍夫曼斯塔尔的事迹对我们产生了激励作用的话，那么里尔克的事迹则对我们产生了安慰作用。霍夫曼斯塔尔是一个我们可望而不可即的人物，即便再不知天高地厚，我们当中也不会有谁认为自己能与他相提并论，因为那无异于自取其辱。我们都明白，像霍夫曼斯塔尔这样小小年纪就在文学造诣上已臻化境的人，他所创造的这种神话是前无古人后无来者的。同样都是在十六岁的年纪，当我们拿自己的诗和霍夫曼斯塔尔的一比较，便顿觉羞愧难当。在知识储备方面，与霍夫曼斯塔尔相比，我们也一样自惭形秽，因为在读中学的时候，他便已学富五车了。但是里尔克就不一样了。虽然早在十七八岁的时候，他就已经开始进行文学创作了，但把他和霍夫曼斯塔尔两个人在早期创作的诗歌放在一起对比的时候，就会发现，里尔克的诗歌明显是单纯稚嫩的。也就是说，他与霍夫曼斯塔尔之间的差距是显而易见的。只有当我们以包容之心看待时，才能发现里尔克身上有些许天才的影子。作为一位诗人，里尔克并非一夜之间成名的，他开始受到我们的热烈追捧时，已经有二十二三岁了。毋庸置疑，他的这种经历对我们产生了莫大的安慰作用。像霍夫曼斯塔尔那样，在读中学时的文学水平就已经达到了完美的境界，这固然值得羡慕，但我们并不是非得像他那样不可。我们也可以效仿里尔克，通过日积月累不断进步，最终成为一位伟大的诗人。当发现自己的作品还不够成熟、欠缺责任感时，我们没必要自暴自弃，觉得自己这辈子都不可能创作出好作品了。像霍夫曼斯塔尔那样的神话或许不可复制，但我们可以选择另一条道路，就是像里尔克那样，一开始普普通通，然后稳步发展，直至取得成功。

从很小的时候开始，我们中的一些人就利用业余时间写文章或写诗，学各种乐器，热衷于朗诵。年轻人有这些喜好，其实并不难理解。对于自己喜爱的东西，年轻人的态度一向都是毫不懈怠的，其原因在于，从自己喜爱的东西上获得某种感觉后，再对这种感觉进行创造性加工，这是年轻人的天性。就拿年轻人对戏剧的喜爱来说吧，他们的目的是有朝一日能成为戏剧演员，或者至少能在剧院里做点事情。在钦佩那些天才的同时，他们也势必会反观自己，看自己在身体或精神上有没有成为天才的潜力。因此，在那时候，我们班创作气氛浓厚的情况不仅与维也纳这座城市的气氛相符，而且也与当时我们所处的特定环境相符。发现自己具有某种天赋，并把这种天赋展现出来，这是我们所有人的愿望。

记得当时，我们班上有四五名同学渴望成为演员，为此，他们以城堡剧院的演员为榜样，学习其唱腔和语调；在台词和朗诵方面，他们坚持不懈地进行练习；每当有表演课时，他们就溜进去偷听；趁着学校休息时间，他们会各自担当不同的角色，尝试表演一些古典戏剧的片段。至于班上的其他人，则为他们的表演充当观众，我们会带着挑剔的眼光兴致勃勃地欣赏。我们班上还有两三名同学喜爱音乐，并且在这方面有着不错的修养。至于将来会不会去当作曲家、演奏家或指挥家，他们还不确定。正是这几名同学使我对新兴音乐有了初步的认识，因为尽管那时候爱乐乐团经常来找我们这些学生索要新兴音乐的曲谱和歌词，但在他们正规的音乐会中，我们是完全听不到这些新兴音乐的。我们班上还有一名同学非常喜欢画画，他有一位非常有名的画家父亲。那时候，他会在课上画画，把我们的作业本画得满满当当。此外，他还给同学们画肖像画，班上有潜力成为天才的同学每人都有一幅。然而，在我们班，喜爱文学的同学是最多的。在互相勉励下，我们的文学水平提高得越来越快。我们会把自己创作的每一首诗都拿出来互相交流。在这种努力下，尽管我们只有十七岁，但我们的文学水平要比那些业余的文学爱好者高得多。不仅如此，我们还取得了一定的实绩，一些不太出名的地方报纸和新兴的重要杂志都刊登过我们的文章，这就是证明。而最有力的证明是，我们甚至赚到了稿费。

在我们班上，我最敬佩的一名同学名叫 Ph. A.。他是我心目中的天才。他的作品曾被刊登在当时最出名、最奢华的刊物《潘神》上，而且他的名字非常醒目地排在最上面，与德默尔[1]和里尔克的名字并列。我还有一位名叫 A. M. 的同学，他用"奥古斯特·厄勒"的笔名在《艺术之页》上发表过文章。要知道，在当时的德语杂志中，《艺术之页》是出了名的苛刻、守旧，也就是说，在那上面发表文章实属不易。事实上，这本杂志是斯蒂芬·格奥尔格专门保留的一片文学小天地，其作者和读者都是经过严格筛选的。再说说第三名同学，得益于霍夫曼斯塔尔的激励，他以拿破仑为主角创作了一个剧本。第四名同学，他取得了两项成就，其一是提出了一种全新的美学理论，其二是创作出了余味悠长的十四行诗。至于我，我的文章被刊登在《社会》和《未来》上。其中，《社会》是一家当时很流

---

[1]　理查德·德默尔（Richard Dehmel，1863—1920），德国诗人。

行的重要报纸，而《未来》是由马克西米利安·哈尔登 [1] 负责主编的周刊，内容以新德国的政治和文化史为主。

回顾往昔，我不禁深深感叹，在十七岁的年纪，我们居然能有那么丰富的知识，那么纯熟的文学技巧，那么高的艺术水平，这的确很不可思议，而且我确定自己的这种评价是公正客观的。至于造成这种现象的原因，只能用霍夫曼斯塔尔的年少成名来解释，有他这样的天才作榜样，我们才有了积极进取、力争上游的动力。我们能熟练地运用各种语言技巧、各种修辞手法以及各种奢华的表达方式。通过一次次的练习，我们学会了写诗的各种技法，从品达 [2] 的那种悲伤抒情，到民歌的那种朴素自然。每天，我们都会拿出各自的作品互相交流、互相指正，就每一处韵脚认真讨论。那些不切实际的老师除了会在批改作业时用红笔圈点我们少写了几个逗号以外，什么都不知道。而实际上，我们同学之间从很早以前就开始互相指正了，就连那些大报纸的评论家点评古典大师，都不像我们那样审慎、苛刻、专业。长期以来，我们一直保持着这种习惯，因此，临近中学毕业那几年，无论是在文学判断力上，还是在文学表达能力上，我们的水平甚至已经超过那些专业评论家。

对于我们在文学上的早熟，我所作的这些实实在在的描述，或许会使人认为我们都是天才儿童，但事实上我们并不是。在

---

[1] 马克西米利安·哈尔登（Maximillian Harden, 1861—1927），德国政治家、作家。

[2] 品达（Pindar, 518？—438？），古希腊抒情诗人。

那时的维也纳，我们学校附近的十多所中学里，学生从小小年纪起便热衷于文学并且大有收获的情况是很普遍的。再者说，像我们那种情况也不可能只是个例。导致这种情况的，是一种令我们感到庆幸的环境，它包括维也纳这座艺术氛围浓厚的城市，包括我们那个不以政治为中心的时代，包括在两个世纪新旧交替之际，在思想和文学的新趋势下出现的一种全新的、发展十分迅速的新形势，也包括我们本身就有的想要从事文学创作的意愿。

　　而在我们当时那个年纪，有从事文学创作的意愿是必然的。哪个青春期的少年会没有作诗的兴致或冲动呢？尽管在很多时候，那种兴致或冲动仅仅是心中一时所起的小小骚动。这种爱好不过是他们青春活力的表现罢了，因此，他们能把某个爱好长久持续下去的情况非常罕见。比如，我前面说过的那四五个喜欢表演的同学，他们后来谁都没有真的去当演员。曾在《潘神》和《艺术之页》上发表过文章的那些同学，后来也没有真的成为诗人——诗情如昙花般短暂地显露过后，他们便过起了平庸的生活，有的当了律师，有的为政府效力。回想起自己过去的远大理想时，他们或许会感到惆怅，或许会感到可笑。在所有同学当中，我是唯一一个始终热衷于文学创作的。不仅如此，这种爱好也是我活着的意义和核心。时至今日，回想起过去那些同学给过我的莫大帮助时，我仍然心存感激。

　　在我们那些激烈的讨论中，在那种互相竞争的氛围中，在那种互相鼓励、互相指正中，无论是我的笔法，还是我的头脑，都变得越来越灵活。不仅如此，我的精神世界也变得越来越开阔、越来越深邃。一想到那种轻松自在、令人愉悦的氛围取代了原本枯燥乏味的校园生活，我便不免感慨万千。舒伯特的一首经典歌曲里有这样一句歌词："令人着迷的艺术哇！每当我们感到无尽的空虚时，你总是能把我们带到一个更加美妙的世界，并让我们沉浸其中。"如今的我每次听到这首歌时，过去那些场景就清清楚楚地重现在眼前：那时的我坐在硬邦邦的凳子上，双肩低垂，一副可怜兮兮的模样。放学后，我在回家的路上品评和朗诵诗歌，与此同时，我的双眼中闪烁着激动的光芒。我一心沉浸在自己的爱好之中，至于那个把我围困起来的小地方，早就被我抛在脑后了。此情此景，的确就像歌词里说的那样："你总是能把我们带到一个更加美妙的世界，并让我们沉浸其中。"

我们痴迷于艺术，过度地推崇"美"，甚至到了荒谬的程度，这些自然是以损失掉其他方面的爱好为代价的。现在，当我扪心自问：那时候，上学、吃饭、洗漱这些必须要做的事情已经把白天的时间都占满了，我们哪还有时间去读书呢？这时候我才发现，为了读书，我们牺牲了大量的睡眠时间，以至于白天我们无法再神采奕奕，身体健康也受到了一定的影响。每天早上，我都在7点钟起床，这是雷打不动的，而在夜里挑灯夜读，直至凌晨一两点钟，这也是雷打不动的。此外，我还有一个从那时起便养成、至今依然保持着的不良习惯，那就是即使已经三更半夜了，我还是会坚持看一两个小时书。

在我的印象中，我当时每天都是这样一种状态，无一例外：早上，我睡眼蒙眬地醒来，草草洗一把脸，赶在迟到前的最后一分钟迅速朝学校走，一边走，一边还吃着手里的黄油面包。我们那些一心只知道读书的迂腐学生，一个个脸色蜡黄，瘦得不成样子，看起来就像生瓜蛋子。在穿着方面，我们也都不修边幅。以上种种，其实都没什么好稀奇的，因为我们把所有的赫勒[1]都花在看戏、听音乐会、买书这些事上了。再说，对于是否讨女孩喜欢这种事，我们完全不在意。相比之下，我们更看重的是自己能否得到层次更高的人的赏识。受一种先入之见的影响，我们骄傲且片面地认为，在智力方面，女人就是不如男人。因此，我们认为跟女孩出去散步这种事纯属不务正业，而且也太浅薄了，无异于浪费宝贵的时间。

对于所有的体育运动，我们也毫不在意，甚至心存鄙视。换作当代的年轻人，也许会觉得这很不可思议。当然了，在 19 世纪，热衷于体育运动的风气还只停留在英国，还没有蔓延到欧洲大陆。在如今的体育场上，当一名拳击手用拳头接连不断地狠狠攻击对手的下巴时，数以万计的观众会发出山呼海啸般的叫喊声。而那时候，我们并没有这种体育场。如今，当有曲棍球比赛时，报社记者会通篇报道此事，那篇幅长得简直跟荷马史诗一样。而在我们那时候，田径、摔跤、举重这类比赛只会在郊外举办，参加比赛的也往往都是屠夫或搬运工这类人。那时候，每年倒是有那么几场赛跑能引得上层人物的关注，令他们亲自到场去观看，因为该项运动带有些许的文雅和贵族味。然而，对于我们这些把所有体育运动都视为浪费时间之举的人

---

[1]　赫勒（Heller），一种奥地利的货币，1 赫勒 =0.01 克朗。

来说，这些比赛同样没有任何吸引力。自从十三岁时起，我就告别滑冰运动了，因为那时候我开始受到感染，喜欢钻研各种知识，也喜欢上了文学。父母希望我去学跳舞，但我把他们给我的这项学费全花在买书上了。直到十八岁时，我还对游泳、跳舞、网球这些运动一窍不通呢。直到现在，无论是骑自行车，还是开汽车，我都不会。在体育运动方面，即便是一个十岁的男孩也可以随意嘲笑我。即便到了1941年的今天，要是有人问起棒球与足球、曲棍球与马球之间有什么不同之处，我还是会答得模棱两可。报纸体育版面上的所有文字，在我看来都跟中文一样，完全看不懂。对于体育运动的速度快慢、评分机制，我也一点都搞不懂。在这方面，我跟那位波斯沙阿[1]差不多。说起那位波斯沙阿，有这样一段关于他的故事：当有赛马运动时，有人唆使他去参加，但他以一种东方人特有的智慧回复道："我明明早就知道，势必会有一匹马胜过另一匹马，为什么还要去参加呢？无论哪匹马获胜，都与我毫不相干，难道不是吗？"对于锻炼身体这件事，我们也不够重视，因为我们同样认为那是浪费时间之举。唯一能让我们有些兴趣的，恐怕就只有下棋了，其原因在于，下棋时需要动脑思考。

尽管我们都在朝着当诗人的方向前进，或者认为就潜力而言，我们是有能力当上诗人的，但对于身边的自然景色，我们却很少去细细观察。这岂不更荒唐？在二十岁之前，对于维也纳周遭的自然景色，我基本没有认真观赏过。当美丽而炎热的

[1] 又称沙赫，古代波斯皇帝的汉译名。

夏天到来之际，整座城市变得异常冷清，而我们却反倒对它更痴迷了，其原因就在于，在这个季节的咖啡馆里，各种刊物的品类要比平时多，而且也更容易早些看到。

在尚未成熟的年纪，为了多看点书和快点看书，贪心的我始终活在一种过分紧绷的状态中，这造成了我在体能方面的迟钝。为了挽回这一点，我后来花了好几年，甚至好几十年的时间。尽管如此，当回想起中学生涯的激情澎湃，回想起那种只用眼睛去看、只用头脑去思考的生活时，我一点都不感到遗憾。因为那种生活，我的血液里渗透进了一种对知识的强烈渴望，而这种渴望是我终生都不舍得抛弃的。有那几年的经历做基础，后来的我无论是在读书上，还是在学习上，都倍感轻松。在锻炼身体方面有所缺失是有机会弥补的，但在智力提升方面，或者说，对事物的领悟能力方面，一定要把握住最关键的、正处于成型期的那几年。放开怀抱的这种心态一定要趁早形成，一个人只有这样，他的心灵才有可能在未来足以容纳下整个世界。

在年轻时，我们真切地感受到：一些新事物正从艺术界酝酿出来。与那些令过去的我们和我们的父辈们感到满足的事物相比，这些新事物更有激情、更复杂，同时也更具吸引力。然而，由于我们的注意力被艺术界的这些新事物所吸引，所以我们并没有发觉，事实上，这些发生在艺术界的变化，不过是更多、更深刻的变化的前兆而已。未来将要发生的乃是惊天剧变，而这种惊天剧变最终将彻底颠覆我们父辈的那个世界，也就是那个曾经的太平盛世。在古老的奥地利萎靡不振之际，一场举世震惊的关于社会结构的大改革即将爆发。几十年以来，普通民众一直受到自由派资产阶级的统治。过去，他们对此毫无怨言，但现在，他们忽然不打算安于现状了。为争取自己应得的权利，他们成立了各种组织。在19世纪，尤其是世纪末那十年，原本安稳舒适的生活氛围被政治的狂风骤雨给打破了。即将到来的20世纪渴望的是新秩序和新时代。

在奥地利，各种群众运动风起云涌，其中最早兴起的是社会主义运动。此前，我们一直误以为选举权是一项所有民众都拥有的权利，但事实上，拥有这项权利的只是那些纳了税的有产阶级。虽然凡是在涉及利益的问题上，那些有产阶级推选出来的议员都是为自己所在的阶级说话，可在国会中，他们却以所有民众的代言人自居。由于他们接受过教育，甚至大多数人接受过高等教育，所以他们自视甚高。他们看重身份和面子，在言行举止方面总是保持优雅，把国会会议搞得像高端俱乐部在夜晚举办的探讨会一样。作为自由主义的忠实拥护者，作为出身资产阶级的民主主义者，这些人发自内心地认为，要想推动社会进步，就要保持理性、态度宽宏。因此，他们认为，解决矛盾的最佳策略就是作出些许让步，逐步提高所有民众的福利待遇。然而，他们压根儿就没注意到这样一个事实：一个州的民众数量高达几十万，甚至几百万，他们的意见却只代表了其中的五万或十万人，而且这些人还都是生活在大城市里的有钱人。

在同一时期，工业化生产也产生了一定的影响。过去，工人们是散落各地的，而现在，他们聚集在了一起。为满足奥地利无产阶级的需求，伟大的维克托·阿德勒[1]医生创立了一个党派，名为社会民主党。按照无产阶级的要求，赋予民众选举权时，应无视身份，做到真正的公平。但在这种制度的实施之初——事实上，无视身份的选举制度是在强制下实施的，原本十分受推重的自由主义就将自身的弱点暴露无遗了。当自由主义退居幕后时，政治气氛再也不像过去那般和谐了。如今，全国各地的激烈矛盾纷纷显现出来。斗争来临了。

对于奥地利社会民主党发生关键性转折的那一天，尽管当时的我还非常年幼，但我至今仍印象深刻。为了首次彰显这个阶级的人数多、势力大、能量强，工人们公开宣布，要把每年的 5 月 1 日定为劳动节。他们也打算上街游行，游行地点在普拉特绿化区。此外，他们还特地宣称，游行队伍会穿过一条重要的街道——那是一条宽广美丽的林荫大道，道路两侧种植着栗子树。过去常从那里经过的，只有贵族和有钱人的马车或豪华的车辆。听到工人们宣布的内容，一向信奉自由主义的、心性纯良的民众被吓坏了。在那时的德国和奥地利民众心目中，"社会主义分子"与过去的"雅各宾派"以及后来的"布尔什维克主义"一样，是个充满血腥和恐怖意味的词。民众都认为，当那群来自郊外的、红色政治的代表来到市区内时，他们不可能不做出抢劫放火之类的坏事，或者其他令人难以想象的恶行。想到这一点，市区的民众陷入了恐慌。普拉特绿化区的各个街

----

[1] 维克托·阿德勒（Victor Adler，1852—1918），奥地利政治家，奥地利社会民主党领袖。

道上遍布着来自市内和郊区的警察，军队也进入了警戒状态。无论是私人的豪华马车，还是普通的出租马车，都不敢在街上行驶了。商铺老板纷纷用铁制的挡板挡住窗户。包括我在内的所有孩子在那天都被父母严令禁止上街，因为那天的维也纳很可能是一片烈焰冲天的景象。然而，出人意料的是，人们想象中那些可怕的事一件也没发生。工人们连同各自的家眷每四人一排，整齐有序地列队进入了普拉特绿化区。每个人都把党派的标志插在衣领的扣眼里，那标志是一朵红色的丁香花。在游行之初，他们口中唱着《国际歌》。进入那条充满贵族气息的重要大道时，游行队伍中的孩子们唱起了令人心情舒畅的校歌。动手打骂和振臂高呼的情况都没有出现。面对游行队伍时，警察和士兵们甚至还露出了充满善意的笑容。

在此次游行中，工人们的态度堪称无可挑剔，因而后来在评价他们的时候，那些中产阶级再也没用过"革命暴徒"这类贬义词，因为那显然与事实不符。最终的结果是，对峙双方各退一步。在历史悠久、富有智慧的奥地利，每当有这类情况发生时，最后往往都是这样解决的。那时候不同于现在——那时候，即便是那些操纵政党的首脑人物，他们身上也依然散发着理想和人性的光芒，只不过没那么耀眼罢了。而现在，当发生同样的事情时，政府会执行新制度，即用大棒穷追猛打，或者干脆进行种族灭绝。

继红色丁香花这种党派标志出现后，没过多久，社会上又出现了一种白色丁香花标志。这个标志代表的是基督教社会党，其党派成员同样把标志插在自己衣领的扣眼里。如今看来，那个年代的各个党派还是很令人动容的，毕竟在党派标志的选择上，他们用的是花朵，而不像后来那样，用的是翻口高筒靴、短剑、骷髅头。

基督教社会党的成员全都来自小资产阶级。这个党派旨在与无产阶级形成对抗之势。从本质上来看，它不过也是工业化生产模式在取代传统的手工生产模式时所产生的一种副产物而已。在工业化生产模式中，大量劳动者聚集到工厂，成为工人。这些工人拥有了一定的权利，社会地位也有了一定程度的提高。但换个角度来看，工业化生产模式也对另一些人的生存造成了威胁。面对大商铺和批量生产出来的商品，小资产阶级和小手工业者均濒临破产。

看到了普通民众和小资产阶级的这种担忧和不满，卡尔·卢埃格尔博士趁机提出了一个口号——"小人物必须获得帮助"。于是，这位受人爱戴的、机敏的、有能力的领导者渐渐拥有了大批拥护者。对他的那些拥护者而言，从有产者沦为无产者这件事的恐怖程度，要比他们对富人的妒忌程度更甚。而日后，希特勒获得的第一批拥护者，也正是这群充满担忧和不满的人。在对反犹主义口号肆意利用这件事上，卡尔·卢埃格尔可算作希特勒的老师。这一口号的提出相当于旗帜鲜明地树立起了一个可被攻击的对象，它不仅使小资产阶级把恨意转到了这个对象身上，而且也在无形之中吸引了他们的注意力，使他们不再把目标对准贵族阶级和大地主。

不过，卡尔·卢埃格尔与希特勒之间还是有区别的。从他们二人的区别当中，我们不仅可以看出当今的政治是怎样被世俗和暴力所充斥的，而且也可以看出，我们所在的那个世纪发生了何种惊人的退步。在维也纳，民众都称呼卡尔·卢埃格尔为"漂亮的卡尔"，因为他蓄着络腮胡，胡须呈金黄色，质地很柔软，整个人看起来仪表非凡。他不仅接受过高等教育，而且在个人素质上，他也与那个追求精神上的满足、热衷文化的时代完全契合。他性格豪爽、幽默风趣，在语言表达方面格外出众。他始终风度翩翩，即便在慷慨激昂的演讲当中也是如此。无论说话还是做事他都非常慎重，从不说脏话，也从没有过任何粗野的举动，他也以同样慎重的态度去限制机械工和裁缝们的言行举止。在与竞争对手相处中，他一直不失君子风范；在私生活方面，他作风朴素，无可指摘；尽管在政治倾向上他是个反犹主义者，但在与自己过去的犹太朋友相处时，他并未受政治倾向的影响，而是始终保持着友善和关爱的态度。

弗朗茨·约瑟夫皇帝一直是排斥反犹主义的，因此，当人们先后两次推举卡尔·卢埃格尔为维也纳市市长时，他都没有答应。后来，卡尔·卢埃格尔终于获得了维也纳市议会的肯定，当上了维也纳市市长。在处理政事时，他始终保持着公平。在施政成绩方面，他堪称无可挑剔，甚至可以说是民主楷模。在基督教社会党这个反犹主义政党尚未夺取胜利之前，生活在维也纳的犹太人无不战战兢兢、如履薄冰。但卡尔·卢埃格尔上任后，犹太人依然享有过去那些权利，也依然受到尊重，一切都跟过去没什么两样。毕竟那时候，时代的血液还没有被仇恨和"不是你死，就是我亡"的毒素所侵染。

然而在这时候，社会上又出现了第三种花。这种花是俾斯麦的最爱，同时也是德意志民族党的标志——蓝色矢车菊。德意志民族党想进行激烈的社会改革，然而，那时候的人们尚未看清它的这种本质。这个党派旨在彻底推翻奥地利的君主政权，重新建立一个大德意志国家，这个新政权是归属于普鲁士和新教的，这个目标也正是后来的希特勒做梦都想实现的。

当时，三个党派的人员分布情况是这样的：基督教社会党的成员主要分布在维也纳和周边的乡村，社会民主党的成员主要分布在核心工业区，至于德意志民族党，其成员差不多都分布在波希米亚和阿尔卑斯山那一带偏远地区。尽管德意志民族党因成员少而显得势单力薄，但通过各种骚扰和暴力手段，它缩小了自身与其他两党在地位上的差距。

站在传统的角度来看，隶属德意志民族党的几名议员不仅严重地损害了奥地利国会的声誉，而且也成了暴虐政权的象征。希特勒不仅跟他们一样，是在奥地利的偏远地区出生的，而且他还传承了那几个人的政治思想和政治谋略。从格奥尔格·舍纳雷尔[1]那里，希特勒传承到了一个口号："挣脱罗马的束缚！"那时候，德意志民族党几千名说德语的成员都奉行着这个口号。为了触怒皇帝和天主教徒，他们抛弃了天主教徒的身份，转而成为新教教徒。舍纳雷尔这位卓越的模范人物曾宣称："据一位伟大的名人所说，犹太民族是这个世界上最卑贱的民族。"希特勒除了把他的反犹主义理论悉数照搬过来以外，还效仿他

---

[1]　格奥尔格·舍纳雷尔（Georg Schönerer，1842—1921），奥地利政治家，致力于鼓吹德意志种族主义思想。

的例子，起用了一支滥用武力的先锋队。通过这种尝试，希特勒悟出了一个道理，那就是：尽管对手人多势众，但他们都敦厚老实，受了欺负也不敢反抗，因此，对付这些人并不需要人多，只需要用各种威吓手段即可。

希特勒手下的先锋队队员以为国家社会主义效力的名义，手拿橡皮棍闯入集会现场肆意捣乱，又趁夜幕降临之际对反对者下黑手。同样的手段，当年舍纳雷尔的德意志民族党也用过，只不过为其出手的是奥地利大学生联合会的大学生们。由于按当时的法律，部分大学生相当于拥有豁免权，所以在这种情况下，那些大学生所采取的暴力手段可谓前无古人。每次有所行动时，他们都站排前进，途中要么大声呼喊口号，要么吹着口哨，就像士兵那样。他们成立了一个名为"兄弟社"的组织，该组织的很多成员脸上都有疤，而且常常在喝醉酒时公然寻衅滋事。其他大学生平时都只戴臂章和学生帽，而他们那些人则手中握着沉重的棍棒，到处惹是生非，因此，大学校园被他们给控制了。校园里的斯拉夫人、犹太人、天主教徒以及意大利人都挨过他们的打。不光是打，他们还把那些毫无还手之力的大学生从大学校园里驱逐出去。每逢周六，这群大学生都要四处行凶作恶。他们把自己的这种行为称作"闲游"，而这种所谓的"闲游"每次都会给他人造成伤害。由于大学生享有一种由来已久的特权，因此，当大学校园内发生违法行为时，警察是不能进去执法的。当那群学生在校园内为非作歹时，警察除了眼睁睁地看着以外，什么都做不了。只有当那些受伤的学生被人从楼梯口抬走丢到大街上时，警察才能发挥职能送伤者前去就医。

　　在奥地利，德意志民族党虽然党员数量少，但那些人却很会为自己造势。每当这个党派想要做些什么时，那群大学生总会为其充当先锋扫除障碍。记得那时候，在获得皇帝和帝国议会的批准后，巴德尼伯爵决定推行一部语言条例。如果该条例能够顺利推行的话，那么奥地利各民族之间的矛盾便可以得到缓和，帝国的统治也将有可能再延续数十年。然而，那群受到蛊惑的大学生却跳出来反对，并为此控制了环城大道。为了镇压他们，政府只能无奈地派出了手握刀枪的骑兵。可悲的是，在那个普遍奉行自由主义、讲求人道主义精神的时代，每当社会上发生暴力事件时，政府总是非常担心出现伤亡，态度也总是不够强硬。面对德意志民族党的此次暴行，政府妥协了。最终的结果是，总理被解除职务，原本毫无问题的语言条令也不再继续推行下去了。在政治领域，这种通过暴力手段解决问题的最初尝试表明了它是卓有成效的。过去，由于时代的宽容，不同民族、不同阶级之间的矛盾和隔膜本来已经得到了一定程度的修复，但受此次暴力事件的影响，过去的努力在瞬间化为乌有，而且情况比过去更糟糕了——在不同民族、不同阶级之间，从此横亘着一条难以跨越的鸿沟。实际上，在 20 世纪即将来临的那十年，奥地利已不可避免地要爆发全面内战了。

　　尽管国家面临着如此重大的危机，但我们这些年轻人却依然沉湎于看书或画画，甚少关注政治问题和社会局势。那些争论不休的声音不仅与我们的生活毫无关系，而且也令我们感到很不舒服。在选举之际，整座城市都沸腾了，而我们的目的地却是图书馆；在民众进行集体武装行动之际，我们在搞文学创作，或探讨诗歌。我们就像古时候的伯沙撒国王[1]那样，只专注于品味眼前的艺术盛宴，却丝毫都没留意墙上的各种红色标语，也丝毫没产生警觉之心，没有抬起头来往前面看看。直至数十年后，头上的屋顶和四周的墙壁轰然倒塌，目睹了这场景的我们才意识到，其实从很早以前，整栋房屋的根基就已经遭到严重的破坏了。而在欧洲，个人自由也已随着新世纪的到来而逐渐消逝了。

---

[1] 新巴比伦王国的亡国之君。

三

性意识的觉醒

　　在八年的中学生涯当中，我和同学们都面临着这样一个完全私人的问题：我们从刚入学时的十岁小男孩逐渐成长为十六到十八岁的小伙，随着身上男性特征的显现，我们都渴望满足自身本能上的需求。在青春期时，性意识开始觉醒，这看似只是个私人问题，可这个私人问题却是每个身处于该阶段的年轻人所必须直面且要与之长期抗争的，尽管我们每个人所采用的手段不尽相同。

　　在性意识觉醒的时候公开探讨与性有关的问题，这是一项绝对的禁忌。不过，我们这代年轻人在青春期时却不仅思考自身的问题，还会以一种全新的角度去思考很多社会世俗问题，而且在思考这些问题时，我们常常带着批判的眼光。不管是小孩子，还是年轻人，为了不失体统，他们在生活中基本愿意遵守各项规则。不过有个前提条件，那就是大人们也得同样老老实实地遵守那些规则。如果老师或父母做了什么阳奉阴违的事，那么很自然地，他们的这种行为就会迫使年轻人在看待身边的人时抱着质疑和更为严苛的态度。实际情况也的确如此，因为没过多久，我们就发现，在与性有关的问题上，学校、家庭以及社会公共道德都显得极不老实，更有甚者，他们还勒令我们在这件重要的事情上不可以光明正大。

关于性，三四十年前的人们和现在的人们，看法是完全不一样的。在仅仅一代人的时间里，男女关系发生了方方面面的变化，这种变化在公共生活的其他事务上是从未出现过的。造成这种情况的原因有很多，比如妇女解放运动、弗洛伊德提出的精神分析理论、体育运动的逐渐盛行以及年轻人的自由意识开始觉醒等。在19世纪，民众的道德观与维多利亚时期差不多。相比于19世纪，如今的人们在思想观念上已不再那样受束缚，而是变得更加自由了。但说到二者的这种区别时，我们也不应忽视一个具体情况，那就是，面对性这个私人问题时，可以说，19世纪的人们心里是迷茫的，而且他们一直都小心谨慎，不敢轻易对他人提起。不过，在更早的时候，即在宗教信仰依然虔诚的时代，特别是严格意义上的清教徒时代，面对同样的问题人们反倒并不觉得棘手。在中世纪，那些权威人士曾一度坚定地认为，人们之所以追求感官上的满足，是受到了魔鬼的诱惑；情欲是下流的、有罪的东西。在看待人的性欲时，他们也抱着同种态度。为了普及这种古板的道德观，他们实施了各种严苛的禁止令和残忍的刑罚。在信奉加尔文教的日内瓦，情况尤为糟糕。

而在我们如今生活的20世纪，情况就截然不同了。这是一个制度相对宽松的时代，从很早以前开始，人们便不再信仰魔鬼，甚至对神明都不那么信仰。所以，教徒们不会再因性的问题而受到严厉的惩罚，甚至被清除教籍。尽管如此，在20

世纪，性欲还是被视为一种社会不安定因素和有悖伦理的东西。在中产阶级看来，只有婚姻关系是正常的，除此之外，无论哪种模式的自由恋爱关系都是"不正经"的。受这种观念的影响，人们自然不敢光明正大地谈论与性有关的问题。为了调和矛盾，我们那个时代的年轻人想出了一个折中之道。按照那时候的社会道德准则，年轻人可以释放性欲，但他们在做这种令人羞耻的事情时得低调些。这种道德要求背后的逻辑是，既然性欲不可能被彻底清除，那就只好让它以一种隐形的方式存在于世上。因此，在学校里、在家里、在公开场合，人们都默默达成了一致，谁都不去谈论那个令人不适的话题，谁都压制着那些能使人联想到性的想法。

弗洛伊德说过，刻意去压抑性欲不但不能消除它，反而会把它逼进潜意识当中去，而这将导致更危险的后果。当初，我们在没经任何他人指点的情况下就会使用各种隐蔽的办法，回想起这些时，我们都不禁觉得愚蠢和可笑。可是在 19 世纪时，人们都被以下这些不切实际的想法困住了：无论什么矛盾都可以通过理性来解决；只要年轻人将自己的本能深深地隐藏起来，他们的内心就不会出现激烈的躁动；只要绝口不提，年轻人就不会意识到自己还有性需求。那时候，为了压制年轻人的性需求，抱着不切实际的想法的社会各界联合起来，形成了一道警戒线——凡是涉及性欲的，他们一概置之不理、缄默不语。

谈论与性有关的问题仿佛成了一项原则上的禁忌，学校、老师、俱乐部、报刊、书籍、政府部门以及世俗，全都对它退避三舍。在这件事上，就连科学领域都未能免俗。科学研究本应不受任何限制地探讨所有问题，然而，那些从事科学研究的人却加入了拉警戒线的队伍，以一种掩耳盗铃的方式排斥着人类羞于提及的本能。在世俗面前，他们妥协了，并且还给出了这样一番托词：性是一个下流的问题，研究它会有损科学的颜面。当现在的我们翻看那时的书籍时，会发现这样一种现象：无论是哲学书，还是法学书，甚至是医学书，它们的态度都极其小心谨慎，凡是与性有关的问题全都只字不提。在与刑法有关的学术讨论会上，谈到如何能使监狱的管理更加人性化，以及在服刑期间，犯人都受到了哪些不道德、不公平的对待时，与会人员谁都不敢提及性。可事实上，性恰恰是那些问题的核心所在。很多时候，神经科医生明明知道病人为什么会有情绪极为异常的表现，但他们却没有胆量把实话说出来。时至今日，我们还能在弗洛伊德的著作中看到这样的描述：弗洛伊德有一位非常敬爱的老师——沙可 [1]。在他们两个人单独谈话时，沙可曾对弗洛伊德坦言道，对于某些人身上的病，他其实知道病根究竟在哪里，只不过他从没有对外界公布过。看吧，即使像沙可这样的人物，也不得不向世俗低头。

而在那时候，由于文学的主旨在于宣扬"美学之美"，因此在涉及性的问题时，各种文学作品都不敢过于写实。然而，在那之前的数百年间，文学创作者在铺展时代画卷时，他们的作品风格一直是大胆、写实、波澜壮阔的。如今，当我们欣赏

---

[1] 让·马丹·沙可（Jean Martin Charcot，1825—1893），法国神经学家，现代神经病学的奠基人，被誉为"神经病学之父"。

笛福、普雷沃 [1] 神父、菲尔丁 [2]、雷蒂夫·德·拉布列塔尼 [3] 的作品时，仍然可以看到一些与情欲有关的描述，而且那些描述都极度写实，丝毫没有故意扭曲事实。可到了我们生活的那个时代，文学作品中就只能展现深厚的感情和高贵的品行了。至于那些令人感到难为情的内容，则是被严令禁止的，尽管它们反映的是现实。翻开那些创作于 19 世纪的文学作品时，我们基本看不到任何关于那时的年轻人的负面描述。比如他们面临着怎样的困境，心中有哪些疑惑，等等。即使有一位作家很有胆量，敢于塑造一个身份是妓女的主角，他也还是费尽心思地修饰了一下，让她以"茶花女"的形象示人。

因此，如今的我们便会遇到一种奇怪的情况，那就是，当现在的年轻人想通过阅读大师们的长篇小说来了解之前的那个时代，或者再之前的那个时代的年轻人一生的奋斗史时，他们会发现，小说中发生的所有故事都有明显的美化加工痕迹，而且有些温暾的，缺乏激情。其原因就在于，迫于时代的压力，

---

[1] 安托万·弗朗索瓦·普雷沃（Antoine François Prévost，1697—1763），法国散文作家、历史小说家。在文学史上，他通常被称为"普雷沃神父"。

[2] 亨利·菲尔丁（Henry Fielding, 1707—1754），英国小说家、戏剧家，代表作有《安德鲁传》《大伟人传》《弃儿汤姆·琼斯的历史》等。

[3] 雷蒂夫·德·拉布列塔尼（Rétif de la Bretonne，1734—1806），法国作家，创作过许多情色小说。

当时那一整代人中谁都不敢畅所欲言。狄更斯、萨克雷[1]、高特弗利特·凯勒、比昂松[2]这些文学大师的作品就是如此。只有托尔斯泰和陀思妥耶夫斯基的作品除外，因为这两位作家是俄国人，而俄国人是坚决反对欧洲的伪理想主义的。要说起那个时代对人们所施加的压力，前面所说的文学创作上的保守态度还不算什么，相比之下，最明显的是，当时人们对传统道德的痴迷已经到了快要疯狂的程度。还有当时的社会环境，也是令现在的人感到匪夷所思的。很多作家虽然在创作时已经极为克制了，但他们的作品还是把许多现实问题暴露了出来。若非如此，像《包法利夫人》这样一本完全反映现实的小说，就不会被法国某法院判定禁止发行，理由是书里面含有淫秽内容；若非如此，在我们年轻的时候，左拉就不会被视为一名情色小说家；若非如此，托马斯·哈代[3]这位以笔法平实而著称的古典主义叙事文学家，就不会触怒那么多英国人和美国人，引得他们纷纷群起而攻之了。可是，从小到大，我们就生活在这样一种氛围之中——它令人难以呼吸，它不利于人的健康成长，虽然它香水气味十足，但身在其中的我们却感到异常苦闷。

---

[1]　威廉·梅克比斯·萨克雷（William Makepeace Thackeray，1811—1863），英国作家，代表作为世界名著《名利场》。

[2]　比昂斯滕·马丁纽斯·比昂松（Bjørnstjerne Martinus Bjørnson，1832—1910），挪威戏剧家、小说家，1903 年诺贝尔文学奖获得者，代表作有《破产》《主编》《挑战的手套》等。

[3]　托马斯·哈代（Thomas Hardy，1840—1928），英国诗人、小说家，代表作有《德伯家的苔丝》《无名的裘德》《还乡》《卡斯特桥市长》等。

在性的问题上，当时人们的那种刻意回避和不诚实的态度，使我们年轻人承受着极为沉重的道德压力。此外，因为社会各界达成了一种默契，凡涉及此事时都保持沉默，所以无论是翻看文学作品，还是查阅文化史，人们都找不到这方面的真实资料。由于那些事并非证据确凿，所以也就无法得到修正。不过，无论是当时的时尚领域，还是当时人们的各种喜好，都在无意间暴露了那个世纪人们的道德观。通过观察这些内容，我们便可以找出头绪。现在，也就是 1940 年，当人们在电影中看到 1900 年的男女在社交场合所穿的那些衣服时，无论是欧洲人还是美洲人，无论是城里人还是乡下人，都会觉得非常可笑。其实这并不稀奇，因为那时人们的衣着打扮的确是怪异、做作、麻烦、没有实用性、不利于健康的，就连现在最老实巴交的人都会觉得他们像戏剧里的丑角一样可笑。

我们自己小时候就是那副可笑的打扮，而且我们也亲眼见过自己的母亲、姑姑、姨妈、女友身穿怪异晚礼服、同样可笑的样子。现在回想起这些时，我们不禁感到后怕。对于那种蠢笨、怪异、可笑的衣着打扮，那一整个时代的人居然谁都不抗拒，都乖乖穿上了。在那个时代，男士通常会穿一种礼服。礼服是黑色的，拖着长长的燕尾，上衣领子很高，且直挺挺的。穿上它的人稍微转一下脖子，就会有种要被勒死的感觉。此外，他们还喜欢戴礼帽，那种礼帽简直有烟囱那么高。

如果说当时那些男士的打扮已经很引人发笑了，那么当你看到当时淑女们的打扮时，只怕会笑得更大声。说起那身淑女装扮，不仅穿戴起来步骤繁多，而且每个步骤都相当费力。穿戴上以后，女士们的每个动作都显得异常僵硬。女士们把一件紧胸衣勒在腰间，腰部被勒得像马蜂腰一样纤细。那种紧胸衣的部分制作材料取自鲸须，质地很硬。她们的下身和双脚被一条膨大的裙子挡得严严实实，看起来就像被一座大钟罩起来了似的。衣领是那种很高很紧的款式，衣领上的那排扣子直抵下巴。长发高高盘起，额头两边是小波浪卷发，其他那些靠近头皮的头发呈漩涡状。盘起来的头发上插戴着各种摇曳生辉的头饰，最上面还包着一条头巾。两只手需要一直捂在手套里，即使在酷暑之际也从不拿出来示人。

如今，那些所谓的淑女早就成为历史了。尽管她们浑身散发着浓浓的香气，戴着各式各样的珠宝首饰，从上到下都装饰着各种精致的花边、纹饰、流苏，但与此同时，她们也离不开别人的打理和照顾。说起来，她们也是一群苦命的可怜人。显而易见，她们的那身穿戴与骑士的铠甲没什么两样，只要穿上它，就没办法再充满活力、行动自如。无论是整体上，还是神态举止这些细节，她们看起来都是那么做作和生硬。抛开各种社交礼仪不谈，光是把那身淑女服饰穿戴上或卸下来，就已经够她们受的了。要是没有他人从旁协助，仅靠她们自己是无论如何也没办法做到的。

完成那身淑女装扮的第一步是穿内衣，内衣的一排扣子在后背，要从腰部逐一往上扣，一直扣到脖子；第二步是穿紧胸衣，这步需要女仆使尽浑身力气才能完成；第三步是做发型，淑女们都有自己的同性理发师，每天出门前，理发师都会来上门服务，借助数不清的夹子、梳子、卷发棒，淑女的头发被烫得卷卷的，盘得高高的，梳得一丝不乱。在这里，我想给现在的年轻人提个醒，那就是，三十年前的欧洲女士基本留着齐腰的长发，只有俄国的少数女大学生例外。接下来依次是穿衬裙、穿紧身的衬衣、穿上衣、穿短外套。衣服一件叠着一件，就像洋葱似的。整个过程结束时，女士们身上的女人味也彻底消失不见了。

　　这身穿戴虽然没有任何实际意义，但事实上，它传达出了一种思想，那就是，绝对不能在外人面前展示女性的身体曲线。谁都知道那些烦琐的装扮是为了达到这个目的，只不过没人挑明罢了。经过那样一番打扮，即使是婚宴上的新郎，也看不出自己的新娘是身姿挺拔，还是弯腰驼背；是体态丰满，还是干瘪瘦弱；是有一双笔直的长腿，还是一双弯曲的腿。在那样一个看重道德的时代，人们普遍认为，为了让年轻人习惯那种被规定好的、符合大众审美的美，即使用一些掩人耳目的手段也无可厚非。也就是说，他们认为，女士们理应对自己头发、胸部以及其他部位进行修饰，或干脆掩盖起来。只有那些不被他人看出身体原貌的女士，才称得上真正的淑女。以那个时代的道德观来说，人们生活中最重要的一件事就是掩藏性欲。时尚领域的那种流行趋势，只不过是为那个时代的道德观服务罢了，这显而易见。

　　然而，那个时代的道德观只顾暗自谋算，却忽视了这样一个道理：当人们将魔鬼拒之门外时，魔鬼在迫于无奈之下，很可能会通过烟囱或后门钻进屋内。在如今这个开放的时代，我们一点都不觉得过去的那种穿戴与道德高尚之间有什么关系——他们之所以费尽心思地修饰和掩盖，只不过是不想把皮肤暴露在外，不想让别人看到自己身体的原貌罢了。事实上，当时时尚领域的这种流行趋势起了反作用，它让我们觉得异性更有诱惑力了。这种感觉让人很不舒服。我们现在这个时代的审美偏爱高个子、纤细身材，无论男女都留短发，年轻男士不留胡子。如果真有这样一对男女的话，人们会认为他们很相配，很适合交往。但放在过去那个时代，情况就完全不同了，因为那时的人们都认为男人和女人之间要尽量避免来往。

在过去那个时代，男士们都认为胡子最能突显男性之美，所以他们通常都留长胡子，最不济也要留一小撮浓密的小胡子，以便能时不时地捋几下。至于女性之美，则需通过那种勒得非常紧的紧胸衣来加以强调。这样一来，别人才能在第一时间就注意到她们身上最重要的女性特征——胸部。在个人仪态方面，那个时代也格外注重男女之间的区别。按照当时的审美，男性应该阳刚，女性应该阴柔；男性应该气度豪迈、渴望竞争、有骑士风度，女性应该温婉娴静、面带羞态、保持慎重；如果说男性像猎人的话，那么女性就应该像猎物。因为在外表上的这种刻意为之，年轻男女在彼此眼中反而显得更有诱惑力了。换句话说，他们对性的渴望更强烈了。因此，那个时代违背人的正常心理，通过各种沉默和掩饰的手段迫使人们忽视自己对性的渴望，但结果却适得其反了。为了避免激起人的性欲，避免发生道德败坏之事，那个时代在文学、艺术、穿戴等方面都格外注意，但事实却是，人们对那些道德败坏之事反而更关注了。为了防止有人做出道德败坏之事，人们随时都在暗中观察这类事，以至于自己不得不整日沉湎于这种状态中。在那个时代，人们一直都担心有的人会在生活作风上出问题，担心有的人说错了什么或做错了什么，从而"失了体面"。

像一个女人身穿短裤去运动这种事，现在的人不会认为有什么不妥，但放在过去，那简直是莫大的过错。那时候，就连"短裤"这两个字，都是女人绝对不能说出口的。对于那时与性有关的这种近乎变态的禁忌，如今的人是无论如何也无法理解的。当一个女人不得不提到一种能让人联想到性的事物时，她只能换一种方式来表达。就拿男人穿的内裤来说吧，女人在提到它时，通常会用"男人穿的那种白色的裤子"来表达。除此之外，还有一种创新的表达方式是专门用来避免此类尴尬的，那就是"不方便说出口的那种东西"。

那时候，在没人监督的情况下，几个身份地位接近的年轻男女一起出去游玩这种事是令人难以想象的。更进一步地说，如果真的发生了这种事，其他人脑子里出现的第一个念头一定是：这些人有没有可能在"那方面"出问题？年轻男女想要一起出去游玩，必须得有母亲或家庭女教师的陪同才行，而且在此期间，这群年轻人始终无法摆脱监视的目光。在酷暑之际，女孩要是穿了一件露出脚面的衣服，或者在打网球时露出了胳膊，那就相当于制造了一件令人震惊的丑闻。在公众场合，要是有一位极有教养的淑女跷起二郎腿，露出了原本盖在裙子下面的脚踝，那么她的这种行为就会被认为是大失体统。女性的肌肤是连大自然中的阳光、水以及空气都不可以接触的。即使是坐船出海，女士们也必须得穿着那身笨重的、使她们连走路都异常困难的衣服。在寄宿学校和修道院中，女孩们必须把自己从头到脚包裹起来，更有甚者，就连在浴室里洗澡也必须穿一件白色的长款衬衣。这些规定的唯一目的，就是让女性不去留意自己的身体。一个女人终其一生，能看到她们的肩膀或膝盖的人，只有她们出生时的产婆、她们的丈夫以及为她们清洗遗体的人。这绝对不是虚构，也不是夸大其词，当时的实际情况就是如此。

时隔四十年，当我们以现在的眼光看待过去的那些事情时，自然会觉得匪夷所思或太过可笑。但在那时候，上至达官贵族，下至普通百姓，整个社会都因人的身体和本能而患上了重度的焦虑症。如若不然，以下这些事情又怎么会发生呢？比如，在19、20世纪之交，当一群敢于尝试的女士骑上自行车，或更有甚者，像男士那样以双腿夹着马肚子的姿势骑马时，人们都认为她们有违传统道德，甚至还有农民拿起石头来砸她们；我上小学的时候，因为皇家歌剧院的那群女芭蕾舞演员在跳舞时没穿长筒袜，维也纳的好几家报纸便对此大加批判，纷纷认为她们的所作所为对社会风气造成了非常恶劣的影响；当伊莎多拉·邓肯[1]首次以一袭古希腊式的白色礼服亮相时，她瞬间便成为舆论的焦点，就因为那套礼服是短袖的，并且下摆只到膝盖。

不难想象，像我们这样的年轻人，从小就生活在那样一个

---

[1] 伊莎多拉·邓肯(Isadora Duncan, 1877—1927)，美国舞蹈家，现代舞的创始人。

时代，当发现被华丽的大衣掩盖起来的真相居然是那样的不堪时，当看到那些一直活得战战兢兢、生怕失了体面的人时，我们难免会有种看笑话的感觉。因为有些人平时在人前总是伪装成一副极其正派的样子，但私下里，我们这些中学生中大概有百分之二的人会遇到这种事：在光线很暗的小巷子里，意外撞见老师正在行苟且之事，或者通过偷听得知，自己的某个亲人干了不能见光的丑事。那些人相当拙劣的掩饰手段只能使我们更加好奇、更加忍无可忍。在大城市中，由于公开谈论本能需求的行为是受到严格限制的，所以为了找到宣泄口，很多人选择了偷偷摸摸，或者干脆去那种通常很不卫生的场所。由于年轻人对性的渴望受到压制，所以他们不得不采取一些看起来非常幼稚可笑的做法，而那些做法却往往又解决不了什么问题。社会各界都意识到了这个问题，因为他们发现，基本在每一道栅栏上，在每一个厕所里，都写着各种污言秽语，或者画着各种色情图画。为了把男女分开，每座游泳池里都有一排木头挡板，可事实上，每一块木头挡板都被人凿出了窟窿。

如今，随着时代道德观的发展，一些行业已经销声匿迹了，但在过去那个时代，那些行业却在隐秘之处顾客盈门。在那时的所有行业中，生意最好的是裸体摄影。在所有的餐厅和酒馆里，人们都能看到卖裸照的小商贩向正处于青春期的年轻人做推销。除此之外，色情文学出版行业的生意也好得不得了。这个行业在做生意时并不光明正大，出版的书籍纸质极差，在行文上也没什么文笔可言。所有的色情杂志也都是这样的情况。无论是书籍还是杂志，里面凡是涉及性的文字都让人感到恶心。

时至今日，那种东西已经再也看不到了。造成这种局面的根本原因是，迫于压力，文学领域只能保持严肃，只能宣扬理想主义，对于与性有关的一切都要态度谨慎，能避开的就尽量避开。皇家剧院也一样，既然时代的需求是宣扬高尚的精神和毫无瑕疵的道德，那么它只能为此服务。但除了皇家剧院以外，还有一些剧场和歌舞表演场所，那里的表演都是粗鄙不堪、带有色情意味的。

当一种东西受到压制时，它势必要寻找出路，尽管这个过程注定是坎坷的。由于时代观念的陈旧，我们那代年轻人没有受到应有的性教育，男女之间也不能自由往来。反观现在的年轻人，他们在恋爱方面却享有相当大的自由。然而，要论对情欲的渴望，还是我们那代年轻人更为强烈。其原因就在于，越是被禁止得到的东西，人们就越是极度渴望。对于一件事物，一个人看得越少、听得越少，就越是想要通过做梦去满足自己。当一个人的躯体长期与大自然中的阳光和空气隔绝时，他对性的渴望就会与日俱增。总的来说，我们那个时代的年轻人被迫背负上的这种压力，不但没有让我们的道德变得更高尚，反而让我们对相关部门产生了质疑和怨恨。从我们的性意识觉醒那天起，我们便敏感地意识到，我们那个年纪应该享有的待遇被一种虚伪的道德观给剥夺了。在此过程中，剥夺者采取了掩饰和沉默的手段。从很早以前开始，世俗就已经披上了伪装，可我们却因顺应它而牺牲了坦诚面对自身的意志。

坦白地说，过去那个时代所谓的道德，完全是一种当面一套背后一套的骗人伎俩。因为在公开场合，它要求人们闭口不谈与性有关的东西，而在背地里，它却不仅肯定性欲的存在，而且还为其寻找宣泄渠道。因为它对年轻男子的要求很宽松，甚至还用眼神来鼓励他们"放聪明点"（如果那时的家庭中有男孩，那么在与他谈到性的问题时，大人们的语气通常是隐晦而友善的，就像在开玩笑一样）；而对于女孩，人们的态度就完全不同了，他们往往会在非常担忧的同时，却又对她们与性有关的一切视而不见。就连当时的世俗都默认男性性冲动的存在，并且认为那是他们的个人权利。但换成女性，情况就截然不同了。因为如果认可了女性的性冲动，认可了生命的延续少不了女人的参与，那就相当于违背了"女人应该神圣纯洁"的传统观念。在弗洛伊德的思想诞生之前的时代，人们普遍遵行这样一条守则：除非是在正式的婚姻关系中，否则女人绝不能与男人发生性关系。

然而，即便在那些看重道德的时代，空气中也充斥着各种能激起性欲的可怕的传染物。在这方面，维也纳的情况最严重。在这种情况下，一个身世清白的女孩，自她出生时起，直到她与丈夫携手走下婚礼圣坛为止，都必须生活在一种完全消毒的纯净环境之中。人们以保护女孩名节的名义，不让女孩独自一个人待着。每一个女孩都要被家庭女教师监管，要是没人监管，她们就绝对不能走出家门。她们去上学、学舞蹈、学音乐，来回的路上都要有人接送。凡是她们看的书，都要经过一番细致检查。最关键的一点是，人们故意让女孩整日陷入忙碌之中，这样一来，她们就没空想那些危险的事情了。女孩要学习的东西太多了，比如学钢琴、学唱歌、学画画、学外语、学文化史和文学史等。甚至可以说，她们是被过度培养的。

然而，人们一方面希望女孩富有学识和教养，另一方面却又担心她们对人类最本能的事情一无所知。现在的人们恐怕无论如何也想象不到，那时的女孩对于两性之间的事情究竟无知到了什么地步。按照那时的标准，只有对男性的生理结构和生孩子的过程都一无所知的女孩，才算是出身高贵、身世清白。人们希望女孩如天使一般，在步入婚姻殿堂之前，她们的身体和心灵都得保持纯净无瑕。在那个时代，说一个女孩接受过良好的教育，就等于说她对生活方面的事一无所知。不光女孩，有时就连成年女性都对生活中的事极其无知。直到现在，每当回想起一件发生在姨母身上的荒诞事时，我都能笑出声来。事情是这样的：在结婚当晚，她突然跑回了父母家，当时已经是凌晨 1 点钟了。回到家后，她激动地说，她嫁给了一个龌龊的男人、一个疯子、一个恶棍，她再也不想见到他了。原因是，那个男人在新婚当晚就脱她的衣服，像是在做一件理所当然的事一样。面对男人的"变态"举动，她用了九牛二虎之力才得以挣脱。

虽然女孩们对生活之事非常无知，但这一点也使她们显得很有神秘感、很有吸引力。对于这个事实，我无法回避。那些还未完全成熟的女孩意识到，她们身后和身边的世界是完全不同的另一番景象，而那番景象是她们根本不了解，也不可以去了解的。但这种情况反而激起了她们的好奇心，使她们心驰神往，并产生了一种无可奈何的烦乱情绪。走在大街上，当遇到有人向她们问好时，她们便羞红了脸。在现在这个时代，还有会羞红脸的女孩吗？女孩们聚在一起时，经常会说一些悄悄话，或者无休止地嬉笑打闹，看起来像是略有醉意。她们一方面渴望浪漫，对那个无法接近的世界心驰神往，另一方面却又感到害羞，怕被别人看穿。她们渴望能有一个温柔的人来抚摸她们的身体，尽管她们也不太清楚那究竟是怎么回事。一旦产生了这种非分之想，她们便方寸大乱，以至于在举止方面频频出错。

通过观察步态，我们会发现，那时的女孩与现在的女孩之间是有差别的。现在的女孩都有锻炼身体的习惯，所以她们的动作往往潇洒自如，与男孩没什么两样。但在过去那个时代，通过观察一个女孩走路时的步伐和身体姿态，就能判断出她是否已经结婚了。在那个时代，未婚女孩与已婚女子之间的差别非常明显。那时的未婚女孩，她们的年轻气息要比现在的女孩更浓郁。那时的女孩在成长路上没经受过任何风浪，她们就像在温室里被精心培育的异国花卉一样娇艳。她们接受专门的教育，在一种独特的文化氛围中长大成人。那个时代就希望女孩在有良好修养的同时又不谙世事，在有好奇心的同时又不失羞态，就希望她们完全不懂两性之间的事，且对自身缺乏自信。在这种不切实际的环境中长大的女孩，她们在婚后势必会完全没有自己的主意，一切都听从丈夫的。

看样子，那个时代的社会风气就是想通过极为隐秘的方式把女孩塑造成一种理想的象征。这种所谓的理想，是庄严、端正、纯洁、超凡脱俗。然而，一个女孩如果蹉跎了岁月，到了二十五岁甚至三十岁的年纪还没有嫁出去，那她将会面临怎样一种悲惨的局面哪！当时的社会对大龄女子的态度是冷漠而苛刻的。对于一个三十岁的未婚女子，人们不仅要求她保持处子之身，甚至还要求她不能有性冲动。尽管对于这个年龄的女子来说，那些要求未免也太不切实际了，可人们还是以"维护家庭颜面"和"遵守传统道德"为由，坚持要求她们照做。

女人在年轻时品行良好会受到赞赏，可当她们处于大龄未嫁的状态时，情况就不一样了。她们不仅会被人叫作"老处女"，而且还会遭到一些没什么名气且趣味低级的报纸的无情嘲讽。在当时的《飞叶》杂志上，或者其他幽默报刊上，期期都有调侃老处女的文章。那些文章的大致意思都是说，那些老处女的精神不正常了，常把自己对性的渴望毫无顾忌地表达出来。这种文章不仅令人心寒，而且无聊透顶。在年轻的时候，考虑到家庭的声誉和自身的声誉，她们只能压抑自己的本能需求——渴望得到异性的爱、渴望生育，然而，对于她们的这种自我牺牲，人们不但不谅解，反而还进行嘲讽。以如今的眼光来看，那些人不但令人反感，而且完全不讲道理。那是一个罪恶的社会，为了强迫人类压抑自己的本能需求，它采取了极为虚伪的手段。在那样一个社会里，一旦有人袒露了自己的本能需求，就会遭到最严酷的批判。

在那个时代，资产阶级一直都认为一个出身高贵的未婚女性是没有性需求也不能有性需求的，否则她就是没有道德，并且会因为这个原因而不被家庭所容。为了维护这种观点，资产阶级可谓费尽了心思。但与此同时，他们却又无可奈何地接受了年轻男性有性需求的这个事实。因为根据以往的经验，当一个年轻男性想释放性欲时，人们根本就拦不住他。因此，对于这种难以实现的事，人们也就不再苛求了，只希望他们在做那些不光彩的事情时，能去道德围墙的外面，以免玷污了道德。人们这种当面一套背后一套的要求就像大城市的市容一样，展示在人前的是一尘不染的街道和奢华的店铺，而在人们看不见的地下，却是一条条藏污纳垢的脏水沟。年轻男性可以释放性欲，但有关那方面的一切行为都要顾及道德，也就是说，他们只能在暗地里进行，万不可被他人看到。至于年轻人去所谓的"暗地里"做那些事时会遭遇什么不测，或者中了什么罪恶团伙的圈套，人们根本就不在乎。不光是社会，就连学校和家庭的态度也是如此的瞻前顾后、怕这怕那。男孩们之所以没有接受应有的性启蒙教育，其原因就在于此。

直到 19 世纪末那几年，才偶尔出现一些明智的、开始关心儿子这方面问题的父亲。当儿子到了长胡须的年纪时，父亲便开始想方设法地提供帮助，以免他误入歧途。父亲通常会把医生请到家里来。医生来了以后，会与年轻人单独在房间里谈话。一开始，医生会不紧不慢地把眼镜擦一擦，接着就是一番长篇大论，大致内容是说，性病有多么可怕，年轻人的性事不能太频繁，以及在发生性行为时，一定不能忘了采取必要的措施。事实上，这些内容根本就不用别人教，因为到了那个年纪的年轻人自己早就懂了。还有一些父亲在提供这方面的帮助时，所用的方法相当地与众不同。他们会雇用一个容貌美丽的女仆，女仆的工作内容是对年轻男子进行性启蒙教育，并且在必要的时候主动献身。那些父亲之所以这样做，是因为他们认为这个办法能"一举三得"：其一，儿子想过性生活的问题解决了；

其二，从表面上来看，这也并不有失体统；其三，既然儿子不用出去寻欢作乐，那也就没有受骗的危险了。不过，由于这种方法不够隐蔽，而且太过直白，所以一直以来，社会各方面对此都是抱着鄙夷的态度。

那么现在我们就来说说，当一个出身资产阶级的年轻人想释放性欲的时候，他都有哪些渠道呢？对于出身底层的人来说，这个问题一点都不难。比如生活在农村的农民，他们只要年满十七岁，就可以与女仆之间发生关系了。即便两个人有了孩子，那也没什么大不了的，毕竟在阿尔卑斯山地区的很多村镇上，私生子的数量要远超于婚生子的数量。在无产阶级当中，男工人从很小的年纪开始，就与女工人未婚同居了。在加利西亚地区，很多正统派的犹太教徒刚满十七岁就结婚了，等这些人到了四十岁时，通常都当上祖父了。对于早婚这种释放性欲的渠道，我们这些资产阶级是极为不齿的。因为在一个资产阶级的父亲看来，一个二十二岁甚至只有二十岁的年轻男子还没完全成熟呢，要是把女儿嫁给这样的人，那简直是儿戏。从生理角度来说，一个人到了十六七岁时就已经发育成熟了，也就是说，他已经算得上是一个成年人了。但按照世俗的标准，一个人只有到了二十五六岁，并且拥有了一定的社会地位时，才算是成年人。通过这一点，我们就能看破当时社会观念的虚伪本质。由于在生理成熟年龄和世俗认定的成年年龄之间存在着六年甚至十年的差距，所以在此期间，年轻男性的日子是很难熬的，因为他们不得不费尽心思地寻找各种渠道以释放性欲。

然而在那个时代，能够让年轻男性释放性欲的渠道其实并不多。比如养情妇这种渠道，能消受得起的人就寥寥无几——

只有那种家境极为优渥的年轻人才有这个资格，因为他们不仅要给情妇买一套房子，而且还要支付情妇的各种生活开销。同样只有极少数年轻男性才能有幸遇到的另一种情况，是与结了婚的女人之间发生关系——在那个时代的长篇小说中，只有这类艳情内容是可以写的。至于其他大多数的年轻男性，他们释放性欲的对象往往只能是小店铺里女售货员，或饭馆里的女服务员。在那个妇女解放运动尚未兴起、女人们还不能完全独立生活的时代，这些出身无产阶级且生活极度窘迫的年轻女性是最合适的人选，因为她们没有那么多规矩要守，而且足够自由。对这些年轻女性来说，偶尔与男人之间发生关系是无所谓的。至于两个人以后会不会结婚这种问题，她们根本就不考虑。她们穿得不太体面，也不太讲究卫生，因为在那个时代，只有富人的寓所里才有浴室。她们每天都要辛苦地工作十二个小时，可拿到的酬劳却只有那么一丁点。从小到大，她们都生活在一个狭小的圈子里。就生活水准而言，她们远不如自己的情人。正是如此，所以很多年轻男性在与情人约会时，通常不希望被别人看到。为了使这些人不至于太难堪，当时的社会特地为他们设置了有包房的餐厅。当一对年轻男女在那里一起吃晚饭时，别人是不会发现的。除了吃饭以外，做其他事情一般都是去小旅馆。那种小旅馆就是为了满足年轻男女的那方面需求而存在的。旅馆的位置很偏僻，一般都在灯光晦暗的小巷子里。年轻男女每次在小旅馆里的约会都不能正大光明地进行，而且每次都急匆匆的，像在做什么违法乱纪的事情一样。这种约会没有一点爱情的美好感觉，说白了，那不过为了宣泄性欲罢了。除此之外，年轻男性还可以与那种拥有双重身份的女人发生关系。所谓的拥有双重身份，是指女人既有融入世俗的一面，又有脱离世俗的一面，比如戏剧演员、舞蹈演员、文艺工作者这样的人。在那个时代，只有这类女人在思想上是解放的。不过，从整体上看，那个时代的非婚性生活主要依靠的还是妓女。可以说，在资产阶级社会这座外表光彩夺目、看似毫无瑕疵的宫殿下面，隐藏着一间暗无天日的地下室，而这间地下室的屋顶就是卖淫嫖娼。

在第一次世界大战爆发前，卖淫嫖娼现象就已经在欧洲泛滥成灾了。对于这种情况，现在的年轻人可能完全无法想象，因为在如今大城市的街道上，妓女就像马车一样少见，而在过去那个时代的街道上，妓女随处可见，相比之下，要避开她们反而更困难。除了大街上，还有一些宾馆、歌舞厅以及酒吧里也有出卖肉体的女孩，只不过这些场所在经营上比较低调。在那个时代，女孩的肉体是被明码标价出售的，跟其他商品没什么两样。对男人来说，与这种女孩之间的交易并不费时费力，他们只需像买包烟或买张报纸那样简单，就能与女孩共度一刻钟、一小时、一整晚。过去，那些卖淫场所对年轻人来说是不可或缺的，但随着时代的发展，它们现在几乎已经没有存在的必要了。在如今这个时代，卖淫现象变得越来越少了，这种由于虚伪的道德观而导致的悲剧，其日渐消失的真正原因并不是法律和警察的约束，而是年轻人已不像过去那样需要它了。我所陈述的事实，是我以下这种观点的最佳证明：无论是现代的生活，还是现代的爱情，都比过去那个时代更坦诚、更崇尚自然。

当时的国家和拥护其道德观的政府部门都因这种不体面的事情而陷入了窘境，不知该如何处置才好。因为站在社会道德的角度，没有人敢当众宣称"出卖肉体是一个女人的权利"，可站在生理需求的角度，由于有卖淫活动的存在，很多未婚人士的性冲动才得以释放，所以这种事又是没办法禁止的。为了解决这个问题，政府部门只好想出这样一个办法：把卖淫分为两种情况，一种是非法的，另一种是合法的。对于前者，政府认为其不仅违反了道德准则，而且对社会造成了威胁，因此对其严令禁止；而对于后者，政府会为其颁发营业执照，而对方也须依法纳税。看得出来，这种解决之道本身就存在着矛盾。当一个女人决定当妓女时，她需要得到警察局的许可。在那之后，她会得到两本证书，一本是特别许可证，另一本是营业资格证。如果她能服从警察的监督，并且能接受医生对其进行的每周两次的身体检查，那么她就可以正式营业了，也就是说，她可以出卖自己的肉体了。至于价格方面，她完全可以自行决定。

合法的妓女看似是一种被认可的职业，与其他职业并无不同，可实际上，这种职业却并没有得到完全的认可。而正是这一点，使当时社会道德的虚伪露出了破绽。举例来说，一个女人在售出自己的商品后，换句话说，当她向一个男人出卖了自己的身体后，如果男人事后反悔，不按事先谈好的价格付钱，那么妓女是无法对其提出指控的。本来妓女是合法营业的，可一旦发生了这种事，妓女的要求一下子就变得违反道德了，而且相关部门也不会维护她的利益，理由是，法律认为这类案件是令人不齿的。

通过以下具体情况，我们就可以看出当时的那种道德观中所存在的矛盾之处：政府在承认合法妓女这种职业的同时，却不去维护那些妓女的合法权利，把她们排斥在法律的围墙之外。在具体的实施过程中，法律只约束贫民阶级。比如，在维也纳，一个女芭蕾舞演员无须任何许可和执照，就可以向男人出卖肉体，而且她还可以索要每小时两百克朗的价钱。而换成一个居无定所的贫穷女孩，情况就完全不同了——她不仅需要执照，而且只能索要每小时两克朗的价钱。如果是那些有名的交际花，待遇就更不一样了。因为从很早以前开始，她们就已经是社交圈里的人了。当她们去观看跑马比赛时，她们的名字会与其他显贵人物的名字一起出现在报纸上。同样享受特殊待遇的，还有那些为交际花牵线搭桥的女人。这种女人负责把交际花介绍给王公贵族和大富翁们认识——在他们那个圈子里，交际花相当于一种奢侈品。按照法律规定，在不正当交易中充当中介人是要受到严厉惩罚的，可前面所说的那种女人却反倒受到法律的保护。实际上，只有为数众多的妓女必须遵守各种严格规定，而且她们在接受社会残酷监督的同时，还要遭到社会的排斥。尽管身心同时受辱，可她们却还得守护那种陈旧的道德观。而一直以来，那种道德观都禁止自由的爱，也禁止源自本能的爱。

为数众多的妓女宛如一支庞大的部队。在这支由妓女组成的部队里，同样也有各种不同的兵种，如骑兵、炮兵、步兵、要塞炮兵等。最早的那批妓女，很像部队里的要塞炮兵。她们把几条街道当成了自己的根据地，长期在那里营业。在中世纪时期，那几条街道曾是处刑地、坟地、麻风病院。只有一些没有固定工作的人、刽子手以及一些被社会看不起的底层人才会住在那里。至于资产阶级，他们早在几百年前就对那种地方避之不及了。当时的政府相关部门把那里的几条小巷子指定为专门从事色情交易的市场，因此，那里几乎家家户户都是妓院，就像日本的吉原[1]和开罗的鱼市场[2]那样。在20世纪初的维也纳，在那种作为色情交易市场的小巷子里，大概有两百到五百个女孩在干那种营生。平时，她们各自站在自己那间平房的窗户前招揽着客人。她们有的白天营业，有的晚上营业，要价都很低。

后来又出现了一种站街女，她们就像部队里的步兵或骑兵一样，因为她们只能在警局规定的路段上招揽客人，相当于被一条隐形的线约束着。在维也纳，她们有一个专属的称号——"站在线内的女孩"。她们身上穿着的时装是咬牙买下来的假货名牌。无论白天还是晚上，她们都在街上走来走去。每当有男人经过时，她们那张妆容极差、神情疲惫的脸上便露出魅惑的笑容，以期吸引到客人。有时候，她们甚至要从半夜走到天明。在供人寻欢作乐的同时，她们自己却毫无快乐可言。她们总是在不停地走，从一个地方到另一个地方，而她们的最终目的地注定是同一个地方，那就是医院。在如今这个时代，城市的街道上已经看不到那群总是饿着肚子、毫无快乐可言的女人了。在我看来，还是现在的这种城市景象更美好、更人性化。

然而，那些妓女的存在并不能完全满足男人们的无限需求。在一部分男人看来，去街上找那些妓女作乐，就像捕捉行踪诡秘的蝙蝠或令人怜悯的极乐鸟一样，相比之下，他们更愿意选

---

[1]　过去全日本最大的红灯区，位于东京都台东区。

[2]　过去的一个红灯区。之所以叫鱼市场，是因为这个红灯区位于一段街道上，而该街道的末端连着一个鲜鱼市场。

择另一种方式，一种更便捷、更快乐、更不容易引起他人注意的方式。他们需要一种灯火辉煌、温情脉脉、有歌有舞的氛围，同时还需要向人显示自己讲排场、够奢侈的气派。这些打算寻欢作乐的男人会去一种名为俱乐部而实为妓院的地方。那种俱乐部的内部设施看似华丽，可实际上都是冒牌货。里面那群女孩一部分身穿拖着长尾的礼服，另一部分身上穿着的一看就是睡袍。一开始，一群男人和女人在一起谈天说地、喝酒跳舞，与此同时，身边还有人为他们弹钢琴助兴。后来，这群人就一对对地钻进不同的卧室里去了。

很多时候，一些高档次的妓院，特别是巴黎和米兰那些世界闻名的高档妓院，会让一个涉世未深的男人误以为自己被请进了某些私生活不太检点的社交名媛的私人住宅。比起那些站街女，这种高档妓院里的女孩要更漂亮些。她们无须经受风吹雨淋，也无须在泥泞的小巷子里走来走去。她们的房间是暖和的，穿戴是精致漂亮的，食物是充足且多种多样的，酒更是喝也喝不完的。尽管表面光鲜，可实际上，她们却也因此而被老鸨们控制了。虽然她们的穿戴和衣食住行都由老鸨提供，但老鸨之所以这样做，是为了向客人索要高价从中赚钱。在这种情况下，一个女孩即便再怎么卖力赚钱，也偿还不清自己在老鸨那里欠下的债。无论到什么时候，她们都无法摆脱老鸨的控制，无法自由地离开。

如果把这些高档妓院里的秘闻公之于众，一定会有很多人对此产生浓厚的兴趣。与此同时，这些情况也会被视为了解当时社会文化的重要资料。其原因就在于，在这种高档妓院里，有很多最令人意想不到的隐秘之事，而对于这些事情，一向严苛的政府是完全知晓的，这毋庸置疑。为了给社会顶层人士提供方便，那种高档妓院都设有后门和专属的楼梯。这样一来，那些人进出妓院时就不会被一些该死的人发现。据隐秘传闻所说，就连宫廷里的一些人都会在那里出入。那里有一种特殊的房间，房间里的四面墙上都镶嵌着镜子；还有一种房间，从里面可以窥探到隔壁房间里的一对男女欢好的情景，而对方却完全觉察不出自己被偷窥了；同时，为了满足一些有特殊性癖好的人的需求，那里还专门备有一些特殊服饰，比如修女所穿的长袍和女芭蕾舞演员穿的舞蹈服。这些服装被装在不同大小的箱子里，并且这些箱子平时都是锁上的。

尽管当时的社会风气是这副样子，可当女孩骑上自行车时，它却痛斥她们败坏了社会风气；当弗洛伊德以清醒的态度明明白白地揭露出某些事实时，它却完全不当一回事。当时的社会一面正气凛然地声称"要保护女人的节操"，另一面却又对卖淫这种事抱着放任自流的态度，更有甚者，它竟然还对卖淫活动进行规划，并从中谋取利益。

在阅读那个时代的中篇或长篇小说时，希望现在的年轻人不要被里面的那些情感描写给骗了。在那个时代，年轻人的处境其实是相当艰难的。由于家庭的约束和管教，女孩完全脱离现实生活，她们无论是身体还是精神，都无法正常成长。至于男孩，当他们想做一些事情时，只能通过掩人耳目的方式在暗地里悄悄进行，因为他们必须顾及道德，尽管那种道德几乎没人相信，也没人愿意遵守。在那个时代，年轻的异性之间很难产生轻松且真挚的情感。在青春年少之时，人本应该享受幸福、身心愉悦，可在那个时代，当年轻人回忆起自己第一次与女孩交往的情景时，竟全然不记得当时的满心欢喜和依恋。究其原因，一方面是他们碍于社会压力，与女孩相处时总是战战兢兢、偷偷摸摸的；另一方面，他们总被一种阴影笼罩着，那就是担心染上性病。即便在最情浓的时候，他们也无法忽视这一点。

相比于现在的年轻人，那时年轻人的处境相当不利。须知，在四十年前，性病的传染率要比现在高上百倍，更严重的是，就恐怖程度和危险程度而言，那时也是现在的百倍。其原因在于，以当时的医疗条件，性病是难以医治的。现在则不同了，因为针对性病，现在的医生会采用一种迅速、果断、科学的治疗方式。在如今这个时代，人们并不认为性病有多么严重。自从保尔·埃里希[1]发明了针对梅毒的特效药以后，很多梅毒患者往往在刚发病时就被治愈了。这也导致了一种现象，就是很多中小型大学里的医学院常常一连几个星期都等不来一个刚染上梅毒的病例。如此一来，教授们也就无法指导医学生进行相关的医学观察。然而，在过去那个时代，部队内部和城市居民的相关统计结果表明，至少有十分之一到十分之二的年轻人死于性病。因此，年轻人总是被告知要对这种危险保持警惕。走在维也纳的大街上，每经过六七家店铺就能看到一家诊所，而那些诊所不是治疗皮肤病的，就是治疗性病的。

对于那时的年轻人来说，染上性病固然可怕，但更可怕的还是当时那种治疗方式对人的尊严造成的伤害。现在这个时代

---

[1] 保尔·埃里希（Paul Ehrlich，1854—1915），德国科学家，1908 年诺贝尔医学奖获得者。1909 年，他发明了一种专门治疗梅毒的特效药——胂凡纳明。

的人会觉得过去那种治疗性病的方式很陌生：在一连几个星期的时间里，患者的全身都要被涂抹上水银，由此产生的副作用是牙齿渐渐脱落，身体的其他方面也严重受损。当一个人意外染上了这种可怕的疾病时，他会觉得自己的身体和精神同时饱受摧残。即便被人用那种可怕的方式治好了，这个人在余生当中也无法彻底走出阴霾。因为对于梅毒这种病，谁也不敢担保它不会卷土重来。一旦它真的卷土重来了，患者首先是脊椎功能受损，继而是四肢瘫痪，最后是脑软化。对于患者来说，无论是自己被人疑心得了绝症，还是自己最亲近的人被人疑心得了绝症，都是极其痛苦、难以接受的。那时有很多年轻人之所以在刚确认自己染上梅毒时便毫不犹豫地饮弹自尽，其原因就在于此。

对于年轻人来说，总是不得不去那种见不得光的地方释放性欲的这种处境，要面临的隐患实在太多了。仔细回想年轻时的那些事时，我才发觉，当时我身边那些年轻的朋友基本都遭遇过令他们脸色惨白、眼神迷惘的情况。导致这种情况的原因，其一是自己染上了梅毒，或者怀疑自己染上了梅毒；其二是在劝说女方打胎时，遭到了对方的敲诈；其三是得了病又不敢告诉家人，因此没钱治病；其四是致使一个女服务员生下了自己的孩子，却又不知该怎么把这个孩子抚养成人；其五是去妓院时，钱包被人偷了，想要报失，却又害怕惹麻烦。

总的来说，跟那些官方认可的小说家或戏剧家笔下的人物相比，生活在那个推崇虚伪道德的时代的年轻人，他们的经历更跌宕起伏，私生活更不检点，心情也更忐忑和失落。年轻人在学校和家庭中都是不自由、不快乐的。在性生活方面，差不多也是如此。然而，对于他们那个年龄的人来说，获得性满足其实本该是一件理所当然的事。

当现在的我与一战后出生的年轻人交谈时，我常常需要尽力说服他们，让他们相信我们那代年轻人的命运其实并不比他们好。正因如此，我才会在以上那幅时代画卷中以写实的手法去突出那些生活细节。不可否认，站在公民权利的角度来说，跟现在的年轻人相比，还是我们那代年轻人拥有的自由更多。因为现在的年轻人要被强制服兵役和劳役。之所以这样，是因为一个国家需要它的大多数民众有服从意识。更主要的是，现在的时局迫使人们只能任由自己被世界政治大局所操控，尽管它是那样的愚不可及。反观我们那个时代，由于不受外界干扰，所以年轻人可以尽情地投身于自己喜爱的文化和艺术中。在个人生活方面，我们也更加多姿多彩、更加国际化。整个世界都向我们敞开怀抱。想出去旅行时，目的地全凭我们自己的心意。无论去哪儿，我们都不用带护照，也不用带通行证。无论到什么地方，都没人盘问我们的政治倾向、国籍、种族以及宗教信仰。那时的我们的确要比现在的人更有个人自由。对于这个事实，我并没打算否认。我们热爱这种自由，与此同时，我们也尽情地享受着这种自由。

无论在哪个时代，人们都不可能拥有完美的生活，就像弗里德里希·黑贝尔[1]所说的那样："在转瞬之间，我们不是缺了酒，就是缺了酒杯。"当人们享受着世俗给予的自由时，却

---

[1] 弗里德里希·黑贝尔（Friedrich Hebbel, 1813—1863），德国剧作家、诗人。

要受到国家的约束；当人们享受着国家赋予的自由时，却要受到世俗的压迫。不可否认，在我们那个时代，世界的确更加美好，年轻人也更加见多识广。但现在这个时代也不错，因为年轻人的生活更加多姿多彩了，而且对于怎样度过自己的青春时光这个问题，他们都有充分的认识。不管是中学生，还是大学生，他们走出校园时都昂首挺胸、春风满面。年轻男女之间的交往非常自由：他们在共同学习、运动、游戏的过程中结为朋友，而且在此期间，谁都没有什么顾虑，谁都不会觉得难为情；他们结伴去滑雪，也结伴去游泳，而且在游泳时还会互相竞赛，那场景使人感觉返回了古典时代；他们成双成对地坐着小汽车出游，在田野间纵横驰骋，无拘无束。他们的生活是那样健康、那样轻松、那样愉快。男女之间的关系就像兄弟姊妹般和谐自然。他们没有任何心理负担，也没有任何外界压力。

看到上述种种情景时，我常常会产生一种错觉，好像我们的年轻时代和他们的年轻时代之间相差了上千年，而非仅仅四十年。在我们年轻的时候，为了向异性表白，或接受异性的表白，我们常常要找一个不容易被外人发现的偏僻地方。现在的世俗已发生了翻天覆地的变化，年轻人在恋爱和在生活上都拥有了更多的自由，这对他们的身心健康是有益的。看到这种变化，我感到十分欣喜。

自从世俗不再对女性的言行举止严格要求以后，女人都挺胸抬头地走路，目光更有神采，与人交谈时也不像过去那样做作了。总而言之，拥有了自由的女性看起来更美丽了。在这个全新的时代，年轻人再也不需要父母、姑姑、姨母以及老师们的看管了。而且从很早以前开始，年轻人就不懂那些影响我们健康成长的压力、恐惧以及担忧了。此外，现在的年轻人也变得更有自信了。只要对得起自己、对得起良心，他们想做什么就做什么，不必向什么人报告。同样是做男女之事，过去的我们都不敢光明正大，只能在暗地里偷偷做，而现在的年轻人则相当有底气，因为他们认为那是他们的个人权利。在享受自己的青春时光时，现在的年轻人是那么的轻松自在、毫无顾虑、幸福快乐，而这也正是他们那个年龄该有的样子。可是，在我看来，他们可以尽情袒露心声、表达欲望，不用再压抑自己，也不用再说谎骗人，这才是他们最大的幸福和快乐。

现在的年轻人虽然没有什么痛苦和忧愁，但在精神追求上，他们或多或少地欠缺了一点敬畏之心。而对那时的我们来说，这种敬畏之心有着举足轻重的地位。他们的恋爱态度是随性自在的，正因如此，他们反而缺少了一些十分宝贵、充满吸引力的体验感。比如他们体会不到那种因假装的青涩和没有必要的羞怯而产生的令人捉摸不透的距离感，体会不到那种因羞于表达而产生的无限愁绪，也体会不到那种因为被禁止或被拒绝而产生的隐秘的快感。不过，好在现在年轻人已经摆脱了恐惧和压力的阴云，拥有了很多我们过去不曾拥有的东西，比如完全不受束缚的爱和自信心。可以说，他们被经历过重大转变的世俗给拯救了。跟这些喜人的变化相比，前面所说的那些遗憾也就不算什么了。

四

大学生涯

在19世纪末的最后一年，我们枯燥的中学生涯终于结束了。从很早以前开始，我们就期盼着这个时刻的到来。由于在数学、物理以及其他几门刻板且麻烦的学科上，我们都学得不怎么样，所以在结业考试中，我们的成绩只能算是差强人意。尽管如此，校长还是进行了一番演讲，庆祝我们顺利毕业。当时，我们那群毕业生都身穿一套黑色的礼服，看起来郑重其事的。校长在演讲中说，他希望我们这些已经成年的学生能够在以后的日子里继续辛苦耕耘，为国家增添更多的荣誉。中学毕业后，除了与寥寥几位同学见过面外，我与其他那些曾在一起读过八年书的同学之间便再无任何往来了。我与大部分同学都考上了大学，其他因上不了大学而被迫面临就业问题的同学都很羡慕我们。

在当时的奥地利，大学生之所以受人羡慕，是因为他们享有一种特权。这种特权不仅富有浪漫气息，而且也使大学生在与其他年轻人相比时，能产生强烈的荣誉感和优越感。在不讲德语的人看来，上述情况可能显得怪异、荒谬、与时代形势不相符，因此，我在这里不妨详细解释一下。在奥地利，很多大学都始创于中世纪时期，而在那个时期，搞学术研究可不是件普通的事，为了激励更多的年轻人上大学，便有了这种给予他们一些特权的办法。在中世纪时期，大学生如果涉嫌触犯法律，普通法庭是不能审判他们的。警察也不可以进入大学校园抓捕大学生，或者在里面滋生事端。大学生的校服都是特制的。他们有与人决斗的权利，并且不会因此而受到任何惩罚。在当时的人们看来，大学生有他们自己的风俗习惯，而那些风俗习惯往往是负面的。

随着时代的发展，社会变得越来越民主，从中世纪时期流传下来的各种帮会因势力逐渐衰落而纷纷解散，在整个欧洲范围内，那些上过大学的人早就不再享有那种特权了。然而只有德国和讲德语的奥地利是例外的。在这两个国家，阶级意识向来都占据着压倒性的优势，在它面前，民主意识毫无竞争力。尽管从很早以前开始，那些特权就已经没有任何实际意义了，可大学生们却仍执迷不悟，想要保留它们，更有甚者，还想放大特权范围，让相关部门专门制定一部法律来保护他们的特权。

在一个讲德语的大学生看来，他不但应该享有普通公民的权利和荣誉，还应该享有一份专属于大学生的特别荣誉。一旦有人玷污了他的这种特别荣誉，他就一定要和那个人通过击剑的方式决出胜负。不过，这种决斗也不是什么人都有资格参与的。一个大学生在审视对手的身份时，心里是颇为得意的。因为在他看来，与他这样一个还没长胡子、涉世未深的年轻人决斗是一种特别的荣誉，而这种荣誉并不是生意人或银行家能享有的，只有上过大学的人、有学位的人以及部队里的长官才行。也就是说，这世上顶多只有几百万分之一的人才能享有这种荣誉。事实上，一个大学生与人决斗的目的，只是想表明自己是个真正的男人、一个名副其实的大学生。因此，他总是为自己争取更多的决斗机会，甚至故意让自己的脸被剑刺伤，留下明显的英雄标志。他觉得，如果他的脸上或鼻子上连一道疤痕都没有，那他就算不上是一个名副其实的日耳曼大学生。

抱着这种想法的大学生基本都是某个大学生联合会的成员。他们的身上披着彩色绶带——每个大学生团体都有自己专属的颜色标识。他们总是在找机会与人决斗，比如，他们会向团体中的人发起挑战，或者挑衅那些老实本分的大学生和部队里的军官。刚踏进大学校园的大学生都免不了要加入某个大学生联合会。与此同时，他们还要学会击剑，以便参加决斗。对于所有大学生来说，这项活动很重要，同时也能使人产生荣誉感。除此之外，每个大学生团体都有自己的习俗，一旦加入了某个团体，就必须遵守该团体的习俗。

当大一新生加入某个联合会后，联合会里的高年级学生会教他做事，而被教的学生则要完全顺从，就像奴仆一样。按照高年级学生的教导，大一新生要学会品味一种高雅的艺术，而这种所谓的艺术，其实就是喝啤酒。为了赢得荣誉，同时也为了证实自己并不是个懦夫，大一新生只能将整整一大杯啤酒一口喝干，而且只要没吐，就得一直喝下去。他们有时一起放声大唱，唱那些大学生的歌；有时在深夜里成群地走在大街上，一边走，一边还吵吵嚷嚷；有时，他们还肆意地嘲讽警察。在他们看来，作为一个男人、一个大学生、一个德意志人，他们就该如此。

每逢周六，各个联合会的大学生就身披彩色绶带，摇动着手中的旗帜，到处"闲游"。这些没什么头脑的年轻人明明是在盲目地随大流，可他们却感到很骄傲，误以为自己的所作所为显示出了大学生该有的精神风貌。由于普通民众完全不了解他们所谓的习俗，也完全不了解他们所谓的德意志男人的气派，所以他们对普通民众报以轻蔑的目光。

显而易见，当一个刚中学毕业、从其他省份来到维也纳、还没什么见识的年轻人看到这种富有生命力且令人愉悦的大学生活时，一定会觉得它很有浪漫气息。即便是那些已经返回家乡、到了一定年龄的人——他们有的当了公证人，有的当了医生——也会在毕业后的几十年时间里，每天都抬头看看悬挂在墙上的交叉剑和彩色绶带。每当这时候，他们的心情都十分激动。他们为自己脸上留有被剑刺伤的疤痕而感到自豪，因为那是他们上过大学的证明。

不过，我和其他一些同学都认为，那些人的行为既是没脑筋的表现，又让人很反感。因此，对于那些脸上有疤的人，我们一向都理性地敬而远之。对我们这些人来说，个人自由高于一切，而那些人本性中的好勇斗狠虽然也是德意志人特有的一种精神，可显而易见，它太糟糕了，也太有威胁性了。此外，我们也看穿了他们的真实目的。他们之所以要干那种看似浪漫，实则做作又老套的事，是因为他们有一番非常现实的苦心谋算。他们知道，只要加入大学生联合会，并向人们展示自己热衷于斗狠的性格，他们就能得到联合会中那些前辈的帮扶，从此前途无量。就拿波恩大学的"普鲁士人"团体来说吧，加入这个团体的大学生，未来将有望成为一名德国外交官。再说说奥地利的天主教学生联合会，加入这个团体的大学生，未来将有望成为基督教社会党成员，而该党派是长期掌握着政权的。虽然这些所谓的英雄不好好上课，但他们的彩色绶带会弥补学业上的缺失；虽然他们的额头上留了疤，可相比于额头后面装着知识的大脑，还是那些疤更能使他们前途无量。光是看到那些人穷兵黩武的架势和留有伤疤、总是试图挑起事端的脸，我们这些一心只想学习的学生就会对大学的学习生活失去兴趣。对于那群可怜的英雄，我们总是能躲则躲，比如在去校内图书馆时，我们从不穿过大礼堂，而是选择从那道不起眼的后门进去。

从很早以前开始，全家人就一致决定让我去念大学了。至于学哪个专业，父母的意思是让我自己决定。父亲的生意已经有哥哥去帮忙了，所以对于我这个二儿子，他们便不太强求了。他们虽然不在乎我选什么专业，但却要求我最后必须拿到一个博士学位，因为这能给整个家庭带来荣誉。很奇怪，在选择专业这件事上，我本人的态度也是满不在乎的。因为从很早以前我就开始醉心于文学了，所以无论哪个专业都不可能再吸引我。事实上，对于大学里的所有学院，我都抱有一种不信任感，而且即使到了现在，这种不信任感依然存在。

我一直非常认同爱默生的那句名言，即"世上最好的大学也比不上好的书籍"。因此，我也一直坚定地认为，一个没上过大学甚至没上过中学的人，也有可能成为一位伟大的哲学家、历史学家、语言学家、法学家，或者别的什么学家。在现实生活中，这种例子数不胜数。比如，旧书店的售货员往往要比专业的教授更熟悉各种书籍；再比如，卖艺术品的商人往往要比专门从事艺术研究的学者更有艺术鉴赏力。在学术和艺术领域，很多重要意见的提出者和重大发明的发明者都不是那个领域的人。

从提升智力的角度来说，大学里的课程的确切实可行且卓有成效。对此，我并不否认。但从提高创造力的角度来说，那些课程却起不了多大作用，更有甚者还会起反作用。在这一点上，我当时所在的维也纳大学就是个突出的例子。本来，师生之间是应该多多交流的，因为这能促进学习，可那所大学的学生实在太多了——大概有六千到七千人，碍于这种情况，学生从始至终都没办法跟老师交流。此外，由于那所大学过于遵守旧的传统，所以在观念上，它早就跟不上时代了。因此，我对这所大学里的任何一个专业教授都不感兴趣，自然也无法确定该学什么专业。

在考虑选择哪个专业时，与其说我要选自己最感兴趣的，还不如说我要选自己最不抵触的、能让我有充分的自由和时间去满足个人爱好的。因此，我最终的选择是哲学，更确切地说，是精密哲学。不过，我之所以作出这种选择，并不是因为我发自内心地热爱它。其实我在纯粹的抽象思维方面的能力是有限的。我的思想基础是那些特定的人和事物，至于那些纯理论的东西和形而上学的东西，我完全无法彻底掌握。幸好在精密哲学这个专业中，纯理论的东西只占少数。除此之外，我还要去听课和参与相关讨论，不过这对我来说还是比较容易蒙混过关的。

若想顺利毕业，我必须在第八学期即将结束时上交一篇论文，并参加一次考试——在整个大学期间，这是仅有的一次考试。在刚踏进大学校园时，我就搞清楚了这些情况。随后，我便对自己的大学生活做出了如下规划：在上大四之前，学业上的事我可以完全不予理会。等到上大四时，我要利用一切可利用的时间去仔细研究教材。临近毕业时，我再随便上交一篇论文。这样就能交差了。对于大学生活，我是这样设想的：我只想过几年无拘无束的生活，并把大部分时间用在钻研文学上。

如今的我在追忆过去时发现，在我一生当中，像刚踏进大学校园时的那种快乐的日子其实并不多。那时候的我虽然名义上在念大学，但实际上并没有听过几节课。我没有意识到自己所担负的责任，也没考虑过自身的前途问题，毕竟当时的我还太年轻了。那时的我基本上是自由的。整日的时间都任由我支配，我想看书就看书，想创作就创作，不必向任何人交代。在大四以前，天空中根本就没有考试的乌云，总是晴空万里。对于一个十九岁的年轻人来说，那三年是一段很漫长的时光。在此期间，他不知会遇到多少惊喜。

我做的第一件大事，是将自己写过的诗按自己的标准严格地筛选了一遍，然后将满意的结集成册。作为一名刚毕业的中学生、一个十九岁的少年，我认为，印刷时散发出的油墨味是最香的，就连设拉子[1]出产的玫瑰精油都比不上它。时至今日，

---

[1]　设拉子（Schiras），伊朗最古老的城市之一，生产出的玫瑰精油世界闻名。除此之外，该地也盛产葡萄。

我仍然不觉得坦白地说出这些有什么难为情的。只要发现无论哪家报纸上刊登了我的诗，原本意志消沉的我都会重燃信心。有过多次这种经历后，我开始有了出版诗集的想法。这一想法得到了很多同学的支持，他们对我的信心看起来比我还足。于是，我终于下定了决心。我把想要出版的诗抄写在稿纸上，寄给了舒斯特与洛夫勒出版社。不得不说，我的这个举动是很唐突的，因为在那时候，这家以出版德语诗为主的出版社非常有名，包括李利恩克龙[1]、德默尔、比尔鲍姆[2]、蒙贝尔特[3]等人在内的整整一代诗人的作品都是在这家出版社出版的。不仅如此，它还出版了里尔克和霍夫曼斯塔尔创作的德语新抒情诗。

没过多久，我便迎来了一个接一个的惊喜——在一个作家功成名就以后，他余生中便再也体会不到这种激动和幸福的滋味了。我先是收到了一封来信，信上盖着出版社的印章。这是个奇迹，也是个好兆头。我把信攥在手里，心情无比激动，久久不敢拆开来看。信上说，出版社已经决定为我出版诗集了，而且他们还希望我今后再出版新作时，能优先考虑他们的出版社。读到这些内容的一刹那，我几乎忘记了呼吸！又过了一段

---

[1]　德特勒夫·封·李利恩克龙（Detlev von Liliencron，1844—1909），德国印象派抒情诗人。他的诗以凸显现实、捕捉并呈现瞬时的印象见长。

[2]　奥托·尤里乌斯·比尔鲍姆（Otto Julius Bierbaum，1865—1910），德国诗人、小说家，自然主义文学的代表人物之一。

[3]　阿尔弗雷德·蒙贝尔特（Alfred Mombert，1872—1942），德国诗人、剧作家，早期表现主义文学大师。

时间，我收到了一个包裹，里面是初校后的印刷样书。我满心欢喜地翻开那本书，仔细地查看里面的文字和排版，欣赏着这本书未正式出版前的模样。几周以后，我终于收到了第一批正式出版的样书。我把那几本样书拿在手里，反复翻看和抚摸，并在几本书之间来回比较。在那之后，我就开始频繁地逛书店。每到一家，我都要看看那里有没有我的书。如果有的话，我还要看看它们是摆在了醒目的位置，还是不起眼的位置——这种举动简直跟孩子没什么两样。接下来的一段日子里，我常常整日期盼，期盼着各界的来信，期盼着第一篇书评，期盼着某个让我感到意外的陌生人来向我表达他对我的第一印象。

当自己的作品首次正式出版时，任何一个年轻人的心情都会像我这样忐忑、激动、欣喜。过去，每当我看到这种年轻人时，心里都会暗自羡慕。第一次遇到这种令人欣喜的事情时，我的确有些沉醉其中，但我敢保证，我并没有因此而变得自负。事实上，没过多久，我就对自己的这部处女作——《银弦集》有了不同的看法。因此，这本诗集后来不仅没有再版过，而且在出版其他诗集时，我也没选择这本诗集里的任何一首诗。在我看来，我这本《银弦集》里的所有诗都源于自己模糊的灵感和下意识的模仿，它们在文字上的确显得激情澎湃，可其中却并没有什么真情实感。不过，我没什么可抱怨的，也不能说我没有从中获得充分的激励。因为当初为了吸引文学同行的关注，我在诗文中格外注重韵律和形式，也就是说，我的那些诗还是具有一定美感的。

想当初，作为一个只有十九岁的年轻人，我曾得到过李利恩克龙和德默尔的赞赏——要知道，这两位抒情诗人在当时可是非常出名的。他们对待我就像对待文学同行那样，而且他们对我的赞赏也完全是发自内心的。我把自己的第一本诗集寄给了我万分敬佩的诗人里尔克。想不到，他不仅称赞我的诗"非常美妙"，而且还把他的一本新诗集送给我作为回礼。年轻的时候，我曾把里尔克送给我的书视为最宝贵的礼物。想当年，为了取回这份礼物，我不惜孤身犯险，前往奥地利的一片废墟之中。当我去英国时，这份礼物也伴随着我。而时至今日，它已不知所终。事实上，里尔克送给我的礼物不止这一件。不过对于这第一件礼物，我一直情有独钟。现在回想起它时，我心头沉重不已，因为它距今已有四十年了。现在读起那些曾经耳熟能详的诗句时，我感觉它们就像是从另一个世界发出的致意。然而，要论给我最大惊喜的人，还是当属马克斯·雷格。在那个时代，他是一位与理查德·施特劳斯齐名的杰出作曲家。他想要为我的诗谱曲，问我是否愿意从自己诗集中挑选出六首来。我自然是欣然应允了。在那之后的各种音乐会上，我总是能听到自己的某一首诗。那些诗里的句子我要么早就不记得，要么已经弃之不用，而这位作曲家却让它们以另一种艺术形式流传于世了。

以上这些人的称赞都让我受宠若惊。与此同时，我也受到了一些坦诚且善意的批评。可以说，这些批评来得非常是时候，因为正是有了这些批评，我才会鼓起勇气去做一些过去没敢做的事，或想做却又搁置了的事。事情是这样的：在上中学的时候，我就发表过一些诗歌。此外，我写的一些短篇小说和书评也在一本名为《现代》的杂志上发表过。尽管如此，我还是没有胆量把自己的作品寄给颇有影响力的大报纸或大出版社。事实上，在维也纳当地，只有一份颇有影响力的大报纸，它就是《新自由报》。该报不仅文风高雅，而且在文化领域和政治领域，乃至在整个奥匈帝国，都相当有名气。它在德文报纸中的地位就相当于《泰晤士报》在英文报纸中的地位，或《时代报》在法文报纸中的地位。《新自由报》一直致力于追求超高的文学水准，在这一点上，其他的德文报纸都不如它。该报主编名叫莫里茨·本尼迪克特，是个不仅有杰出的组织能力，而且在工作上兢兢业业的人。他一直希望自己的报纸能够在一众德文报纸中独树一帜——不仅文学水准要足够高，而且在文化领域内要拥有非凡的影响力。为了向著名作家约稿，他会不惜重金地连续给对方发十份甚至二十份电报，而且无论向谁约稿，他都会预先支付一笔稿费。

　　每年的圣诞和新年，《新自由报》都会额外出版一期文学副刊。在这期副刊上面，我们可以看到当时最著名的作家的大名以及他们的作品清单。这些作家包括阿纳托尔·法朗士[1]、盖哈特·霍普特曼、易卜生、左拉、斯特林堡以及萧伯纳。对于维也纳，甚至对于整个奥匈帝国来说，《新自由报》所作出的突出贡献都是难以估量的。在世界观方面，这家报纸是与时俱进的、崇尚自由主义的，这自不必说。在发表作品方面，它

---

[1]　阿纳托尔·法朗士（Anatole France，1844—1924），法国作家、文学评论家、社会活动家，1921 年诺贝尔文学奖获得者。

的态度是克制且严谨的。在文化水准方面，它称得上是奥地利优秀文化传统的杰出代表。

如果把《新自由报》比喻成一座象征着与时俱进的殿堂，那么它额外出版的副刊，就相当于这座殿堂内部专门留出来的一块圣地。《新自由报》出版的副刊并不刊载那些转瞬即逝的时政要闻，也不刊载那些寻常的新闻，而是像巴黎著名的日报《时代报》和《论坛报》那样，只刊载与诗歌、戏剧、音乐以及艺术有关的文章，而且这些文章全都见解独到、文学水准极高。有资格在副刊上发表文章的，只有那些早已被公认的文学界权威和那些判断力精准、文学经验丰富、文学技巧高超的作家。

在《新自由报》的副刊上，与戏剧和音乐有关的文章基本出自路德维希·斯派达尔和爱德华·汉斯力克这两位权威之手。这两位不仅是歌舞剧大师，而且还是著名的文学评论家。他们对于《新自由报》的副刊而言，就像圣伯夫[1]凭借自己在《周一漫谈》中的文学评论而成为巴黎首屈一指的权威人士那样。在维也纳，对于一部戏剧或其他文学作品能否获得广泛认可，这两个人的意见往往能起到决定性的作用。换句话说，很多时候，这两个人掌握着很多文学创作者的命运。他们每次在副刊上发表的文章，都会在一段时间里成为相关领域的热门话题。很多人会就这些文章进行讨论，表明自己的观点和态度。如果

---

[1] 查尔斯·奥古斯汀·圣伯夫（Charles Augustin Sainte Beuve，1804—1869），法国著名文学评论家。

在副刊上，在那些人们早已熟悉的文学大师的名字中间，陡然出现了一个陌生的名字，那必定会是一件轰动的大新闻。在年轻的文学创作者中，能有幸在上面发表过作品的就只有霍夫曼斯塔尔一人，而且尽管他那几篇作品写得极佳，却也只能出现在版面的角落处。连霍夫曼斯塔尔都尚且如此，其他的年轻人自然不会不自量力，于是他们都把自己的作品寄给了其他刊物。要是有什么人的作品能够登上《新自由报》的头版，那么在维也纳的读者心目中，这个人的名字就相当于被刻在了大理石碑上，换句话说，他从此便可以名垂史册了。

想当年，我竟然向《新自由报》的副刊投稿了一首小诗，现在回想起来，那时的我真是勇气可嘉。因为在我父亲那辈人看来，这家报纸是与凡人无缘的，就如同神谕宣示所或圣域一般。然而，我的投稿却并没有被断然拒绝。《新自由报》的副刊编辑每周只抽出一天时间来约见各位投稿人，时间总共只有一个小时，即午后的 2 点到 3 点钟。而且通常情况下，他会优先接待那些长期合作的著名作家。至于像我这种圈外人，被分到的时间简直少得可怜。我怀着无比激动的心情，踏上一条窄小的螺旋楼梯，来到编辑办公室门前。我没有直接进门，而是先请一位杂务工代为通报。过了几分钟，杂务工回来告诉我说，编辑现在可以见我了，请我进去。于是，我走进了那间狭小的编辑办公室。

我终于见到了特奥多尔·赫茨尔——《新自由报》的副刊编辑。他是我平生见到的第一位举世闻名的大人物。由于他当时的政治倾向尚未明朗，所以他并没有意识到自己的所作所为即将影响整个犹太民族的命运，并且会使当时的时代发生历史性的重大转折。最初踏进文学领域时，他只是写诗。没过多久，他作为媒体人的才能便赫然显现出来。他先是一名驻巴黎记者，后来才成为最受维也纳读者欢迎的《新自由报》的副刊编辑。他的作品文风优美且委婉含蓄，很有大文学家的高雅气派。即便是在批判性的文章中，他的那种气派依然存在。通过他的文章，人们能看出他非凡的观察力，而且很多事实都证明，他确有真知灼见。在我认识的所有记者当中，他的文化修养是最高的。在维也纳，即使是最吹毛求疵的人，也不得不拜服于他的文章。他写过的一部戏剧登上了城堡剧院的舞台。那场演出的成功使他声名大噪，并成为同时受年轻人和年长者敬佩的人物。直到有一天，意外突然降临。很多时候，命运会精准地找到某一个人，然后通过他来达到某种神秘莫测的目的。每当这时候，被找到的人都无路可逃。

在做驻巴黎记者的时候，特奥多尔·赫茨尔曾目睹了公开审判阿尔弗雷德·德雷福斯的全过程，这使他深受震撼。这是他一生众多转折点的其中之一。当时，德雷福斯脸色惨白，他在被人扯下肩章时仍高喊："我是无罪的！"目睹此景的赫茨尔深信德雷福斯是清白的，他被指认犯了叛国罪的原因只有一个，那就是他是犹太人。赫茨尔一直是个刚正不阿的人，每当遇到不公之事时，他总想挺身而出。当他还是一名大学生的时候，他就本能地预感到，整个犹太民族未来的命运将非常凄惨，尽管当时还没有任何明显的迹象。为此，他不禁深感担忧。

赫茨尔外表不凡，但与之相比，他更出色的地方在于他与生俱来的领导才能、深邃的思想、丰富的学识。早在他上大学时，他就提出了一个梦幻般的方案，即全体犹太教徒自愿接受洗礼，这样一来，犹太教与基督教便可合而为一。在他看来，只有这个方案才能彻底挽救整个犹太民族的命运。他一直在脑海中设想着这样一个戏剧化的场景：有一天，在他的带领下，众多身在奥地利的犹太人走进圣斯特凡大教堂，通过具有象征意义的举动，为世界上的其他犹太人树立一个榜样。这样一来，一直遭到驱逐、四处流浪的全体犹太人便可获得拯救，从此告别被排挤和憎恨的悲惨命运。

　　可惜没过多久，他就发现自己的方案根本不可能付诸实践。他原本把拯救整个犹太民族视为自己义不容辞的责任，可有过几年工作经历后，他还是放弃了这个想法。但是，当他看到德雷福斯受审，当他想到从此以后自己的族人将一直受人排挤，他还是感到心如刀绞。于是，他产生了这样的念头：既然不同种族的人之间无法和谐共处，那么犹太民族不如干脆彻底与世隔绝。命运使犹太人遭受侮辱，但我们不能因此消沉，而是应该振作起来，积极与命运抗争。如果我们因为没有祖国而遭受苦难，那么我们就该建设自己的祖国！在这种念头的驱使下，他出版了一本小册子，名为《犹太国：用一种现代方案来解决犹太问题的尝试》。在这本小册子中，他发出了如下宣言：寄希望于同化和一味地忍让都是不可行的，犹太民族必须在自己的故乡——巴勒斯坦建设起属于自己的国家。

　　尽管这本小册子是在我念中学的时候出版的，但时至今日，我依然对它所造成的影响印象深刻。记得当时，这本气势汹汹的小册子在维也纳的犹太资产阶级圈里掀起了轩然大波。那些人纷纷震怒地说道：身为一个有能力、有幽默感、有文化素养的作家，特奥多尔·赫茨尔怎么能写出这么愚蠢的文字来呢？他为什么要做这种傻事呢？我们的语言是德语而非希伯来语，我们有什么理由要离开我们如此美丽的祖国奥地利，千里迢迢地跑去巴勒斯坦呢？弗朗茨·约瑟夫皇帝是那样的宽仁，在他的统治之下，我们的日子不是过得很不错吗？在奥地利，我们这些犹太人的身份地位不是一直都很稳固吗？我们这些犹太人所拥有的公民权利不是一直都跟其他民族的人一样吗？几个世代以来，我们这些犹太人一直生活在维也纳，我们热爱这座城市，并且愿意永远忠诚于它，难道不是吗？我们生活在一个与时俱进的时代，只要再等几十年，所有的成见就会销声匿迹，难道不是吗？他口口声声说自己是犹太人，说他想拯救犹太教，可面对穷凶极恶的敌人时，他为什么要做这种授人以柄的事呢？按照目前的形势，犹太人与德意志世界之间的距离正在日渐拉近，二者很快就有望实现融合了，可他为什么又要把距离给拉开呢？在犹太教的布道坛上，愤怒的传教士纷纷表示谴责。与此同时，《新自由报》的总编也发出禁令：在他这份与时俱进的报纸上，绝不能出现犹太复国主义这种字眼。为了嘲讽特奥多尔·赫茨尔，在维也纳文学领域享有特西特斯之美誉的卡尔·克劳斯专门写了一本小册子，名为《锡安的国王》。从那以后，每当赫茨尔去剧院时，观众便纷纷低声嘲讽道："快看哪，国王陛下驾临啦！"

多年以来，赫茨尔在维也纳市民的心目中都是个值得敬爱的人物。对于这一点，赫茨尔本人心知肚明，所以他一直认为维也纳是这个世界上最安全的地方。他不敢相信维也纳市民会弃他而去，更不敢相信他们会嘲讽他。他原本以为这里面可能是有什么误会。然而，当他看到局面迅速逆转，看到那种群情激奋的场面时，他不禁深感恐惧。他完全没有想到，他出版的那本几十页的小册子，居然掀起了一场声势浩大的运动。参与到这场运动中来的犹太人，并不是那些生活在西方、生活优渥的资产阶级，而是那些生活在东方的加利西亚、波兰以及俄国的众多无产阶级。他也完全没有想到，那本小册子居然会使那些在异国他乡漂泊的犹太人重燃梦想。这个原本已经快要熄灭的梦想，就是《圣经》里一再重复的、拥有上千年历史的弥赛亚的复国梦。它不仅是一个梦想，还是一种宗教信仰、一种精神寄托——正是因为有了这份精神寄托，一直被欺压、被视为奴隶的数百万犹太人才觉得生活仍有意义。犹太人已经流浪了近两千年，在此期间，每当有人煽动民族情绪——不管那个人是先知还是骗子，整个犹太民族都会群情激奋。不过，以往任何一次的场面和获得的回应都不如这次来得强烈。赫茨尔孤身一人，仅凭一本几十页的小册子，竟使流落世界各地的犹太族人联合到一起。

　　毫无疑问，在赫茨尔短暂的生命当中，最幸福的时刻当属他的构想尚处于朦胧状态时。而当他将计划着手实施，打算锁定现实目标，集结各方力量时，他才发现，自己所属的这个犹太民族与其他民族之间存在着太多的不和谐之处了。比如，这个地方的犹太人信奉正统派，而那个地方的犹太人信奉自由主义；这个地方的犹太人是社会主义者，而那个地方的犹太人是资本主义者；虽然同属犹太民族，但不同地方的犹太人说着不同的语言，他们彼此之间争执不休，谁都不愿意服从于一个共同的领导者。1901年，当我第一次与赫茨尔相见时，他正处于这种矛盾之中。矛盾不止来自外界，也来自他的内心。他暂时还不能为了追求理想而舍弃目前的这份编辑工作，因为他还要靠这份工作来维持生计、供养家人。这就是特奥多尔·赫茨尔，那个当初接待过我的《新自由报》的副刊主编。

当我进入那间编辑办公室后，特奥多尔·赫茨尔从座位上站了起来，向我问了声好。这时候，我才发现他那个"锡安的国王"的绰号还真是名副其实。他的确很有国王的气派：额头又宽又高，面部轮廓分明，胡须呈青黑色，样式与犹太拉比留的那种胡子的样式相同，眼睛是深棕色的，目光中透着忧郁。他的动作虽然有点像演戏剧似的，但却并不矫揉造作，因为他身上散发出一种庄严肃穆的气息，这使他的一举一动看起来都是那么的自然而然。再者说，在这种情况下，他也没必要故意摆架子给我看。那间编辑办公室的面积非常小，屋里只有一扇窗户，还有一张旧写字台，上面堆叠着各种纸张。

赫茨尔身穿一袭白色长袍，犹如一位贝都因酋长。那件衣服穿在他身上就像在巴黎特地定制的燕尾服一样妥帖自然。他先是刻意沉默了一阵子，然后伸出手来，指了指旁边的一把扶手椅，意思是请我坐下。他的表情虽然有些高傲，但态度却非常友好。当我坐下以后，他问我说："我对您的名字有点印象，但不记得是从哪里听过，还是看过了。您是不是写过诗歌？"

我点了点头，表示认同。他把上身靠在椅背上，继续问道："那您这次过来，准备投稿的优秀作品是什么？"我回答说，我带来了一篇散文，想请他过目。说完，我就把那篇散文的手稿递给他。他先是看了一眼封面，然后翻看正文，从第一页快速地翻到最后一页。我想，他可能是要估算一下全文共有多少字数。翻完以后，他再次靠在椅背上——与上一次相比，这次的椅背好像陷落得更深了一些。他再次翻开了我的手稿，而且这次看得很仔细，速度也很慢。这完全出乎了我的意料。全部看完后，他不紧不慢地整理好手稿，然后小心翼翼地把它装进了一个文件袋。接着，他又拿起一支蓝色的铅笔，在文件袋表面画了一个标记。在如此漫长的一段时间里，他一直在做这些令我捉摸不透的事，而且从没抬起头来看过我一眼，这令我感到非常忐忑。最后，他向我投来了深邃的目光，同时终于开口了。他的语速很慢，语气也很正式。他说："很高兴地通知您，您这篇优美的散文很快就会在《新自由报》的副刊上发表。"在那一刻，我忽然有种年轻中士被拿破仑亲手佩戴上一枚十字勋章般的感觉。

在有些人看来，这可能只是件不值一提的小事。只有当时的维也纳人才明白，赫茨尔这是在提携我。也就是说，身为一个只有十九岁的年轻人，我将一举成名，而且从此以后，我的前途会一片光明。自从相识以后，赫茨尔就一直对我照顾有加。我们的相识也促使他很快写出了一篇文章，大致内容是说，不要以为维也纳的文学和艺术已经趋于没落了。事实上，维也纳不只有霍夫曼斯塔尔这一位青年才俊。除了他以外，还有许许多多天赋异禀的年轻人。在他列举这些青年才俊的时候，我的名字被排在了第一位。想到特奥多尔·赫茨尔这样一位声名显赫的大人物，能在一个受人瞩目的平台上为我宣传，我不禁深感庆幸。须知，他在为我这样做的同时，自己身上也担负着重大的责任。他本来是希望我加入犹太复国运动的，只可惜在这件事情上，我辜负了他。作出这个决定之前，我经历了一番艰难的心理斗争。

说心里话，我的确不想跟赫茨尔走得太近，主要原因在于，我觉得在犹太复国运动中，那些与他共事的人对他缺乏尊重。由于在那场运动中，人与人之间缺乏尊重的现象普遍存在，所以后来，我只能干脆与之保持距离。以现在的眼光来看，当时的很多情况是令人感到难以理解的。比如，那些东方的犹太人批评赫茨尔，理由是他不了解犹太人的文化，甚至对正统犹太教的习俗一无所知。再比如，那些经济学家轻视赫茨尔，说他不过是个小小的副刊编辑而已。总之，他们每个人都不支持赫茨尔，并且每个人的态度都不太客气。最初那些积极投身于犹太复国运动中的人，特别是那些年轻人，确实曾让赫茨尔深感安慰。可是，当前最紧急的一个情况是，那些人需要接受管理。在那个组织中，总是有人在争论，总是有人在提出反对意见，总是有人在顽固地坚持自己的想法，拒绝沟通。在我看来，那些人不够真诚、不够热烈，也不够团结。我之所以要与犹太复国运动保持距离，其原因就在于此。起初，我的确对这项运动很感兴趣，也很想加入其中，但那只是因为赫茨尔身在其中。

有一次，我在与赫茨尔谈话时坦率地表达了自己的不满。

我说，我认为他的组织在管理上有所欠缺。他无奈地笑了笑，然后对我说了这样一番话："请您别忘了，这种幼稚的怀疑与辩论已经持续好几百年了。事实上，在犹太人四处流浪的两千年中，我们一直都没有切实地为这个世界创造过什么。成就大事者需要具有奉献精神，而这种奉献精神是包括我在内的所有犹太人现在亟须学习的。现在的我不但要为《新自由报》的副刊撰写文章，而且还要担任它的编辑。在目前这个职位上，我不能畅所欲言，只能传播一些特定的思想。不过，我正试着改变，试着为理想的事业毫无保留地奉献。但愿其他人看到以后，能够随之效仿。"时至今日，我仍对他的这番话记忆犹新。在他祖露心声之前，我们一直以为他之所以迟迟不愿意辞去《新自由报》副刊编辑的职务，全心投入复国大业之中，是碍于生计和家庭，但现在才发现，原来事实并非如此。日后，他甚至为了犹太复国事业而奉献出了自己的个人财产，可是世人在很久以后才得知这件事。他曾因内心矛盾而饱受折磨，关于这一点，他说的那番话和他的很多日记都可以证明。

此后，我虽然与赫茨尔见过很多次面，但唯有最后那一次，让我觉得印象最深刻、最值得缅怀。记得当时，我刚从国外回到维也纳。此前在国外时，我只能通过书信与维也纳的人保持联系。那天，我在城市公园意外地碰到了赫茨尔。很明显，他刚从编辑部走出来。他身子略微前倾，脚步很慢，跟以往健步如飞的样子完全不同。在我们两个人相距很远的时候，我很客气地跟他打了声招呼，然后便打算径直离开。可他却快步来到我面前，主动与我握手，对我说："何必总是这样避开我呢？"

得知我此前一直待在国外，他认为这样很不错。随后，他又说了这样一番话："去国外，这是我们仅有的一条出路！我目前所知道的那些知识就是从国外学来的。只有当我们身在国外时，我们的思想才能完全不受束缚。在维也纳，我恐怕这辈子都没胆量考虑创建犹太国这件事。即便我敢考虑，这个念头也会在刚产生时就被扑灭。幸亏这个念头是在国外产生并发展成熟的，我只是将它照搬回了维也纳。这样一来，别人也就拿它没办法了。"

说完这些，他的情绪有点沮丧。他说，他的事业遭到了维也纳本地势力的强烈打压，而国外的势力不但没有打压他，反而还给他提供各种支持，特别是东方的势力。而且近期，美国的势力也开始这样做了。尽管如此，面对这项事业，他还是感到心力交瘁。

接下来，他又说道："总之我错了，错在没有尽早投身于这项事业。抛开历史上的那些伟人不谈，就说维克托·阿德勒吧，他在三十岁的时候就已经成为社会民主党的领导者了。在那个年纪，人的战斗意志是最强烈的。您知道我现在有多难过吗？我不仅为自己过去的那些岁月而感到惋惜，也为自己没有尽早投身于这项事业而感到惋惜。如今，我虽然仍有强烈的战斗意志，但我的身体状况太差了。要是身体状况允许的话，那自然什么都不在话下。只可惜，那些已逝去的时光再也无法挽回了。"

我们边走边说，走了很远很远。后来，我把他送到了家。他站在家门口，主动跟我握了握手，然后说道："您一次也没来我家里看过我，这是什么原因呢？如果您想来的话，提前打个电话就好了。对于现在的我来说，抽点时间出来并不算难。"
我虽然向他承诺说有机会就去看望他，但与此同时，我也在心里暗暗决定，这次我只能食言了。我不想浪费别人的时间，尤其对方还是我深深敬爱的人。

话虽如此，几个月后我还是去看望他了。因为当时，长期受重病折磨的他已经一病不起了。也就是说，我那次去看望他，只是想陪他走完最后一程。赫茨尔的葬礼是在 7 月里的一天举办的。对于这个特殊的日子，当天在场的所有人都会牢牢铭记。世界各地的犹太人纷纷不分昼夜地赶往维也纳，以至于抵达维也纳的每一趟火车上都坐满了人。那些犹太人有的来自东方，有的来自西方，有的来自俄国，有的来自土耳其，有的来自其他省会城市，有的来自一些小城市。惊闻这个不幸的消息时，他们每个人都一脸错愕。此前，那些人还一直在争论，在散布各种流言。直到此时此刻，他们才终于醒悟：原来眼前这位即将长眠于地下的人，是一项伟大运动的领导者。送葬的人们排成长队，那条队伍长得仿佛无边无际。维也纳这座城市也在瞬间醒悟了，它意识到，这位即将长眠于地下的人不仅是一个普通的作家和诗人，还是一种伟大思想的缔造者。他的这种思想只有在一个国家或民族经历一段漫长的休眠期后才会再次崛起，而且最终的结果必然是获得胜利。就在送葬队伍即将抵达公墓时，人群中发生了骚动。许多人再也无法控制自己的悲痛情绪，他们像发疯了一般，纷纷扑到赫茨尔的棺材上失声痛哭。一时间，场面变得异常混乱。这次葬礼的场面是我一生参加过的所有葬礼中最令人难忘的。面对数百万犹太人的深切哀悼，我第一次感受到，赫茨尔这位孤身奋战的人凭借自己的思想力量使这个世界充满了激情，也充满了希望。

能够成为《新自由报》的副刊作者之一，我既深感荣幸，又觉得意义非凡。因为从此以后，我在父母和其他家人面前就可以格外有底气了。对于文学上的事，我的父母并不怎么感兴趣，而且也一向没什么判断力。对于《新自由报》上的各种赞赏、批评抑或是不予置评，他们都非常重视。在维也纳，所有的资产阶级人士都是如此。他们都认为，凡是能在《新自由报》上发表观点的人，都是令人敬佩的，而且也必定是权威人士。

因此，我带给家庭的震撼可想而知。在我家，父母每天早上都殷切地期盼着《新自由报》。他们对于这份报纸的敬意自不必说。一天早上，他们像平常那样翻开报纸。就在这时，他们忽然发现了一件了不得的大事。在那份只有著名作家或者至少有过多年写作经验的作者才能发表文章，并且发表的文章还必须要经过严格审核的报纸上，居然出现了一篇由一个十九岁的年轻人写的文章，而此时此刻，这个年轻人正坐在他们身边吃早餐呢！平时在学校里，这个年轻人的表现并不出众，也不太守规矩。在家里，当他表明自己的观点时，他也没有得到过充分的重视。他平时的确喜欢写作，可在他的父母看来，那不过是小孩子胡乱写的罢了，反正也没什么坏处，他想写就随他吧。毕竟相比于出去打牌，或者跟举止轻浮的女孩出去约会，还是搞写作要好一点。在成名以前，即便我写的诗像济慈、荷尔德林、雪莱的诗那样优美，我也不可能得到身边那些人的赞赏。我以前去剧院时，常常发现有人在悄悄地议论本雅明[1]。人们都觉得他很神秘，不知道他是通过什么方法使自己跻身于文学大师之列的。自从我长期规律地在《新自由报》的副刊上发表作品以后，我也开始像许多受人尊重的名人一样，面临着被人在公众场合认出来的危险。不过，我很快就离开了这种险境，因为我决定转去柏林继续上大学了。我在一天上午把这个决定告知了父母，他们听了以后都欣然同意了，因为他们对《新自由报》敬意十足，而我身为该报的作者之一，我的决定自然会得到充分的尊重。

当然了，所谓的去柏林继续上大学，其实并不是我的真正意图。因为在柏林时，我也像在维也纳一样，每学期只去两次学校——第一次是为了得到听课资格而去登记，第二次是为了让校务工作者在我的听课许可证上签字盖章。我之所以到柏林，并不是因为我对课程或某个教授感兴趣，而是因为我想获得更大的自由。维也纳不过是一片小天地，它让我感到受缚。在那里，与我有来往的那些文学领域的人差不多都跟我一样，是犹太资产阶级出身。在那里，人与人之间的了解太深了。留在那里的话，我就永远也摆脱不了富家公子哥的状态。事实上，我早已厌倦了所谓的上层社会的生活。如果能得到更多自由的话，我甚至宁愿降入底层社会。在柏林时，我不清楚大学里的课程是怎么

---

[1] 瓦尔特·本迪克斯·舍恩弗利斯·本雅明（Walter Bendix Schoenflies Benjamin, 1892—1940），犹太裔德国文学批评家、哲学家、著名学者。

安排的，也不清楚哲学讲座究竟是哪位教授在讲。但我清楚，在新文学方面，柏林要比维也纳发展得更兴旺、更富有生命力；在柏林，我不仅能看到德默尔，而且还能看到其他新生代的诗人；在柏林，各种新杂志、新音乐厅以及新剧院层出不穷。总之，正如维也纳人常说的那样，柏林是一个"常常会有新惊喜"的地方。

我是在一个很受人瞩目的历史时刻来到柏林的。1870年以前，柏林还只是普鲁士王国的首都，而当时的普鲁士王国并不富裕，其他方面的发展水平也不高。1870年以后，柏林一跃成为德意志帝国的首都。在很短的时间内，这座位于施普雷河畔、原本并不受人瞩目的地方就呈现出一派欣欣向荣的景象。然而，柏林并不是德意志帝国的文化中心和艺术中心。德意志帝国的艺术中心理当是慕尼黑，那里有数不清的优秀画家和诗人。音乐中心的话，理当是德累斯顿，那里的歌剧院处于绝对的领先地位。其他一些小邦国的首都也各有优势。要说起文化和艺术中心，那么维也纳是当之无愧的，因为它不仅有长达数百年的艺术文化史，而且还会聚了无数的天才。在这一点上，柏林要远逊于维也纳，即便到了今天，情况也依然如此。

不过近些年来，随着德国经济的飞速发展，柏林的发展也开启了新篇章。柏林吸引来了许多大型的企业集团和家财颇丰的大家族。巨额财富的涌入，再加上与之相伴的强烈的冒险精神，使得柏林当地的建筑业蓬勃发展，新建的剧院一座接着一座冒出来。这种景象在德国其他大城市是看不到的。在威廉皇帝的保护下，柏林的各个博物馆纷纷开始扩大规模。柏林的剧

院把负责人的职务交给了奥托·布拉姆[1]这样出色的人才。年
轻人纷纷涌入柏林，正是因为它没有真正的传统，也没有长达
数百年的文化历史。很多时候，悠久的传统反而会限制人的创
新力。维也纳就因其悠久的文化传统而受到了限制。它对历史
上的一切顶礼膜拜，但对于年轻人的勇敢创新却一直抱着小心
翼翼、静观其变的态度。而在柏林，年轻人可以尽情地探寻所
有未知的事物。德国各地的年轻人，甚至是奥地利的年轻人都
愿意到柏林来，这并不奇怪，因为这座城市正打算在短时间内
让世人看到它个性突出的一面。在柏林，只要是有才华的年轻
人，就一定会出人头地。在这方面，马克斯·莱因哈特就是个
典型的例子。过去在维也纳时，他苦等二十年之久都未能得志，
但到柏林以后，只过了短短两年，他就坐到了他想坐的位子上。

　　在我刚到柏林的时候，它刚好处于转变期——由一个普通
的首都转变为一座国际化的大都市。不过，刚到柏林时，我对
这座城市是失望的，因为我早就习惯了维也纳那种世代传承的
美丽城市景观。在柏林当时的城市整体规划上，建设和发展重
心是逐渐向西转移的。规划刚开始实施时，许多新式风格的建
筑就在西边逐渐修建起来了。至于"动物园"区的那种高调且
浮夸的旧式建筑，已不再继续修建。这时候，柏林这座城市的
核心区仍然是弗里德里希大街和莱比锡大街。在这两条大街中，

----

　　[1]　奥托·布拉姆（Otto Brahm, 1856—1912），柏林的著名戏剧
评论家、导演。他于1894年到1904年间担任柏林德意志剧院负责人，
于1905年到1912年间担任柏林莱辛剧院负责人。

前者的建筑造型显得很单调，后者的建筑造型颇为浮夸，但缺乏美感。如果想去郊区，比如维尔默村、尼古拉湖、施特格利茨这些地方，那只能搭乘速度很慢的有轨电车。如果想去黑森林那边游览众多原生态的小湖泊，那就等于要进行一场野外大冒险。事实上，当时的柏林还没有真正意义上的市中心。要说比较繁华的地方，那就只有历史悠久的"菩提树下街"了。不过，它与维也纳最繁华的商业街——格拉本大街毫无可比之处。

普鲁士具有崇尚简朴的历史传统，因此柏林人在生活上既不追求流行风尚，也不热衷于那些风雅之事。去剧院看戏时，女士们所穿的衣服都是自制的，一点都显示不出女性的绰约风姿。在这一点上，维也纳人就与柏林人完全不同。维也纳人的生活非常奢靡，为了摆阔，他们甚至可以不惜一切代价。通过种种细枝末节，我们能感受到，柏林人的生活态度与腓特烈时代的人一样，他们的勤俭节约简直快达到抠门儿的程度了。举例来说，为了节省咖啡豆，他们会把咖啡冲调得非常淡。他们做的饭菜一点都不香，吃起来味同嚼蜡。在柏林，一切都是那么的干净清爽、井然有序，这与维也纳那种音乐氛围浓厚的情况形成了极大的反差。再举一个最具代表性的例子：在维也纳上大学时，我那间出租屋的女房东性格开朗，喜欢与人交流，有一副乐于助人的热心肠。不过，由于她做事马虎、顾此失彼，我的房间总是不够整洁。而我在柏林那间出租屋的女房东就完全不一样。她在收拾房间这件事上堪称无可挑剔，可当我住满一个月，与她结算费用时，我才发现，她为我做的任何一件不起眼的小事都是收费的。比如，在那本字迹清爽、通篇斜体字的账本上，出现了诸如"缝裤子纽扣一枚，三芬尼""擦拭桌面上的墨水印迹，二十芬尼"等内容。最后全算下来，我一共得支付她六十七芬尼。一开始，我还对记账这种事不屑一顾，因为我觉得普鲁士人这种精打细算的作风很令人尴尬。但没过几天，我便开始学着记账了，而且还记得非常详细。这是我生平第一次记账，同时也是最后一次。

其实到柏林时，我带了很多封维也纳的朋友写的推荐信，不过我一次也没有动用过它们。我之所以突然决定到柏林，就是想脱离原来的生活环境，不再与资产阶级那个圈子里的人来往。原来的那种生活虽然安闲舒适，但也使我感到处处受限、难以自立。我只想在柏林多认识一些文学领域的同道中人，特别是一些有趣的人。刚刚二十岁的我没有白读《波希米亚人》，我想效仿书里的人物，过他们那种虽然贫穷却自由自在的生活。

事实上，我没过多久便找到了自己心仪的社交圈，并且融入其中。这个圈子里的人都与我志趣相投，喜欢无拘无束的生活。早前，当我还在维也纳的时候，我就在柏林的一家报纸上发表过作品。这家报纸的名字颇有些自嘲的意味，叫《社群》。当时这家报纸的主编是年轻诗人路德维希·雅各博夫斯基。在他英年早逝前不久，他以巴黎的"丁香园"社团为榜样，创建了一个名叫"来者"的文学社团。对于年轻人来说，这个社团非常有吸引力。该社团每周举行一次规模庞大的集会，集会地点在诺伦多尔夫广场旁边的一家咖啡馆二楼。来参加集会的人中，有的是诗人，有的是建筑师，有的是记者，有的是水平有限却喜欢冒充文人雅士的文学爱好者，有的是美术家和雕刻家模样的女孩，有的是来交流德语的俄国大学生，有的是来自斯堪的纳维亚的金发女孩——她们也是抱着交流德语的目的来的。除此之外，还有一些人是从德国的其他省份来的，其中有身材健硕的威斯特法伦人，有忠厚老实的巴伐利亚人，还有西里西亚的犹太人。在集会上，这些人有时会毫无顾虑地激烈争论，有时会朗诵诗歌或读剧本。不过总的来说，大家都是抱着结识更多同道中人的目的来的。

除了年轻人以外，这群人当中还坐着一位老者，他胡须灰白，样子很像圣诞老人。社团里的人都很尊重他、拥护他，其原因就在于，他是彼得·希勒[1]，一位名副其实的诗人。这位年过七十的老人常用那双蓝眼睛慈爱地注视着眼前这群有个性的年轻人。很多时候，他都穿着一件灰色的风衣，风衣里面是一套边缘已严重磨损的西服和一件脏兮兮的衬衫。我们这群人经常围拢在他身边，希望能听到他的朗诵。每当这时候，他便从上衣兜里掏出一张皱巴巴的稿纸——上面是他亲手写的诗，然后兴高采烈地朗诵起来。他的那些诗都是即兴之作，虽然风格独特，但结构上却不够严谨。他的每次朗诵都是断断续续的，因为那些诗是他在电车上或咖啡馆里随手写的，每次都是随写随忘，而且稿纸上的那些铅笔字多有涂改，他需要仔细辨别一番，才能继续朗诵下去。虽然一向清贫，但他却从不因钱的事而感到烦恼。他没有固定的住所，总是寄居在不同的地方。

---

[1] 彼得·希勒(Peter Hille,1854—1904)，德国浪漫主义小说家、诗人。

我们都很欣赏他这种超凡脱俗和淡泊名利的气质。这位心地善良的山野樵者是什么时候来到柏林的呢？他是通过什么方式来到这儿的呢？他为什么要到这种大城市来呢？没人能答出这些问题。作为一位诗人，他只想过那种无拘无束、无欲无求的生活，因此，对于显赫名声之类的东西，他一点都不感兴趣。除了他以外，我没遇到过一个这样的人。每当周围那群试图引起他人注意的人在夸夸其谈时，彼得·希勒总是表情温和地充当倾听者的角色，基本不加入别人的对话，也从不与人争论。偶尔，他会态度友善地向别人举杯致意。在一片喧闹声中，略显疲惫的他似乎总在脑子里酝酿着诗句，不过在这种情况下，诗意不可能愿意敲门光顾。

时至今日，德国人似乎都已忘记了这位朴实的诗人。不过，他的纯真和朴实着实吸引了我的注意，以至于我完全忽视了"来者"社团的那位新会长。然而恰恰是这位新会长，他在日后凭借着自己的思想和言论，对无数人的生活方式产生了决定性的影响。这就是我在"来者"社团初次结识鲁道夫·斯坦纳[1]时的情形。他是在特奥多尔·赫茨尔之后，我结识的另一位身负重大使命、日后注定会成为无数人的精神领袖的人物。后来，斯坦纳创立了人智学。为了弘扬这门科学，他的学生们共同创建了许多规模宏大的学校和研究学院。相比于赫茨尔，斯坦纳身上那种与生俱来的领导者气质并不突出，不过他更富有个人

---

[1] 鲁道夫·斯坦纳（Rudolf Steiner, 1861—1925），奥地利社会哲学家、教育家。在1912年时，他创立了一门精神科学——人智学。

魅力。他那双眼睛似乎有种魔力。当我盯着他的眼睛看时，我的脑中几乎是一片空白，但当我转过头去，不再看他时，却反而能对他所说的话有所领悟。他的脸又瘦又长，看起来像一位苦行僧，但同时却又充满激情。面对这样一张脸时，感到折服的恐怕不只有女人。

我在"来者"社团结识鲁道夫·斯坦纳的时候，他还在摸索和学习阶段，还没有创立他的人智学。有时候，他会跟我们说起歌德的颜色理论。随着他的讲述，歌德在我们心目中的形象渐渐发生了改变，变得越来越像浮士德和帕拉切尔苏斯[1]了。斯坦纳的知识广博且高深，特别是在我们这些只懂文学的人眼中更是如此。每次听他讲解完，或者与他进行私下交流后，我都会陷入矛盾之中——既精神亢奋，又有些许沮丧。不过现在回想起来，我当时有没有预料到他日后会成为年轻人的精神领袖，在哲学和伦理学方面对年轻人产生决定性的影响呢？答案是没有。对此，我不禁深感惭愧。当时，我期盼他能够凭借自己的探索精神，在自然科学方面取得伟大成就。要是我听说他通过直观观察而在生物学方面获得了什么重大发现，那我一定不会感到吃惊。

然而多年以后，当我在瑞士的多尔纳赫看到那座气势恢宏的歌德纪念馆，还有那座由他的学生们筹建的人智学研学院时，我不禁感到困惑。想不到，斯坦纳的影响力居然蔓延到了现实

---

[1]　帕拉切尔苏斯（Paracelsus，1493—1541），瑞士医学家、神秘学者、炼金术师。

世界的各个角落，甚至在有些方面，他的人智学被应用得十分平常普遍。事实上，我直到今天也没搞清楚人智学到底是怎样一门学科，以及它的研究意义何在。因此对于这门科学，我不能擅自评判。我甚至认为，与其说那些人是被人智学所吸引的，倒不如说他们是被鲁道夫·斯坦纳的个人魅力所吸引的。在与年轻人谈话时，斯坦纳从不以权威姿态示人，态度总是非常友善。能够有幸结识他这样一位富有魅力的人物，对我来说就已收获颇丰。当我还是一名中学生的时候，我以为一个人的学识深厚靠的是博览群书和与人广泛交谈，但见识了斯坦纳的惊人想象力和精深的学识以后，我才明白，原来那需要积年累月的潜心钻研。

不过话说回来，在那个容易结交朋友、社会和政治上的隔膜还不太深的年代，年轻人与其结交那些名气大的人，还不如跟志趣相投的朋友来往，因为这样才更有可能学到真东西。在柏林的经历使我深深感受到，与志趣相投的朋友在一起学习时的那种积极热情的氛围，能将人的精神世界渲染得更加丰富多彩。当然了，我之所以会有这番感悟，是因为我有了比中学更高级且国际化的视野。

在维也纳时，我身边的那群朋友差不多都出身于中产阶级，而且他们当中有百分之九十是出身于犹太人中产阶级。因此在兴趣爱好方面，我们之间的差别微乎其微，甚至可以说是完全一样。但是在柏林这个全新的环境中，我所接触到的那些年轻人在身份上可谓天差地别。他们有的来自上流社会，有的来自社会底层；他们有的是普鲁士贵族，有的是汉堡某船业公司老板的儿子，有的是威斯特法伦一个普通农民的儿子。陡然间，我发现自己置身于一个里面有真正穷人的社交圈——这些穷人的衣服和鞋子都是破烂不堪的，而身在维也纳时，我从未接触过这类人。在柏林，我有时会和酒鬼、同性恋、吸食吗啡的人在同一张桌上吃饭，让我引以为傲的是，我还与一个非常有名的诈骗犯握过手。这个诈骗犯有过坐牢的经历，出狱后，他出版了自己的个人传记，因此他与我们这些文学创作者有了交集。在别人带我去的各种小酒馆和咖啡馆里，我遇到过形形色色的人物，这些人物即便在现实主义小说里也未必会出现。此外，我还对那些声誉不好的人颇有兴趣，甚至可以说，一个人越是声名狼藉，我就越是想要与他结识。我喜欢结识危险人物，这种源于好奇心的古怪嗜好保持了一生。即使到了一定年纪，应该在交友方面谨慎行事了，我也没有什么改变。为此，朋友们经常批评我，说我不该结交那些没有品德和信誉的人，也不该结交那些能使我身败名裂的危险人物。

也许由于我出身于一个以正统和守规矩自居的阶层，也许由于我认为自己有一定的自制力，所以一直以来，那些危险人物对我来说都很有吸引力。在我看来，那些人身上有种豪情和侠气；他们对自己的生命、时间、钱财、身体健康、名声全都毫不顾惜；他们没有什么远大理想，只想活着；他们是一群执着到近乎病态的人。读者要是看我写的长篇或短篇小说，应该就能感受到我对那种豪情和侠气异乎寻常的喜爱。

此外，对我来说，"来者"社团成员的异域风情和神秘感同样具有莫大的吸引力。为了满足我的好奇心，他们差不多每个人都给我准备了一份惊喜——这些惊喜都是来自异国他乡、我从未见识过的。比如，来自德罗戈贝奇[1]的画家埃·莫·利林让我感受到了一种全新的犹太精神和一种异乎寻常的宗教崇拜。他家境贫寒，父亲是一名车工师傅，同时也是一名正统派教徒。他是我生平遇到的第一个名副其实的东欧犹太人。一个来自俄国的年轻人为我翻译了《卡拉马佐夫兄弟》中最引人入胜的段落，这部后来举世闻名的小说在当时的德国还没什么名气呢。一位来自瑞典的女孩，使我生平第一次欣赏到了蒙克的画作。我常去几位画家的画室里闲逛，近距离地观察他们的绘画技巧。坦白地说，他们的画技并不高超。我还曾在一位宗教信徒的引领下，在一间小屋里住过一晚，只为亲眼见识一下所谓的招魂术究竟是怎么回事。

上述种种经历使我眼界大开，也令我感受到这个世界的光怪陆离、精彩纷呈。对于这样的生活，我怎么会感到厌烦呢？在维也纳上中学时，我整日与各种公式和诗句为伍，而在柏林，我每天接触到的都是活生生的人。在整日与各色人等相处的过程中，我有时深受鼓舞，有时极度失望，更有甚者，我还中过别人的圈套。我相信，自己在柏林上大学的第一个学期参加过的社交活动要比我过去十年参加过的还多。在这个学期，我享受到了充分的自由。

---

[1] 德罗戈贝奇（Drohobycz），城市名，现位于乌克兰西部。历史上曾先后隶属奥匈帝国和波兰。在本书中记录的那个时代，该地隶属奥匈帝国。

按正常逻辑，随着交际圈的大幅拓宽，我的创作欲应该越来越强烈才对，可事实却并非如此。上中学时，由于同学之间的相互鼓励，我不仅有强烈的创作欲，而且高度自律。可到柏林以后，这些东西全都消失不见了，这不禁令我深感担忧。我的第一本诗集出版后，时隔四个月，我再次翻开它，不由觉得它太稚嫩了，我甚至想不通自己当初为什么会有胆量出版它。不可否认，仅就形式而言，那些精心雕琢过的诗句都算是成熟的佳作，甚至其中几首还堪称杰作。但就情感而言，那些诗句都并非发自内心，所以显得虚情假意。见识过柏林各种实实在在的人和事物以后，当我再次审视自己最初发表的那些中篇小说时，也有类似的感受，我总觉得那些小说透着一股工业香水的气息。在创作那些小说时，我对现实生活根本就没有什么切身体验，可以说，它们全是靠我学到的各种写作技巧撑起来的。其实到柏林时，我带了一部长篇小说的完成稿，打算用它来取悦出版方，可后来我还是狠心把它烧掉了。在与各种现实真正接触了以后，我觉得自己的文学判断力也就是中学水平。意识到这一点时，我的自信心严重受挫，那种感受就像一个中学生接连降了好几级一样。事实上，我在第一本诗集出版六年后才出版了第二本诗集。第二本诗集出版后，又隔了三四年我才出版了自己的第一本散文集。

中间那些空闲的时间段，我听从了德默尔的衷心劝告，集中精力翻译各种文学作品。时至今日，我仍对德默尔心存感激，因为他让我真正体会到了文学翻译工作能给一个年轻作家带来多么大的帮助。它不仅使我更深刻地感受到了母语的内涵，而且也使我的文学创新力大大提升。在诗作方面，我翻译了波德莱尔、魏尔伦、济慈以及威廉·莫里斯[1]部分作品；在剧本方面，我翻译了夏尔·范·范莱贝格[2]的一个小作品；在小说方面，我翻译了卡米耶·勒莫尼耶[3]的《伸出援助之手》。在翻译诗歌的过程中，我遇到的第一个障碍是那些外语中的特定用语。要想把它们贴切地转换成母语，需要很强的表达能力，而人们往往并不关注这一点。作为一名文学工作者，我认为翻译工作中的这种字斟句酌别有趣味。翻译者的付出往往不为人所知，也得不到他人的欣赏。这种默默无闻的翻译工作能考验一个人的耐性、意志力以及品德修为。说到品德修为，中学时的我根本就没有，因为我那时做起事来总是免不了敷衍和冲动。在我看来，翻译各种文学作品就好像在为自己的同胞介绍各种奇珍异宝一样，是一份具有实际意义的事。一个人只有在做这种事情时，才不会觉得自己白白浪费了生命。正因如此，我对翻译这项工作才格外热爱。

当时的我感觉自己终于看清了未来的路。我打算先积极地

---

[1] 威廉·莫里斯（William Morris, 1834—1896），英国诗人、设计师、工艺美术运动创始人、早期社会主义活动家，代表作为诗集《地上乐园》和《伊阿宋的生与死》。

[2] 夏尔·范·范莱贝格（Charles van Lerberghe, 1861—1907），比利时诗人、剧作家，代表作为抒情诗集《夏娃之歌》和戏剧《潘》。

[3] 卡米耶·勒莫尼耶（Camille Lemonnier, 1844—1913），比利时法语小说家、文艺批评家，代表作有小说《男人》《肉食者》《资产者的末日》等。

去开阔眼界、增长学识，看清这个世界的深层本质，等有了一
定的积累后，再开始进行真正意义上的创作，而不是像之前那
样，在还没完全准备好的情况下便草草出版一部作品。在柏林
的一切经历都使我备受激励，也使我想去异国他乡增长见识
的渴望变得更加强烈了。第一学期的暑假即将来临时，我开
始在地图上到处搜寻。最终，我选中了比利时。在 19 世纪与
20 世纪之交，比利时这个国家的艺术发展正处于上升期，而
且发展势头相当强劲。在某些方面，它的发展速度甚至比法国
还要快。当时的比利时涌现了许多新生代艺术家，比如赫诺普
夫 [1] 和罗普斯——绘画领域的突出代表；康斯坦丁·默尼耶 [2]
和米纳 [3]——雕塑领域的突出代表；范·德·威尔德 [4]——工
艺美术领域的突出代表；梅特林克 [5]、埃克豪特 [6] 以及勒莫尼

---

[1]　费尔南德·赫诺普夫（Femand Khnopff，1858—1921），比利
时象征主义画派的领军人物。

[2]　康斯坦丁·默尼耶（Constantin Meunier，1831—1905），比
利时现实主义雕塑家。

[3]　乔治·米纳（George Minne，1866—1941），比利时雕刻家、
画家。

[4]　亨利·范·德·威尔德（Henri van de Velde，1863—1957），
比利时建筑师、设计师。

[5]　莫里斯·梅特林克（Maurice Maeterlinck，1862—1949），比
利时剧作家、诗人、散文家，1911 年诺贝尔文学奖获得者，被誉为"比
利时的莎士比亚"，代表作有《青鸟》《盲人》《不速之客》等。

[6]　乔治·埃克豪特（Georges Eekhoud，1854—1927），比利时
小说家、诗人、文艺批评家。

耶——文学领域的突出代表。在所有的新生代艺术家中，我最欣赏的人是埃米勒·维尔哈伦[1]，其原因就在于，他是一位在诗歌领域内有独辟蹊径之举的创新者。我最初注意到他的时候，他在德国还没什么名气。那时候，文学领域内的人常常难以分辨他与魏尔伦[2]，正如他们常常难以分辨罗曼·罗兰与罗斯那样。当你对一个人情有独钟时，那就意味着你对这个人的爱永远是双份的。

说到这里，我想我应该插入一段小小的注释。在眼下这个时代，由于人们有各种繁杂的经历，还要面对许多剧烈的变化，所以记性往往都不太好。因此，我不确定人们是否还记得埃米勒·维尔哈伦这个名字。在那个时代的所有法语诗人当中，维尔哈伦是第一个致力于让欧洲人看清当前和未来的人。他对于欧洲的意义就相当于沃尔特·惠特曼之于美国。从很早以前开始，他就对现代社会抱有极大的热情。在他的诗作中，有很多都是反映这个主题的。那个时代的人们普遍认为机器如同魔鬼、城市面目可憎，现代社会中缺少诗的气息。可在维尔哈伦看来，现代的任何一项新发明或新技术都令人振奋不已。维尔哈伦对自己的这种热情相当满意。他有意识地让自己倾慕于各种人和事物，以便使自己更富有激情。起初，他的诗篇还都很

---

[1]　埃米勒·维尔哈伦（Emile Verhaeren, 1855—1916），比利时最具国际影响力的诗人，同时也是剧作家和文艺评论家。

[2]　由于其时德语书写规则不统一，维尔哈伦（Verhaeren）和魏尔伦（Verlaine）难以被人们正确辨别。——编者注

简短，不过后来，他逐渐开始创作气势磅礴的长篇赞美诗。他曾通过一首名为《互相尊重　和谐共处》的诗，向欧洲的各族人民发出了倡议。他是第一个通过诗歌来向世人传达乐观主义精神的人。在如今这个严重倒退的时代，人们普遍都不知晓乐观主义精神的意义，而在过去，这种精神曾对整整一代人产生过深刻的影响。维尔哈伦的那些杰出诗作势必会忠诚地为我们充当见证人，见证我们曾心驰神往的属于欧洲和全人类的美好明天。

我之所以会到布鲁塞尔，完全是为了见维尔哈伦一面。只可惜，我从卡米耶·勒莫尼耶口中得知，住在一个小村子里的维尔哈伦不怎么来布鲁塞尔，而且他现在出门了，并不在家。勒莫尼耶是《男人》这部著作的作者，可惜他并没有受到公平的对待，现在这个时代的人已经把他给遗忘了。此前，我曾将他写的一部长篇小说译成了德文。看到我一脸失落的样子，热情的勒莫尼耶决定带我去见另外几位比利时艺术家。就这样，我与康斯坦丁·默尼耶见了面。他是一个上了年纪、具有英雄气质的工人，同时也是一位善于刻画劳动场景的雕塑大师。在那之后，我又与范·德·施塔彭[1]见了面。在当今的艺术史上，人们几乎看不到这位雕塑大师的名字。他是弗拉芒人，个子很矮，面部饱满，面色红润，态度非常亲切友善。我还见到了他的妻子，她是个身材高挑的荷兰女人，性格很外向，待人同样

---

[1]　夏尔－皮埃尔·范·德·施塔彭（Charles-Pierre van der Stappen，1843—1910），比利时雕塑家。

很友善。记得那是一个上午，天气很晴朗。施塔彭先是带我欣赏了他的作品，然后又与我谈论文学和艺术方面的事，谈了好久。他们夫妇二人的亲切和友善使我放下了所有顾虑。我不再遮遮掩掩，而是坦白地对他们说，我到布鲁塞尔的目的是见维尔哈伦，只可惜他不在家。

我说那些话是不是有些失礼、有些不合时宜呢？因为我发现，当我说完时，施塔彭与他的妻子互相看了看，然后都露出了会心的微笑。我感到坐立难安，想起身离开，可他们却极力挽留我，希望我能与他们一起吃午饭。就在这时，我再次看到他们互相看了看，然后又都露出了微笑——这种笑容让我觉得神秘莫测。我心想，就算他们有什么事瞒着我，那也一定是出于好意。于是我便欣然同意了，而此前，我原本是计划去滑铁卢的。

没多久，午饭时间到了。比利时住宅的餐厅都在一楼。我们来到餐厅，坐了下来。猛然间，一种强烈的直觉告诉我，餐厅的窗户旁边站着一个人。当我转头看向那边时，我才发现，透过餐厅的彩色玻璃可以看到窗外的街景。这时候，我听到了手指关节叩动窗玻璃的声音。差不多在同一时间，我又听到了门铃声。施塔彭的妻子起身说道："是他！他到了！"我心想，这个"他"究竟是什么人呢？此时，门已经开了。伴随着一阵沉重的脚步声，那个"他"走进了餐厅。想不到，"他"居然是维尔哈伦！由于我很早以前就在照片上见过他不知多少次，对他熟悉得不能再熟悉了，所以只需一眼，我便立刻认出了他。

原来，维尔哈伦常到施塔彭家做客。巧合的是，他今天刚好也来了。当我对施塔彭夫妇说起自己想见维尔哈伦，但未能如愿时，他们通过瞬间的眼神交换，达成了一致，那就是先瞒着我，等维尔哈伦本人来的时候，给我一个意外惊喜。眼下，维尔哈伦就站在我面前，面带着微笑，为他自己刚刚敲玻璃窗的调皮举动扬扬自得呢！我紧紧握住了他的手，同时看着他的眼睛。他的手强劲有力，目光清澈而友善。他一副习以为常的样子，甫一进门，就急着分享自己遇到的开心事。随后，我们一起坐下来吃午饭，一边吃，一边听他说。他兴致盎然地说，他刚与朋友相聚过，还去美术馆参观了一番。他似乎总是这样，无论去过什么地方，或者碰到什么不起眼的事，都能从中获得无限快乐。在描述的时候，他的面部表情很丰富，同时还伴随着相应的手势。他从容、自信、健谈，而且坦诚、随和，与任何一位新结识的朋友都能聊得来，从不对人不理不睬，所以听他讲述的人往往立刻就能被他吸引。他不光对我，而且对每个人都赤诚相见。在以后的日子里，他这种与生俱来的赤诚之心不知感动了我多少次。能够与他相识，我深感荣幸。我们初次见面时，他对我完全不了解，只因为我说喜欢他的作品，他就像对待一位老朋友似的那样对待我。

吃完午饭后，我又有一个意外惊喜。事情是这样的：一直以来，施塔彭就想以维尔哈伦为模特，制作一具半身雕像。这是他们两个人共同的心愿。经过几天时间，半身雕像的制作已经临近尾声了，目前只差最后一次临摹。施塔彭打算利用今天来完成这项工作。他对我说，他很幸运，因为他正想塑造维尔哈伦与人交谈时的面部状态，正好我来了。他希望我能与坐着不动的维尔哈伦进行交谈。就这样，在接下来的两个小时里，我一直盯着维尔哈伦那张令人印象深刻的脸。他的额头很高，上面布满了皱纹——那是以往艰辛岁月留下的痕迹。赤红色的额头两边，垂下几绺深棕色的卷发；脸上的皮肤是浅褐色的，面部表情庄重肃穆，看起来饱受沧桑；轮廓清晰的下巴，就像一块突出醒目的岩石；薄唇上面是长长的八字胡，就像韦辛格托里克斯[1]的胡子那样；瘦削的双手给人的感觉却是灵活而富有力量的。他似乎有些激动，因为我发现他手部皮肤下面的血管跳动得很有力。他有与农民相似的宽肩，上面似乎承载着他所有的坚强意志。相比之下，他的头部就显得小多了，他消瘦露骨的头颅给人一种精神饱满的感觉。他的力量感主要是通过迈着大步走路体现出来的。当我认真欣赏这座半身雕像时，我被它的栩栩如生深深震撼到了。可以说，它完美地展现出了维尔哈伦的典型特征。此后范·德·施塔彭的所有雕像作品中，再没有一个能与之相媲美。它是豪情与诗意的记录，同时也是永远富有力量感的传世佳作。

在与维尔哈伦接触了三个小时后，我深深地喜爱上了这个人，而且这种喜爱一直持续了一生。他很稳重，身上没有那种自满的傲气。他视钱财如粪土，不想把创作当成谋生工具，即便是住在乡下，他也心甘情愿。他淡泊名利，从不迎合别人，

---

[1] 韦辛格托里克斯（Vercingetorix，前82—前46），高卢地区的阿福尔尼人。当恺撒入侵高卢时，他曾率军抵抗，后战败。为保护民众，他甘愿自我牺牲，被恺撒砍掉了头颅。

也从不为了得到名利而利用朋友。只要有朋友，只要朋友间的友谊忠诚可靠，他便别无所求。对很多人来说，荣誉都是一种最具致命吸引力的东西，可维尔哈伦却完全不受这种东西的束缚。尽管如此，这种东西最终还是落在了他的头上，而且是在他最风华正茂的时候。从始至终，维尔哈伦都是一个毫不虚荣、胸怀坦荡、乐天知命的人。只要与他相处，人们就能对他的那种生活志向深有体会。

我一直渴望成为像维尔哈伦那样的诗人，而此时此刻，这位我心目中的理想诗人就在我的眼前。在我与他初次相见还不到一个小时的时候，我便立志要尽力做点什么，好让更多的人能欣赏到他的作品。不过当时，这位以赞颂欧洲见长的诗人还并不出名，所以我立下那种志向，其实是需要一定勇气的。维尔哈伦有一部诗集，篇幅相当长。此外，他还有三部诗剧。据我估算，我至少要花两到三年时间，才能完成这些作品的翻译工作。尽管如此，我还是决定做这件事，并不惜为此投入自己所有的时间、精力以及热情。在我心目中，这是一份义不容辞的责任，所以我必须全力以赴。过去，我总是想找一些有意义的事情来做，现在好了，我的这个愿望终于实现了。如果现在有一位年轻作家感到迷茫，不知以后的路该怎么走的话，那么我衷心地建议他先做一件事，那就是为一些巨著做概述，或将它们完整地翻译下来。不可否认，做这件事需要付出很多时间和精力，不过这些辛苦付出都是值得的，相比于自己创作，还是先做这件事的可靠性更高。

在接下来的两年当中，我把大部分精力用在了两件事上：

一件是翻译维尔哈伦的诗集，另一件是写他的个人传记。在此期间，我也常去旅行或作公开演讲。从表面上看，这份翻译工作不但不能给我带来什么好处，反而还要花费我很大力气。但事实证明，我是有所收获的，而且这种收获还大大出乎我的意料。我所做的事情引起了一些人的注意，他们是维尔哈伦身居国外的朋友。没过多久，我便与这些人建立起了友谊。比如，我在某一天认识了一位与众不同的瑞典女人，她的名字叫爱伦·凯。在那个人们普遍见识狭隘的时代，她冲破层层阻碍，倾尽全力，一心致力于妇女解放事业。此外，早在弗洛伊德之前，她就发现，年轻人是最容易受到精神伤害的。她把这个发现写在了她的那本《儿童的世纪》中，希望以此来警示世人。在意大利时，我通过她结识了作家乔瓦尼·切纳，以及乔瓦尼·切纳身边的一群诗人朋友。同样是通过她，我结识了一个最好的朋友——来自挪威的约翰·伯耶尔。我还引起了一位世界级文学大师的注意，他就是格奥尔格·勃兰兑斯[1]。由于我所做的那些工作，维尔哈伦的名气得以迅速提升。没过多久，他在德国的名气就比他在本国比利时的名气还大了。由我翻译的维尔哈伦的诗登上了舞台，朗诵者是当时最出名的两位演员——凯恩茨和莫伊西。在德国，维尔哈伦的戏剧《修道院》也上演了，导演是马克斯·莱因哈特。以上种种都让我感到欣喜和安慰。

　　接下来，我就要转换话题，说说另一件事了。在肩负着与

---

　　[1]　格奥尔格·勃兰兑斯（Georg Brandes, 1842—1927），丹麦著名文艺评论家、文史学家，代表作为《十九世纪文学主流》。

维尔哈伦有关的这份责任的同时，我还肩负着另一份责任，那就是从哲学专业顺利毕业，戴一顶博士帽回家。这意味着，我要在几个月的时间里攻读完所有的教材，而其他老实本分的大学生差不多要用整整四年时间来完成这项任务。于是，我开始挑灯夜读，生硬地背诵教材上的各种知识点。与我一同做这件事的，还有一位文学圈里的朋友，他的名字叫埃尔文·圭多·柯本海伊尔。时至今日，他或许已经不想让人知道他的这段往事了，毕竟他现在的身份不仅是纳粹德国的官方作家，还是普鲁士艺术研究院里的一名院士。

好在大学毕业考试并没有给我设置什么障碍。在临考前的一次私人谈话中，一位教授跟我开了个善意的玩笑——通过一些公开的文学活动，这位教授对我的情况非常熟悉——他面带微笑地对我说道："在您看来，以严谨著称的逻辑学考试是您最大的敌人，对吧？"实际上，在后来的考试中他故意设置了一些简单的考题，并且他确信那些考题难不倒我。在那次考试中，我取得了前所未有的好成绩，而且如我所愿，大学四年我只需参加那仅有的一次考试。考试结束后，我看似迎来了彻底自由的生活，但后来我才发现，从那时到现在，我一直都在为了获得精神上的自由而奋力挣扎。尤其是在如今这个时代，这种挣扎使我感到越来越费力。

五

永远朝气蓬勃的城市
——巴黎

　　获得自由后的第一年，我将一趟巴黎之旅作为送给自己的礼物。虽然多年以前我曾去过巴黎两次，但每次都是来去匆匆，所以对于这座繁华非凡的城市，我的了解很肤浅。不过有一点我很确定，那就是：对于年轻人来说，若是有过在那里生活一年的经历，那他就会拥有一段终生难忘的快乐回忆。巴黎的一切都给人一种朝气蓬勃的感觉。在这一点上，没有任何一座城市能与之媲美。每一个在巴黎生活过的人都会有这种感觉，只不过，他们谁都不知道其中的原因。

　　我年轻时曾生活过的那座城市，那座令人感觉无比安闲、舒适、欢乐的城市，自从希特勒的部队去了以后，便再也回不到从前了。就在我写下这些内容的同时，德国的部队和坦克正大举向巴黎开进，看起来就像数不清的灰色蚂蚁一样。要不了多久，巴黎的融洽气氛、看起来永不落幕的繁华、既快乐又多姿多彩的生活，就要被彻底摧毁了。如今，埃菲尔铁塔上飘动着"卐"字旗；带有拿破仑光环的香榭丽舍大街上，身着黑色制服的冲锋部队正在进行以寻衅为目的的阅兵活动。

　　当巴黎被攻占时，当那些穿着翻口高筒皮靴的入侵者踏进令巴黎民众感到舒适惬意的酒馆和咖啡馆时，那些善良的民众眼中流露出的屈辱目光，以及他们战战兢兢的心情，都令远在他乡的我感同身受。看到这座城市惨遭凌辱时，我的心颤动得那么剧烈，我的心情是那么低落失望。即便在我本人遭遇种种厄运时，我的感受都没有这般深切。因为巴黎有一种与生俱来的本事，能使所有靠近它的人获得快乐。在这一点上，其他任何城市都不能与之相比。过去，它不仅把最富有智慧的理论和最卓越的模范带给世人，还在艺术领域创建了一片自由和创造的空间，令世人饱览各种各样的美。它的这些恩赐，后人们还能够享受得到吗？

我很清楚，如今蒙难的城市不只是巴黎。我也清楚，在未来的数十年内，欧洲大地上的各种景象都不可能再恢复到第一次世界大战前那样了。原本一片晴朗的欧洲，自从第一次世界大战爆发以后，就一直被一种阴影所笼罩。国家与国家之间、人与人之间的种种憎恨和猜忌就如同毒素般存续在一具残缺的躯体之中，耗损着它的养分。不可否认，在两次世界大战之间的二十五年中，无论是社会还是科技，都获得了飞速发展，但换个角度来看，西方各国原来的那种安闲舒适的生活环境和生活趣味几乎全都丧失了。就拿意大利来说吧，之前在这个国家里，即使是那些最贫穷的人也像孩子一样快乐，人与人之间不失信赖，他们嬉笑着、歌唱着，用诙谐的语言调侃当时那个差劲的政府。细数起这些事情来，恐怕得花上几天几夜的时间。可是现在，尽管心里有万分的不情愿，他们还是只能被迫参军，被迫在前行的队伍中挺胸抬头。再说说奥地利，过去，它的气氛是那样的和谐友爱、自由散漫。人们对于这个国家的皇帝，对于赐予他们舒适生活的上帝充满了信任。时至今日，人们还能够想象奥地利会是这样一派景象吗？在如今的俄罗斯、德国以及西班牙，所谓的国家，其实就像一头凶残嗜吃的怪物，它将人们内心深处的多少自由和快乐给吞噬掉了？恐怕人们再也不能了解。如今，欧洲各国人民都感觉到，他们的头顶笼罩着一团庞大而厚重的阴云。而在过去，他们的生活是那样的怡然自得、多姿多彩。对此，我们这些曾经充分享受过自由的人不仅心里清楚，而且能够提供证明。再看看眼下的情况，各国人民都被迫在战栗中生活，不同国家的人们之间互相杀害，世界变得不见天日，目之所及尽是奴役与囚禁。

　　回过头来说，在那时候的我看来，巴黎是这个世界上最让人觉得快乐和无拘无束的地方。巴黎这座城市风景美丽，气候温和，历史悠久，经济富裕。凭借这些，它就足以使自己的人民生活惬意。那时候，巴黎使我们这些年轻人过着自由自在、无忧无虑的生活，与此同时，我们也把自己得到的这些东西回馈给巴黎这座城市。在这座位于塞纳河畔的城市中生活时，不管是中国人、斯堪的纳维亚人、西班牙人、希腊人、巴西人，还是加拿大人，都觉得好像生活在自己的家乡一样。在巴黎，人们可以尽情表达自己的思想和言论，可以想笑就笑、想骂就骂，总之做什么都不受任何束缚。在巴黎，你完全可以按自己的意愿去生活，你想与众人交往也行，离群索居也行；讲排场也行，节省点也行；奢侈点也行，像波希米亚人那样朴素点也行。对于不同人群的个性化要求，巴黎都会考虑周全，并尽量满足。

在巴黎那些高档豪华的餐厅里，有各式各样的珍馐美味，有售价二百至三百法郎的葡萄酒，还有酿造于马伦哥和滑铁卢时期的售价极高的法国科尼亚克酒。但转过街角，你也可以看到许多饭菜便宜又好吃、美酒佳肴种类同样丰富的小餐馆。在拉丁区人头攒动的大学餐厅里，你可以点一份卤汁煎牛排当正餐。在餐前或餐后，你可以花几枚铜钱买些可口的小吃来尝尝，还可以喝杯红葡萄酒或白葡萄酒，吃个造型精巧的长条白面包。

在巴黎，人们的穿戴也相当自由。在圣米歇尔大道上，你可以看到戴着四角帽的大学生在散步，那些画技不怎么样的画师也戴这种帽子。而另一些真正的画家就比较注重自身形象了，他们通常头戴一顶宽檐大礼帽，身穿一件富有浪漫气息的黑丝绒夹克。工人们穿着蓝色的上衣或衬衫，在幽静雅致的林荫路上惬意地散步。保姆们日常所戴的帽子有宽大、悬垂、叠缝的装饰，就像布列塔尼人戴的帽子一样。调酒师们则在腰间系一条蓝色的围裙。

每天午夜以后，大街上就会出现几对跳舞的年轻男女。遇到这种情况时，警察只会带着笑意在一旁观看。当人们在大街上尽情做自己想做的事时，不一定非得在7月14日——法国国庆日那天。在巴黎，没有人会因为在意别人的眼光而让自己受拘束。当一个美丽的女孩与一个黑人或一个中国人挽着手臂一起走进小旅馆时，她丝毫不会觉得害羞。凡是身在巴黎的人，就没有在乎种族、阶层以及出身的——这些东西是后来才被吹捧起来的，用以虚张声势和让人感到畏惧。在那个时候的巴黎，男女之间只要彼此心仪，就可以一起散步和聊天，甚至同居。

每个人都不理会别人在干什么，因为他们都觉得别人的事与自己毫无关系。

但是，当一个人深入地了解过柏林，并以一种经过痛苦磨砺的、僵化的阶级观念去感受过德国人那种甘为奴隶的心态时，他才会发自内心地爱上巴黎。在德国，军官的妻子不会与老师的妻子交往，老师的妻子不会与商人的妻子交往，商人的妻子不会与工人的妻子交往。但是在巴黎，社会风气仍像法国大革命时期那样。举例来说，一个无产阶级出身的工人会认为自己是一个自由且身份至关重要的公民，与工厂老板并无差别。在咖啡厅里，一个餐厅服务员会与一位身着金丝边军装的将军像同事一样握手。市民阶层中那些勤劳、本分、喜欢把家里收拾得十分整洁的家庭妇女，她们并不会看不起一个跟她们住在同一栋楼里的妓女。相反，她们会每天站在楼梯上，与那个妓女闲话家常。甚至有时候，她们的孩子还会为妓女奉上一捧鲜花。

我曾亲眼看到过这样一幅场景：一天，一帮来自诺曼底的富有农民去玛德莲教堂参加洗礼。洗礼结束后，他们一起去教堂旁边的拉律餐厅用餐。踏进这家档次颇高的餐厅时，他们那沉重得像马蹄一样的鞋子踩在地面上，发出了很大的声响。他们穿戴着家乡的服饰，头上抹着厚厚的发油，发油散发出的香味甚至能够飘到厨房里。他们一开始就在高声交谈，而后随着酒越喝越多，声音也越来越大。他们有时会毫无顾忌地大笑，与此同时，还会放肆地拍一拍自己妻子那肥胖的屁股。虽然他们是地地道道的农民，可身处于一群穿着华丽燕尾服的男人和妆容精致的女人中间时，他们却毫不拘谨。另一方面，那个胡子刮得很干净的服务员在招待这帮农民时，也完全没有不屑一顾的表情，而是像招待地位尊贵的长官们那样热情周到、彬彬有礼。换作德国或英国的服务员，面对这种土里土气的客人，他们肯定会从鼻子里发出冷哼声。巴黎梅费尔大酒店的服务更出色，那里的服务员都以热情招待举止随意的客人为乐。

在巴黎人的认知中，任何人或事物都没有上等和下等之分，即便是截然相反的事物，也可以同时存在于这个世界上。在华丽的大街与脏兮兮的小巷子之间，看不到醒目的分界线。目之所及，尽是一派喧闹和喜乐的景象。在郊区农民家的小院中，卖艺人在奏乐，年轻的女缝纫工在工作的同时唱着歌，歌声常常顺着窗户飘进屋内，人们时不时就能听到欢乐的笑声和温柔的呼喊声。两个马车夫之间会偶有争执，但事情过去以后，他们便和好如初。而后，他们两人会结伴去喝杯葡萄酒，再吃上几个价格非常便宜的牡蛎。在巴黎人看来，这世上就没有让人伤脑筋的事。男人和女人无论是在一起还是分开，都不会遇到任何困难。女孩想找个与自己般配的男人并非难事，同样的，年轻男人想找观念开放、性格开朗的女朋友，也不是什么难事。没错，如果你想过那种无忧无虑的快乐日子，那么巴黎就是你的最佳目的地。如果你能趁自己还年轻的时候去，那更是再好不过了。

在巴黎到处闲逛是件很有意思的事，而且还能从中获得许多知识。在这里，一切事物向所有人都敞开怀抱。比如，你可以花一刻钟在旧书店看看旧书，而书店老板不会出言指责，也不会低声发牢骚；你可以去逛逛那几家小画廊；你可以去旧货商店，拖拖拉拉地选购自己想要的东西；你可以寄居在德罗特大酒店，靠在那里依靠拍卖来维持生计；你可以站在院子里与女管家闲谈。当你漫无目的地逛街时，街道两侧的新产品或新景象总是会让你产生兴趣，并让你感到目不暇接，久久不愿离去。当你逛了很久感到疲惫时，你可以从上千家咖啡馆中选一家带露天平台的坐一会儿。在此期间，你可以写封信——咖啡馆里有免费供应的信纸。在写信的同时，你也可以听听小商贩们是如何兜售那些积压的劣质品的。巴黎的春景尤为吸引人。在春天时，巴黎气候温暖，百花盛开，阳光灿烂，塞纳河上水光潋滟，林荫路上的树木抽出新芽，路上的女孩们都戴着一小簇仅花一枚铜币就能买到的紫罗兰花。在这个季节，谁都不愿意留在家里，而出门以后，谁也都不愿意回家。不过事实上，巴黎并不只有在春天时才能让人感觉到快乐。

现在，由地铁和各式各样的汽车形成的交通网络，已经使巴黎各地融为一体了。而我刚到巴黎的时候，它还是以马车为主要交通工具的。那些马车都带有豪华的车厢，拉车的马匹膘肥体壮，周身散发着热气。当时要想游览巴黎，最便利的方式自然是乘坐宽敞的豪华马车或敞篷马车。选择豪华马车的话，最好是坐在二层车顶的座位上。不过，由于这两种交通工具的速度都不够快，所以乘坐它们从蒙马特尔到蒙巴纳斯，就相当于进行了一场短途旅行。这样看来，我听到的那个传言应该是真的。那个传言说，巴黎的普通市民都特别节俭。比如，住在塞纳河左岸的某些巴黎人，他们一辈子都没去过塞纳河右岸；某些孩子只去过卢森堡公园，而完全不知道杜伊勒里公园和蒙梭公园是什么样子。正统的巴黎市民就像忠诚的看门人似的，喜欢待在自己的地盘上，喜欢在巴黎这片广阔的天地中开辟出一片独属于自己的"小巴黎"。正是因为这些正统的巴黎人，巴黎的各个地区才会呈现出不同的特色，甚至有些地方已经完全不像巴黎，而带有了一些乡土气息。这样一来，对于一个初到巴黎的外地人来说，选择住处就成了一件需要大费周折的事。

现在的我对于拉丁区已经不感兴趣了，但在我二十岁的时候，拉丁区是我在下火车后就奔向的第一个目的地。第一天晚上，我就来到了瓦谢特咖啡馆，带着崇敬的心情请人帮我介绍了魏尔伦曾经坐过的位子，以及那张意义非凡的大理石桌子。据说在喝醉酒时，魏尔伦最喜欢用他那根粗壮的手杖去敲击那张桌子，而且每当这时，他都是一脸愤怒的样子。我之所以这样做，不过是想给自己的脸上贴贴金罢了。身为一个名不见经传的小诗人，我还为了致敬魏尔伦而点了一杯苦艾酒。我觉得这种青绿色的酒味道有点别扭，根本就不好喝。不过，作为一个对文学前辈万分崇拜的年轻人，当我来到拉丁区时，我觉得自己理应遵循这种独属于法国抒情诗人的特殊仪式。

相比于看书，我认为还是要亲自去拉丁区住一住才能更好地体验那里的生活氛围。以当年的流行趋势来说，住在索邦大学那一带是我的最佳选择。后来，我暂时选定了一栋六层高的楼房，住在一间顶层阁楼里。而时年二十五岁的我认为，住在拉丁区并没有那种返璞归真、天真烂漫的感觉，因为这个以大学生为主要群体的居住区过于国际化，缺少巴黎风情。此外，我在选择长期住所时，优先考虑的是便于工作，而不是为了带着文学情怀去追忆往昔。

　　于是，我开始从自身需求出发，认认真真地审视起巴黎这座城市来。我首先排除了繁华喧闹的市中心和香榭丽舍大街，因为住在这种地方会影响我的学习和写作。至于和平咖啡馆那一带，就更不符合我的心意了。因为从巴尔干半岛来的那些富人都喜欢聚集在和平咖啡馆，而且那里会讲法语的人只有服务员。圣叙尔比斯教堂那一带倒让我很感兴趣，一是因为那里有很多教堂和修道院，很幽静，二是因为那里是里尔克和苏亚雷斯 [1] 心仪的住处。其实，我更想住在与塞纳河两岸都相连的圣路易河心岛上。然而，在我一边到处闲逛，一边找房子的头一个礼拜，我居然就发现了一个最美妙的地方。当我在罗亚尔宫的长廊里漫步的时候，我在一片规模巨大、造型一致的建筑群当中发现了一座醒目的府邸。这座府邸气派高贵，是平等公爵在 18 世纪时主持修建的。而时至今日，它已经沦为一家设施简陋的小旅馆了。

　　我来到这家小旅馆，请人帮我找一间靠里的空房。当我走进那间空房，看向窗外时，罗亚尔宫的花园正在窗外朦胧的暮色中若隐若现。这让我感到非常惊喜。在这里，我只能依稀听到城市的喧闹声。这声音很有节奏感，听起来就像从远处传来的海浪一下下拍击海岸的声音。在月色之中，雕像散发出清冷的光辉。清早起床时，周围住户家中浓浓的饭菜香味伴着微风

---

　　[1]　安德烈·苏亚雷斯（André Suarez，1868—1948），法国诗人、剧作家、评论家。

徐徐飘来。

罗亚尔宫是一座富有历史价值的方形建筑。18、19 世纪的一些诗人和政治家曾在这里住过。这座宫殿的街对面有一栋房子，那曾是马塞利娜·德博尔德 – 瓦尔莫[1] 的住所。那栋房子有一条狭窄的楼梯，楼梯共有上百级阶梯，通往上面的阁楼。为了到阁楼上拜访这位我自己也很欣赏的女诗人，巴尔扎克和维克托·雨果曾多次登上那条楼梯。正是在罗亚尔宫这里，当年的卡米耶·德穆兰[2] 向广大群众发出了攻占巴士底狱的召唤。时至今日，这里的大理石仍像当年那样，散发着冰冷耀目的光辉。罗亚尔宫里有一条铺着地毯的长廊。过去，一群作风不太正派的贵妇人常在这条长廊上悠然自得地漫步。当年那个不起眼的小少尉波拿巴也曾来过这条长廊，为了从这群贵妇人中找出一个愿意举荐他的。这里的每一块石头都在记述着法国的历史。

我想住在罗亚尔宫附近的另一个原因是，国家图书馆与它只有一街之隔。这样一来，我就可以每天都去图书馆看一上午的书。此外，绘画藏品丰富的卢浮宫，车水马龙的林荫大道，也都与这个地方相距不远。最后，我总算在这个我最称心的地方住了下来。数百年来，这里都不仅是巴黎的核心区，还如同

---

[1] 马塞利娜·德博尔德 – 瓦尔莫 (Marceline Desbordes-Valmore, 1786—1859)，法国女诗人、演员，代表作为《可怜的花朵》《花束与祈祷》等。

[2] 卡米耶·德穆兰 (Camille Desmoulins, 1760—1794)，法国政治活动家、记者，法国大革命中的重要人物之一。

法国的心脏。记得有一天，安德烈·纪德[1]到我的住处来，看到巴黎的核心区竟然这般静谧，他不禁大为诧异，并且说道："看来只有外国人才知道我们这座城市哪里最美。"我真心觉得我那间富有浪漫气息的书房是最具巴黎情调，同时又最清静的一个地方。在巴黎这座全世界最繁荣热闹的大都市的核心区，我再也找不到另一个这样的地方了。

那时的我每天都怀着急切的心情上街，然后到处观赏和寻找。我想要做的事太多了：我想亲自感受1904年的巴黎；我想让自己全身心地感受亨利四世、路易十四、拿破仑以及法国大革命时期的巴黎；我想探访与雷蒂夫·德·拉布列塔尼、巴尔扎克、左拉以及夏尔－路易·菲利普[2]有关的巴黎；我想熟知巴黎的每条街道，熟知与它有关的一切人和事物。其实早在我来到巴黎以前，各种诗人、小说家、历史学家以及风俗画家的艺术作品就已经让我对它了解得非常清楚了。而当我身临其境以后，我之前的那些了解变得更加具象化，更加活灵活现了。来到巴黎以后，我才深刻地感受到，伟大且真实的艺术作品中所蕴含的能量是如何在市井之间长盛不衰的。让我有这种感受的不仅是巴黎，还有法国。

用眼睛去看，就像古希腊语中所说的"当众宣读"一样，

---

[1]　安德烈·纪德（André Gide，1869—1951），法国作家，1947年诺贝尔文学奖获得者，代表作为《田园交响曲》和《人间食粮》。

[2]　夏尔－路易·菲利普（Charles-Louis Philippe，1874—1909），法国小说家，代表作有《母与子》《蒙帕纳斯的蒲蒲》《鸱鸮老爹》等。

是一个"再现"的有趣过程。亚里士多德曾称赞它是所有艺术享受中最吸引人、最具神秘感的。但是，从根本上来说，无论是博览群书，还是到处闲逛，都不能使人真正了解一个国家的民众，了解一座城市最重要、最隐秘的地方。要想达到这些目的，唯一的途径是去结交该国最杰出的人物，与这些活生生的人在精神上结为挚友。只有这样，我们才能真正了解一个国家的民众与他们所生活的土壤之间究竟有着怎样的联系。至于用眼睛去看，只能使我们得到一张通常与事实并不相符的概略图罢了。

在巴黎，我有幸结交到了这样的挚友，其中莱昂·巴扎尔热特[1]与我关系最亲密。那时候，我每个星期都会到维尔哈伦位于圣克卢大街的住所去看望他两次。我与他的这种亲密往来使我可以不用像其他很多外国人那样，沉溺于一个虚有其表的小社交圈——那里面净是些所谓的世界知名画家和作家。很多时候，那帮人喜欢聚集在多姆咖啡馆。而且在世界上的很多地方，如慕尼黑、罗马、柏林，都有由这类人组成的圈子。

幸运的是，我可以不用跟那类人一起混在咖啡馆里，而是与维尔哈伦一道去拜访其他画家和诗人。那些画家和诗人虽然身处大城市的核心区，但他们却能在纸醉金迷、繁华喧闹的环境中，营造出适合创作的清静氛围。他们专心致志地从事着创

---

[1] 莱昂·巴扎尔热特（Léon Bazalgette，1873—1929），法国作家、翻译家、文艺评论家。

作，仿佛置身于一座与世隔绝的小岛。我参观过雷诺阿[1]的画室，还见过几个他的学生中的佼佼者。虽然现在这些印象派画家的一幅画可以卖到几万美元，可在那个时候，他们的生活却和普通民众或靠养老金生活的人没什么不一样。他们不同于以慕尼黑的伦巴赫为代表的那些很有名气的画家——这些人喜欢铺张浪费，用庞贝式的豪华别墅来显示自己的成功。在巴黎，那些真正的画家都喜欢住小房子，只要里面带一间画室就够了。那些真正的诗人也跟他们一样，喜欢过朴素的生活。

　　没过多久，我就与这些人相当熟识了。他们通常在政府机关里担任一个工作量很小的职务。在法国，无论哪个阶层的人都对文艺工作者极为尊重，所以长期以来，为了扶持那些无法从创作中获得高额收入的诗人和作家，人们想出了一个巧妙的办法，那就是让这些人领一份闲差，比如去海军部或参议院的图书馆里当管理员。虽然工资不高，但由于议员们极少去借阅书籍，所以有幸领到这份闲差的人可以利用大把的工作时间去搞创作。参议院大楼历史悠久、风格独特，从窗户向外看，能看到卢森堡公园；屋子里让人感觉既清静，又舒服。此外，由于这份工作收入稳定，足以保障生活，所以在这里工作的人也就不用急于得到稿费了。在那个时候，很多诗人都有一份兼职，

---

　　[1]　皮埃尔·奥古斯特·雷诺阿（Pierre Auguste Renoir，1841—1919），法国印象派重要画家，最擅长油画，也创作雕塑和版画，代表作有《煎饼磨坊的舞会》《船上的午宴》《包厢》等。

比如杜阿梅尔 [1] 和杜尔丹 [2] 是做医生的；夏尔·维尔德拉克 [3] 开了一家规模很小的画店；儒勒·罗曼 [4] 和让－理查德·布洛克 [5] 在中学里当老师；保尔·瓦雷里在哈瓦斯通讯社坐班；还有一些诗人与出版商合作，从事与出版有关的工作。

这些在各行各业做兼职的诗人和作家可不像他们的文学后辈那样自以为是。那些文学后辈因为自己的作品被改编成电影，或出版的书籍印刷累计数非常高，所以往往被惯坏了，以至于他们刚在艺术领域崭露头角，就能随心所欲。反观那些做兼职的诗人和作家，他们就没有这种虚荣心。他们从事不起眼的兼职工作，只是想在能保障生活的基础上独立自主地搞创作。这样一来，他们就可以对巴黎那些很有名气但却堕落媚俗的大报纸不屑一顾，可以在不考虑收入的情况下，为自己创办的小型杂志撰写文章——为了把这种小型杂志持续办下去，他们少不得要作出这种自我牺牲。虽然他们创作的剧本只能登上小型文艺剧院的舞台，虽然在刚开始时他们的名字不为人知，但他们

---

[1]　乔治·杜阿梅尔(Georges Duhamel,1884—1966)，法国作家，代表作有《烈士传》《文明》《沙拉文的生平与遭遇》等。

[2]　吕克·杜尔丹(Luc Durtain,1881—1959)，法国诗人、小说家。

[3]　夏尔·维尔德拉克(Charles Vildrac, 1882—1971)，法国诗人、散文家、小说家、剧作家。

[4]　儒勒·罗曼(Jules Romains,1885—1972)，法国诗人、小说家、剧作家。

[5]　让－理查德·布洛克(Jean-Richard Bloch, 1884—1947)，法国小说家、剧作家、文学评论家。

还是能够坦然地接纳这些。在长达数十年的时间里，听说过克洛岱尔 [1]、佩吉 [2]、罗曼·罗兰、苏亚雷斯、瓦雷里这些名字的，只有文艺圈的极少数精英。

在繁华喧闹的大都市的核心区里，只有他们这些人在不慌不忙地生活着，安安静静地创作着。在这种环境中生活的他们能更自由、更大胆地进行艺术上的思考。日子虽然平淡了些、清贫了些，但他们觉得这总比在公众面前卖弄自己要好得多。他们甘愿如此，并不觉得有什么难为情的。无论是做饭，还是做家务，都由他们的妻子亲力亲为。有些晚上，他们会在家里聚会。尽管家中条件简陋，可他们却觉得非常亲切自然。一群人坐在那种价格很便宜的藤椅上，在他们面前有张桌子，桌子上草草地铺着一块带方格花纹的桌布。尽管与住在同一层楼的装配工人家里的设施相比，他们这里并没有显得更豪华，可他们还是觉得非常放松和自在。他们都不使用电话和打字机，也没有贴身秘书。他们抗拒使用各种先进的机器。同样，他们也抗拒成为别人用来传播特定思想的工具。他们仍然保持着手写书稿的习惯，就像一千年前的人们那样。即使在"法国梅居尔"这种大规模的出版社里，也没有那些操作起来很烦琐的机器，没有那种一人口头叙述，另一人打字记录的工作模式。

---

[1] 保尔·克洛岱尔（Paul Claudel, 1868—1955），法国诗人、剧作家、外交官。

[2] 夏尔·佩吉（Charles Péguy, 1873—1914），法国作家，代表作为长诗《圣女贞德的仁慈之谜》。

法国的这些年轻诗人并不在乎表面的浮华，也不想为了名利和体面耗费时间和心力。他们活着，是为了享受生活中点点滴滴的乐趣。在这一点上，所有的法国人都一样。当然了，相比于其他人，他们在境界上要高得多，因为他们在享受生活的同时，还以饱满的热情投入创作当中。自从结识了他们这些人，见识了他们纯正朴素的生活作风以后，我对法国诗人的看法有了相当大的改观。他们在现实生活中的样子，与以布尔热[1]为代表的那些当代小说家在作品中所描述的样子，二者之间的反差太大了。在布尔热那类人眼中，沙龙就意味着整个世界。

过去，我通过看书了解到，法国女人个个都是交际花，她们的心思都放在了搞外遇、大把花钱以及照镜子这些事上。然而，当我在现实中看到那些法国诗人的妻子时，我才意识到，我以前从书中了解到的那些情况全都是错的。这些法国女人不仅甘愿过简朴的生活，而且个个持家有道。在家庭经济非常困难的情况下，她们能变戏法似的做出可口的饭菜来。她们一方面能无微不至地照顾孩子，另一方面，还能与自己的丈夫有艺术共鸣。在此之前，我从没有看到过像她们这样贤良淑德的家庭主妇。只有当一个人以朋友或同行的角色出现在那些人的圈子里，切实地体验他们的生活，他才能明白真正的法国究竟是什么样子的。

我是通过一群朋友结识莱昂·巴扎尔热特的。尽管在当今

---

[1] 保罗·布尔热（Paul Bourget，1852—1935），法国小说家、诗人、文学评论家。

的法国文学领域，他的名字已经销声匿迹了——这对他很不公平，可是，他曾以饱满的热情投入翻译外国文学著作这件事上，并且在自己最好的年纪甘愿为自己崇拜的作家倾尽心力，所以在他那个时代的诗人当中，他的存在具有非同凡响的意义。这位似乎注定与我志同道合的人，使我见识到了一个具有自我牺牲精神的鲜活楷模。他的确是一位名副其实的自我牺牲者。他想让自己所属那个时代最重要、最具价值的文学作品充分绽放光芒，并将此视为终生理想。然而，无论是发现那些重要的文学作品，还是传播它们，他本人都没有从中获得自己理应获得的荣誉。他之所以在这些事情上全情投入，只是他高尚的精神境界在自发地推动着他。虽然他强烈反对军国主义，但他身上却散发着军人的气息。在与他交往的过程中，我感受到了一种战友般的真挚情谊。

无论何时，他都愿意为他人出谋划策、提供帮助。一直以来，他都以赤诚之心对待他人。在做事的时候，他像精准的钟表一样守时。他总是无微不至地关心和爱护他人，并且在这个过程中，从不考虑自身利益。在帮助朋友这件事上，他始终不惜时间和心力。他的朋友遍布世界各地，虽然数量不多，却都是经过精心挑选的挚友。为了让法国人更多地了解惠特曼，在十年的时间里，他不仅翻译了惠特曼的所有诗歌，而且还为惠特曼写了一部伟大的传记。他终其一生都在为这样一个目标而奋斗不息：通过树立惠特曼这样一个自由的、热爱世界的楷模，来启发全体法国人放眼世界，从而使他们的意志变得更坚定，凝聚力变得更强。他是最杰出的法国人，也是在反民族主义这件事上积极性最高的人。

没过多久，我就与巴扎尔热特倾心相交，情同兄弟。这是因为，我们两个人的思想都冲破了国界的限制；我们都喜欢外国的文学作品，即使得不到任何实际利益，也乐意积极宣传它们；我们都视精神上的自由为至宝。从他那里，我头一次见识到了"帷幕之后"的法国。日后，当我阅读罗曼·罗兰的著作《约翰·克利斯朵夫》，看到里面奥里维与约翰·克利斯朵夫这个德国人之间交往的情节时，我觉得那些情节就像我与莱昂·巴扎尔热特的友谊的真实写照。

在与巴扎尔热特的交往当中，我一直都面对着这样一个难题：他对我的所有作品都持反对意见，并且从来都对此直言不讳。按理说，这种情况势必会影响友谊，使我们之间无法以诚相待、和睦共处。可在我看来，正是因为这一点，我们的友谊才更显珍贵，更令我终生难忘。站在朋友的角度，而非作家的角度，他还是挺喜欢我的。此外，对于我全力以赴翻译维尔哈伦作品这件事，他也是大为赞赏、深深敬佩。每次我坐火车到巴黎时，他都真诚地守候在站台上，只为成为头一个与我寒暄的人。每当我需要帮助时，他都会在第一时间出现在我面前。在所有重大的问题上，我们的观点都趋于一致。总之，我们之间的关系非常和谐，就像亲兄弟一般。然而，对于我那时候的作品，他全都态度坚定地表示不认可。他第一次看到我写的诗歌和散文，是经亨利·吉尔伯克斯[1]（在第一次世界大战中，这个人曾以列宁朋友的身份起到了关键作用）翻译的。他十分坦率地批评我说，我的那些作品都是在故弄玄虚（他最讨厌这种东西了），与现实毫不相干。而且正因为这些东西是出自我的笔下，所以他更加愤怒。

从始至终，他都遵从自己的内心，从不在这方面作出任何让步。举个例子，在他担任一家杂志的主编时，他曾向我求助，希望我帮他找几位德国的撰稿人，并且要求这些撰稿人写的稿子要比我本人写得好。而对于我这个与他关系最亲密的朋友，他既没向我约过一篇稿，也没打算接受我的任何投稿。不过另一方面，为了给一家出版社修订我的一本书的法文译本，他不仅不惜花费大量时间，而且没有收取任何酬劳。他之所以这样做，完全是出于我们之间的深情厚谊。在我们交往的那十年当中，他这种古怪的行事作风不仅没有影响我们之间的友谊，反而让我对它更加珍视。

随着时间的推移，到了第一次世界大战那时候，我终于可以通过作品如实地传达自己的内心所想了。这意味着我推翻了自己早期的所有作品。我此前的那些作品一直都没有得到巴扎尔格特的认可，而现在的作品终于得到了。我明白，他认可我现在的作品，正如他此前十年间一直不认可我过去的作品一样，都是他内心的真实想法。正因如此，我才感到格外欣喜。

---

[1]　亨利·吉尔伯克斯（Henri Guilbeaux，1885—1938），法国社会党成员。

虽然我现在正在追忆自己身在巴黎的那段岁月，但我仍然想提起赖内·马利亚·里尔克这个高贵的名字。他虽是一位德国诗人，却是我在身居巴黎时，和我往来最频繁、关系也最融洽的人。相比于大多数人，里尔克对巴黎的感情要更加深厚。在我的脑海中那幅以巴黎为背景的故人群像中，他是最突出的一个。

时至今日，当我回忆起包括里尔克在内的许多精心雕琢词句的大师时——这些令人心生敬意的名字如同闪亮的星河一般，曾照亮了我们的整个年轻时代——我的心中总是会产生一些疑问，同时也会泛起一阵悲伤。我想，像过去那种一心致力于创作抒情诗的诗人，在如今这个局势动荡、大多数人都惶惶不可终日的时代，还会再出现吗？我如今带着崇敬和遗憾之情在缅怀着的那种诗人，在当今世上真的已经不复存在了吗？在如今这个时代，人们被命运卷起的各种风云所扰乱，像过去那个时代的诗人恐怕再也不会出现了吧！

过去的那些诗人从不贪恋浮华，不像普通的俗世中人那样。对于名声、地位、财富以及利益这些东西，他们统统不感兴趣。他们一心只想安安静静地思索诗句，然后将它们逐句串联起来，让所有诗句都带有浓厚的韵味，看起来光辉灿烂、无可挑剔。那些诗人如同修道院的苦修僧一般，刻意与日常的喧闹生活保持距离。他们最重视那些轻柔的声音——相比于这个时代的喧嚣声，这些轻柔的声音更显生机勃勃。当那些诗句非常押韵地连接起来时，一种很微妙的感觉便油然而生——尽管这种感觉比风吹落叶片的声音还要轻柔，却能抵达灵魂的最深处。

　　我们那个时代的年轻人都将这些远离世俗的诗人视为楷模，因为他们品行高贵，能够保持自身清白，不与世俗同流合污；因为他们能以谨小慎微的态度去保护语言，并甘愿为语言奉献自己的时间和心力；因为他们只希望自己的语言具有无限的生命力，而不会去取悦时代和报纸。他们总是谨言慎行，从不在公开场合露面，也不想吸引他人的目光。在他们面前，我们简直羞愧得抬不起头来。这些诗人有的住在乡下，过着农民一样的生活；有的靠一份小差事维持生计；有的饱含着激情在世界各地旅行。他们只被为数不多的人所了解，但也正是这为数不多的人，对他们的爱是最炙热的。虽然这些诗人身在世界各地，如德国、法国、意大利，但他们的心灵却被诗歌聚集在了一处。他们总是让自己远离那些匆匆来去的事物，一心扑在创作上，就这样，他们将自己的人生也打造成了一部文学作品。

　　很多时候，我都会因为我们那个时代的年轻人中出现了这种品行毫无瑕疵的诗人而感到难以置信。但与此同时，我也深感担忧。现在这个时代全新的生活方式，就像森林里的一场烈火毁掉了动物们隐蔽的洞穴那样，那些原本可以一心致力于创作的人丧失了理想的创作环境。在这种环境下，过去那种纯粹的抒情诗人还会再出现吗？

　　话虽如此，但我仍然确信，任何一个时代都会出现一位能够创造神话的诗人。正如歌德在悼念拜伦的挽歌中所写的那样："他们以后还会源源不断地出现，因为过去一向如此。"这段话很有道理，同时也令人深感安慰。是的，那些诗人一定会源源不断地出现，因为即使在最不堪的时代——正如我们如今身处的这个时代，上天也会心存眷顾，赐予我们这样宝贵的礼物。

　　如今，一个人即使再持身端正，再超脱世俗，他也无法获得清静，无法全神贯注地酝酿和沉思。反观第一次世界大战之前，在那个人们普遍友好和理性的时代，欧洲的诗人们还是能够得到那种清净的。我并不清楚，在如今这个时代，像瓦雷里、维尔哈伦、里尔克、帕斯科里[1]、弗朗西斯·雅姆[2]这些诗人还能得到多少人的喜爱。我也不清楚，在这个人们积年累月地被各种刺耳的机器宣讲声和两次世界大战的炮火声所侵袭，而不是沉浸在美妙的音乐声中的时代，上述那些诗人还有多大的影响力。我唯一清楚的是，在如今这个机器越来越多的世界上，在诗歌领域精益求精、甘愿奉献的那一代诗人让我们感到受益匪浅，且非常庆幸——我认为自己应该道出这个事实，而且我在这样做的时候，心里是充满感激的。当我现在回忆往昔时，我发现，能与这些诗人中的一部分有过往来，能在我与他们维系多年的友情中，时常融入我年少时对他们的崇拜，这才是我此生获得的最有价值的财富。

　　里尔克可能是那些诗人当中最为神秘、最不引人注意的。他过着孤单寂寞的生活，就像斯蒂芬·格奥尔格以前身居德国时那样。不过，他的这种孤单寂寞既不是有意为之，也不像牧

---

　　[1]　乔瓦尼·帕斯科里（Giovanni Pascoli, 1855—1912），意大利著名诗人。

　　[2]　弗朗西斯·雅姆（Francis Jammes, 1868—1938），法国旧教派诗人、小说家，代表作有《早祷和晚祷》《裸体的少女》《诗人与鸟》《基督教的农事诗》等。

师那样无可奈何。里尔克总是会把一种安静的气息带到他前往或停留的地方。他总是让自己远离喧闹，甚至远离对他的各种称赞——在他看来，那些称赞不过是"因一个人的名字而汇聚起来的种种误解的集合体"。所以一直以来，被那些浮华和好奇的汹涌浪潮所打湿的只是他的名字，而非他本人。由于里尔克居无定所，又没有工作室，所以想找到他可不是件容易的事。他喜欢在世界各地游荡。至于他要去什么地方，由于他本人在出发前都不确定，所以其他人就更不可能知道了。作为一个机敏、细腻、感性的人，里尔克总是将那些刻板的决定或事先做好的规划视为一种负担。因此，我是在一种很意外的情况下碰到他的。

　　一天，我正在一家意大利画廊里参观，忽然，我感觉到有人在冲我微笑，而且那种微笑是带着善意的。这时候，我还不知道那个人的身份。直到我看见那双蓝色的眼眸时，我才发现，那个人竟然是里尔克。由于在盯着别人看的时候，他的眼神颇为耐人寻味，所以每当这时，他那张原本不太惹人注意的脸就会变得格外有神采。而他个性中那些深藏着的秘密，恰好是通过他那不怎么起眼的外表显露出来的。他留着一绺下垂的胡子，胡须呈金黄色。他的表情中带着些许愁绪，面部轮廓并不清晰，脸型与斯拉夫人有些相像。从这样一个年轻人身边经过时，人们多半看不出他是诗人，当然更看不出他是本世纪最了不起的诗人之一。

　　只有与他深入交往，人们才能看出他个性中那些深层次的特点。在言谈举止方面，他的优雅涵养简直无法用语言来形容。

比如，进入一个有很多人聚会的房间时，他总是轻手轻脚的，以至于人们几乎注意不到他来了。坐下来以后，他绝大多数时候都在默默倾听。只有听到自己感兴趣的内容时，他才会不自觉地抬起头来。轮到他讲话时，他从不矫揉造作，也从不煽动他人的情绪，而是像一位母亲给自己的孩子讲童话故事那般亲切自然。听里尔克讲话是一件令人非常愉悦的事，因为他总是能把一件极其普通的事讲得妙趣横生。不过，当他发现自己成为众人的焦点时，他就会马上停止发言，然后回到自己的座位坐下，继续默默倾听。他的任何一个动作和神情都是那样的优雅，那样的有涵养。即使有什么事让他笑出了声，他也只是略微笑一下，然后马上恢复如常。

他喜欢轻柔、平静的声音，任何喧闹声和在感情冲动的时候发出的声音，都会让他感到心神不宁。记得他曾对我说过这样一番话："他们在向我吐露心声时，简直像喷血一样，止也止不住，这让我感到疲惫不堪。所以在跟俄国人相处时，我总是适可而止，就像品尝餐后甜酒那样。"他不仅要求自己保持从容不迫，还要求自己保持整洁和平静。当他迫于无奈，只能跟很多人一起挤电车，或者去一家喧闹的餐馆吃饭时，他总是会感到心烦意乱。

无论如何，他都不能接受敷衍了事。他很注重穿戴，总是把自己收拾得非常整洁、时髦，尽管他的经济条件有限。他的那身穿戴跟他本人一样，虽不引人注意，但却像一件精心打造的艺术品一样。他喜欢戴一件低调的小饰品来彰显个性，这个小饰品通常是他内心引以为傲的东西，比如一只小小的银镯子。

他在审美上追求完美和对称，而且从一开始，这种审美就渗入了他的心底，融入了他的生活。记得有一天，我在他快要外出时来到他家。当时，他正在收拾行李箱。由于他认为我做不好这种事，所以希望我别插手。于是，我就在一旁看他怎么做。只见他把各种物品逐一放在预留好的位置上，就像拼贴马赛克图案那样小心细致。我甚至在想，要是这时候我执意上前帮忙，毁掉了他用刺绣般的手法完成的工作，那岂不是罪过。

从始至终，他生性中对于美的极致追求都淋漓尽致地体现在了生活中的种种小细节上。写手稿时，他选用的是最精美的纸张。在上面书写时，他总是小心翼翼、笔法纯熟，而且每两行字之间的距离都像用尺子量过一样，完全一致。就算只是写一封极其普通的信，他也会选择质量上乘的纸张。他写出来的字全都是工工整整的，就好像原本空白的纸上画着线格一样。就算是在非常匆忙的情况下写留言，他也绝不涂改。发现某句话或某个词不够完美时，他会马上换一张纸重写，绝不会不耐烦。从始至终，他都不允许自己把不完美的东西展示给别人看。

任何一个与里尔克近距离接触过的人，都会被他的从容不迫和聚精会神所吸引。我认为里尔克是个情绪非常稳定的人，而且我相信，他那种安静祥和的气质会影响他身边的人，使他们不再吵吵嚷嚷、强横霸道。这是因为，他的言行举止本身就是一股神秘莫测、能教化他人、品行高尚的力量，而且这股力量会持续地发挥自己的影响力，使他人在深受触动的同时，也愿意随之效仿。每当我与他作了一次长时间的交谈后，在接下来的几个小时，或者几天之中，我都会觉得自己变得没那么庸俗了。

不过，换个角度来看，由于他个性内敛，从不允许自己得到充分的满足，所以在与任何人交往时，他都提醒自己，不可与对方过于交心。能够获得自称是里尔克朋友这份殊荣的人，应该只有寥寥几个。在他出版的六卷书信集中，人们基本看不到他与别人谈论心事的内容。中学毕业后，他就基本没再用过"你"这个亲切的、如兄弟般的称呼。作为一个心思敏锐且极其感性的人，他无法接受任何一个人或者任何一件事与他距离过近。特别是那些性格坚强的男人，每次与他们接触时，里尔克都会觉得浑身不舒服。相比之下，他更喜欢跟女人进行思想交流。他的很多信都是写给女人的。与女人交往使他感到更加愉快，更加轻松自在。或许是因为他接受不了那种粗重且刺耳的嗓音，所以没有那种嗓音的女人使他感觉舒适吧。时至今日，我仍然对一件与他有关的事印象深刻。记得当时，他与一个颇有势力的贵族人士谈话。那个贵族人士一直在吊着嗓子说话，这让里尔克感觉浑身难受。为了不让对方看出这一点，他只能全程绷紧身体，垂着肩膀，一次都没有抬起头来看看对方。但是，当里尔克喜欢与一个人来往时，对方一定会觉得与他相处是一件非常和谐美妙的事。当面接触时，一个人也许不会从里尔克的言语和神情中感受到多少和善的意味，但日后回想起来，这个人就会发觉，里尔克那种发自内心的和善就如同一束光，直抵灵魂深处，使人倍感温暖，仿佛创伤被治愈了一般。

在巴黎这座胸怀宽广、令人心旷神怡的城市生活和工作，里尔克总是格外小心谨慎。由于这里的人还不熟悉他本人和他的作品，所以他想继续保持低调。这样一来，他就能一直自由自在、随心所欲。我曾去过他的出租屋看望他。那是个有大小两间房的公寓。虽然两间房里除了寥寥几样生活用品以外，再没有任何其他的装饰物，但是一走进房间，我就感觉到了一种与众不同的气息，还有一种静谧感——这都源于里尔克独特的审美。在租房子的时候，他宁愿选择老旧的房屋，也从不考虑那种邻居很多、很吵闹的大楼。尽管老旧的房屋有很多不便之处，但他觉得，还是住在这种地方才更有家的感觉。而且每到一个新住处，他都会立刻让那里焕然一新，并且韵味十足、独具个性。说起来，这都要归功于他在做事时井井有条的能力。

　　尽管他家里的器具总是少得可怜，但无论何时，房间里都少不了一个用来插花的花瓶或碗，而且里面总是有正在绽放着的鲜花。这些花可能是女人送的，也可能是他自己带着浓浓的情意采回来的。里尔克把自己的书摆放在靠近墙壁的地方。那些书要么本身就装订得很精美，要么被他精心地包上了书皮。在他眼中，它们除了不会出声以外，其他地方都跟宠物无异。在他那张写字台上，并排摆放着铅笔和羽毛笔。在写字台的右边，摆放着完全没用过的白纸。房间里挂着两幅圣像画，一幅是俄罗斯东正教的圣像，另一幅是天主教的耶稣受难像。看样子，这两幅圣像一定是他走到哪里就要带到哪里的。由于这两幅圣像的存在，他的住处总是透出一股宗教气息。不过，他只是单纯地信仰宗教，而不拘泥于任何教条。通过种种细节，我可以明显感受到，他房间里的每一样摆设都是他精挑细选的，而且对于任何一样摆设，他都倍加珍惜，一直悉心照料。

要是他向我借一本他从未看过的书，那么在他还书时，我就像是收到了一份精美的礼物，因为他会把那本书的封面用一种很高级的纸精心包起来，另外再用一根彩带作为装饰。直到现在，我仍对他将《旗手克利斯朵夫·里尔克的爱与死之歌》的手稿送到我住处时的情景印象深刻。记得当时，他用一根丝带绑着那份手稿，像送贵重礼物一样送给了我。直到今天，我还珍藏着那根丝带。不过，要说起我与里尔克相处过程中最开心的事，那莫过于与他一起在巴黎漫步。因为此时，我的视野似乎变得更广阔了。他总是能留意到一些并不引人注意的事物。就拿街头店铺的标志牌来说吧，只要觉得上面的内容押韵，他就会开心地把它们读一遍。

通过他的种种表现，我推测，在这个世界上，唯有巴黎能让他产生如此浓厚的兴趣，以至于他想让自己的足迹遍布这座城市的各个角落。记得有一天，我去一个朋友家里，正好他也在。我对他说，我昨天无意间走到了皮克毕公墓里那个过去被称为"护栏[1]"的地方。此处是大革命时期最后上断头台的那批革命者的葬身之地，那批人当中也包括安德烈·舍尼埃[2]。我还对那个地方进行了一番描述。我说，在那片面积不大的草地上，

---

[1] 护栏（barrière），法国大革命时期专门为最后一批被砍头的革命者准备的埋葬地，位于皮克毕公墓内部。之所以叫护栏，是因为这个地方的四周被护栏给围起来了。

[2] 安德烈·舍尼埃（André Chénier, 1762—1794），法国诗人。他因反对处死路易十六而被雅各宾派憎恨，最后被雅各宾派送上了断头台。

散乱地分布着许多坟墓，而那种坟墓，外国人难得看见。然后，我又对他说起了自己在回家路上的一个见闻。我说，我在一个路边看到有座修道院，它的大门是开着的，院里有几个手持念珠的半修女在默不作声地绕着圈走路。当我说到这里时，一向沉稳且克制的里尔克变得非常急切，看起来就像马上要过去亲眼看看似的。我极少看见里尔克这样焦急的样子。他说，他必须去安德烈·舍尼埃的坟墓看一看，还有那座修道院。他还问我能不能为他带路。我当然答应了。

于是在次日，我们一起去了那里。他先是站在那座孤零零的坟墓前沉思良久，然后才开口评价，称它是"整个巴黎诗意最浓的所在"。然而在回家路上，当我们想去那座修道院看看时，却发现它的大门是关着的。趁着这个机会，我正好可以检验里尔克在生活中是否有耐心，就像他在创作中那样。结果事实证明，他的确有。他对我说："我们在这里等一等，看看我们有没有那个运气吧！"说完，他就一动不动地站在原地，保持着略微低头的姿势，因为这样一来，他就可以在大门打开的第一时间看到里面的情况。大概二十分钟后，路上有位修女走了过来，然后按响了修道院门口的门铃。尽管里尔克此时心中狂喜，但他还是按捺住情绪，小声说道："我们走运了！"

可是，那位修女觉察出了他的暗中注视——我之前说过，里尔克身上带有一种独特的气息，这种气息能使人在距离很远的地方就感受到他的存在——于是，她走到里尔克面前，问他是不是在等什么人。里尔克先是露出了自己独有的微笑——这种微笑能立刻使人对他产生信赖——然后毫不掩饰地说，他很想去修道院的过道参观一下。修女对他回以微笑，并对他说，真是不好意思，她无权让他到里面去参观。不过，修女倒是给出了一个不错的建议。她说，附近有一间小房子，是一位园丁的住处。进入那间小房子，透过最上面的窗户，他就可以清清楚楚地看到自己想看的地方了。虽然只是一个小小的建议，但在里尔克看来，这就像是一份莫大的好处似的。

自那以后，我与里尔克还见过很多次面。不过，每当我回想起他时，我的脑海中浮现出来的，都是他在巴黎时的样子。好在他没有经历巴黎的至暗时刻，因为那时候，他已经去世多年了。

作为一个初入文坛的年轻人，我真心觉得，能与里尔克这样一位杰出的人物相识，是我获得的一笔宝贵的财富。不过，当时的我其实更想获得的，是能够对我的整个人生起决定性作用的教诲。想不到，我的这个愿望居然在一种非常出乎意料的情况下实现了。

一天，我在维尔哈伦家中做客。其间，我与一位艺术史学家探讨了一些问题。对方有些不满地说，属于雕塑和绘画的伟大时代已经逝去了。对于他的这种观点，我表示强烈反对。我说，我们这个时代还有雕塑家罗丹哪！难道他不配与过去那些伟大的艺术家相提并论吗？出于气愤和不服气，我开始逐一列举罗丹的雕塑作品——每次反驳别人时，我都是这个样子。一旁的维尔哈伦见状不禁偷笑，然后对我说："既然你那么喜爱罗丹，何不亲自去见一见他呢？明天，我打算去一趟罗丹的工作室。你要是有空的话，就跟我一起去，怎么样？"

他居然问我有没有空！我开心极了，几乎一夜都没睡着觉。然而在第二天见到罗丹时，我却变得笨嘴拙舌，连一句客套话都说不出来。我呆呆地站在罗丹创作的那些雕塑中间，看起来也像一座雕塑似的。令我感到意外的是，我那副窘迫的样子似乎很讨罗丹的喜欢，因为在临别之际，这位老者居然问我想不想去他的旧工作室参观一下——那间旧工作室在默东[1]。随后，他又邀请我留下来一起吃饭。通过这件事，我得到了第一个教诲，那就是，真正伟大的人都是心地善良的。

我得到的第二个教诲是，在日常生活中，真正伟大的人总是极其简朴的。就拿罗丹这位世界闻名的伟大人物来说吧。虽然在当时那个时代，他的每一件杰出的雕塑作品都堪称典范，但是在日常生活当中，他却像我们的朋友一样亲切自然。他家的饮食与普通农民家中的饮食差不多：一块厚切的肉排，几粒橄榄，一大盘水果，再加上当地酿造的葡萄酒。在这种氛围中，我逐渐放松了下来。直到最后，我彻底不再拘束。我觉得，我与罗丹还有他的妻子像是认识了很多年，彼此之间已经非常熟悉了似的。

饭后，我们一起来到了罗丹的工作室。那是一间宽敞的大厅，里面不仅汇集了罗丹的所有重要作品的复制品，而且还陈列着几百件做工精巧的局部作品，其中包括一只手、一只胳膊、一条马鬃尾、一只女人的耳朵。这些作品当中的大部分都是只

---

[1]　默东（Meudon），法国的一个小镇名，位于法兰西岛大区的上塞纳省。

用石膏塑造成型的。直到今天，我还清楚地记得罗丹画的那几张草稿图——那是他为了便于雕塑而事先画出来的。虽然我当时只在他的工作室里参观了一个小时，但至今回想起来，那期间的见闻足够我说上好几个小时。最后，这位艺术大师带我来到一座雕塑的基座旁边，想让我看看他的新作。基座上面盖着湿布。当罗丹用他那双宽厚结实、布满皱纹、像农民一样的手揭开那块湿布时，我才发现，那是一座女人的雕像。随后，罗丹往后退了几步。"太棒了！"我酝酿了半天，才难掩激动地说出了这么一句话。可是由于这句话太没新意了，所以我感到很是羞愧。罗丹的反应很平淡，完全没有沾沾自喜的样子。只见他一边端详着那座雕像，一边随口回了句："是这样吗？"接着，他陷入了思考。"肩膀那里还有点问题……稍等！"说着，他脱掉上衣，换上一件白色的工作服。接着，他又拿起刮铲，在雕像的肩膀处刮抹了一番。他的动作非常娴熟。不一会儿，那处原本略显粗糙的皮肤就变得非常光滑了。从整体上看，那座雕像简直跟真人一模一样。他又往后退了几步，然后小声说道："看哪，这里也需要再完善一下。"虽然他只是进行了一番非常微小的处理，却收效显著。在接下来的一段时间里，他一句话也没说，只是一边前后走动，一边通过工作室里的一面镜子继续观察那座雕像。后来，他小声嘟囔着什么，与此同时，又在雕像上刮抹起来。在我们一起吃饭的时候，他的目光是亲切、慈爱的，而在这时候，他的目光中则闪动着非凡的神采——这使他显得格外伟岸，格外有年轻的活力。他将自己所有的激情，连同那副伟岸的身体，一并投入到了工作当中。

在他快速地前后移动时，地板随之发出吱吱呀呀的响声，可他
对这些声音毫不在意。我一直默默地站在他身后，他也没有留
意到我。能够亲眼看到这位当世独一无二的艺术大师正在创作
时的景象，这让我既深感荣幸，又兴奋不已。此时的他已全然
忘记了我的存在，因为他眼里只有那座雕塑，他心里只想着怎
么能将这件作品打造得更加完美。

　　一刻钟过去了，又一刻钟过去了。时至今日，我已经不记
得自己当天在那儿站了多长时间——在那种激动人心的时刻，
时间总是容易被人忽略。当时，罗丹正全心全意地投身于创作，
就算响起了轰隆隆的雷声，都无法惊动他。后来，他的动作幅
度越来越大，力道也越来越强。他整个人都陷入了一种癫狂状
态，或者说，他已经完全沉醉在自己的创作当中了。他双手的
动作起初还很快，后来却渐渐犹疑起来。由此可见，他的创作
终于临近尾声了。他往后退了几步，又退几步，再退几步，双
手没再对那座雕像做什么。他小声地说了些什么，然后便用一
块布蒙住了雕像。他的动作非常轻柔、小心，就像在给自己的
爱人披上围巾那样。伴随着一口沉重气息的吐出，他刚才创作
时的那种激情已经退去。这时候的他面色凝重，就像他平时那
样。紧接着，让我难以理解的一幕出现了，而正是这一幕，使
我获得了一个最大的教诲。只见罗丹脱掉工作服，穿上原来那
件上衣，然后便转身离去。原来，在全身心地投入创作中的这
段时间，他完全忽视了我的存在。他并不知道，有个年轻人一
直站在他的身后，而且这个年轻人的内心无比激动，简直不能
呼吸，就像他的雕塑那样一动不动。他完全忘记了，现在站在

他工作室里的这个年轻人，正是他之前亲自带进来参观他作品的。他朝门口走去。在他转身关门的时候，他终于看到我了，而且看起来有些生气，似乎在想：这个年轻人是谁呀？他是怎么溜进这间工作室的？我怎么完全没发觉他呢？不过，他很快就反应过来了。于是，他带着歉意的表情朝我走过来，对我说道："先生，我很抱歉。"我什么都没说，只是紧紧地握住了他的一只手。我甚至想亲一亲那只手。我之所以这样激动，是因为在观看他创作的那一个小时里，我终于懂得了世上所有伟大艺术的永恒秘诀，同样也是世上所有艺术创作的秘诀，那就是：聚精会神。这种聚精会神既是精神上的，也是身体上的。任何一位艺术家在进行创作时，都需做到物我两忘。这个教诲，足以令我受益终生。

我原本计划5月底离开巴黎前往伦敦。但由于我特别心仪的那个住处出了点意外状况，所以我只能被迫更改计划，提前两个礼拜动身。说起来，那个意外状况颇有些离奇，也颇有些趣味。而且通过那件事，我也对法国人的思维方式有了更深的了解。这也算是我得到的又一个教诲吧。

在那年圣灵降临节期间的两天多时间里，我没有留在巴黎，而是跟几个朋友一起去了沙特尔圣母大教堂。在此之前，我还从没参观过那座宏伟的大教堂呢！直到周二那天上午，我才返回巴黎，回到我住的那间小旅馆的房间里。就在我刚要换衣服的时候，我忽然发现，我的那只箱子不见了！而此前几个月，它一直完好无损地待在一个角落里。

我赶紧跑下楼，想去门房告诉老板或老板娘，因为他们两个人总是轮班待在那个狭窄的空间里。老板是马赛人，个子很矮，胖乎乎的，面泛红光。很多时候，我会跟他开个玩笑，或者跟他一起去街对面的咖啡馆玩双陆棋——那是他最爱玩的游戏。我把情况告诉了老板，他听完以后非常气愤。只见他一边起身，一边用拳头砸着桌子，大声说道："好哇！原来是这么回事！"这是什么意思呢？没人知道。老板赶紧穿上外套，换了双出门穿的鞋子——平日待在门房里时，他通常穿着衬衫，趿拉着拖鞋。在此期间，他也跟我讲述了整件事情的经过。

　　说到这里，我觉得有必要插入一段解释，以便读者能更好地理解整件事。巴黎的一些小旅馆，还有大多数对外出租的住宅，都不给住户配备大门钥匙。开关大门这件事是由待在门房里的看门人负责的。当有人在大门外按响门铃时，看门人只需按一下门房里的电钮，大门就自动开了。在某些小旅馆和对外出租的住宅，看门人就是老板或房东本人。不过，老板或房东并不会整晚守在门房里，因为他在自己的卧室里也安装了电钮。如果有人在大家都睡得迷迷糊糊的时候按响门铃，那么老板或房东只需在床上按一下电钮就行了。有住户想出门的话，只需说一声："请把门打开。"有人想从外面进来的话，必须得说出自己的名字才行。这样就可以防止有人趁夜偷偷潜入。不过，以上所说的只是理想情况。

　　接下来，我就要详细说说那天究竟是怎么回事了。大概在凌晨两点时，有人按响我住的那家旅馆的门铃，并说出了自己的名字。老板觉得那个名字很熟悉，好像就是住在他那里的客人，而且那人进来以后，还去了趟门房，把挂在那里的房间钥匙给拿走了。本来，身为看门人的老板应该透过窗户看看进来的那个人到底是谁，但显而易见，由于他当时太困了，所以就没履行这项职责。一个小时后，旅馆里有一位想要出去的客人说了一声："请把门打开。"于是，老板按下了电钮。可在大门打开以后，他才猛然间觉得有些不对劲：都过了凌晨两点钟了，怎么还有客人要出门去呢？于是，老板起身从窗户往外看，看到一个人从旅馆出了门，然后走进了一条小巷子。那个人的手里还提着一只箱子——这太可疑了。老板立刻穿上睡衣和拖鞋，出去跟踪那个人。后来，他发现那个人转了个弯，进了小香榭街的一家小旅馆。于是，他觉得那个人不可能是小偷，所以就放下心来，回去继续睡觉了。

直到现在，老板才意识到自己犯了错。他为此懊悔不已，赶紧领着我去找附近执勤的警察报案。了解情况以后，警察马上带我们一起去了小香榭街的那家小旅馆。经盘查后得知，我的箱子还在，而那个小偷却不见人影。很明显，他应该是到不远处的某家酒吧喝早餐咖啡去了。于是，在小香榭街那家小旅馆的门房里，两名身着便衣的警察守株待兔。半小时后，那个小偷回到了旅馆——看样子，他一点都没疑心自己已经暴露。他当即就被警察抓捕起来了。

随后，照规矩，我和老板得去一趟警局。我们被人带到了警长办公室。办公室里的那位警长先生蓄着小胡子，胖得出奇，态度非常亲切友善。他在写字台后面坐着，身上那件外套的扣子没有扣，就那么敞着怀。写字台上到处都是文件，乱糟糟的。办公室里的烟味很浓。桌子上有一大瓶葡萄酒——由此可见，这位警长先生并不是那种不懂得享受生活，且情感极度冷漠的公职人员。警长先生让人把我那只箱子拿进他的办公室，然后让我检查一遍，看看是否丢失了什么贵重物品。在我那只箱子里，最贵重的物品大概就是那本总额度两千法郎的信用证了。不过目前上面的额度已经被用去大半，毕竟我在这里已经住好几个月了。这种信用证在别人手里一点用处都没有，这谁都知道。更何况事实表明，它根本就没被人碰过，因为它此时就在箱子的最下面放着，好端端的。于是，警察在笔录中记述，经确认，我就是箱子的主人，箱子里的财物并没有短少。随后，警长命人把那个小偷带进他的办公室。对于接下来将要发生的事情，我倒是很感兴趣。

这趟警局真是没有白来，因为我在这里也算是开了眼界。两名警察押着那个小偷来到了警长办公室。那个小偷本来就长得瘦瘦小小，此时的模样更是像鬼似的，既古怪，又不免令人心生怜悯。他全身的衣服都破烂不堪，尤其是上衣，连领子都不见了。他那张蓄着小胡子的脸尖尖的，且无比瘦削，简直就跟老鼠的脸一样——这显然是长期饥饿造成的。要我说，这个小偷的水平可真不怎么样。因为他得手以后，并没有在第二天一大早就带着那只箱子逃之夭夭。仅凭这一点，就足以证明他并不是个老手。面对警长时，他一副萎靡不振的样子，身体轻微颤抖，像是觉得很冷似的。坦白说，看到他这个样子，我心里很不好受，甚至还有点同情他——为此，我感到很惭愧。然而，当一名警察以严肃的态度把搜身得来的物品逐一摆放在一块木板上时，我更同情那个小偷了。那真是一堆匪夷所思的稀奇物件：一条脏兮兮且破烂不堪的手绢；一个钥匙串，上面有十二把不同规格的万能钥匙，外加一个用来撬开门锁的铁钩子——这些东西在相互碰撞时发出丁零当啷的声音，就像奏乐似的；一只破旧的皮夹子。好在里面没有任何武器。由此可见，这个小偷虽然干了一些大家都心知肚明的事，但他至少没有采取暴力手段。

当着众人的面，警长先生打开了那只皮夹子，里面的东西简直令人瞠目结舌。皮夹子里既没有几千法郎，也没有几百法郎，甚至没有一张钞票，而是有二十七张知名女舞蹈演员和女演员的香艳照片，外加三四张女模特的裸照。很明显，这些照片只能证明这个长得瘦瘦小小、神情很是忧郁的年轻人对漂亮女人情有独钟，并不能证明他犯了别的什么罪。巴黎演艺界的那些女星是这个小偷在现实当中根本就不可能接触到的，尽管如此，他还是要把她们的照片珍放在胸口。警长先生逐一检查着那些照片，虽然他看起来很严肃，但通过观察，我发现他应该是觉得这个小偷挺有趣的——身处于如此糟糕的状况中，居然还有心情搞那种收藏。我对此不仅深有同感，而且由于这个小偷对漂亮女人的那种执着的喜爱，令我对他的同情又进一步加深了。正因如此，当警长先生提起笔来，一脸严肃地问我要不要控告那个小偷时，我当即便毫不犹豫地说了声"不"。

关于控告这件事，法国的制度与其他很多国家不一样。为了便于读者理解，我想我应该在这里插入一段解释。在我们的国家，还有其他很多国家，所有罪案都是由政府提出控告的，也就是说，司法权力被政府牢牢攥在手里。但法国不一样，在这个国家，受害人可以自行决定是否要对疑犯提出控告。在我看来，相比于其他国家那种冰冷的法律，还是法国的这种相对柔和的制度更公平。因为这样一来，那些犯了错的人便可以得到一个被受害人谅解的机会。但是在其他国家，这种情况就不可能发生了。就拿德国来说吧。在这个国家，要是有一个女人在妒火中烧之下开枪打伤了她的爱人，那么她势必要接受法庭的裁决，任凭她的爱人如何恳求都无济于事。政府会派人将这个女人从她的爱人身边硬生生地拖走，然后把她送进牢房。可是，这个女人虽然在冲动之下用枪伤了人，但被她打伤的爱人说不定因此对她的感情更浓烈了。而同样的事情如果发生在法国，那么结果就会完全不同。女人只要向她的爱人表达歉意，并获得其谅解，他们两个人就可以重归于好，然后手挽着手径直回家。于是，整件事便到此为止了。

　　现在让我们回过头来接着说。当我毫不犹豫地说了那声"不"以后，在场的人当中，有三个人分别作出了不同的反应。首先是那个小偷。只见瘦瘦小小的他猛然间从两个夹着他的警察中间站起身来，然后看着我，眼神中满是感激。我想，我永远都不会忘记他的那种眼神。其次是警长先生。他放下了手里的那支笔，似乎很乐意接受这个结果，因为这样一来，他就不用再去处理很多文书方面的事了，倒也省事。最后是旅馆老板。他因情绪过于激动而涨红了脸，并且特别大声地对我说，这么做不行。对于这种混账家伙，绝对不能姑息。要是就这么放过了他，那他以后指不定会犯下什么更严重的罪行呢。老板还说，对于这种坏人，品行端正的人一定得时刻保持警惕，不可轻纵。

因为我此时轻纵了一个，其他上百号像他一样的坏人就会更加肆无忌惮。通过老板的这些话，我一方面看出了小市民阶层人士的憨厚老实、坦诚直率，另一方面，也看出了他们的气量狭小，私心很重——老板之所以不答应放过那个小偷，是因为他觉得自己的生意被耽搁了。为了让自己摆脱各种干系，老板坚持要求我收回那个"不"字。在对我说话时，他的语气很蛮横，甚至带有胁迫的意味。尽管如此，我还是不为所动。跟他说话时，我的态度非常坚定。我说，这件事就到此为止吧！我不想继续追究了。毕竟箱子已经找回来了，而且里面的东西一件都没少。我还跟他说，我这辈子都没控告过谁，而且我也不想在今天吃午餐的时候，一边吃着大块牛排，一边还惦记着一个人因被我控告而只能吃牢饭的事。那样的话，我的心里会很不舒服。可老板不肯罢休，还是执意要求我收回那个"不"字，而且他的情绪越发激动了。后来，警长先生站出来表明了态度。他说，这件事的决定权在我，而不在老板。既然我决定不提出控告，那么这个案子就算完结了。听了这话以后，老板非常气愤地转身离开，并且把我身后的那扇门"砰"的一声给关上了。警长先生起身看了看带着怒气离开的老板，然后又面带微笑地和我握了握手。看得出来，他心里很认可我的做法。履行完配合警方调查的义务以后，我就准备提起箱子返回住处。就在这时候，一件令我感到非常意外的事情发生了。只见那个小偷快速来到我身边，带着一脸歉意，对我说道："先生，还是让我来替您提着箱子吧！我陪您一起回去。"就这样，我们一起回到了四条街外我住的那家旅馆——我在前面迈着大步，那个小偷带着感恩之心跟在后面，手里提着我的那只箱子。

　　我原本以为，这件令人恼火的事情就这样宣告结束了——以一种令人愉悦的方式。但实际上这件事并没有彻底结束，因为没过多久，它就引发了两个后续。而这两个后续，也是我了解法国人心理的开端。

　　次日，我去维尔哈伦家中做客。在迎接我的时候，他带着一副准备看热闹似的表情，并且调侃道："看样子，你在巴黎的奇特经历还真是不少呢！而且你居然那么富有，我之前怎么就没看出来呢？"起初，我对他的这些话完全摸不着头脑。后来，他把一份报纸递给我。看了报纸以后，我才终于明白是怎么回事。原来，昨天发生在我身上的那件事居然上报了，而且篇幅还很长。不过，整件事经过一番浪漫的改编后，已经完全走了样。

　　这篇文章以卓绝的新闻技巧描述道：在市区的一家旅馆内，发生了一起失窃案。失窃者是一位身份尊贵的外国人（真是太有趣了！在新闻上，我居然摇身一变，成了一位身份尊贵的外国人），失窃物品是一只箱子。箱子里装有大量贵重物品，其中包括一张总额度为两万法郎的信用证（仅仅过了一个晚上，我那张信用证上的总额度就从两千法郎变成了两万法郎，整整翻了十倍）。除此之外，还有许多没办法用金钱来衡量的物品（其实就是几件衬衫和几条领带而已）。由于那个小偷犯案手法纯熟，而且熟知当地情况，所以一开始，这件案子似乎毫无头绪。不过后来，由于警察分局的某某警长具备"为众人所熟知的超群能力"和"极其精准的判断力"，所以很快他便采取了种种必要措施。他利用电话部署，命人对巴黎的所有酒店和旅馆进行彻底清查。仅用了一个小时，这项任务就完成了。因他一向措施得当、行事周密，所以嫌疑人很快便落网了。由于这位警长成绩突出、能力超群、见识高远，也由于他为巴黎警察局这个模范单位树立了一个令人瞩目的典范，所以警察局长不仅公开表扬了他，而且还即刻将一份特殊的褒奖给予了他。

这篇文章里所描述的事情没有一件是与事实相符的。事实上，那位了不起的警长先生从始至终都没离开过他的写字台片刻——我们是自己去他办公室找他的，小偷和失窃的那只箱子也是别人送到他面前的。然而，他却将这件案子视为一次良机，不仅从中捞取了不少好处，还顺便为自己做了宣传。

这件事无论是对那个小偷，还是对高尚的巴黎警局而言，都是一件幸事，但对我而言，它却是一个走背运的开始。因为从那以后，我住的那家旅馆的老板就开始对我各种刁难，而在此之前，他一向是对我和和气气的。看样子，他是不想让我在他的旅馆里继续住下去了。当我下楼，看到坐在门房里的老板娘时，我主动向她问好，态度很客气，可这个出身于小市民阶层、脑子不太清楚的女人却气呼呼地转过头去，完全不理会我。那个小伙子在打扫我房间的时候，也不再像过去那么仔细了。不知什么原因，别人寄给我的信，我总是收不到。去附近的几家店铺，还有我经常光顾的那家烟店时，我也经常受到各种冷待。而过去，因为我在那家烟店买过许多烟叶之类的东西，老板对我就像对相识多年的朋友那般热情。可是，就因为我"帮了那个小偷一把"，这些小市民便觉得我触犯了他们的道德底线。于是，我住的那家旅馆里的人，那条巷子里的人，乃至那个区的人，全都联合起来一起排挤我。没办法，我后来只能带着我那只丢了又找回来的箱子离开那家我已经住惯的旅馆。而且离开得颇有些狼狈，就好像我犯了什么罪似的。

从巴黎来到伦敦，我感觉就像从一个酷热的地方来到了一个充满凉意的地方。每一个初到伦敦的人都会不由自主地浑身打战，不过要不了多久，他的眼睛和其他器官就会习惯。按理说，初到英国，我应该先到处游览一番。我一开始也的确是这么计划的，而且准备花两到三个月的时间来做这件事。因为我觉得，最近这几个世纪，全世界都在追随着英国的发展轨迹，若是不先了解这个国家，我又如何能了解这个世界，如何用有影响力的语言去评论这个世界呢？另外，我还想提高自己的英语水平（顺便说一句，直到现在，我英语说得都不怎么流畅）。至于提高的具体方式，我打算多跟别人用英语交流，再多参加一些社交活动。

遗憾的是，我的计划落空了。跟其他从欧洲大陆来到英吉利海峡对岸这边的人一样，我几乎找不到在文学方面有共同语言的人。我曾试图在吃早餐时与人交谈，也曾试图在我那间面积非常小的公寓里与人浅谈几句，但每当他们提起与宫廷、赛马、社交活动有关的话题时，我都觉得自己是个局外人。与政治有关的话题也是我没办法参与进去的，因为我不知道他们口中的"那个家伙"指的是约瑟夫·张伯伦。此外，他们在说起某位先生时，一向只说名字，而不说姓氏，以至于我总是不知道他们说的到底是谁。乘坐马车时，我经常会遇到一些说伦敦方言的马车夫。每当这时，我就感觉自己的耳朵失灵了。因为上述原因，我英语水平的进步并不像我预想的那样快。我曾试着去教堂，学习传教士的地道用词；我也去法庭旁听过公开审判，大概去过两三次；我还去剧院，听台上的演员讲纯正的英语。那些我在巴黎时唾手可得的东西，比如聚会、朋友、轻松自在的日子，到了伦敦以后，却总是要花好大的力气去寻觅。我想与人探讨一些我认为至关重要的事，可我连一个合适的人都找不到。我在那些过得很体面的英国人眼里可能也是个很不懂礼貌、很没生活情趣的人，因为我对于他们感兴趣的体育、娱乐、政治等方面的事情全都毫不在意。从始至终，我都没有与周围的环境融为一体。我的意思是说，我一直都未能与某个圈子里的人有过精神上的深入交流。因此，在伦敦居住时，我把百分之九十的时间都花在居家写作和去大英博物馆参观这两件事上了。

当然，初到伦敦时，我的确打算在这座城市里好好地逛一逛，熟悉一下。在最初的那八天时间里，我每天都快步走在街上，一直走到足底发热刺痛。我就像个有使命感的大学生那样，把旅行指南上的所有旅游景点逐一逛了个遍，从杜莎夫人蜡像馆一直到议会大厦。我试着品尝艾尔啤酒，也试着放弃烟卷，改抽在全英国都流行抽的烟斗。为了尽快适应这个新的环境，我在上百件生活琐事上努力地试着去改变和融入。然而，我却一直都未能真正触及这里的社交领域和文学领域。

如果一个人只对英国进行表面上的粗浅了解，而忽略了深入那些要地，那么他是不会了解到什么的。就拿伦敦那好几百万家店铺来说吧，如果一个人只是从它们的门前草草经过，那么这个人唯一能注意到的，不过是那些黄铜标志牌——它们的样式几乎完全一致，而且全都被擦拭得光亮如新。

我去过一家俱乐部，想感受一下那里的气氛，但去了以后却不知该干什么才好。看到那些深深陷进去的真皮扶手椅时，我感觉自己就快睡着了。那里的气氛同样给我这样的感觉。其原因就在于，除了我以外，其他那些人都是在进行过专注的工作或运动以后，为了缓解疲劳才去那里舒舒服服地享受的。

在伦敦这座城市，无所事事的人，或者纯粹的看客，如果不懂得如何提高各种娱乐活动的层次，使它们变成高雅的社交活动，那么他们就会被斜眼以待，甚至被排挤。但是在巴黎，他们却不仅能被悦纳，而且能被给予更多的繁华和欢乐。

其实在伦敦的那两个月，我本应该找份工作来做，比如去某家店铺里打杂，或者去报社应聘一份秘书的工作。这样一来，我就能对英国人的生活有更深入的了解。可是，我并没有那么做。我承认自己在这件事上犯了错，当我意识到这一点时，已经来不及修正了。因此，住在伦敦的那段时间，我只是很肤浅地了解到了一些东西。直到多年以后，在第二次世界大战期间，我才真正了解英国。

起初，我只见过一位英国诗人，他就是阿瑟·西蒙斯[1]。借助西蒙斯的关系，我后来又得到了叶芝[2]的邀约。我特别喜

---

[1]　阿瑟·西蒙斯(Arthur Symons，1865—1945)，英国诗人、评论家。

[2]　威廉·巴特勒·叶芝(William Butler Yeats，1865—1939)，爱尔兰诗人、剧作家、散文家，代表作为《钟楼》《盘旋的楼梯》等。

欢叶芝写的诗。我还曾将他那出美妙的诗剧《水影》中的一部分译成了德语——之所以这么做，完全是因为自己喜欢。

据我所知，那天只有少数几个人得到了叶芝的邀约，而且这些人都是经过筛选的。应邀之时我并不知道那是一个在晚间举办的诗歌朗诵会。举办朗诵会的那个房间面积很小，在场的来客都觉得非常拥挤。有的人只能坐在低矮的小木凳上，或者干脆席地而坐。叶芝先是在一张漆黑（也有可能是铺了一块黑色的桌布）的斜面桌上点燃了两根圣坛蜡烛——那两根蜡烛足有手臂那么粗，然后才开始朗诵诗歌。这时候，房间里其他的灯光和烛火全都熄灭了，只有那两根圣坛蜡烛还幽幽地发着光，这使得叶芝那颗长着黑色卷发、正在奋力摇晃的头被突显出来。叶芝用他那低沉的声音朗诵着。他的朗诵并非那么激情四射，而是平缓且节奏感很强的。每一节诗句都被他朗诵得掷地有声、清脆悦耳。不得不说，他的朗诵很有意境，给人以庄严肃穆之感。不过，我觉得他穿的那件黑色长袍使他看起来像神父一样，这未免显得有些做作。另外，可能是因为那两根大蜡烛在燃烧的缘故，房间里一直有股略微刺鼻的味道。以上这两点是我觉得不够完美的地方，因为它们使一场纯粹的文学鉴赏会变得像用诗歌来搞祭祀的仪式一样。但同时，这种场面也让我觉得很有新鲜感和吸引力。

这场诗歌朗诵会也使我联想到了维尔哈伦和里尔克的朗诵。维尔哈伦在朗诵时是穿衬衫的，因为这样穿不会影响他挥舞自己那双健硕的手臂击打节拍。此外，他不注重场面，也不像上台演戏那样郑重其事。至于里尔克，他有时会从一本书里挑选出几节来朗诵。他的朗诵吐字清晰，不作任何修饰，只是忠实地反映那些词句的原貌。叶芝举办的那场诗歌朗诵会，是我生平首次参加的"上台演戏式"的朗诵会。对于叶芝创作的诗歌，我确实非常喜欢，但对于他那种祭祀式的朗诵形式，我则是心中存疑，且无法认同的。不过不管怎样，能够得到叶芝的邀约，前去参加他的那次朗诵会，我对他还是心怀感激的。

事实上，我还在伦敦发现了一位名副其实的诗人，只可惜他早已去世，并且被人们淡忘了。他就是威廉·布莱克[1]。作为一位孤独的、饱受争议的天才，他创作出了许多古雅质朴且精妙绝伦的作品。时至今日，他的那些作品仍令我心向往之。有位朋友曾建议我去大英博物馆的印刷藏品陈列室看一看。那时候，印刷藏品陈列室的负责人是劳伦斯·比尼恩。我那位朋友还说，陈列室里的很多藏书，如《欧洲》《美洲》《约伯记》等，都是带彩色插图的。在如今的古书店里，这些书简直就像价值连城的宝物一般。我去看了以后，着实被深深地吸引住了。

在那些书里，我头一次见识到了一位好像会某种魔法的奇人——他不知前路如何，只是像拥有翅膀的天使一样，肆意地飞翔在幻想的旷野上。我想花几周时间好好探索一下这个生性淳朴却又超凡脱俗的人物，就像探索迷宫那样。我还想把他写的几首诗翻译成德文。那时候，我迫切地想要得到一张他亲手画的画，但在当时看起来，这个愿望似乎永远都无法实现。巧

---

[1]　威廉·布莱克（Willian Blake，1757—1827），英国诗人、版画家，代表作为《纯真之歌》和《擦烟囱的少年》。

合的是，一天，我的朋友阿奇博尔德·G.B.拉塞尔——那时候，在鉴赏布莱克的作品方面，他已经堪称专家级的人物了——带给我一个消息。他说，在他举办的展览会上，有一幅名为《约翰国王》的画将要售出——它是布莱克大师画得最漂亮的一幅铅笔画。拉塞尔评价这幅画是"如梦似幻的肖像作品"。我对此深有同感。拉塞尔还对我说："这幅画一定会让您永不厌倦。"没错，在我这一生收藏的所有书籍和绘画中，只有这幅铅笔画始终伴我左右，长达三十多年。我把这幅画挂在了墙上。画中的国王有一双闪闪发亮的眼睛，眼神中透着迷茫，很多时候，我都感觉到他正凝视着我。在我四处流浪的岁月中，在那些被我或遗失或抛弃的众多爱物中，只有这幅铅笔画是最令我牵挂的。当我在伦敦街头苦苦寻找英国的天才人物，而久久未能如愿时，布莱克这个名字突然出现在我眼前。他确实是一位名副其实的天才，而且闪耀如夜空中的星辰。就这样，我最喜爱的人物又多了一个。

六

崎岖的发展之路

在巴黎、英国、意大利、西班牙、比利时、荷兰等地，怀着好奇心的我或远游，或流浪。这些过程本身就令人感到惬意，在很多方面也收效显著。不过归根结底，一个人总要有个稳定的住所，这样一来，他想旅行的时候，才能有个起始点和可回去的地方——特别是在如今这种时局下，遍游世界各地已不再是出于自愿，而是一种不得已而为之的逃亡时，对于"人总要有个稳定住所"这件事，我的理解要比以往任何时候都透彻。自从中学毕业以后，我在多年的时间里积攒了不少书籍、画作以及纪念品，而且我的手稿也快要堆积如山了。虽然对我而言，这些东西是令人愉悦的包袱，可我去世界各地旅行时，总不能把它们装进箱子，走到哪儿就带到哪儿吧！

基于上述原因，我在维也纳租了套小公寓，作为自己的"暂时落脚点"——这是法国人习惯的说法，我觉得这说法倒是挺通透的。我并没有把这套公寓视为真正意义上的稳定住所。这是因为，在第一次世界大战爆发之前，我的生活中总是有种难以捉摸的"暂时感"如影随形。无论做什么事的时候，我都要提醒自己：我只是暂时得这么做，至于以后怎么样，还不知道呢！就拿我当时的写作来说吧，我总觉得那只是在练笔，而非进行真正意义上的创作。同样，在跟女人交往时，我也总觉得那只是暂时的。

由此可见，年轻时的我在思想和感情上都还没有极其强烈的责任感。那时的我，凡是遇到自己感兴趣的，就想去尝试一下。无论在写作方面，还是在娱乐方面，我都是那么的纵情恣意、满不在乎。在别人早已结婚生子、拥有了一定的社会地位、不得不奋力拼搏的年纪，我仍然觉得自己是个年轻人，是个初学者，以后还有大把时间可以挥霍。所以在很多事情上我都犹豫不决，不愿意下定决心。

在那时的我看来，我写的那些东西，只是在进行真正意义上的创作前的演练，只是宣告我即将进入文坛的一张名片。同样的，我在维也纳租的那套公寓，也只是我暂时的一个联络地址而已。所以在找房子的时候，我故意去郊区挑选那种面积很小的房子，这样一来，我就不会因为要支付高昂的租金而生活受限。此外，我也故意不置办像样的家具，因为我不希望自己的住所看起来像我父母家那样——在我父母家，所有的家具都被悉心呵护着，比如扶手椅上平时都蒙着防尘罩，只有家里来客人的时候，它们才会被收起来。我故意不在维也纳长住，因为我不想在感情上与一个地方有所牵绊。

在过去的很多年，我一度认为，我试图让自己树立起这种暂时的观念是错的。但是日后，当我频频在迫于无奈的情况下离开自己亲手布置的家，眼睁睁地看着我置办的各种物件毁于一旦时，我才发现，那种事不关己、仿佛具有一种神秘力量的生活态度，其实对我还是很有助益的。毕竟当我蒙受损失，或不得不离家而去的时候，由于我在很早的时候就树立起来的那种暂时的观念，我的心理负担才不至于过重。

当我在第一个住所落下脚时，我并不打算置办什么昂贵的物件。我只是将两件珍贵的物件挂在了墙上：一件是我在伦敦时得到的布莱克的铅笔画；另一件是歌德以其俊逸的笔法书写的一首优美的诗歌——在我从中学时就开始四处搜集的名人手迹当中，它是当之无愧的第一块宝。记得上中学时，我们总是跟在诗人、演员、歌唱家的身后，向他们索要签名，那种狂热的劲头与我们文学小组的成员对写诗的劲头差不多。自从中学毕业后，我们便放下了之前的爱好，不再写那些蹩脚的诗，也不再执着于搜集各种名人的签名。不过，我本人倒是越来越热衷于搜集天才们亲手写的东西。随着时间的流逝，我越发觉得，单单得到一个签名的意义不大，世界名人说的名言警句或祝词也没多大的吸引力。我最想得到的，是一些诗歌或乐谱的原始手稿。因为对我而言，一部艺术作品从无到有的这个过程是最具吸引力的——无论从撰写个人传记的角度，还是从心理学研究的角度来看，都是如此。在我看来，最神秘莫测的时刻，莫过于一位艺术大师凭借自身的想象力或直觉，把酝酿出来的一节诗歌或一段旋律定格在纸上的那个时刻。那些原始手稿上留存着艺术大师苦苦思索、精雕细琢的痕迹。通过认真研究这些痕迹，我们也许能发现艺术创作过程中的一些关键性的转折点。正是基于这点，原始手稿具有无可比拟的价值。我不会因为得到了某位艺术家的一件成型的作品就觉得自己已经相当了解他。正如歌德所说，如果一个人想彻底理解一部伟大的著作，那么他不但应该知道它成型后的模样，还应该知道它是如何成型的。

我曾看到过贝多芬的一张原始乐谱手稿，上面的涂改痕迹很重，而且删除的部分与保留的部分混在一起。我认为那些用铅笔画掉的部分同样汇聚着他非凡的才华和创作激情。这种原始手稿总是能让我浮想联翩，所以一见到它们我就喜出望外。就像别人欣赏一幅业已完成的优秀画作那样，我在得到一张满是符号和涂改痕迹的原始手稿时，总是会痴痴地反复端详，久久舍不得放下。

我还看到过巴尔扎克的一张校样稿，上面的每个句子差不多都被改动过，每行文字都被来来回回地改动了不知多少遍，周围的空白部分也被各种删改符号和文字占满，变得黑黢黢的。尽管如此，看到它时我的内心还是激动不已。

如果我看到自己喜欢了十多年的一首诗的手稿，看到这首诗初次展示在世人面前的模样，那我肯定会对它肃然起敬，甚至连摸一下都舍不得。我为自己拥有多份这样的手稿而感到骄傲。对我而言，最有吸引力的一件事就是搜集手稿。有时，我会去拍卖会上买；有时，我会去打听谁手里有这类收藏品。在四处搜集手稿的过程中，我经历过许多精神紧绷的时刻、许多幸运的时刻、许多激动不已的时刻。回想起这些，我真是感慨万千！记得有一次，我原本打算去参加一场拍卖会，把一份我心仪已久的手稿给拍下来。结果我晚到了一天，这使我幸运地躲过一劫，因为后来我发现那份手稿是伪造的。

在那之后，我又有一段堪称奇遇的经历。事情是这样的：在我的收藏品中，有一份莫扎特的乐谱手稿。略有遗憾的是，这份手稿并不完整，其中有一段乐谱被人给剪掉了——可能在五十年前或一百年前，某个人出于对这件艺术品的过度喜爱，所以破坏了它。但是突然有一天，这段被人剪掉的乐谱居然在斯德哥尔摩的一场拍卖会上现身了。这下子，我总算有机会把这份乐谱给拼贴完整，使它恢复到一百五十年前莫扎特刚完成它时的样子。

那时候，我在文学方面的收入并不能支撑我大批量地购入各种手稿。不过，当一个人为了得到一份手稿而被迫舍弃一些别的东西时，他会从这份手稿中获得一种难以名状的快乐。对于这一点，相信每一个爱好收藏的人心里都很清楚。

为了丰富我的手稿藏品，我还积极动员我的那些作家朋友。于是，从罗曼·罗兰那里，我得到了一卷《约翰·克利斯朵夫》的手稿；从里尔克那里，我得到了《旗手克利斯朵夫·里尔克的爱与死之歌》的手稿——这是他最受欢迎的一部作品；从克洛岱尔那里，我得到了《给圣母的受胎告知》的手稿；从高尔基那里，我得到了许多草稿；从弗洛伊德那里，我得到了一篇论文的手稿。他们心里都清楚，他们的这些手稿得不到任何一家博物馆的悉心呵护。时至今日，我收藏的那些手稿已经有很大一部分散落到世界各地了。而在别人眼里，那些手稿是没什么吸引力的。

后来我才意外发现，我最稀有、最珍贵的文学收藏品，并不在我的柜子里，而是在我租住的那栋位于郊区的公寓楼里。

在我楼上的另一间同样简陋的小公寓里，住着一位上了年纪、头发灰白的女钢琴教师。一天，她站在楼梯上，用很礼貌的态度跟我谈话。她说她非常抱歉，因为住在楼下的我经常要被迫听她那些女学生仍有瑕疵的弹奏，希望这不会对我的写作造成过多的负面影响。她还说，她与母亲同住。她母亲今年已经八十岁了，而且眼睛已经半盲，所以绝大部分时间都留在房间里，不能出门。令我意想不到的是，她口中的这位老母亲居然是歌德的家庭医生福格尔的女儿。在1830年她的受洗仪式上，为她施洗的人是奥蒂莉·冯·歌德，而且当时歌德本人也在场。我有些发晕，因为我简直不敢相信，在1910年的今天，这世上竟还存在着一个曾被歌德用圣洁的目光盯着看过的人！

我对天才遗留下来的任何物件都抱有特殊的敬意，所以当时我不仅喜欢搜集他们的手稿，还竭尽所能地搜集他们的其他遗物。当我处于人生的第二阶段时，我把家里的一个房间搞得像遗物收藏室似的——或者也可以说，它像是一个邪教信奉者的房间。在那个房间里，存放着一张贝多芬用过的写字台，还有他常用的那只小钱箱——在身患重病、卧床不起的情况下，贝多芬曾伸出颤抖的手，一次次地从里面取出零钱，交给他的女佣。在收藏这只小钱箱的时候，我把一页记录着贝多芬家庭开销的记账纸和他本人的一绺花白的头发放在了里面。

我还收藏了一支歌德用过的羽毛笔。多年来，我一直将它存放在一个玻璃盒子中，因为我怕自己会忍不住去碰它——我认为我的手不配这么做。可如今，这世上居然有这样一个活生生的人，她曾被歌德那双乌溜溜的眼睛慈爱地盯着看过。跟她比起来，那些没有生命力的东西简直黯然失色！这位可能不久于人世的老夫人，使我意外住进来的这栋位于科赫小巷 8 号的公寓楼，与魏玛公国那个令人崇敬的世界有了联系。然而，这种联系就像悬丝一般，随时都有断开的可能。于是我恳请上门拜访这位德米利乌斯老夫人。

见面后，老夫人对我的态度很和蔼。在她那个小房间里，我看到了几件歌德用过的器物。据老夫人所说，那是她儿时的伙伴送给她的。她口中的儿时伙伴，正是歌德的孙女。在一张歌德用过的桌子上，摆放着一对烛台，还有几个徽标之类的物件——它们与歌德在魏玛弗劳普兰的那座府邸的徽标很相似。不过相比于这些东西，还是这位如今仍在世的老夫人更令人称奇，不是吗？老夫人头发稀疏，而且全都变白了。她头上戴着一顶风格复古且保守的小帽子。尽管她的嘴巴周围已满是皱纹，但她还是很乐意向我细数她人生的前十五年是如何在弗劳普兰的那座府邸里度过的——现如今，那座府邸已经变成博物馆了。自从歌德这位德国最伟大的诗人离开那座府邸和这个世界以后，那座府邸里的所有物品就一直保持着原状。回忆起自己儿时的经历时，老夫人的记性特别好。在这一点上，她跟我以往见过的那些老人完全一样。当说起歌德学会暴露他人隐私，在现在这个时候就随随便便地将她儿时的伙伴奥蒂莉·冯·歌德的情书公之于世这件事时，她特别愤怒。我一方面被她的愤怒深深打动，另一方面也因她所说的"现在这个时候"而大受震撼。她似乎一点也没意识到，奥蒂莉辞世距今已有五十年了。在她心目中，奥蒂莉这位深受歌德喜爱的儿媳不仅依然在世，而且依然年轻。很多事情在她看来只是不久前才发生的，而在我们看来，那已是陈旧的历史了。与这位老夫人交谈时，我总感觉气氛有些诡异。在我住的那栋砖石结构的公寓楼里，人们都已通过电话来联络，通过电灯来照明，通过打字机来写信了，可谁能想到，就在这种先进的生活环境中，我们只要向楼上迈二十二级台阶，就能被带回上个世纪，甚至上上个世纪——在那个地方，到处都弥漫着歌德的神圣气息。

在那之后，我还见过多位满头白发的年迈女士，她们跟德米利乌斯老夫人一样，仍保留着过去那段神话般的无限风光的记忆。这些女士包括科西玛·瓦格纳，李斯特的女儿，带有婉约、哀怨、冷峻、优雅的气质；伊丽莎白·弗尔斯特，尼采的妹妹，身材娇小，身姿妖娆，举止轻佻；奥尔加·莫诺，亚历山大·赫尔岑 [1] 的女儿，年幼时的她常在托尔斯泰的腿上坐着。除此之外，我还见过格奥尔格·勃兰兑斯，从当时已经相当年迈的他口中，我了解到了他与惠特曼、福楼拜、狄更斯等人相识的过程。还有理查德·施特劳斯，从他口中，我了解到了他与理查德·瓦格纳初次相遇时的情形。不过总的说来，还是德米利乌斯老夫人最让我心生感叹，毕竟她是所有在世的人当中最后一个被歌德盯着看过的人。而如今的我，或许也是最后一个能说这句话的人了：我曾在现实中见过一个被歌德的手温柔地抚摸过头顶的人。

---

[1] 亚历山大·赫尔岑（Alexander Herzen, 1812—1870），俄国革命家、哲学家、作家，被誉为"俄国社会主义之父"。

　　我终于为自己在两趟旅行之间的间隔期找到了一处暂时的住所。与此同时，我在文学事业上也有了一个归宿——相对而言，这对我的意义更重大。三十年来，我文学事业的归宿始终是那家一直在维系、保护、推动着我的事业发展的出版社。对于一个作家而言，选择与哪家出版社合作可是件人生大事，而在这件事上，先前没有任何经验的我显然是极其幸运的。

　　多年前，一个热爱文学且特别有涵养的人觉得，值得投资的并不是赛马场，而是文学领域。这个人的名字叫阿尔弗雷德·瓦尔特·冯·海梅尔。身为诗人时，他没取得辉煌的成就。后来，他决心在德国创立一家出版社，不在乎是否盈利，甚至一早就做好了长期亏损的准备。这家出版社衡量一部作品值不值得出版的标准，是作品本身有没有价值，而非能否畅销。在当时德国出版业普遍商业化的形势下，海梅尔毅然决定不出版那些时兴的、仅供人们消遣娱乐的畅销书，而是把出版的机会留给那些玄妙、深奥、难懂的作品。这家格调颇高的出版社的宗旨是：将艺术形式上完美无缺的作品尽数收入囊中。

　　尽管这家出版社在创立之初并没有吸引到多少懂行的人，但它仍然坚持己见，并有意用"岛屿"这个名字来突显自己的坚持——这就是日后的"岛屿出版社"的由来。这家出版社不出版那种粗制滥造的读物，而是力求出版的每一本书都表里如一——不仅要外观精美，内容也要有很高的艺术价值。出版任何一部文学作品时，诸如封面和版心的设计、字体和纸张的选择等问题，都会被一一妥善处理。对于广告宣传册，还有与各方联络用的信纸，这家十分珍视自身名誉的出版社也非常重视，总是作出最好的选择。回想起来，在过去的三十年当中，岛屿出版社为我出版的书没有一本出过差错——就连印刷方面的差错也没有。这家出版社寄给我的所有信件也没有任何一处改动。总之，从种种细微之处都可以看出这家出版社立志成为行业典范的崇高理想。

由于这家出版社结集出版了当时还在世的霍夫曼斯塔尔和里尔克的抒情诗，所以它的高基调就这样确立下来了。可想而知，当年仅二十六岁的我在得到与这家出版社长期合作的机会时，是多么高兴、多么骄傲！这件事一方面提高了我在文学领域的声望，另一方面也使我变得更有使命感。任何人一旦进入了这个群英荟萃的圈子，他就必须得事事小心谨慎，处处严格要求自己；他不能在创作时只求数量不求质量，也不能像某些新闻记者那样，为了应急而草草地完成一部作品。由这家出版社印上商标的每一本书，都向它最初的数千位读者以及后来的数十万读者宣示着它顶尖的、无可挑剔的品质——这种品质不光体现在内容上，还体现在外观的印刷和装帧上。

对于一个作者而言，最幸运的事情莫过于在自己非常年轻的时候就遇到一家刚创立不久的出版社，并与之一起不断发展壮大。因为在这个过程中，作者、作品、读者这三者之间能够建立起一种互相关联协调且密不可分的关系。没过多久，我就与岛屿出版社的社长基彭伯格教授成了倾心相交的朋友。而且由于我们都痴迷收藏，我们的友情进一步加深了。基彭伯格喜欢收藏歌德的遗物，而我喜欢收藏名人手稿。在我们保持往来的三十年间，我们逐步成了收藏界的"富翁"。很多时候，他都会向我提出一些很有价值的建议和忠告。同样，我也凭借自己对外国文学的精深了解，向他提出过一些很有启示性的建议——岛屿丛书就是在这种情况下出版的。这套丛书的总销量高达数百万册，它庞大的销量就像在过去那座"象牙塔"的四周另外创建了一座国际大都市一般。与此同时，它也使岛屿出版社一举成为当时首屈一指的德语出版社。时隔三十年，无论是岛屿出版社还是我，都与之前截然不同了：岛屿出版社从最初的一家小规模出版社，变成了当前实力最强的出版社之一；而我也从最初的小有名气，变成了在当今德语世界拥有最多读者的作者之一。坦白说，除非发生一场世界级的大灾难，或者动用这世上最残酷的法律手段，否则我与岛屿出版社之间这种双方都觉得非常庆幸且顺理成章的关系是不会被打破的。如今的我不得不坦白承认：不管是离开家，还是离开故乡，我都没有觉得太难过。最让我难过的是，我再也无法看到岛屿出版社那个熟悉的商标了。

目前看来，我已经可以在文学创作的道路上畅行无阻了。虽然我从很早以前就开始发表作品，但我心里明白，这件事我做得太早了，或者说不太合时宜。而且，我在二十六岁之前写出来的那些东西都不算是真正意义上的文学作品。年轻的时候，我与当时最了不起、最具创新精神的人物或有所往来，或结为朋友，这本是我取得的最大成就，可如今，这却使我在文学创作方面受到了可怕的束缚。我虽然已经眼界大开，却感到迷茫，不知什么样的作品才算是真正有价值的。二十六岁之前，我在创作方面的态度一直都是犹犹豫豫的。我在那段时间只做过一些翻译，写过一些篇幅较短的中篇小说和诗歌。一方面是因为我心里没什么底气，另一方面也是为了尽快获得经济上的回报。在很长的一段时间里（长达三十年之久），我都未能鼓起勇气创作一部长篇小说。

我首次尝试创作的篇幅较长的作品是戏剧。由于我从这次尝试中接收到了不错的反馈，所以在接下来的那段时间里，我的创作欲望爆发了。在1905年或1906年夏天，我创作了一部名为《忒耳西忒斯》的剧。当然了，它是一部为了迎合时代而作的诗剧，而且是那种带有古希腊风格的诗剧。不过，我一直都没让这部作品再版。事实上，我在三十二岁之前出版的作品基本都没再版过。我在这里提起这部诗剧，主要是因为它的形式还不错。此外，我在创作思路上的一个典型特征也可以通过这部诗剧体现出来。这个特征就是：我不喜欢讴歌英雄人物，而是喜欢把目光汇聚在那些失败的悲剧人物身上。我的中篇小说里的主人公都是那种起初试图对抗命运，后来被迫放弃，只能任凭命运操控的人物。在我看来，这种人物格外有魅力。我愿意为那些品行高尚的人物写传记，而不愿意为那些功成名就的人物写传记。举例来说，我愿意写伊拉斯谟[1]，而不愿意写

---

[1] 德西德里乌斯·伊拉斯谟（Desiderius Erasmus, 1469—1536），中世纪时期尼德兰的人文主义思想家、神学家。他起初很受马丁·路德的钦佩，但后来两个人的关系恶化。

马丁·路德；我愿意写玛利亚·斯图亚特[1]，而不愿意写伊丽莎白一世；我愿意写卡斯特里奥[2]，而不愿意写加尔文[3]。因此，在我的这部诗剧中，主人公不是阿喀琉斯，而是忒耳西忒斯——在与阿喀琉斯为敌的人当中，他是最不引人注意的一个。换句话说，我这部诗剧的主人公，并不是那种凭借自身的力量和野心令他人饱受磨难的人，而是自身饱受磨难的人。

这个剧本完成以后，我没有让任何一位演员或朋友看过它，因为我自己心里有数：一方面，它在形式上属于无韵诗；另一方面，把它搬上舞台的话，需要很多古希腊风格的服装和道具。这样的剧本就算出自索福克勒斯或莎士比亚之手，也卖不出多高的票房。不过，我还是将剧本复制了几份，然后分别寄给了几家规模比较大的剧院——这无非是走个过场而已。而后，这件事就被我抛在脑后了。所以当三个月过后，我收到一封来信，并且看到信封上的"柏林皇家剧院"几个字时，可想我当时有多么吃惊。

---

[1] 玛利亚·斯图亚特（Mary Stuart, 1542—1587），苏格兰女王、法国王后。她一生的经历非常坎坷，最后的结局是被处死，罪名是企图谋杀伊丽莎白一世。

[2] 塞巴斯蒂安·卡斯特里奥（Sebastian Castellio, 1515—1563），法国传教士、神学家。他曾追随加尔文前往日内瓦。后来，他和加尔文因宗教上的分歧而关系恶化。他死于瑞士，葬于德国，后被人扬尸。

[3] 约翰·加尔文（Jean Calvin, 1509—1564），出生于法国的欧洲宗教改革家，后因受迫害而逃亡到瑞士。

我心想，这个普鲁士的国家级剧院给我来信，究竟是想让我做什么呢？这封信是路德维希·巴尔奈写的。此人当时是柏林皇家剧院的负责人，过去是德国最有名的演员之一。令我感到意外的是，巴尔奈在信中说，我的剧本令他印象深刻。他希望我答应让这部剧在柏林皇家剧院首演，因为一直以来，他都在替阿达尔贝特·马特考夫斯基寻求一个饰演阿喀琉斯的机会，如今看到我的剧本，他觉得马特考夫斯基的愿望终于可以实现了。

信上的这些内容真是让我既惊又喜。要知道，在整个德意志民族中，只有两位演员堪称伟大，一个是约瑟夫·凯恩茨，另一个就是阿达尔贝特·马特考夫斯基。马特考夫斯基是北德人，身为演员的他具有无人企及的沉稳、纯朴、激情。至于凯恩茨，他跟我一样，也是维也纳人。他神态优雅，台词功底深厚，能够纯熟地在婉转和激昂间转换——在这一点上，没有人能胜过他。如今，正是马特考夫斯基将要在我写的剧作里饰演阿喀琉斯这个角色，并且亲口说出我写的那些台词。此外，德意志帝国首都最出名的剧院居然也愿意接纳我写的剧本，这等于是要扶持我。在我看来，这是好预兆，预示着我未来的戏剧创作之路一片光明。而在此之前，这是我连想都不敢想的事。

可惜，这件事后来遇到了变数。这也让我记住了一个教训：当一场演出处于筹备状态，还没有正式上演时，一定不能对它抱有太大期望。尽管排练已经在一遍遍地进行了，而且我也从一些朋友口中得知，在排练中念台词的时候，马特考夫斯基表现出了前所未有的慷慨激昂。但是，当我买了去往柏林的卧铺车票，即将在十五分钟后出发时，我收到了一封电报。电报上说，首演因马特考夫斯基身体抱恙而延期。起初，我还以为这只是托词，毕竟有很多演员在无法守时或无法兑现承诺时，都会拿这种话来搪塞。可几天后，我从报纸上得知，马特考夫斯基因病离世。想不到，我剧本中的那些台词，居然成了口才出众的他的临终遗言。

我心想，这件事就这么到此为止算了。当时，虽然还有两家宫廷剧院——德累斯顿剧院和卡塞尔剧院——愿意接受我的剧本，可我已经没什么兴趣了。除了马特考夫斯基以外，我不知道还有什么人能演好阿喀琉斯，只可惜他去世了。然而没过多久，事情出现了转机。一天清晨，一位朋友把我从睡梦中叫醒，然后对我说了一件让我非常吃惊的事。他说，他是受约瑟夫·凯恩茨所托来找我的。凯恩茨在无意间看到了我的剧本，很中意里面那个悲剧人物忒耳西忒斯。凯恩茨不想饰演与忒耳西忒斯敌对的阿喀琉斯，因为他知道这个角色是马特考夫斯基想演的。那位朋友还告诉我说，为了落实此事，凯恩茨决定尽快联络维也纳的城堡剧院。那时候，城堡剧院的负责人是从柏林来的保尔·施伦特——一位顺应时代潮流的现实主义戏剧开拓者。在管理剧院时，他也遵循着现实主义原则。在这一点上，他引起了维也纳人极大的不满。没过多久，我就收到了施伦特的来信。信上说，他已经看了我的剧本，里面有些地方挺吸引人的，在他的剧院首演应该没什么问题。不过，从长远来看，这部剧并不会为他的剧院带来多大收益。

于是我又一次心想，到此为止算了。一直以来，我对自己和自己的作品都没什么信心。可是，得知这个情况的凯恩茨却相当气愤。他马上请我去他那与他当面谈谈。上中学的时候，我就将凯恩茨视为偶像了，而且那时我对他的崇拜简直到了无以复加的程度。而这一次，我终于有机会亲眼见到他了。他虽然已经五十岁了，却依然身姿轻盈、精神饱满、光彩照人，一双黑色的眼珠熠熠生辉。在交谈时，他令人如沐春风。从他口中吐出的每一个辅音都悦耳动听，每一个元音都圆润饱满、清清楚楚。在朗诵时，他不仅声音洪亮，而且节奏感和韵律感都非常强。有他珠玉在前，每当我朗诵他诵读过的诗时，我总觉得自己如同木楔。对我而言，听他讲德语是一件令人心旷神怡的事。

此时此刻，这位一度被我当成神明来崇拜的人物，居然因为自己没能促成城堡剧院接纳我的剧本而向我道歉。而且他还再三说到，希望从今以后，我们能一直保持联络。更让我感到喜不自胜的是，他说有一件事想拜托我帮一下忙。天哪！凯恩茨居然说他有一件事想拜托我！凯恩茨说，他近期有很多场演出，为了应对这些演出，他专门准备了两部独幕剧，但这还不够，他还需要第三部独幕剧。对于这部剧的剧本，他目前的设想是：它应该是一部短剧，在形式上要尽量用诗体，要是里面还能有大段充满激情的台词，那就更好了。据我所知，凯恩茨的台词功底一直都是出类拔萃的，所以他肯定能把这些台词酣畅淋漓地倾吐出去，让屏住呼吸专心倾听的观众大饱耳福。在德语戏剧艺术中，他的这种表现形式是无与伦比的。凯恩茨问我能不能为他写一部符合上述要求的独幕剧。

我应了下来，说我会尽力一试。就像歌德说的那样，有时候，一个人可以凭借自身的意志力"调动起作诗的兴致"。就这样，我创作出了一部名为《变化不定的喜剧演员》的独幕剧初稿。这是一部剧情轻松愉快的洛可可式戏剧，里面包含了两大段戏剧性的抒情独白。在创作过程中，我总是努力让自己去感受和领会凯恩茨在舞台上的独特风格，还有他朗诵台词的方式，只为我下意识写出的每一句台词都能够满足他的要求。虽然这次是应邀创作，但我在写作的时候不仅感觉很顺畅纯熟，而且饱含激情。

三周以后，我就将一份半成品手稿带去见凯恩茨了。在这份手稿中，有我新添加上去的一大段咏叹调。看到这份手稿后，凯恩茨非常开心。他当即从手稿中挑出了一大段台词，朗诵了两遍。到第二遍时，他的朗诵就已经无可挑剔了——那场景我永远难以忘怀。他问我还要多久才能完成终稿。看样子，他已经等不及了。我回答说，还要一个月。他说，太棒了！时间刚刚好！他即将去德国演出，几周后才能回国。回国后，他会立刻投入这部短剧的排练当中，因为它现在已经归城堡剧院所有了。他觉得我写的这部剧就像他定制的手套一样妥帖，所以他向我保证，以后无论去什么地方演出，他都会将这部剧作为自己的保留剧目。他一边握着我的手，一边说道："就像我定制的手套一样妥帖！"这句话他一共说了三遍。看得出来，他的话是发自肺腑的。

凯恩茨临行前应该是在城堡剧院那边做了很多工作。因为没过多久，我就接到了剧院负责人打来的电话。对方提出要看看那部独幕剧的初稿。而后不久，城堡剧院接纳了我的这部剧，并把围绕凯恩茨这个主角的其他角色分配给了剧院里的另一些演员。随后，那些演员就开始排练起来了。这一次，我又在没抱太大期望的情况下收获了一份巨大的惊喜。这份惊喜是城堡剧院和凯恩茨给我的。要知道，城堡剧院可是我们所有维也纳人的骄傲。至于凯恩茨，他不仅在身份上与城堡剧院的女演员杜塞[1]相当，而且还是那个时代最伟大的男演员——正是这样一位演员，将要参演我写的剧本。作为一个刚开始尝试创作剧本的作者，我获得的荣耀似乎太多了。

当前的我只面临着一种风险，那就是：凯恩茨在我完成剧本之前突然变卦，但我觉得可能性几乎为零。尽管如此，我还是心急如焚，盼望这部剧能够尽快顺利上演。终于有一天，我从报纸上得知，凯恩茨结束了此次演出，现已回国。接下来的那两天，我很犹豫，没有主动去找凯恩茨，因为我不想那么失礼地在他刚回国时就去贸然打扰。到了第三天，我终于忍不住了。于是我鼓足勇气，去了趟萨赫大饭店。我将自己的名片递给那位我很熟悉的老看门人，并对他说："烦请您帮我把它交给宫廷演员凯恩茨先生！"老看门人透过他戴的夹鼻眼镜吃惊地看着我，说："看来您还不知道发生了什么事，是吗？博士先生。"我回答说："是的，我什么都不知道。""今天一大早，他就被一群人给送去疗养院了。"

---

[1]　埃莱奥诺拉·杜塞（Eleonora Duse, 1858—1924），享誉国际的意大利传奇舞台剧女演员。

　　直到这时，我才得知，凯恩茨是因为生了重病才回国的。在国外演出时，他强忍病痛，在毫不知情的观众面前完成了他最后的演出。而且在这次演出中，他饰演的角色依旧无可挑剔。凯恩茨患的是癌症。到疗养院的第二天，他就做了手术。从报纸上得知这个消息时，我跟很多人一样，相信凯恩茨的身体会好起来。我去疗养院看望过他。当时，躺在病床上的他面色憔悴，神情虚弱疲惫。在那极其消瘦的面庞的衬托下，他那双黑色的眼珠显得更大了。我还发现，在他那善于运用语言艺术、仿佛永远年轻的嘴巴上面，第一次出现了灰白色的胡子。这让我感到无比震惊。如今在我眼前的凯恩茨，已经是个不久于人世的老人了。他勉强挤出一丝笑容，对我说："上帝还能否给我个机会，让我把我们的那部剧演完呢？没准儿这能让我的身体好起来呢！"然而几周过后，我们已经站在了他的灵柩前面。

　　从那以后，创作戏剧对我来说就不再是一件快乐的事了。当我把新创作出来的剧本交给剧院以后，我总是会忍不住担心。大家应该能理解我的这种心情，毕竟马特考夫斯基和凯恩茨这两位德意志最出名的演员都在排练过我写的剧本以后相继离世了。因此我开始变得迷信——我并不会为自己坦白说出这一点而感到羞耻。多年以后，我才调整好情绪，重新开始创作戏剧。没多久，我的新剧本就被城堡剧院的负责人看中了。当时，城堡剧院的负责人已经换成了阿尔弗雷德·贝格尔男爵。此人是戏剧领域的专家，同时也是演讲领域的大师级人物。刚接到那份演员名单时，我的心里七上八下的。直到看完演员们的名字，我心里的石头才落了地："太好了！名单上的演员都不是特别出名的！"我的意思是，前两次不幸都发生在特别出名的演员身上，而这一次没有特别出名的演员，应该就不会再出事了。然而后来，令人意想不到的事还是发生了。常言道：灾难不是从这扇门偷偷钻来，就是从那扇门偷偷钻进来。我只关心那些演员会不会出事，却忽略了阿尔弗雷德·贝格尔男爵这位剧院的负责人，而这次出事的正是他。他原本计划为我写的悲剧——《海滨之宅》担当导演，但在他写完导演专用剧本的十四天后，第一次排练还没开始之前，他离开了人世。看样子，附着在我戏剧作品上的诅咒仍在延续。

直到十多年后，第一次世界大战结束，我的《耶利米》和《狐狸》以人们能想到的各种语言在世界各地上演了，我的心里仍然惴惴不安，总怕会发生什么意外。所以在为我的剧本挑选演员时，我故意不遵从自己的喜好。我后来写了个新剧本，名为《穷人的羔羊》。在1931年时，我把这个剧本寄给了我的朋友亚历山大·莫伊西。有一天，他给我来了封电报，问我可不可以让他在首演中担任主角。莫伊西是意大利人，他把悦耳动听的声音从自己的家乡带到了德语舞台上，而在此之前，他在德语戏剧领域并不出名。当时，他是约瑟夫·凯恩茨卓绝表演技艺的唯一继承人。他吸引力非凡，才思敏捷，永远是一副活力四射的样子，而且为人善良、热情。他能为自己饰演的每一个角色赋予不同的个人魅力。在我的心目中，没有谁能比他更适合饰演《穷人的羔羊》中的主角。尽管如此，当他提出想饰演那个主角时，我联想到了马特考夫斯基和凯恩茨的不幸，所以还是婉言谢绝了。我没有把真正的原因告知莫伊西。莫伊西从凯恩茨那里继承了伊夫兰德戒指——这枚戒指一直在德国最伟大的演员之间代代相传，他会不会也传承凯恩茨的命运呢？无论如何，我都不愿意看到不幸第三次发生在当时德国最伟大的德语演员身上。因此，出于迷信和对莫伊西的喜爱，我最终还是决定拒绝莫伊西。尽管我知道，由他来担任主角的话，那一定会是一场无可挑剔的演出，而且这场演出会对我的剧本产生决定性的影响。可是，即便我选择了自我牺牲，没让莫伊西担任主角，而且后来也一直都没再创作新的剧本，莫伊西还是遭遇了不幸。我明明没做错什么，可不知怎么回事，不幸却总是紧紧跟随着我。

我知道，人们或许会以为我在讲一个灵异故事。对于马特考夫斯基和凯恩茨遭遇的不幸，或许还可以用意外来解释，可对于后来莫伊西发生的不幸，又该如何解释呢？我压根儿就没让莫伊西在我的剧中担当主角呀！而且从那以后，我一直都没再创作新的剧本。事情的经过是这样的：在多年以后的1935年夏天——为了保持情节的连贯性，我在这里打乱一下这部自传的编年史顺序，提前讲述一件后来发生的事——身在苏黎世的我意外地接到了一封电报。这封电报是亚历山大·莫伊西从米兰发来的。他说，他将要在当天晚上赶来见我，希望我务必留在苏黎世等他。我心里很纳闷儿，他那么着急见我，到底是为了什么呢？我并没有创作出新的剧本，多年以来，我对戏剧创作的兴趣已经几乎完全丧失了。尽管如此，我还是兴高采烈地在苏黎世等着他，毕竟我着实喜欢这位热忱诚挚的朋友，一直把他当成兄弟来看待。他刚从车厢里出来，就热情地奔向我，并给了我一个意大利式的拥抱。在我们坐上小汽车，还没离开火车站时，他就迫不及待地说起他究竟需要我做什么了。他说有件事想请我帮忙，而且这件事很重要。原来，皮兰德娄[1]创作了一部新剧，名为《你永远不知道》。出于对莫伊西的敬意，皮兰德娄特地将自己这部剧的首演交由他负责。按照皮兰德娄的构想，这将是一次真正意义上的世界级首演。这就意味着，举办这次首演的地点是维也纳，所用的语言是德语。身为意大利大师级人物的皮兰德娄还是头一次优先考虑让自己的作品在国外首演，而在此之前，他对巴黎这样的城市都没这么大的信心。不过，在翻译这个剧本的事情上，皮兰德娄有些担心。要是找个水平一般的译者，翻译恐怕不能很好地体现出他语言中的韵律感和思想感情。一直以来，皮兰德娄都对我在语言方面取得的成就敬佩有加，所以他特别希望能由我来把他的剧本译成德语。莫伊西告诉我说，皮兰德娄起初有些举棋不定，不敢抱太大期望，他觉得我可能不会浪费时间去搞这种翻译。因此，莫伊西决定亲自出面，帮皮兰德娄来说服我。

其实当时，我已经有很多年不做翻译工作了。不过这一次，我不想让皮兰德娄的希望落空，因为一直以来，我都很敬重他——我们曾经见过几次面，每次都很愉快。另外，我也想通过此事来表达我对莫伊西这位知己的情意。对我而言，这才是

---

[1] 路伊吉·皮兰德娄（Luigi Pirandello, 1867—1936），意大利小说家、戏剧家，1934 年诺贝尔文学奖获得者，代表作有《六个寻找剧作家的角色》《亨利四世》《寻找自我》等。

最重要且最快乐的。就这样，我特地放下手头的工作，抽出一到两周的时间来翻译皮兰德娄的剧本。由我翻译的这个剧本，将在几周后于维也纳举行世界级首演。届时，加上一些政治因素的影响，这部剧必定会引起极大的轰动。皮兰德娄已经答应要亲自到场观看。此外，由于墨索里尼被公认是奥地利的保护者，所以，以他为首的全体官方人士也都宣称将会出席此次首演。这场于晚间举行的首演意在达到一种政治目的，即向人们展示奥地利与意大利两国之间的友谊（虽然对外宣称是友谊，但实际上，奥地利已经沦落到需要意大利来保护自己的地步了）。

这部剧进行第一次排练的那几天，我正好在维也纳。想到能与皮兰德娄再次见面，我的心里很欢喜。而且，亲耳听到莫伊西用他那动听的声音朗诵我翻译的台词，也是我一直期盼着的事。哪曾想到，时隔二十五年，之前那样的悲剧竟鬼使神差般又一次上演了。

一天早上，我翻开报纸，看到这样一则新闻：莫伊西已从瑞士来到了维也纳。不过，由于他患了流行感冒，病得很严重，所以排练只能被迫延期。我心想：不过是流行感冒而已，应该不会出什么大问题。可当我去这位朋友住的地方探病时，我的心却狂跳不止。还好，他住的是格兰特大饭店，而不是萨赫大饭店——我在心里这样宽慰自己。但就在这时，我忽然想起了之前去探望凯恩茨，结果没见到他的那个场景。时隔二十五年，同样的不幸又一次发生在了当时最伟大的德语演员身上。由于发高烧，莫伊西已经陷入昏迷状态了，所以我想要探望他的请求没有得到允许。两天后，我没有在排练中看到他，而是站在了他的棺木前。当年发生在凯恩茨身上的那些情节，如今全都在莫伊西身上重演了一遍。

前面所说的，就是与我的戏剧创作有关的神秘诅咒最后一次应验的故事。我特地打乱了叙述顺序，把它提前讲了出来。当然了，在如今的我看来，这种不幸只是意外。但是在当年，马特考夫斯基和凯恩茨都突然离世，这无疑对我的人生发展方向产生了决定性的影响。我在二十六岁时创作的第一个剧本不管是被马特考夫斯基在柏林搬上舞台也好，还是被凯恩茨在维也纳搬上舞台也好，他们的精湛技艺都会使我迅速被大众所熟知。我成名的速度会非常快，可能快到完全不符合逻辑。因为我知道，即便是写得再差劲的剧本，都能因他们两个人的技艺取得成功。不过要真是那样的话，我也就没机会在一段漫长的时间里一点点地学习，一点点地了解这个世界了。

起初，戏剧领域将一份极具诱惑的、我连做梦都想不到的美好前景给予了我，可就在我即将得到的那一刻，一切又都被残酷地抢走了。在当时的我看来，这都是命中注定的。不过，我也只是在年轻时代的最初那几年，才会把一些意外发生的事看成是命运的安排。在接下来的一段日子里，我明白了一个道理，那就是：人生道路的方向，终究还是由一个人的内心来决定的。很多时候，我们会遇到一些或荒诞或难以解释的事，走上一条不符合预期的路，但是最后，我们终将在内心的指引下，到达那个看不见的目标。

七

前往欧洲以外的地方

　　在我看来，过去的时间好像过得比现在快，这可能是因为在我年轻的时候发生了许多事件，而且这些事件对这个世界数个世纪来的发展造成了颠覆性的影响。我对自己年轻时代的末几年（第一次世界大战爆发前的那几年）几乎没什么印象了，这可能是因为我长期沉浸在循规蹈矩的工作中。在那段时间里，我不停地写作，不停地发表作品。我不仅在德语世界里非常出名，而且在国外也有了一定的知名度。我得到了一些人的追捧，也遭到了一些人的抵制——在我看来，这更能突显一个人的某种特点。我的作品登上了奥地利的各大报纸。这时候的我只需等人来约稿，而不用再去主动投稿了。然而，以我今天的眼光来看，我那些年创作的作品、做过的事情，以及各种雄心壮志、担忧、沮丧、不满和仇恨，都是那么渺小和不值一提。我们在如今这个时代所经历的种种，必然性地使我们看待事物的态度发生了转变。

　　如果这本自传是我在几年前写的，那么我应该会讲述自己与盖哈特·霍普特曼、阿图尔·施尼茨勒、贝尔-霍夫曼、德默尔、皮兰德娄、瓦塞尔曼[1]、沙洛姆·阿施[2]以及阿纳托尔·法朗士这些人之间都谈过些什么（我特别喜欢跟法朗士谈话，因为他总是能让我感到放松和惬意。这位老者会以一种极其严肃和高贵的姿态来讲一些不太文雅的事，而且常常一讲就是一下午）。我应该也会描述一些盛况空前的首演，比如古斯塔夫·马勒的第十交响曲在慕尼黑的首演，《玫瑰骑士》在德累斯顿的首演，以及卡尔萨文娜[3]和尼任斯基[4]的首演。这是因为，我以热心观众的身份见证了艺术领域内诸多历史性事件的发生。然而现在，我对事情重要与否的判断标准已经发生变化，变得更严苛了。所以在今天的我看来，以上所说的那些全都不值一提，因为它们与当今的时代问题之间不存在实质性的关联。以我如今的眼光来看，那些在我年轻的时候把我的注意力引向文学的人，早就没有那些把我的注意力引向现实的人重要了。

在那些把我的注意力引向现实的人里面，我第一个要提到

---

[1] 雅各布·瓦塞尔曼（Jakob Wassermann, 1873—1934），犹太裔德国作家。

[2] 沙洛姆·阿施（Schalom Asch, 1880—1957），犹太裔波兰作家。

[3] 塔玛拉·卡尔萨文娜（Tamara Karsawina, 1885—1978），俄国芭蕾舞女演员，于1918年后定居英国，是公认的英国现代芭蕾舞奠基人之一。

[4] 瓦斯拉夫·弗米契·尼任斯基（Vaslav Fomich Nijinsky, 1890—1950），俄国芭蕾舞蹈家、编舞家，被誉为"舞蹈之神"。

的就是瓦尔特·拉特瑙[1]。他是在那个最悲惨的年代掌控着德意志帝国命运的人，也是在希特勒夺取政权的十一年前，首个被国家社会主义者持枪暗杀的人。从很早以前开始，我与拉特瑙之间就建立起了真诚友好的关系。我与他的相识发生在一种很特别的情况下。要说起这件事来，就不得不提到马克西米利安·哈尔登[2]了。在我十九岁那年，我得到了很多人的提携，这些人里面就包括哈尔登。在我要感谢的人里面，他是排在第一位的。在威廉皇帝治下的德意志帝国的最后几十年中，他创办的《未来》周刊对政坛起到了决定性的影响。他踏入政坛是俾斯麦在背后亲自助推的结果，而他也乐于充当俾斯麦的喉舌或盾牌。在他的谋划下，内阁大臣们纷纷下台，奥伊伦堡丑闻被曝光。每个礼拜，德皇的宫廷都因遭到各种声讨和揭露而战栗不已。不过在私下里，哈尔登最喜爱的还是与政治无关的戏剧和文学。

有一天，我在《未来》周刊上看到了一系列格言，时至今日，我已经不记得那个作者的笔名了，但那一系列格言的用语非常简练，而且充满机智和敏捷的才思，这令我印象深刻。身为《未来》周刊长期撰稿人的我立刻给哈尔登写了封信，并在信中询

---

[1]　瓦尔特·拉特瑙（Walther Rathenau, 1867—1922），犹太裔德国作家、实业家、政治家，曾在德国通用电气公司担任过经理和董事。他的父亲是德国通用电气公司的创始人埃米尔·拉特瑙（Emil Rathenau）。

[2]　马克西米利安·哈尔登（Maximillian Harden, 1861—1927），德国政治家、作家。

问："那位新来的作者是什么人？他的格言是如此简明扼要，我已经有好多年没看到过这样的格言了。"

给我回信的人不是哈尔登，而是一位署名为瓦尔特·拉特瑙的先生。我通过他的来信和其他一些渠道了解到，他是赫赫有名的德国通用电气公司总经理的儿子。他本人是一位大商人、大实业家、众多公司的董事会成员，是当时在德国拥有"放眼世界"（这是让·保尔[1]自创的一个词语，我在此借用一下）这种新时代眼光的商人之一。在那封信中，他以极其诚挚的态度满怀感激地对我说，我的那封信是他踏入文学领域以来第一次获得的赞赏和认可。尽管他至少大我十岁，但他还是坦言告诉我，他不知道应不应该把自己的一些想法和格言结集出版。在这件事上，他没什么信心，因为他觉得自己是个外行人，而且到目前为止，他只是在经济领域内取得了一些成就。我在回信中以同样诚挚的态度鼓励了他。从那以后，我们就一直保持联络。

后来，当我再次到柏林时，我给他打了个电话。电话那边的他有些迟疑："哎呀，原来是您哪！真是不巧，明天早上6点，我要去趟南非……"我打断了他，说道："既然如此，那以后有机会的话，我们再见吧！"可是他慢悠悠地继续说着，仿佛在思考着该怎么办，"不，请您稍等一下……我想想……今天下午不行，有几个会议，我必须去参加……晚上……我得先去

---

[1] 让·保尔（Jean Paul，1763—1825），德国小说家，原名里希特尔，代表作是短篇小说《武茨》。

一趟部里，然后再去俱乐部参加晚宴……11 点 15 分就可以了，您能在那个时间过来吗？"我答应了。那天，我们的谈话一直进行到凌晨两点。早上 6 点，他准时启程前往南非。我后来才知道，原来他的那次出行是受德国皇帝的差遣。

我详细描述以上情节的目的在于表明拉特瑙具备这样一种性格特征：身为一个大忙人，他总是能想方设法抽出一点时间来。在第一次世界大战最艰难的那段时间里，我曾与他见过面。那次见面是在热那亚会议之前，也就是他被暗杀的前几天。当时，我跟他一起坐在一辆小轿车上，经过了一条大街。他后来遭到暗杀时，正是坐在那辆小轿车上，而且正好经过那条大街。他习惯提前安排好自己的日程，而且总把时间安排得非常紧凑，紧凑到连一分钟的间隙都不留。尽管如此，他还是可以随时从一件事转到另一件事上，这对他来说一点都不难。说起来，这都要归功于他那随机应变的能力。他的这种能力是我在其他人身上从没有看到过的。他的大脑就如同一台高精度且高速运转的机器。在讲话的时候，他眼前就像有张隐形的演讲稿似的。他可以滔滔不绝地说，而且能把每句话都说得生动形象、明明白白。要是有人用速记法记下他说的话，那他就可以拥有一篇完美到可以随时出版的文章。他能把法语、英语以及意大利语讲得跟德语一样清晰流畅。他的记性从没有使他陷入过尴尬的境地。在公开讲话之前，他也从不做什么特殊的准备。在与我谈话时他总是能够洞悉一切，沉着地分析各种利害关系。在他的衬托下，我显得反应迟钝、思维混乱、修养有限、自信心不足。

然而，我一方面折服于他那种深刻的洞察力，另一方面又觉得他有些地方让我感觉不太舒服——这种感觉就跟我在参观他的宅邸，看到各种无比考究的家具和极其精美的挂画时一样。在我看来，他出色的头脑如同一台精密的机器，他那处宅邸如同一座博物馆。他那处金碧辉煌的豪宅位于勃兰登堡郊区，曾经是路易丝王后的行宫。尽管他的豪宅非常宽敞、视野绝佳，里面的一切都是那么的井井有条、纤尘不染，可置身其中时，我却一点都没有温馨的感觉。透彻的思想使他漠视一切。他表面上是个沉着冷静的人，可他的内心却隐藏着极度的不安和不自信。从他那里，我深深地感受到了身为犹太人的悲哀。反观我的其他一些朋友，比如维尔哈伦、爱伦·凯、巴扎尔热特这些人，他们都是非常自信的。尽管论才智，他们不及拉特瑙的十分之一，论知识的渊博程度和对世界的了解程度，他们不及拉特瑙的百分之一。虽然拉特瑙聪慧过人，但我始终觉得他不够脚踏实地。在他的生活中，总是充斥着各种矛盾冲突。比如，凡是人们能够想象到的权势，他都从他父亲那里得到了，可他却不想当他父亲的继承人；他明明是一位商人，却总认为自己是一位艺术家；他是一个拥有百万资产的资本家，却对社会主义思想很感兴趣；他知道自己是个犹太人，却喜欢宣扬基督教；他会站在国际主义的立场去分析问题，却又对普鲁士精神敬佩有加；他一方面视民主为理想，另一方面却又因威廉皇帝对他的接见或问询而感到无上光荣。皇帝有虚荣心，还有很多弱点，对此，他看得十分透彻，可他本人同样无法克制自己的虚荣心。由此可见，他让自己一刻也不停歇地工作，可能就是想利用这种精神鸦片来掩盖内心的焦躁和空虚吧！直到1919年，德国军队彻底溃败后，他才承担起一项沉重的历史使命，那就是：使混乱不堪、支离破碎的国家得以重建，再现生机。他身上蕴藏着的巨大能量就是在这种担负沉重使命的时刻爆发出来的。他曾一度成为声名显赫的人物，一方面是因为他的天分和才能，另一方面是因为他终于积极投身于自己的理想——拯救欧洲。

在与人交谈的过程中，拉特瑙总是给人一种精神百倍、眼界大开的感觉。他思想内涵丰富，语言清晰明确，在这两点上能够与他相提并论的，也就只有霍夫曼斯塔尔、瓦雷里以及赫尔曼·凯泽林伯爵这三个人了。正是因为结识了拉特瑙，我的视野才从文学领域拓展到了当代历史。此外，他还是第一个鼓励我从欧洲走出去的人。在这件事上，我应当对他表示感谢。记得他曾对我说过这样一番话："如果您只是了解大不列颠岛，那并不意味着您了解整个英国。同样的道理，如果您不从欧洲大陆走出去，那么您永远也不会了解这片大陆。身为一个自由人，您应该对您的自由善加利用。从事文学创作的人无须凡事都那么着急。您若真想创作出一部好作品，既可以提前一年，也可以推迟一年，这都没关系。所以在我看来，您这个职业相当不错。要我说，您不妨去印度和美洲看看。"他的这个提议让我很动心，于是很快我就决定按他的提议去做。

印度给了我一种超乎想象的恐惧感和阴郁感。我在那里看到了很多瘦骨嶙峋、精神萎靡的人。他们乌溜溜的眼珠里只透着麻木，而无一丝快乐。令我惊讶的是，那里的人们过着凄惨的日子，那里的风景也极其单调乏味。而我最吃惊的是，那里的种姓制度是如此根深蒂固，属实是一个有着强烈的阶级观念且阶级固化的社会。在坐船前往印度的旅程中，我就已经感受到这一点了。当时，在我们乘坐的那条船上有两位非常惹人喜爱的女孩。她们都有着一双乌溜溜的眼睛，而且身材纤细、仪态优雅、谦和有礼。刚上船的第一天，我发现她们在刻意地回避别人，或者换个说法，在她们与船上其他人之间，仿佛存在一条无形的分隔线。她们从不与别人跳舞和谈话，而是坐在远处，静静地看英文书或法文书。到了第二天、第三天的时候，我才意识到，并不是她们刻意回避英国人的社交圈，而是英国人在刻意避免与这两个混血儿来往。这两个美丽的女孩有一位法国母亲和一位波斯血统的印度富商父亲。她们曾在洛桑上过女子寄宿学校，还曾在英国上过女子精修学校——在那两三年里，她们享受着人人平等的生活。尽管如此，当她们踏上这条前往印度的船时，还是立即被歧视的目光包围了。这种目光虽然表露得没那么明显，却异常冰冷。从这件事上，我第一次感受到了"种族纯粹"的成见对于这个世界造成的危害，这危害甚至比数百年前爆发的真正的瘟疫还要可怕。

自从在船上遇到那两个女孩以后，我的眼光变得更锐利了。一个去远途旅行的欧洲人一定要带十二至十四名当地仆从——比如，在去往锡兰的亚当峰的旅途上就是这样的情形，这一路上，他都以天生就是白皮肤的神自居，而他的尊贵身份也令当地人心存敬畏。在享受当地人对欧洲人的这种敬畏时，我心里总带着些许羞愧。时至今日，我们所犯的错误已使我们失去了这种敬畏。但是在当时，我心里有个很恐怖的念头挥之不去，我认为，在今后的几十年或几百年内，这种荒唐的关系必定会发生颠覆性的转变。一直身在欧洲，过着安安稳稳、舒适惬意的生活的人们，大概不会去做这样的设想。

来到印度以后，我发现皮埃尔·洛蒂[1]在书中描述的"粉红色"的印度并不是浪漫的，而是应该引起警惕的。在这次印度之旅中，最让我内心震撼的不是那些富丽堂皇的庙宇，不是那些遭到风侵水蚀的宫殿，也不是喜马拉雅山上的景色，而是我遇到的各式各样的人——这些人来自一个全新的世界，与我这个欧洲作家在欧洲大陆上看到的人截然不同。

由于那个时代的人们在生活上还很节俭，像托马斯·库克组织的那种海外旅行团也还没有出现，所以当时，走出欧洲去旅行的人们基本都是各行各业的佼佼者：如果是个生意人，那他一定是一位大富商，而不是那种没见过什么世面的小老板；如果是名医生，那他一定是医学领域内的专家；如果是位企业家，那他一定是具有开拓精神，且勇敢、豪迈、无拘无束的人；即便是个作家，那他也一定是个好奇心很强的人。

由于当时的旅行者还没有收音机可用，所以在那段漫长的时间里，我都是靠与一些和我完全不同的人打交道来消磨时间的。通过那些人，我得知了对这个世界产生影响的各种力量和制衡关系，这些知识要比我读一百本书还有用。这段远离故土

---

[1]　皮埃尔·洛蒂（Pierre Loti，1850—1923），法国小说家，担任过法国海军军官，足迹遍布全球，曾创作过许多带有异国风情的小说和游记。文中提到的内容出自他所著的《英国治下的印度》这部小说。

的经历使我对事物的评判标准发生了变化。在出国旅行前，我总把一些不起眼的小事看得非常重要，可回国以后，那些事在我心里已经不值一提了。不仅如此，这次旅行也改变了我对欧洲的看法。从那以后，欧洲在我心目中已不再是被世界所围绕的轴心了。

在我这次印度之旅遇到的各色人等当中，有一个人对我们当代的历史产生了一定影响，尽管这种影响并不显著。当时，我乘坐着一条江轮，从加尔各答启程去往中南半岛。江轮沿着伊洛瓦底江逆流而上。正是在这条江轮上，我结识了卡尔·豪斯霍费尔和他的妻子。那段时间，我每天都有好几个小时跟这两个人待在一起。当时，身为德国武官的豪斯霍费尔正准备去日本赴任。他身材修长，身姿挺拔，面庞消瘦，长着一只突出的鹰钩鼻。从他身上，我第一次见识到了德国总参谋部军官的特殊品质和内在修养。当然，除了他以外，我还接触过其他军人。比如在维也纳的时候，我偶尔会跟一些军人来往。那些军人都很年轻，而且热情欢快、与人为善。他们基本是因为生活拮据而被迫从军的，以为可以在军队里过上惬意的生活。但是，豪斯霍费尔的情况跟这些人截然相反。刚跟他接触时，我就感觉到，他出身于那种很有文化的家庭，而且家境优渥。他父亲曾经发表过很多首诗。我认为，他父亲应该当过大学教授。豪斯霍费尔掌握着相当丰富的军事知识。他当时去日本的主要目的，是对日俄战争的现场实况进行考察。为了能更好地完成这项任务，他和他妻子都提前做了准备，不但学了日语，还学了一些与日本文学有关的知识。结识了豪斯霍费尔以后，我再一次意识到，要想既全面又精通地掌握一门学科知识，就必须想方设法地让自己不局限于这门学科，积极涉猎其他学科，并将这一切融会贯通——即便是对于军事科学，也应当如此。

在江轮上的那段日子，豪斯霍费尔每天都在不停地忙碌着。他常常用双筒望远镜瞭望远方，认真到每个地方都不肯放过。除此之外，他还喜欢写日记、写报告、翻查字典。基本每次看见他，他手里都拿着一本书。他能对事物进行细致入微的观察，而且能把观察所得很好地描述出来。通过与他交谈，我对神秘的东方有了更多的了解。那次旅行结束后，我与豪斯霍费尔夫妇一直保持着联络。我们分别住在萨尔斯堡和慕尼黑，有时互相通信，有时互相拜访。有一年，豪斯霍费尔因为患上了严重的肺部疾病而搬去了达沃斯或阿洛沙居住。告别军队以后，他对军事科学的兴趣反而更浓厚了，于是便开始专门从事这方面的研究。身体恢复健康以后，他回归了军队，并在第一次世界大战中担任指挥官。德国的溃败使我想到了他。那时的我对他抱有极大的同情。对于他内心的极大痛苦，我完全能够想象得到：多年来，他一直在为处于强国地位的德国工作。有时候，他可能还以不为人所知的方式打造着战争机器。而如今，他以往结识的很多日本朋友却以战胜者的姿态在庆祝着战争胜利。

没过多久，我之前对豪斯霍费尔的看法就得到了事实的印证——他成了以全面和系统的眼光思考重建德国强国地位的先驱者中的一员。他创办了一本杂志，内容与地缘政治学有关。起初，当地缘政治学这门新学科掀起一场运动时，我并不知道里面究竟有何深意。在以往的很多事情上，我的反应都是这样的。我天真地以为，所谓的地缘政治学，只不过是要对国家与国家之间的势力碰撞现象进行观察和研究而已。即使看到"生存空间"这个概念——我认为这个概念就是由豪斯霍费尔首次提出的，我也觉得它就像斯宾格勒[1]说的那样，是一种以不规则的方式在各个国家之间流动的能量，随着时代变化，任何一个国家都有机会获得这种能量。后来，豪斯霍费尔又提出了这样的观点：应该对当今世界上的各个民族的民族性格进行更为深入细致的研究，还应该创建一些具有学术性质的常设指导机构。当时的我完全认同他的提议，因为我觉得地缘政治学的研究对国与国之间的友好往来大有助益，我也觉得，他最初可能并不带有任何政治目的。不过时至今日，我已经知道自己的看法是错的了。

看豪斯霍费尔的作品时（顺便说一下，他曾在自己的作品中引用过我的话），我总是兴致盎然，从无一丝疑虑。我曾与很多听过他讲座的人交流，那些人都以理性的态度给出评价，说他的讲座特别有启示性，使人受益匪浅。没有人批评过他的思想，认为它换了一种新的方式为泛德意志的腐朽需求提供理论支持，也没有人认为它在为一种新兴的强权政治和侵略政策效力。

然而有一天，当我在慕尼黑无意间跟人提起他的名字时，居然听到对方用一种不容置疑的语气对我说："哎呀，您说的

---

[1]　奥斯瓦尔德·斯宾格勒（Oswald Spengler, 1880—1936），德国哲学家、文学家，代表作为《西方的没落》。

这个人不就是希特勒的朋友嘛！"听了这话，我大为惊讶。其原因在于，首先，豪斯霍费尔有一位血统并不纯正的妻子；其次，按照纽伦堡的犹太人法细究起来的话，他两个儿子（都才华横溢，且惹人喜爱）的身份是经不起推敲的；最后，豪斯霍费尔是一位极有文化、极有修养、学识宏丰的学者。而希特勒则是一个执着于最偏狭、最蛮不讲理的德意志中心主义思想的猖狂的煽动者。这样的两个人之间怎么会产生思想共鸣呢？但是，鲁道夫·赫斯[1]恰好做过豪斯霍费尔的学生，豪斯霍费尔与希特勒之间的联系正是通过此人建立起来的。

希特勒并不是个愿意接纳他人思想的人，不过，他具有这样一种与生俱来的本能：千方百计地把有助于自己达成目标的东西弄到手。他从地缘政治学中发现了潜在的政治价值，于是为了达到自己的政治目的，他便开始大肆利用这一点。一直以来，国家社会主义的惯用手段就是利用意识形态和虚假道德掩饰自身对至高无上的权力那极度自私的渴望。有了"生存空间"这个概念，国家社会主义的侵略欲望就被披上了哲学的外衣，从而变得不再那么赤裸。"生存空间"是一个含混不清的概念，把它作为一个口号来喊的话，看似不会造成什么危害，可实际上，它也可以被当成吞并的借口。有了它提供辩护，即使是最蛮横的吞并也会变得符合道德，并且在人种学上势在必行。在制定目标的时候，希特勒从本质上扭曲了"生存空间"

---

[1]　鲁道夫·赫斯（Rudolf Hess, 1894—1987），纳粹德国政治人物，于 1933 年 4 月至 1941 年 5 月任纳粹副元首。

这个概念，使它对整个世界造成了危害。一开始，它还只是被希特勒用于保证国家和种族的纯洁性。但是后来，它发生了根本性的变化，成了这样一句宣传口号："今天的我们拥有德国，明天的我们将拥有整个世界。"豪斯霍费尔当初是否知道他提出的这个概念会被用来达到这种政治目的呢？我也不清楚。于是现在，这个罪责只能由我昔日在旅行中结识的那位伙伴来承担。这个事例确切地说明了这样一个问题：像"生存空间"这种简明扼要、内涵丰富的表述，其自身所蕴含的能量是可以被转化为暴力行动，从而引发灾难的。另一个这方面的例子是，编撰百科全书的那些人对"理性统治"这个词语的表述导致了一个完全相反的结果——民众的情绪被煽动起来，恐怖统治开始了。据我所知，豪斯霍费尔并没有在纳粹党中担任过重要职务，甚至他可能都不是纳粹党员。那些惯会玩弄文字的记者说他是元首的幕后智囊，专门制订那些最危险的计划，可在我看来，他根本就不像那种人。可是，不管他有意还是无意，有一点是确定无疑的，那就是：国家社会主义的侵略政策因为他提出的那套理论，从原来的国家层面拓展到了世界层面。相比于希特勒那个异常残暴的智囊团，他在这件事情上造成的危害更大。或许等后世的人们收集到更多、更全面的文献资料以后，豪斯霍费尔这个人物才能在史书上得到一个公允的评价吧。

第一次海外之行结束后，又过了一段时间，我开始了第二次海外之旅。这一次，我的目的地是美洲。我希望通过这次旅行开阔一下眼界，同时看看我的未来是否还有其他的可能性。不惜漂洋过海到美洲去的作家少之又少，他们并不是想去那边赚钱，也不是想兜售自己在美洲的见闻，而是单纯地想去亲自证实一下，看看这座新大陆是否与自己对它的想象相符。我相信，我正是这类作家中的一员。

对于那片新大陆，我抱有一种浪漫的想象。我并不觉得在这里承认这一点有什么难为情的。在我的心目中，美洲不仅是沃尔特·惠特曼的故乡，还是一个奏响新旋律和正在实现天下大同的理想的地方。我不希望自己在进入曼哈顿的时候带着欧洲人那种一贯的倨傲，而希望自己是和善、宽容、厚道的。为此，我特地重读了"伙伴"那段伟大的长诗。时至今日，我仍对这样一件事印象深刻：住进旅馆后，我向那个看门人询问沃尔特·惠特曼的墓地位置，我说我想去那儿看看，表达一下自己的敬意。结果，那个可怜的意大利人为此陷入了相当尴尬的境地，因为他压根儿就不知道我说的人是谁。

初到纽约时，这座城市给我的第一印象特别美好。尽管它当时还没有现在这样令人着迷的夜景；尽管当时的时代广场周边还没有由灯光形成的绚丽的人工瀑布；抬头仰望，也看不到大城市那如梦似幻的星空图——夜幕降临之际，几百万颗人造星辰与天空中真正的星辰交相辉映，令人目不暇接；在城市面貌和城市交通方面，当时的设计不像现在这样敢于进取、气势恢宏，只是在一些高层建筑中不太自信地尝试着新的建筑艺术；店铺与店铺之间在橱窗陈列和装潢方面你追我赶、互相比拼的景象，也刚露苗头。不过，有两件事倒是令人大开眼界、心情激动：一件是站在一直轻微晃动的布鲁克林大桥上，向港口那边遥望；另一件是在南北走向的石头路上一边步行，一边欣赏两侧的高楼。

当然了，最初的激动心情只在两三天后就被另一种更强烈的感觉取代了——身在纽约的我因无事可做而感到前所未有的寂寞。在那个时候，无事可做的人无论去哪儿都不能去纽约，因为在这座城市里，你找不到可以消遣一个小时的电影院，也找不到便捷的小自助餐厅，而且当时也不比现在，有许多家艺术商店、图书馆、博物馆。在文化生活方面，纽约要远远落后于我们的欧洲。

我用了两三天时间，循规蹈矩地把博物馆和重要的景点逛了一遍。然后，我就只能在寒风中，在已然结冰的街道上转来转去，犹如一艘失去了方向的船。总这样转来转去也太无聊了，于是在无奈之下，我只好设法为这种生活增添点趣味。具体来说，我设计了一个游戏，一个单人游戏。既然我孤身一人来到纽约，只能在街头四处闲逛，那么我不妨假设自己是一个刚来此地的外乡人——在这里有数不清的人都是这种处境——我心中茫然，不知该做些什么，而且我手头只剩下七美元了。在这种处境下，别人是被迫去做一些事，而我则是主动去做。我让自己这样假设：现在，你手头的钱顶多只能维持三天。想想吧，身为一个无亲无故的外国人，你要怎样才能在短时间内找到一份足以维持生计的工作。就这样，我开始辗转于各个职业介绍所之间，研究在门上贴着的五花八门的广告。这里要招聘一位面包师；那里要招聘一位临时抄写员，要求懂法语和意大利语；还有那儿，有家书店要招聘一名店员。最后这份工作对于假设中的我来说是最合适的，我总算找到了一个机会。于是，我沿着一个铁制的螺旋扶梯爬上三楼，询问那份工作能拿到多少薪酬。得到回复后，我又去报纸上看广告，确定在布朗克斯区租一间房需要多少钱，然后在收入和支出之间作了个对比。这个找工作的游戏，我玩了两天。从理论上来说，我能找到五份足以维持生计的工作。相比于单纯的闲逛，这个找工作的游戏让我对这个年轻的国家有了更多、更具体的了解。我已经知道，在这样一个国家，一个想找工作的人能有多大的活动空间和多少工作机遇。对于这一点，我的印象尤为深刻。

此后，我又用同样的方法辗转于各个经纪人公司之间，在向他们做自我介绍的过程中，我深刻体验到了这个国家是如何将自由视为神圣不可侵犯的权利的。无论在哪里做自我介绍，对方都不会询问我的国籍、宗教信仰以及家庭背景。我根本就不用携带护照，想去哪儿就去哪儿。在如今这个不管去哪儿都要按手印、办签证、去警局开证明材料的时代，当时美国的那种状况是令人无法想象的。决定这一切的理由只有一个，那就是：有许多工作正等着人去做呢！在那个如今已经变成神话的自由时代，人们无须受国家、贸易联盟以及复杂手续的束缚，仅在一分钟之内就可以签完一份合同。通过找工作这个游戏，我在短短几天之内就对美国有了一定的了解，这比我在之后的日子里了解到的加起来还要多。

在接下来的几周，我先后游览了费城、波士顿、巴尔的摩、芝加哥。在此过程中，我一直潇洒自在地享受着旅行的乐趣。到波士顿的时候，我去拜访了曾为我的几首诗作谱过曲的查尔斯·莱夫勒[1]，在他家待了几个小时。除此之外，我无论在哪儿都是孤身一人。不过后来的一次意外经历，使我默默无闻的生活发生了改变。时至今日，我仍对当时的场景印象深刻。记得那是在费城的时候，我走在一条南北走向的宽阔大街上，看到街边有家规模很大的书店。于是我停下脚步，想看看那些书的作者里面是否有我熟悉的。就在我仔细去看橱窗里陈列的书籍时，我猛然间被惊呆了，因为我看到橱窗左下方摆着的六七本德文书里，有一本上面赫然印着我的名字！我痴痴地盯着那本书看，与此同时，我陷入了深思。我在想：我正孤身一人，漫无目的地在异国他乡陌生的大街上徘徊，在这个地方，谁都不认识我、不关注我，但就在这一刻，现在的我居然与曾经的我不期而遇了。可以肯定，这里的书商早就把我的名字写在了一张纸上，而后，我的这本书才会漂洋过海，于十天后被摆在这里。想到这里，我先前的寂寞感顿时一扫而空。两年前，当我在旅途中再次经过费城时，我忍不住又去了一趟那家书店，又仔细地看了看橱窗里陈列的书。

我对旧金山不感兴趣，所以就没去那里。而且，当时好莱坞那处胜地还不存在呢。不过在另一个地方，我倒是实现了一个长久以来的愿望，尽情地欣赏了太平洋。小时候，我看过人类首次进行环球旅行的报道，从那以后，我便对太平洋魂牵梦绕。如今，当初那个让我得以欣赏到太平洋的地方已经不复存

---

[1]　查尔斯·莱夫勒（Charles Loeffler，1861—1935），美国作曲家、小提琴家，出生于法国。

在了。那是处于巴拿马运河的开凿路线上的一座山丘——像它那样的山丘当时还有好几座。我乘坐一条小船顺流而下，中途经过了百慕大和海地，最终才抵达那座山丘。我们这代人的成长道路上一直都有维尔哈伦的诗歌陪伴，因此，我们当然也会像前辈们讴歌古罗马的文化遗产那样，热情地讴歌由现代科技创造出来的奇迹。此外，巴拿马运河上的景象也令人叹为观止，难以忘怀：河床上呈现出一道道土黄色，那是大型机械开凿运河时留下的痕迹。就算透过墨镜去看，也还是会觉得双眼异常刺痛。人们无论走到哪儿，都会被无数只蚊子包围。因蚊子叮咬而死去的人不计其数，那些人的尸体在墓地里排成了一眼望不到头的一条条长队。由此可见，开凿这条运河真的是一种暴虐的欲望在作孽。在这项始于欧洲、最终由美洲完成的工程中，不知有多少人献出了生命。我去的那时候，这项已经进行了三十年的工程就要彻底完工了。再过几个月，等闸门修建完成后，只需按一下电钮，此前已分开成千上万年的两大洋的海水便可汇在一处，永远连通。而我应该是那个时代最后一批目睹两个大洋仍处于各自孤立状态的人中的一个。对我而言，这是一次完整地见证一个历史性事件的经历。亲眼看到美洲这项最具创造性的伟大成就，我的这次美洲之行也算是画上了一个完美的句号。

八

欧洲的辉煌与阴暗

　　在这个崭新的世纪，我已经度过了十年光景，而且已经去过印度、美洲以及欧洲的一些地方了。如今的我在审视欧洲时，不仅换了一种全新的视角，而且心态也比之前乐观了。在第一次世界大战爆发前的最后几年，我比以往任何时候都更热爱这片历史悠久的土地，也更渴望欧洲统一，更坚信欧洲能有一个美好的未来。因为我跟那个时代的很多人一样，觉得眼前出现了一片新的光明。可事实上，在我们眼前出现的光明并不是希望的曙光，而是逐渐蔓延全球的战火。

　　自 19 世纪末 20 世纪初以来，我们那代年轻人一直信奉乐观主义，对世界满怀信赖。如果把这些说给现在这代人听，他们可能会很难接受，因为他们的成长道路上满是灾难、摧毁以及危机。在他们看来，战争是随时都有可能发生的。而我们那代人则不同，因为我们经历了长达四十年的和平期。在那四十年当中，欧洲各国的经济焕发勃勃生机，科技发展使人们的生活节奏加快，种种科学发现令人们精神振奋、深感骄傲。

　　在那时的欧洲，各个国家都呈现出一派欣欣向荣的景象。城市面貌逐年改善，城市人口逐年增多。据我所见，1905 年的柏林与它 1901 年时的样子已经大为不同了，它从一个普通的首都发展成了一座世界级的大都市。而到了 1910 年，它又远超 1905 年时的它。每次去维也纳、米兰、巴黎、伦敦、阿姆斯特丹这样的城市时，我都会有新的惊喜。道路变得更加宽阔，街景变得更加美丽，公共建筑变得更加气势恢宏，商铺变得更加奢华、更加赏心悦目。无论在哪方面，人们都能感受到财富的增加。就拿书籍出版量这一点来说吧，我们这些作家都感觉，在 20 世纪初的前十年，书籍的出版量一直在猛增，起初是增长三倍，后来是五倍，再后来是十倍。无论走到哪儿，人们都能看到新建的剧院、图书馆、博物馆。过去，像浴室、电话这些便捷的设施或设备只有少数人才能享受得到，而现在，它们已经逐步进入小资产阶级的生活。得益于工作时长的缩短，无产阶级的日子也变得富裕起来，甚至有一部分人达到了小康水平。

一切都在向好的方向发展。只要敢于进取，就能有所收获。只要购入一栋房子、收藏一本稀有的书籍或一幅画，就可以看着它不断增值。只要足够有胆量，投入一定的本钱开办一家企业，就必定能盈利。总之在那时候，世界各地都是这样一派繁荣兴盛的景象。试问有什么能打破这种局面呢？又有什么能打消人们不断进取的积极性呢？当时的欧洲是那样的强盛、富裕、美丽，人人都满怀信心地憧憬着美好的未来——这一切都是前所未有的。除了少数年老体衰、满头白发的人以外，再也没有人像过去那样，觉得逝去的时代是那么的美好，并因此心生慨叹。

　　除了城市面貌的改善以外，城市里的人也变得越来越美丽和健康了，这得益于人们更热衷于运动，摄入的营养更丰富，工作时长更短以及与自然有更紧密的接触。以往的冬天，到处是一派萧条的景象，人们只能在小旅馆里打牌或躲在温暖的小屋子里，萎靡不振地度过那段无聊的时光。而如今的冬天，人们会去山里享受阳光，因为他们发现这样可以让心肺功能得到提高，让血液循环变得通畅，让皮肤变得更加健康。有了自行车、汽车、有轨电车以后，大山、湖泊、海洋便不再像过去那样让人觉得距离遥远。人们对于空间的感受变得与以往完全不同了。每到周日，就会有数不清的人身着绚丽的运动衣，在雪坡上滑雪板或滑雪橇。

　　新的体育馆和游泳池随处可见。通过观察游泳池里的人，我们就可以发现时代的变化。在我们年轻的时候，大部分人都是脖子粗、胸部平、肚子鼓，要是有个体形健美的人出现，那么他通常会成为众人瞩目的焦点。而现在，人人都在比拼身体的健壮程度和灵活程度，人人都关注谁的皮肤晒成了古铜色、谁的身形更健美，就像古希腊时期的人们进行体育竞赛时那样。

　　到了周日，人们纷纷外出，只有少数特别穷困的人才会留在家里。年轻人都去徒步旅行、爬山、参加竞赛、学习各项体育运动。放假期间，人们会去很远的地方旅行，而不像我父母年轻的时候，通常只去近郊玩，最远也不过是去一趟萨尔茨卡默古特。人们对全世界都充满了好奇，总想知道世界各地的景色是不是同样美丽，想看一看是否还有更美丽的地方。过去，出国旅行还只是少数人的特权，而现在，去意大利和法国这些国家旅行的有银行职员，有工人，也有小商人。当然了，相比于过去，现在出国旅行的费用更低、出行更便利。不过，最主要的变化是：在旅行方面，人们变得更有胆量、更有闯荡精神了；在生活方面，人们也不再像过去那样节俭和小心翼翼。相反，人们会因自己的小心翼翼而感到难为情。

在那个时代，人人都希望自己更有朝气，人人都认为年轻是一件值得骄傲的事。在这方面，那时的人与我父母那代人的表现截然相反。那时的年轻人不再留胡子了，而中年人为了让自己看起来不那么显老，也开始像年轻人那样刮掉了胡子。那个时代不再以老练稳重为荣，而以朝气蓬勃为荣。

女人们不再穿紧身的束胸衣，不再打太阳伞，也不再用纱巾把脸遮起来了，因为空气和阳光已不再令她们感到畏惧。为了让双腿能在打网球时更灵活，她们穿起了短裙。在人前显露丰满的身材时，她们不再是一脸羞怯的模样。时尚风潮变得越来越顺应自然。男人把那种稍显女性化的马裤穿在了身上，女人也有勇气骑在男式马鞍上。男女之间在相处时再也不像过去那样遮遮掩掩、互相回避。

世界不仅变得越发美好，还变得越发自由了。在社会风俗和习惯方面，比我们晚出生的那代人享受着充分的自由。他们更健康，也更自信。女孩终于可以单独与年龄相仿的男性朋友去运动、去郊外游玩，而无须家庭女教师的陪同——在过去那个时代，这是绝对不被允许的。在与男性朋友相处时，女孩不再扭扭捏捏、一脸害羞，而是落落大方、完全自主。她们心里很清楚什么是自己愿意做的，什么是自己不愿意做的。她们不再被忧心忡忡的父母看管着，而是出去参加工作，通过当秘书或职员来赚钱养活自己。总之，她们拥有了自主安排个人生活的权利。卖淫——作为过去那个时代唯一得到许可的色情买卖，已经明显变少了。自从拥有了更为健康的自由，人们都认为"男女授受不亲"这种观念已经过时了。过去，每座泳池里都有的那一排把男女分开的木头挡板已经被陆续拆掉了。无论是男人还是女人，都不再像过去那样羞怯，而是开始大方地展示自己。总之，人们在20世纪的前十年当中重新赢得的自由和大气，比过去一百年还多。

这个世界有了新的节奏。如今，在一年当中会发生多少事情啊！新发明或新发现一个紧接着一个，每一样新事物都会在极短的时间内被转化成财富。这些财富是人类共有的。在意识到这一点的同时，各个国家也都感受到了彼此之间的密不可分。

齐柏林飞艇首次升空那天，我正在前往比利时的途中。那天我刚好在斯特拉斯堡作短暂停留，因而亲眼看见了飞艇在大教堂上空环绕飞行的场景。当时，地面上的人纷纷热情呼喊，而空中的飞艇则似乎在向那座拥有上千年历史的教堂鞠躬致意。当晚，我抵达比利时，并来到维尔哈伦家中。在那里，我得知飞艇于埃赫特汀根坠毁了。维尔哈伦眼含热泪，情绪异常激动。他没有对德国发生的空难漠不关心、无动于衷，而是与我们一起享受战胜自然的喜悦，一起分担经受挫折的痛苦。因为在他看来，他不光是比利时人，还是欧洲人，是和与我们处于同一时代的人。当布莱里奥驾驶着飞机从英吉利海峡上空飞过时，包括我在内的所有维也纳人都激动不已，热情地呼喊着。

在我们眼中，布莱里奥就像是我们国家的英雄一样。

面对科技进步带来的种种新变化，每个人的心里都充满了自豪感。在这样的情况下，欧洲共同体的意识，也就是欧洲不分彼此是一个整体的意识开始逐渐形成。在我看来，既然国界线能够被一架飞机轻松突破，那它还有什么存在的必要呢？边防和海关的存在完全是人为的结果，这不仅狭隘，而且与我们的时代精神相悖。显而易见，在这个新的时代，人人都热切地期盼着彼此之间能够亲密往来、实现世界性的大融合。这种感情在每个人的心中激荡，就像在空中翱翔的飞机一样令人心驰神往。直至今日，我仍为那些没有经历过欧洲彼此信赖的最后那几年时光的人感到惋惜。我们并非生活在真空之中，我们身边的空气也并非静止不动。空气悄无声息地把时代的律动传送到我们的血液当中，传送到我们的灵魂深处，传送到我们每个人的大脑里。从那几年的时代繁荣中，同时也从群体当中，我们每个人都获得了无穷的力量和信心。当时的我们可能还没有意识到，将我们卷进去的那股时代浪潮是怎样一种强大自信的力量。如今看来，我们是有负于那个时代的。然而，一个人只要在那个对世界信心满满的时代生活过，如今他就会意识到，自从那个时代逝去以后，一切都在倒退，一切都变得晦暗无光。

然而，当时的世界却呈现出一派光彩夺目的景象，它像服食了兴奋剂一样，浑身上下都充满了力量。这种力量从欧洲各地涌向我们的心脏。令我们始料未及的是，在那些令我们非常欢喜的事情当中，其实潜伏着危险。在那股席卷整个欧洲的、由骄傲和自信构成的风暴中，还夹杂着阴云。无论在哪方面，欧洲各个国家和城市的发展速度都太快了。在感觉自己浑身上下都充满力量的时候，不管是人还是国家，都容易忍不住去动用那种力量，甚至滥用它。就拿法国来说吧，它已然拥有了用不完的财富，可它还想得到更多；它已然拥有了许多块殖民地，而且它的人口已经不足以支撑原有的那些殖民地了，可它还想再要一块。于是，法国为得到摩洛哥而险些动用武力；意大利对昔兰尼加垂涎三尺；奥地利意图吞并波斯尼亚；塞尔维亚和保加利亚把目标对准了土耳其。当时的德国虽然遭到排挤，但它仍在摩拳擦掌，打算找个合适的机会大显身手。总之，欧洲各国都是一副剑拔弩张的状态，局势异常紧张。各个国家都在为强化内部政权而寻求扩张，其野心就如同细菌感染般到处蔓延。赚得盆满钵满的法国工业家去抨击富得流油的德国工业家，因为他们身后的两家公司——一个是法国的施耐德－克勒佐公司，另一个是德国的克虏伯公司——都渴望卖出更多的火炮。汉堡航运公司仗着自己持有巨额股票，便意图与南安普顿的航运公司竞争。匈牙利的农场主意图与塞尔维亚的农场主竞争。规模庞大的企业集团之间也在竞争。在经济普遍繁荣的时期，竞争双方都渴望掠夺到更多的财富，贪婪使他们变得疯狂。

　　时至今日，当我们以冷静的态度扪心自问：究竟是什么原因使得欧洲在1914年爆发了那场战争？对于这个问题，我给不出一个符合情理的答案。引发那场战争的不是思想上的冲突，也不是边境那几块面积不大的领地的归属问题。如今的我看来，原因可能就在于当时参战的各个国家都积蓄了过多的力量。除此之外，我想不出其他合理的解释。在长达四十年的和平期里，欧洲各国内部都积蓄起了一股巨大的力量。这力量必然要寻找一个出口来释放，而战争恰好成为这个出口——这是一个悲剧性的结局。

陡然间，欧洲各国都产生了让自己变得更强大的念头。而与此同时，各个国家都忽略了一个问题，那就是：其他国家也有同样的念头。获得更多的财富和从其他国家那里掠夺一些东西，这是每个国家都渴望的事。然而，最糟糕的莫过于我们被自己最热衷的乐观主义给蒙骗了。每个国家都相信，到了最后关头，其他国家会因胆怯而撤退。因此，各国的外交官纷纷虚张声势，耍弄着威吓的手段，比如在阿加迪尔、阿尔巴尼亚以及巴尔干战争中就是如此。然而，无论是同盟国还是协约国，其内部联系都越发紧密，管理上也都越发趋于军事化。在德国，虽然处于和平时期，但政府却征收起战争税来。在法国，服兵役的年限被延长了。过多的力量需要得到释放，这是不可避免的。巴尔干战争的爆发就是一种信号，它提醒人们：战争的阴云已渐渐向欧洲袭来。

尽管当时还不至于人心惶惶，但总有一种不安宁的感觉萦绕在人们的心头。每当巴尔干的枪炮声传到我们的耳中时，我们都会感觉心里不太舒服，并且产生这样一种疑问：莫非在我们搞不清楚缘由和目的的情况下，战争就要在我们身边爆发了吗？如我们现在所知的那样，当时的反战力量以相当缓慢的速度在瞻前顾后地集结着。欧洲各国均有上百万社会党人声称反对战争，除此之外，反对战争的还有以教皇为首的强大的天主教团体、几个大型跨国企业集团、少数几个富有远见和智慧的政治家以及包括我在内的作家。只不过，作家并没有团结起来，而是各自为战——一直以来，我们这个群体都是这样的。至于知识分子，他们大部分都任由事态发展，态度相当冷漠。我们一直秉持着的乐观主义精神使我们忽略了战争发生的可能性，也忽略了战争可能引发的道德上的恶劣后果。在那个时候，由知名人士发表的具有影响力的文章中根本就没有探讨战争的内容，也没有郑重其事地提出告诫，让人们警惕战争。我们都天真地认为，只要我们都视自己为欧洲人，只要欧洲各国能够像兄弟那样和谐相处，只要我们竭尽所能（事实上，对于当时的局势，我们只能发挥一些间接的作用）地理性交流，冲破语言和国界的束缚，在精神上团结一致，这样就可以万事大吉了。

将自己视为欧洲人的这种观点，得到了新一代年轻人的热情拥护。在巴黎，我发现我的朋友巴扎尔热特身边就会聚了这样一群年轻人。他们抵制偏狭的国家主义，也抵制总是企图侵犯他国的帝国主义。在这方面，他们跟前辈们截然不同。这群年轻人包括儒勒·罗曼——在第一次世界大战期间，他特地为欧洲创作了不朽的诗篇，还包括乔治·杜阿梅尔、夏尔·维尔德拉克、杜尔丹、雷内·阿克斯[1]、让·理查德·布洛克等人。他们起初创建了一个名为"修道院"的文学社，后来又创建了一个名为"力求自由"的文学社。他们以积极热情的态度成为不久后诞生的欧洲主义的先驱。当欧洲刚刚显露出战争的势头时，他们就对各国的军国主义嗤之以鼻，并表示强烈的反对。

---

[1]　雷内·阿克斯（René Arcos，1881—1959），法国作家、诗人。

在这一点上，他们的态度相当坚决。像这样一群有胆量、意志坚定、才华横溢的年轻人，在过去的法国可不多见。在德国，同样有一些年轻人在为促进国与国之间的理解而积极行动，比如弗朗茨·韦尔弗[1]和他的国际朋友雷内·席克勒[2]。作为一个阿尔萨斯人，雷内·席克勒生来就注定要处于两个国家的夹缝之中，因此从个人情感上来说，他非常渴望所有民族能和谐相处。意大利的朱塞佩·安东尼奥·博尔杰塞[3]也跟我们站在同一阵营，而且他还向我们发来了问候。斯堪的纳维亚和斯拉夫等国也在不断地激励着我们。我曾收到过一封俄国作家的来信，信上说："如果有可能的话，请到我们这儿来吧！让那些怂恿我们加入战争的泛斯拉夫主义者知道，你们奥地利人根本就不希望发生战争。"

没错，所有人都深深地爱着欧洲，深深地爱着那个让我们得以快速发展的时代。我们都相信，到了最后关头，决策者一定能运用理性，不会犯错。然而，我们唯一犯下的错误就是过分相信理性。另外不可否认的一点是，对于面前的种种迹象，我们没有抱着充分的质疑态度去认真察看。可是，对任何事情都完全信赖，而不是半信半疑，这不就是新一代年轻人应有的

---

[1] 弗朗茨·韦尔弗（Franz Werfel，1890—1945），奥地利著名诗人、小说家、剧作家。

[2] 雷内·席克勒（René Schickele，1883—1940），德国作家、诗人、翻译家。

[3] 朱塞佩·安东尼奥·博尔杰塞（Giuseppe Antonio Borgese，1882—1952），意大利作家、文学评论家。

态度吗？我们对饶勒斯[1]完全信赖，对社会主义国际完全信赖，对铁路工人完全信赖——我们坚信，他们宁肯炸掉铁轨，也不愿意眼睁睁地看着自己的同胞被送上前线，成为战争的牺牲品。我们都期盼着女人们能不让自己的丈夫和儿子去白白送死。我们都坚信，在最后关头，欧洲的精神和道德力量一定会取得胜利。就这样，在面临共同危机的时候，我们的理想主义，即我们在发展的道路上必定会遇到的乐观主义，令我们疏忽大意，没能作出准确的判断。

再者说，我们需要一个组织者，一个能将我们内心潜藏的力量激发出来并汇聚在一起的人，一个能向世人发出警告的人，一个具有远见卓识的人。事实上，这个人一直就生活在我们身边，可怪异的是，在相当长的一段时间里，对于这个注定要成为我们的领导者的人，我们竟一点都不了解。而我也是到了最后关头才意外地发现了他，这是我一生当中最具决定性意义的机缘之一。说起来，发现他可并非易事，因为虽然就在巴黎，他所住的地方却远离巴黎的"繁华之地"。

假设现在有人想撰写一部 20 世纪法国文学史，那么这个人一定会注意到这样一个怪异的情况：那个时代巴黎的大小报纸总是不遗余力地恭维一些非常有名的文学家，但却经常把三位最重要的文学家给忽略，即便提起他们，那些文字也总让人对他们产生误解。比如在 1900 年到 1914 年间，无论是在《费

---

[1] 让·饶勒斯（Jean Jaurès, 1859—1914），法国历史学家、哲学家、经济学家，法国社会党的领导者之一。

加罗报》上还是《马丁报》上，我都没发现有人以诗人的身份提及保尔·瓦雷里；马塞尔·普鲁斯特[1]在被提及时，是一副在沙龙里遭人戏耍的形象；罗曼·罗兰在被提及时，是一位学识宏丰的音乐学者。这三个人基本都是到了五十岁左右才有了些许知名度。也就是说，他们的巨著都是在默默无闻中完成的，而且就是在巴黎这座对新奇之事最感兴趣、文艺水准最高的城市完成的。

还好我及时发现了罗曼·罗兰，不过这件事也实属偶然。我在佛罗伦萨的时候，一位俄国女雕塑家邀我去她那里喝茶。她想让我看看她创作的一些作品，还想以我为模特，画一幅人物素描。4点的时候，我如约抵达。然而，我忽略了她是俄国人，而俄国人一向都没有时间观念，也不会守时。一位俄国老太太——据说是她母亲的保姆——带我来到一间工作室，让我在那里等一会儿。工作室里很凌乱，一共只有四件小的雕塑作品，还没用上两分钟，我就全都看了一遍。为了不平白浪费时间，我顺手拿起一本书来看。更准确地说，是几本名为《半月丛刊》的杂志。我在巴黎的时候就听说过这份杂志，不过对于这种不起眼的小杂志，谁也不会一直予以关注，因为它们只能盛极一时，而后便无影无踪了。我翻开其中一本看了起来，上面刊载着罗曼·罗兰写的《黎明》。读着读着，我越发惊奇，

---

[1] 马塞尔·普鲁斯特（Marcel Proust, 1871—1922），法国小说家，意识流文学的开山鼻祖之一，代表作为长篇小说《追忆似水年华》。

也越发饶有兴致。一个法国人居然对德国有这样深刻的了解，他到底是什么人呢？我不禁开始对那位不拘小节的俄国女士心生感激，正是因为她的不守时，我才得以读到罗曼·罗兰的作品。后来，当她终于拖拖拉拉地到来时，我开口便问："这位罗曼·罗兰到底是谁呀？"只可惜她的回答并不明确。

后来，当我搜集到罗曼·罗兰那部巨著的其余几卷时（当时，他那部巨著的最后几卷还未创作完成），我才发现，如今总算有了这样一部作品，它不是为欧洲的某一个国家而作，而是为了全欧洲、为了促进欧洲各民族团结而作的。如今总算有了这样一个人，这样一位大文学家。罗曼·罗兰以传送道德上的力量见长，他表达自己对爱的感悟，也表达自己由衷渴望获得这种感悟的心情。他表达经受过考验的、真正意义上的正义感。他传递一种振奋人心的信念，这种信念就是：在进行艺术创作时，艺术家应将团结民众视为己任。当我们为了草拟一份不起眼的宣言而耗费心力时，罗曼·罗兰却在描述各族人民的性格，试图使人们了解各族人民最惹人喜爱的性格分别是什么，而且他一直默默无闻、坚持不懈地做着这件事。他当时正在创作的小说就是这样一部作品，在这部小说中，他首次着意于描写欧洲人，同时也首次提出了一个重要主张：欧洲各国应该建立友好关系，和谐共处。由于小说的受众更广，所以在传达思想方面，它所起的作用要比维尔哈伦写的赞美诗更大，而且相比于散发传单和游行抗议也更加有力。通过这样一部小说，我们在无意间渴望达到的目的，竟然就这样悄无声息地实现了。

再次到巴黎时，我做的第一件事就是四处打听罗曼·罗兰的情况。记得歌德说过这样一句话："当他学会以后，他就可以教我们了。"我向在巴黎的朋友们探寻他的情况。维尔哈伦告诉我，他只对罗曼·罗兰的一部戏剧作品有点印象，那部戏剧曾在属于社会主义阵营的人民剧场上演过。巴扎尔热特告诉我，他也只是从别人那里得知，罗曼·罗兰是一位音乐学者，曾写过一本与贝多芬有关的小册子。我去了趟国家图书馆，翻查了书籍目录，从中发现了十二本罗曼·罗兰写的书——这些书都是对古典乐和现代乐的研究，另外还发现了他写的七八个剧本。这些作品一部分是由小型出版社出版的，另一部分是发表在《半月丛刊》上的。后来，我给罗曼·罗兰寄了一本自己写的书，想借此与他建立联系。没过多久，他就给我回了信，邀请我到他那里去。就这样，我们成了朋友。在我所有的朋友中，与罗曼·罗兰的友谊是除弗洛伊德和维尔哈伦以外令我收益最大的，有时候，他甚至影响了我的人生走向。

在人的一生当中，那些留在记忆里的日子总比平平无奇的日子更熠熠生辉，所以时至今日，我仍对自己第一次去拜访罗曼·罗兰时的场景印象深刻。他那栋住宅离蒙巴纳斯林荫大道不远，看起来并不起眼。我沿着狭窄的螺旋扶梯爬上五楼，来到他家门口。从楼上向下看，能看到一座历史悠久的修道院的院子。我感觉格外寂静。林荫大道那边的喧嚣之声基本传不到这里，只有微风拂过树叶时发出的沙沙声。罗曼·罗兰亲自来给我开了门。我进屋后，他带我来到了一个面积很小的房间，房间里的书从地板一直摞到天花板。

当我第一次与罗曼·罗兰对视时，我就注意到了他那双明亮有神的蓝眼睛。迄今为止，在我遇到的所有人当中，他的目光是最清澈、最友善的。在我们谈话的时候，他通过那双眼睛把潜藏在内心的最深厚、最热烈的情感传达了出来，与此同时，也把一种隐隐的悲伤传达了出来。他的目光在他凝神思考时显得异常深邃，在他情绪激动时又散发出璀璨的光芒。他看起来很疲惫，眼睛周围微微泛红，这是经常熬夜看书导致的。在他与人畅快交流时、在他兴奋时，那双眼睛总是闪烁着奇异的光芒。

我带着些许紧张打量他的身形：他又高又瘦，走路时有些弯腰驼背，可能是常年伏案写作导致的。他面部瘦削，面色惨白，一副久病不愈的模样。在说话的时候，他的声音特别小，好像怕自己的身体吃不消似的。他基本不出去散步，食量很小，不嗜烟酒，不想让自己的身体处于紧张状态。但是后来，我才不得不万分敬佩地感叹，他那如苦行僧一般的身体里蕴藏着多么强大而持久的力量啊！他看似羸弱的外表之下潜藏着多么强大的创造力呀！尽管非常疲惫，但他仍然每天只留出四五个小时的睡眠时间。其余的时间，他不是在那张铺满纸张和书籍的小写字台前连续工作几个小时，就是躺在床上一连看几个小时的书。

音乐是他唯一的娱乐。他能用钢琴弹奏出特别美妙的曲子。按动琴键时，他手指的动作非常轻柔。在我听来，那琴声仿佛不是弹奏出来的，而是被他的手指吸引出来的。过去，我曾经听过一些小型的钢琴演奏会，演奏者有马克斯·雷格、费鲁乔·布索尼、布鲁诺·瓦尔特。不过，那些人给我的感觉与罗曼·罗兰给我的感觉都不一样，因为在罗曼·罗兰演奏时，我觉得自己好像与艺术大师进行了心灵上的直接沟通。

罗曼·罗兰的知识精深且广博，在这方面，我对他心悦诚服。阅读几乎成为他生活的全部。他通晓文学、哲学以及历史，对任何一个国家、任何一个时代的问题都了解得清清楚楚。他了解乐曲中的任何一个节拍，就连加卢皮[1]和泰勒曼[2]最冷门的曲子，以及一些不怎么出名的音乐家的曲子，他都了解。不仅如此，他还积极热情地参与时事。他那个小房间虽然简单朴素，如修士的居所一般，但与此同时，它也如照相机的暗盒一般，能够将整个世界摄入其中。罗曼·罗兰与他那个时代的很多伟人关系亲密，比如，他曾是欧内斯特·勒南[3]的学生，他常去瓦格纳家中做客，他与饶勒斯是好朋友，托尔斯泰也给他写过几封很有名的信，并在信上对他的文学作品由衷称赞。在他的房间里，我感受到了一股源自人性和道德方面的强大力量，也感受到了一种不自傲的自由。这种自由是一个意志顽强的人必定拥有的。我第一眼看到罗曼·罗兰时便预感到，在危急关头，他必定会挺身而出，成为欧洲的良心。如今，我当初的预言果然得到了证实。

---

[1] 巴尔达萨雷·加卢皮（Baadassarre Galuppi，1706—1785），意大利著名作曲家，被誉为"喜歌剧之父"。

[2] 格奥尔格·菲利普·泰勒曼（Georg Philipp Telemann，1681—1767），德国最著名的作曲家之一。

[3] 欧内斯特·勒南（Ernest Renan，1823—1892），法国著名哲学家、历史学家、宗教学家、作家。

后来，我们谈论了一些与《约翰·克利斯朵夫》有关的问题。罗曼·罗兰向我解释道，通过这部作品，他想尽力履行这三项职责：向音乐致谢、传达他对欧洲一体化的坚定信念、促使各族人民进行深入思考。他还对我说，无论我们从事什么职业、是哪国人、使用什么语言，都要积极地贡献出自己的力量。这是一个要有警觉性的时代，而且越往后就越要有警觉性。考虑到那些煽动仇恨的人的卑劣本性，他们往往要比主张和平的人更激进、更具攻击性。此外，煽动仇恨的人身后还有许多利益牵扯，所以他们在做事的时候往往肆无忌惮，这是我们无法相比的。《约翰·克利斯朵夫》就反映了这样一种荒谬的现实。而与这种荒谬的现实相抗，要比作品本身的艺术性更重要。尽管在《约翰·克利斯朵夫》这部作品中，罗曼·罗兰始终对永不磨灭的艺术大加颂扬，但他说的那些话却让我倍感哀伤，因为他使我意识到了当今世界结构的不堪一击。在解答我的疑问时，他说了这样一句话："艺术是无法解决现实问题的，它只能满足我们的想象。"

以上就是我与罗曼·罗兰第一次谈话的内容。当时是1913年。从这次谈话中，我清楚地意识到了我们所肩负的责任，那就是：欧洲可能会爆发一场大战，对此我们不能毫无准备，也不能什么都不做。罗曼·罗兰正是因为早就经受过痛苦的磨炼，所以到了紧要关头，他才能在道德和正义感上遥遥领先于他人。

当然了，我们每个人都可以像罗曼·罗兰那样，在自己所属的领域内做一些准备工作。就拿我自己来说吧。我翻译了许多外国作品，也让本国人了解到一些邻国的诗人。1912年，我陪维尔哈伦在德国全境进行巡回演讲。那次巡回演讲向世人展示了法国与德国之间的友好关系。在德国汉堡，当着许多人的面，维尔哈伦与德默尔——最伟大的法语抒情诗人与最伟大的德语抒情诗人拥抱在了一起。在我的努力下，马克斯·莱因哈特得到了维尔哈伦创作的一个新剧本。在那段时间，我们之间的合作是那样的真诚炽热、积极主动、情深义重。在以饱满的热情投入这些工作当中时，我们都得意扬扬地认为自己找到了一条能够使世界获救的明路。

然而，世界仍在那条危险的道路上继续前行，并不怎么关注我们这些文学家的努力。每一次摩擦都有引发战争的危险，就像一个火花能引爆一个大火药库那样。察贝恩事件、阿尔巴尼亚危机、一次拙劣的访谈——都是例子。身在奥地利的我们更是感觉自己正处于乱局的中心。1910 年，作为一种象征而在位的弗朗茨·约瑟夫皇帝已经八十岁了。很明显，这位老人的统治延续不了多久了。于是国内有这样一种悲观的情绪在四处蔓延：随着老皇帝的去世，维系了上千年的王朝也将土崩瓦解，这趋势谁都无法阻挡。奥匈帝国各民族之间的矛盾愈演愈烈。意大利、塞尔维亚、罗马尼亚，在一定程度上也包括德国，都对奥匈帝国虎视眈眈，想要瓜分它的土地。

在巴尔干战争中，克虏伯公司和施奈德－克勒佐公司把外国的活人当成试验品，测试自己研制的火炮，就像在后来的西班牙内战中，德国人和意大利人测试自己研制的飞机那样。巴尔干战争既让我们感到惶恐不安，又让我们松了口气："好在这次战争没有降临在我们身上，希望我们永远都不会遭遇这种不幸！"

据经验而言，相比于重现历史人物的心理活动，还是如实陈述历史事件更容易些。从历史事件中，我们没办法看出人物的心理活动，因为这需要我们从那个人早期的生活细节当中找寻。接下来，我要讲述的就是与一个历史人物有关的生活细节。坦白说，在那时候，我并不认为欧洲真的会爆发战争。不过后来，我遇到了两次事件，从某种程度上来说，它们使我意识到了爆发战争的可能性。想到这一点时，我的心不禁一颤。第一次是"雷德尔[1]事件"，该事件背后的故事鲜为人知——史上那些重要事件都是如此。

说起这位雷德尔上校，他可算得上是一部剧情扑朔迷离的间谍剧中的主角。我和他认识，但关系很一般。他住在我隔壁那个区，我们两个人的住所之间只隔着一条小巷。我们是通过我的朋友——检察官 T 认识的。我第一次见到雷德尔时，他正在咖啡馆里抽着雪茄，一副亲切、友善、懂得享受生活的样子。相识以后，我们每次见面都互相问候一下。然而，我在日后才意识到，每个人的生活都被无数的秘密围绕着，我们往往对那些与我们近在咫尺的人知之甚少。

雷德尔上校表面上只是个奥地利的普通军官，实际上却是

---

[1] 阿尔弗雷德·雷德尔（Alfred Redl，1864—1913），奥地利军队情报机构与反间谍机构的首脑，同时也是一名为俄国效力的间谍。1913 年 5 月 24 日，在维也纳的克罗姆泽酒店，雷德尔上校因间谍身份暴露而饮弹自尽。

皇储的亲信。他身居要职，是军队情报机构与反间谍机构的首脑。在 1912 年的巴尔干战争中，正处于针锋相对状态的俄国和奥地利都在进行战争动员。就在这样一个关键时刻，奥军的顶级机密文件——"行军计划"被人提前泄露给了俄国。可想而知，要是两国真处于战争状态的话，俄军像这样提前获知了奥军的所有战术细节，奥军必定会遭到难以估量的沉重打击。此次泄密事件致使奥军总参谋部陷入了极大的恐慌。作为军队情报机构头目的雷德尔上校接到上级指示，一定要揪出那个背叛者。事实上，有能力做这种事的只能是军方的高层人士，所以只要在那个极小的范围内进行排查，就能把背叛者给揪出来。但是，由于外交部不太信任军方的能力，所以在总参谋部并不知情的情况下，它一面命令相关部门进行独立调查，另一面指示警察局采取必要措施，并且还会毫无顾忌地检查所有从海外寄来的、留放在邮局的待取信件。

　　一天，有家邮局收到了一封留放待取的海外来信。这封信是从俄国的边境站波特沃罗奇斯卡寄来的，取信密令是"歌剧院舞会"。调查人员拆开那封信以后，发现里面装的不是信纸，而是六张或八张崭新的奥地利纸币，面值均为一千克朗。该可疑情况被迅速上报给警察局。警察局派了一名便衣警探前往邮局蹲守，一旦有人来取这封信，就马上把那个人给抓起来。

　　在接下来的一段时间里，这场悲剧暂时变成了一场维也纳式轻喜剧。大概在中午的时候，有个男人来到邮局，说出了"歌剧院舞会"的取信密令，要求取走那封信。负责办理此事的邮局职员马上把这个情况秘密地通报给那名便衣警探。但不巧的是，警探刚好离开邮局，出去吃午饭了。等他返回邮局时，才从别人口中得知，取信的那个男人已经乘出租马车离开，不知所终了。

没多久，这场维也纳式轻喜剧的第二幕便上演了。在那个年代，出租马车是一种豪华又时尚的交通工具，驾驶马车的人因此自视甚高，从不干收拾马车的活，所以在每个出租马车停靠的地方都有一个清洁人员，专门负责收拾马车和喂马这些事。好在当时那个清洁人员把刚离开的那辆出租马车的车牌号给记下来了。大概过了十五分钟，各警察分局都收到了警报：那辆出租马车去了卡塞尔霍夫咖啡馆——正是那家我常常遇见雷德尔上校的咖啡馆。马车上那个男人的长相也被描述了出来。在那辆出租马车的车厢里，有人意外地发现了一把小折刀。想必那个男人就是用它来拆开信件的，而后又不小心落下了。于是，一群警探火速赶往卡塞尔霍夫咖啡馆。可等他们到了以后，却发现那个男人已经离开了。据咖啡馆的服务员说，那个男人就是雷德尔上校。他们信誓旦旦地表示，雷德尔上校是咖啡馆的老主顾了，所以他们肯定不会认错人。他们还说，雷德尔上校刚走，应该是回他所住的克罗姆泽酒店了。

得知这些消息以后，警探被惊呆了。如今终于真相大白：原来，身为奥地利军队情报机构最高长官的雷德尔上校，就是那个被俄国总参谋部收买的间谍。他不但把奥地利军方的机密和行军计划泄露给了俄国，而且还使去年由他派往俄国的那批间谍先后被抓捕和定罪——此前，奥地利军方一直对这件事感到疑惑不解，现在他们总算明白是怎么回事了。于是，一连串慌忙的电话联络开始了，电话最后甚至一路打到了奥地利军队总参谋长康拉德·冯·赫岑多夫那里。当时目睹了那个场面的人事后向我描述道，接起电话后，只听了短短几句话，赫岑多夫的脸色就突然变得惨白，如同一张白纸。电话联络仍在继续，皇宫里的人接到电话后开了很多次会议，商讨如何处理此事。与此同时，为防止雷德尔上校外逃，警察局开始对他进行严密监控。如此一来，他就是想跑也跑不掉了。

雷德尔上校打算离开克罗姆泽酒店，可就在他嘱咐看门人做一件什么事的时候，一名警探突然出现在他面前。警探一边亮出那把小折刀，一边彬彬有礼地对他说："上校先生，将这把小折刀落在出租马车上的人就是您吧？"听了这话，雷德尔立即意识到自己已经无路可走了。他发现自己无论走到哪儿都有警察在监视，那一张张面孔都是他再熟悉不过的。后来，有两名军官跟他一同走进房间，并将一把左轮手枪放在他面前。原来在这段时间里，皇宫那边已经下定决心，要通过隐秘的方式来彻底了结这次令奥军蒙羞的事件。那两名军官并未离开，而是一直在雷德尔的房间门口守着。凌晨两点，那个房间里才传出一声枪响。

次日，各家晚报都刊登了一则简短的讣告。讣告中称，忠于职守的雷德尔上校于今日暴毙。然而，有太多人参与了追捕雷德尔一事，所以这件事不可能完全密不透风。慢慢地，人们获知了此事的诸多细节，通过这些细节可以了解到雷德尔当时的一些内心活动。原来，雷德尔上校是一名同性恋者，而他的领导和同事均对此一无所知。有人以此勒索他，于是在若干年的时间里，他只能听命于对方，以致最终走上了这条绝路。

事后，奥地利军队内部一片愕然，因为他们都明白，如果奥地利与俄国真的开战，那么雷德尔上校仅凭一己之力就足以葬送无数条生命，致使奥匈帝国濒临崩溃。直到这时，身处奥地利的我们才意识到，原来在去年的时候，世界大战就险些降临在我们身上——当时的情况是何等危急呀！

我有生以来第一次感受到了战争的恐怖。第二天，我偶遇了贝尔塔·冯·苏特纳。她是一位卓尔不凡、心胸宽广的女士，也是我们那个时代的卡珊德拉[1]。她有着显赫的贵族出身。年轻时，在她的家乡，也就是波希米亚的城堡一带，她目睹了1866年那场惨烈的战争。从那以后，她就希望不要再爆发第二次战争，想要彻底消除战争。她以佛罗伦萨夜莺般的热情将这视为自己的终生使命。她创作了著名的长篇小说《放下武器》，还组织了无数次以宣扬和平为主题的集会。她一生中最大的成就，就是使炸药的发明者阿尔弗雷德·诺贝尔良心发现，设立了诺贝尔和平奖，以促进和平、增进国与国之间的理解，并且为他发明炸药造成的灾难作出补偿。

在街上看见我时，贝尔塔的情绪非常激动，她一边朝我走来，一边大声对我说话——她在日常生活中可不是这样，她一贯是特别好静、特别沉稳的。她对我说："战争已经开始了，可人们竟还浑然不觉。他们又一次掩盖了事实，不让大众知晓。

---

[1]　卡珊德拉（Cassandra），希腊和罗马神话中特洛伊的公主，具有预知未来的能力，但是人们都不相信她的预言。

你们这些年轻人哪，怎么能什么都不做，就这样置身事外呢？要知道，战争对你们的影响是最大的！你们应该奋起抵抗、团结一致！别再指望我们这几个老妇人做什么了。在这时候，老妇人说的话没人听得进去。"我对她说，我即将前往巴黎，或许这一次，我们真的能共同发表一篇反战宣言。她用催促的口吻说道："干吗要说'或许'呢？如今的形势是前所未有的糟糕。战争机器已经启动了。"事实上，当时我自己心里也担忧得很，但我还是拿出了极大的耐心，对她进行了一番安抚。

不承想，正是在这次的法国之旅中，我遇到了第二次事件。这次事件使我回想起了贝尔塔的预言。我忽然意识到，她的预言是那么清晰、那么准确。可是在维也纳，她的话却总是不受重视。我遇到的第二次事件虽然微不足道，却让我印象深刻。记得那是 1914 年的春天，我和一位女性朋友一起从巴黎前往图赖讷。因为达·芬奇的墓地就在那里，我们想去缅怀一下，并在那边住几天。我们先是沿着卢瓦尔河走了一阵，那里和风习习、阳光明媚。到了夜幕降临之时，我们都感到非常疲累，于是就决定去图尔休息一会儿，在那座令人感到困倦的小城里看场电影。巴尔扎克的故居就在图尔，我曾去那里参观过。

我们去的那家电影院位于郊区。它没法跟那种采用铬合金和玻璃装饰的、闪闪发光的、现代化的、奢华的电影院相比，因为它的面积很小，而且是经过粗略改建的，只有一间简陋的大厅。大厅里坐满了人，那些人都是真正意义上的平民百姓——有的是工人，有的是士兵，有的是在集市上做小生意的妇女。电影院明明规定不可以吸烟，可那些人还是在自由畅谈的同时，将口中的蓝色烟雾吐到本就浑浊的空气当中。他们抽的香烟都是斯卡弗拉蒂－卡波拉尔牌。

电影开始了。银幕上显现出几个字：世界各地新闻。第一条新闻是英国的赛艇比赛。观众自顾自地谈笑着，根本不以为意。第二条新闻是法国的阅兵仪式。对于这条新闻，观众同样不怎么感兴趣。第三条新闻是威廉皇帝到维也纳访问弗朗茨·约瑟夫皇帝。猛然间，银幕上闪现出一个我非常熟悉的画面，那是破旧的维也纳西火车站的站台，几名警察正在那里等待着列车的到来。随后，画面切换成了列车进站的信号。上了年纪、有些驼背的弗朗茨·约瑟夫皇帝从仪仗队前摇摇晃晃地走过，准备去迎接客人。对于这位老皇帝在银幕上的形象，图尔人只是一笑置之，态度相当的宽容和友善。接下来是一段列车进站的画面，从第一节车厢开始，直到第三节车厢。车厢门开启后，身着奥地利将军制服、蓄着上翘八字胡的威廉二世皇帝从车厢里走了出来。

当威廉二世皇帝出现在银幕上的那一刻，漆黑的电影院里忽然爆发出一阵刺耳的口哨声和跺脚声。观众像是受到了莫大的羞辱一样，全都自发地用吹口哨和大喊大叫来表示嘲讽。无论男女老少皆是如此。心地善良的图尔人只能看到本国报纸上刊载的新闻，对于政治方面的事，还有其他国家的事，他们并不了解。尽管如此，在那一秒钟，他们还是变得近乎疯狂了。这场面使我感到胆战心惊，因为我发现，在长期的仇恨宣传下，民众的情绪已变得如此亢奋，他们已受到了如此严重的荼毒。即便是外省小城里心地善良的市民和士兵，都如此反感德国皇帝、反感德国，以至于他们只是在银幕上看到一个极短暂的画面，情绪就如此激动。然而，仅仅一秒钟过后，当那个画面被其他画面取代时，观众刚才的不快马上就消失得无影无踪了。这时正在放映一部喜剧电影，观众一面对着银幕哈哈大笑，一面兴奋地拍打着膝盖，发出噼里啪啦的响声。那短短的一秒钟使我深刻地意识到，尽管我们都在努力促使双方互相理解，可一旦到了危急时刻，双方民众的情绪还是极容易被煽动起来。

当天晚上，我非常沮丧，辗转难眠。我在想：要是这种事发生在巴黎，我可能也会感到担忧，但不至于有这么多的感触。我之前没有想到仇恨情绪已蔓延到了省外，蔓延到了淳朴善良的普通民众身上。这使我深感恐惧。

在接下来的那几天，我跟一些法国朋友说起这次见闻。大部分人听完以后都觉得这没什么大不了的。他们对我说："想当年，我们法国人也对身材臃肿的维多利亚女王大肆嘲讽，可仅过两年，我们就与英国结成了同盟。你对法国人并不了解，其实对于政治方面的事，法国人是不怎么清楚的。"

唯有罗曼·罗兰的见解与众不同。他对我说："民众越敦厚，就越容易受人愚弄。彭加勒当上总统以后，一直是麻烦不断，据说他即将去彼得堡进行访问。我想，这次的结果应该也无法令人满意。"后来，我们又谈论起了那年夏天在维也纳召开的国际社会党代表大会，谈了很长时间。但是对于这次大会能够发挥的作用，罗曼·罗兰的质疑态度比其他人更甚。他是这样说的："要是政府真的进行战争动员的话，不知道能坚定地反对战争的人还会剩下多少。在如今这个时代，每个人都情绪亢奋、近乎疯狂了。在战争时期，我们绝对不能忽略这种激动情绪所爆发出来的力量。"

　　但是，就像我之前说过的那样，我们的确会感到担忧，不过这种情绪就像结在风中的蜘蛛网那样，转眼间就消失不见了。我们有时会想到战争，但这就跟我们有时会想到死亡一样。在我们看来，很多事情虽然有可能发生，但那都是很久以后的事了。我们之所以抱着这种心态，是因为那时的巴黎过于美好，而我们又过于年轻，生活得过于幸福。

　　时至今日，我仍对儒勒·罗曼策划出来的那个捉弄人的游戏印象深刻，而且心存眷恋：为了讽刺"诗人王子"这个称号，他特地塑造了一座人物雕像。雕像上那个人看起来很本分，还有些呆头呆脑，可他却将其奉为"思想者王子"。后来，我们这群大学生神情严肃地抬着这座雕像，一路抬到巴黎伟人祠的罗丹雕像前。当天晚上，我们还为这次有趣的模仿举办了一场宴会。在宴会上，我们尽情嬉笑打闹，仿佛回到了中学时代。那时候百花盛放，微风中飘满了甜腻的味道。在这样的夜晚，在这样的美景之中，没人会去想那些遥不可及的事，不是吗？

　　那时候，我跟老朋友的感情更胜从前。而且在另一个国家，在这个与我国"对立"的国家里，我还结识了一群新朋友。巴黎这座城市展现出了前所未有的积极乐观、无忧无虑，而生活在巴黎的人们也以同样的心态爱着这座城市。

　　离开法国前的那几天，我陪维尔哈伦去鲁昂进行了一次演讲。一天晚上，我们两个人在鲁昂的大教堂前驻足。月光下，教堂的尖顶闪烁着银色的光芒。当时我就在想：这般怡人的景色理应为世人所共享，而非独属于这一个国家，不是吗？在鲁昂火车站，我与维尔哈伦道别。两年后，正是这个火车站驶出的火车从他身上碾了过去，而火车是他曾经无数次赞颂过的机器。记得在临别之际，他拥抱着我，并对我说："8 月 1 日，请再到卡尤基比克[1]去与我相会。"我说我一定去。在此之前，我每年都会去他那个乡下的住处，与他一起翻译他创作的新诗。既然如此，这次我有什么理由不去呢？我怀着轻松的心情与其他朋友也道了别。对我而言，离开巴黎就像离家几周那样，所以在与它道别时，我完全不以为意。

对于接下来几个月的工作，我已经计划好了。我准备去奥地利，找个乡下地方隐居一阵子。在这段时间里，我要把《三大师》这本书的后续部分完成，也就是关于陀思妥耶夫斯基的那部分。在那之后，我准备按照约定去见维尔哈伦。到了冬天，我或许就能去俄国了。这是我计划了很长时间的一趟旅行，此行的目的是在俄国多认识一些朋友，组织一个小团体，让彼此之间有更多的思想交流。总之在我三十二岁那年，我自认为会万事顺遂。那年夏天阳光明媚，农作物长势喜人，整个世界看起来都那么美好、那么合情合理。我爱那个世界，爱它当时的样子，也爱它看上去更加辉煌的未来。

然而，1914 年 6 月 28 日，随着萨拉热窝的一声枪响，那个让我们得以接受教育、长大成人、安家落户的世界，那个安安稳稳、无比理智的世界在瞬间分崩离析了，如同一只空瓦罐掉落在地，摔得七零八落。

---

[1]　卡尤基比克（Caillou qui bique），位于比利时的昆布兰（Quievrain）地区。

九

1914 年，战争刚刚爆发的
时刻

　　1914 年夏天，灾难降临在欧洲。不过，即便没有发生那场灾难，我们也很难忘记那个夏天，因为它的美丽和繁盛是以往少见的。时至今日，我依然敢说，那是最具代表性的夏天：接连不断的晴朗天气，蔚蓝的天空，温润而不使人觉得闷热的空气，暖洋洋的青草地，百花盛放，香气四溢，树林里满是嫩绿色的生机。

　　直到现在，一提起夏天，我还是会不由自主地回想起那年 7 月，在距离维也纳不远的巴登，我是怎样度日的。巴登是浪漫气息浓郁的一座小城镇，也是贝多芬钟爱的一处避暑胜地。我选择隐居在这座小城镇，是想在 7 月里聚精会神地完成关于陀思妥耶夫斯基的书稿。在那之后，我就要去找我敬爱的朋友维尔哈伦，在他那栋位于比利时乡下的住宅里度过剩余的夏天。在巴登，无须离开当地，即可尽情欣赏大自然的美景。那里的房舍都很低矮、注重实用性，建筑风格仍像贝多芬生活的那个时代一样简单、朴素、雅致。房舍都修建在小山坡上，零零散散的，与美丽的丛林交相辉映。露天咖啡馆和餐馆随处可见。我可以与过来疗养的游客一起快乐地散步，也可以去公园里无人的小路上寻找属于自己的宁静。

　　作为一个信奉天主教的国家，奥地利在每年的 6 月 29 日都会为纪念"圣彼得和圣保罗"而举办节庆活动。在节庆日的前一晚，有很多维也纳人会赶到巴登来。在公园举办的音乐会上，游客人山人海。身着浅色夏服的他们个个开心自在，没有一点忧愁。6 月 28 日那天，温度适宜，远远望去，茂密的栗树林上空没有一片云彩。不得不说，那天的氛围真喜庆。成年人和儿童的假期都快到了，这是入夏的第一个节日，它似乎提前宣告了这个夏天的无限美好。抬头看去，满眼翠绿。人们的欢声笑语此起彼伏。在这一天，所有的忧愁似乎都消失不见了。

　　当时，我正坐在公园里一处远离人群的地方聚精会神地看一本书。时至今日，我还清楚地记得，那本书是梅列日科夫斯基[1]所著的《列夫·托尔斯泰和陀思妥耶夫斯基的生平与创作》。与此同时，我还能听见风吹过树林的声音、鸟儿的鸣叫声，以及从公园的另一边传来的乐曲声。我并不觉得乐曲声影响到了我，因为人的耳朵有很强的适应能力，很多声音只要听上几分钟就会习惯，比如一些连续的噪声、路上的喧闹声、河水流淌的声音。相比于这些，反倒是声音突然停下来更能吸引我们的注意力。

　　因此，当公园那边的乐曲声突然消失时，尽管是我不知名

---

　　[1]　德米特里·谢尔盖耶维奇·梅列日科夫斯基(Мережковский Дмитрий Сергеевич, 1865—1941)，俄国著名作家、诗人、文学评论家。

的曲子，但我还是不由自主地停止了看书。我把目光从书上移开，抬眼看去。那些身着浅色夏服、正在树林里散步的游客也突然停下了脚步。可以肯定，有事情发生了。我站了起来，发现演奏人员正陆续离开那块场地。像这种在公园里举办的音乐会，通常至少要持续一个小时，所以今天这情况不免让人感到费解。令音乐会突然终止的，一定是一件很特殊的事。我往前走了几步，发现在举办音乐会的那个地方，人们正三三两两地讨论着什么，他们的情绪都很激动。很明显，引起他们讨论的事情非常令人震惊。几分钟后我才得知，原来他们刚刚看到了一个紧急公告。公告上说，前往波斯尼亚参加军演检阅的奥匈帝国的皇储弗朗茨·斐迪南和他的夫人已当街殒命，成了政治暗杀的牺牲品。

这个紧急公告聚起了越来越多的人，每一个刚刚得到消息的人，都赶紧把它告诉另一个还不知道的人。不过坦白说，每个人在得知这个消息以后，脸上都没有露出太多惊愕和愤愤不平的表情。这是因为，人们都不拥戴这位皇储。

时至今日，我仍对一件发生在儿时的事印象深刻。记得那天，在马耶林，皇帝的独子、皇位的唯一继承人——鲁道尔夫饮弹自尽了。得知这一消息，所有维也纳人都沉浸在悲痛之中。无数人涌上街头，想亲眼看看皇储的灵柩。从人们的表情中可以看出极度的惊愕，还有对皇帝的深切同情。作为皇帝的独子和哈布斯堡王朝唯一的继承人，皇储不但体恤民众，而且积极进取。正因如此，人们才对他寄予厚望。可惜正当盛年的他却突然离世了。

再看看弗朗茨·斐迪南。身为皇储的他缺少一种特质，而这种特质又恰恰是奥地利人最看重的，那就是：凭借独特的个人魅力和游刃有余的交际手腕赢得民众的喜爱，与民众融为一体。我总能在剧院里看到他，据我观察，他每次都坐在专属的包厢里，一副扬扬得意、八面威风的模样。他目光冰冷，又有些呆滞。看向其他观众时，他的眼神从不是和善的；为艺术家们的表演鼓掌时，也从不是发自内心的。谁都没见他笑过。他的照片没有一张是表情自然的。他对音乐一窍不通，也没什么幽默感。他的夫人也跟他一样，脸上的表情总是阴冷的。这两个人周围的空气都透着寒意。众所周知，他们都没什么朋友，而且在老皇帝的内心深处，其实颇为忌惮弗朗茨·斐迪南，因为作为皇储的他总是不懂得如何巧妙地掩饰自己急于上位的心情。直觉告诉我：这个脖子像牛头梗一样粗、目光冰冷且呆滞的人，早晚有一天会惹出祸来。事实上，有这种直觉的并非我一个人，全国人都如此。

所以，得知他遭到暗杀时，人们心里并没有多深的同情。只过了两个小时，人们便再无一丝悲伤，继续有说有笑。深夜时分，音乐再次奏响。这一天，不少奥地利人暗自松了口气，因为他们觉得，这位皇储的意外死亡对卡尔大公爵非常有利，毕竟卡尔大公爵不仅年轻，而且比斐迪南皇储更受民众拥戴。

毋庸置疑，次日，各家报纸都刊登了讣告。讣告的内容颇为详细，对于暗杀一事表达了十分恰当的愤愤不平。不过从那些文字当中，人们并未看出政府有准备对塞尔维亚采取政治手段的意思。

对于皇室而言，处理此次事件时，最棘手的不是别的，而是丧仪的问题。考虑到斐迪南是皇储，而且他的死亡属于因公殉职，所以说，他完全有资格被葬在哈布斯堡家族的皇家墓穴，也就是维也纳嘉布遣会教堂墓穴。然而，为了迎娶那位索菲亚·霍泰克女伯爵，弗朗茨·费迪南在生前曾与皇室之间有过一场旷日持久的激烈斗争。按照哈布斯堡家族延续了四百年的隐秘家规，索菲亚·霍泰克是配不上斐迪南的，尽管她有着上等贵族的出身。因此，虽然她身为皇储夫人，可她的子女并没有继承权。在重大场合，她总是遭到其他皇子夫人的猛烈围攻，因为那些女人都认为自己应该受到比她更高的礼遇。如今，尽管她已经死去，但皇室仍保持着傲慢的姿态，丝毫不愿妥协。这该如何是好呢？允许这位索菲亚·霍泰克女伯爵在哈布斯堡家族的皇家墓穴下葬？不！这绝对不行！

就这样，一项秘密活动开始了：皇子的夫人们轮流来到老皇帝面前，情绪激动地进行游说。官方命令民众在公开场合要对皇储的死亡表现出极大的哀痛，而与此同时，皇宫里的人却个个在忙着弄权。死去的人是没办法开口说话的，于是，一种惯用的手段被使了出来：负责葬仪的官员编了套说辞，说死者留下遗愿，希望将自己安葬在奥地利外省的小镇阿尔特施泰滕。这个谎言不但让死者得到了体面，而且让后续的一切事宜变得好办多了。于是，因公开的遗体告别仪式和隆重的出殡仪式而引发的争执被轻松避免了。两位遇难者的棺木被秘密运送到阿尔特施泰滕安葬。

对于一向热衷于看热闹的维也纳人来说，这意味着失去了一次难得的机会。这次惨案开始被人遗忘。因为前有伊丽莎白皇后和鲁道尔夫皇储的意外死亡，后有皇室成员纷纷狼狈出逃，这些事件使得奥地利人有了这样一种看法：尽管有不少家族成员出了事，但老皇帝还是会孤独且顽强地活下去。至于弗朗茨·斐迪南，大概在几周以后，他的名字连同样貌就会被人忘得干干净净。

不过，令人颇为意外的是，大概在一周以后，各家报纸开始不约而同地重提此事，并且争论得越来越激烈。这绝不是巧合，因为从时间上来看，各家报纸的步调出奇地一致。有一位作者以对暗杀事件放任自流为由，强烈谴责了塞尔维亚政府。那篇文章用了差不多一半的篇幅含蓄地指出，对于"颇受拥戴的"皇储遭遇暗杀的事件，奥地利一定不会轻轻放下。

人们自然而然地认为，针对此事，政府会采取一些相应的手段。没人料到会爆发战争，因此，银行、店铺、个人，全都跟从前一样，该做什么就做什么。人们心里都在想：奥地利与塞尔维亚之间的矛盾由来已久，我们早就习惯了。再说了，那些事与我们有何相干呢？除了塞尔维亚为了生猪出口的事曾与我国签订的那几份贸易协定之外，我们两国之间还能有什么大不了的冲突呢？

我收拾好行李箱，准备前往比利时，到维尔哈伦那里住一段时间。那段时间，我的创作进行得很顺利。我在想：那位已经死掉的、目前正躺在奢华的石棺中的皇储与我目前的生活有什么干系呢？我只知道，那年的夏天前所未有的美好，而且看样子还会更加美好。在看待世界的时候，那时的我们都抱着极其乐观的态度。直到今天，我还对这样一个情景印象深刻：在我离开巴登的前一天，我和一位朋友经过一个葡萄种植园，那里有个年迈的农夫对我们说："已经有好多年没遇到过这么好的夏天了，要是这种好天气能够持续下去的话，今年的葡萄一定会获得前所未有的大丰收。有朝一日，人们还会回想起这个夏天！"

这位身着蓝色制酒工作服的老农一定没想到，他最后那句话竟然一语成谶。

在去维尔哈伦那处乡下住所之前，我先去另外一个地方住了两周——往年我也如此。那个地方名叫雄鸡镇，距离奥斯坦德不远，有一处海滨浴场。我那年去的时候，雄鸡镇跟其他地方一样，也呈现出一派轻松自在、无忧无虑的景象。游客有的在沙滩的帐篷里休憩，有的在海水中畅游，小孩子在放风筝，年轻人在咖啡馆前面的堤坝上载歌载舞。虽然游客来自各个不同的国家，但他们之间相处得颇为和谐。尤为值得一提的是，游客当中有大量讲德语的人。德国的莱茵兰距离比利时的这片海滩很近，所以那边的人每年夏天都会来这里度假。

沙滩上只有一个噪声来源，那就是报童的叫卖声。为了多卖出几份报纸，报童在叫卖时会把惊人的标题大声喊出来，比如"奥地利向俄国寻衅"或"德国已打算进行战争动员"。据我观察，买报纸那些人一开始都是一脸阴郁的样子，可几分钟后，他们便恢复如常了。根据多年来的经验，我们都知道，那些外交方面的矛盾往往会在事态恶化前的紧要关头被成功解决，这次应该也会如此。为什么不呢？半小时后，买过报纸的那些人就重新回到海水里兴奋地踩踏着。风筝在天空中飘荡，海鸥在展翅翱翔，温暖的阳光洒落在祥和的海滩上。

但是，坏消息一天比一天多，情况也逐渐危急起来：起初，奥地利向塞尔维亚发出了最后通牒，而塞尔维亚那边却在敷衍塞责；接着，两国的君主之间频繁地通电报；最后，双方都开始在几乎不掩饰的情况下进行着战争动员。

我没办法整日待在偏远和消息不灵通的雄鸡镇上了。那段时间，为了获取更多更新的消息，我每天都搭乘电车去奥斯坦德。可是，我得到的消息却一个比一个糟糕。海滨浴场仍然有人在游泳；每家酒店都仍然是客满的状态；众多前来避暑的游客仍然在堤坝上散步、闲谈、嬉笑打闹。不同的是，海滩上首次出现了比利时军人的身影，人们还看到了机枪。比利时军队不同于其他军队的一个特点是，他们的机枪被放置在小推车上，由军犬拉着走。

有一天，我和几位比利时朋友在一家咖啡馆里坐着聊天。那几位朋友中有一位年轻的画家，还有一位名叫费尔南德·克罗梅林克的作家。当天下午，我们和比利时最伟大的现代画家詹姆斯·恩索尔待在一起。恩索尔是个极其古怪和孤僻的人。他创作的油画想象力丰富且绚丽多彩，但相比之下，还是他为军乐队创作的几首波尔卡舞曲和华尔兹舞曲更让他引以为傲，尽管那些舞曲曲调简单，也实在算不上佳作。他让我们欣赏他的画作，但与此同时，又摆出一脸不情愿的样子。因为在他看来，有人提出欣赏他的画作，那些画作就有被买走的可能。没错，他的想法就是这样矛盾。就像一些朋友笑着跟我讲述的那样，恩索尔的梦想是，有人在愿意出高价买走他的画作的同时，又愿意让那些画作继续留下来陪他。金钱和画作，他两样都爱。在每卖出一幅画作后的那几天，他都失魂落魄的。作为一个极具天赋、阿巴贡式的人物，恩索尔脑子里那些千奇百怪的想法总能为我们平添许多快乐。

后来，有一队士兵带着拉机枪的军犬从我们面前经过。我们当中的一个人起身去摸了摸那条狗。看到这情景，跟在队伍后面的那名军官特别气愤，因为他觉得那条狗毕竟也是参与战争的，有人跟它这样亲昵，容易破坏军队的形象。我们当中有个人小声嘟囔了一句："军队总这样来回巡逻，有意义吗？"听了这话，另一个人的情绪很激动，回复道："这是防患于未然哪！要知道，战争真的爆发时，我们这里就是德军的突破口。"我信心满满地反驳道："这种事绝对不会发生！即使德法两国之间打得昏天黑地，各自只剩下一人，你们比利时人也会安然无恙！"我之所以这么说，是因为身在过去那个世界的我们仍然相信条约所具有的神圣性。可是，我那位心态消极的朋友仍然坚持己见。他说，比利时这样做自有其道理。早在好几年前就有消息散播出来，说德国总参谋部制订了一个秘密计划，当德国决定向法国进攻时，比利时就是突破口。至于先前签订的种种条约，完全可以当它们不存在。我也跟他一样固执地坚持己见。我觉得，到比利时这个中立小国悠闲而快乐地度假的德国人不计其数，他们在享受这个国家热情周到的服务的同时，又暗中集结兵力，准备攻破比利时边境，这岂不是自相矛盾吗？于是我说道："那种捕风捉影的传闻不足为信！要是德军真的突破了比利时边境，你们就把我挂在那根路灯柱子上吊死！"事到如今，我真要对当时那些朋友说声谢谢，因为后来他们并没有按我说的那么做。

7月末的那几天，局势变得越发紧张。差不多每隔一个小时，我们就能得到一个新消息。可是，各种消息之间总存在着矛盾。威廉皇帝给沙皇发了份电报，沙皇又给威廉皇帝发了份电报，奥地利向塞尔维亚宣战，饶勒斯遭到暗杀。局势正趋于恶化，所有人都意识到了这一点。一阵带着凉意的、紧张的风刮到了海滨浴场的沙滩上，转眼之间沙滩上就空无一人了。成千上万人纷纷从酒店退房，而后径直奔向火车站。事到如今，即便是最不容易受蒙蔽的人也开始慌慌张张地收拾行李箱了。

刚得到奥地利向塞尔维亚宣战的消息时，我也急忙去订了张火车票。好在我的速度够快，因为我赶上的从奥斯坦德发出的快车，正是比利时到德国的最后一趟火车。很多人跟我一样，心情忐忑地站在车厢的过道里。车厢里的人们都在互相交谈。坐在座位上的人没有一个是安安稳稳的，也没有一个是在看书的。每当火车在站点停靠时，就有乘客冲出车厢去打探消息。每个人的心里都有这样一个隐秘的希望：一只坚定且强有力的手突然出现，将欧洲那暂时失控的命运拉回正轨。直到这时，人们都不相信战争真的爆发了，更不相信德国向比利时发动了攻击。这种事就像疯子说的话一样，没有人愿意当真。火车正朝边境驶去。当它在比利时边境的韦尔维耶车站停靠时，德国的列车员上来了。又过了十分钟，我们进入了德国境内。

可是，还没等开到德国的第一个边境站赫尔倍施塔尔，火车忽然停在了半路上。出什么事了？我和许多站在车厢过道的人一样，从窗户向外张望。在漆黑的夜色中，我发现一辆货运列车正朝我们这边驶来。敞开的车厢上蒙着篷布，根据轮廓判断，篷布底下是令人害怕的火炮。那一刻，我呆住了。看样子，德国军队正在朝比利时方向行军。不过，我还是暗暗宽慰自己：这也可能只是一种自我保护的手段。所谓的战争动员，其实只是为了吓吓对手而已，并不是真的。在紧要关头，若心中存有一丝希望，就能激发出极其强大的意志力来——很多时候都是这样的。

"通行"信号终于传来了，列车继续前行。一段时间过后，我们抵达了赫尔倍施塔尔站。我跳出车厢，想去买份报纸，以便了解一下最新消息。我想进候车大厅，却发现大门紧闭，一个蓄着白胡子的工作人员守在门口。他一脸严肃地对我说，任何人都不准进入候车大厅。门玻璃被布帘小心地遮挡起来了。不过，我听到门后传来军刀互相碰撞的轻微的叮当声，还有枪托触碰地面发出的沉闷响声。毋庸置疑，令人恐惧和战栗的那件事情已经发生了，德军无视所有的国际法则，开始对比利时展开进攻。我返回车厢。火车将载我返回奥地利。此时此刻，有一点已确定无疑了：我正在奔向战争。

第二天一大早，我就进入了奥地利境内。每经过一个车站，都可以看到政府张贴出来的告示：战争总动员已全面启动。火车上满是新入伍的士兵，旗帜飘飘，军乐激昂。到维也纳时，我发现整座城市的人似乎都昏了头。一开始，人们还因战争而感到惊慌和恐惧，可转眼之间就变得热血沸腾了。事实上，无论是各国政府，还是各国人民，谁都不希望发生战争。那些外交官只是想虚张声势吓退对方，没想到因为手段拙劣，一不小心弄巧成拙了。这场战争就是这么来的。一支支队伍行走在维也纳街头，转瞬之间处处都是旗帜、彩带以及军乐声。刚入伍的年轻士兵扬扬自得地跟随队伍前进。在以往的生活当中，他们只是不起眼的小角色，不可能像现在这样，得到这么多人的尊重和喝彩。

现在的我必须坦白承认，一开始的时候，民众爆发出来的情绪中的确含有令人敬佩的成分，甚至含有令人无法抗拒的迷人的成分。对于战争，我本人是十分憎恨的，尽管如此，在写这本回忆录时，我还是不愿意把战争刚刚爆发那几天发生的事情略去不提。无数人都产生了一种前所未有的、本应在和平年代就产生的感觉：所有人都是一体的。当战争爆发时，在这座拥有两百万人口的城市里，在这个拥有近五千万人口的国家里，每个人都感觉到自己是世界历史的见证人，每个人都感觉到自己正与所有人一起经历一个不可再现的时刻。与此同时，每个人都觉得自己正在被召唤，要将不值一提的自我融化掉，将一切私欲清除掉，去融入那个热情洋溢的集体。

当"团结一心"这种澎湃的情感浪潮袭来时，任何身份、地位、语言、信仰上的差异都被吞没了。过去素不相识的人，如今在街上交谈起来；过去常年互相躲避的人，如今在握手；神采奕奕的面孔随处可见；每个人都在经历着自我提高的过程；每个人都是民众中的一员，而不再是过去那个孤独的个体；每一个过去不受尊重的人，如今都得到了充分的尊重。比如邮局里一个负责分拣信件的职员，过去从周一到周六，他每天都要从早忙到晚；再比如一个抄写员或者一个鞋匠，过去的生活也是这样。可如今，有一种富有浪漫色彩的机会突然打破了平淡的生活，这种机会就是：在未来的某一天，他们有望成为一位英雄。每一个身着军装的人都得到了女人们的祝贺，得到了不用上战场的人的欢呼。这些不用上战场的人都怀着敬意，把"英雄"这个浪漫色彩浓厚的称号提前送给了那些身着军装的人。每个人都觉得自己受到了一种不知名的力量的推动，改变了原来的生活轨迹。尽管母亲担心儿子，女人感到恐惧，可在那股情感浪潮下，出于羞涩，她们都将这种本能的情感给藏了起来。

然而，人们这种陶醉的感觉或许是一股隐藏得更深的神秘力量造成的。那股浪潮来得太过突然、太过凶猛，以至于把人类身上的动物性和隐藏在潜意识中的原始本能给激发出来了。这种原始本能就是：摆脱常规世界各种条条框框的束缚，像原始人那样，渴望鲜血，渴望杀戮。弗洛伊德对这种本能看得十分透彻，他将其称为"对文明的不满"。

除此之外，可能还有一些潜藏的力量也混杂在这股激情的浪潮中，它们是渴望献身的精神、酒精的刺激、受好奇心驱使的冒险、单纯的信仰、对军旗和爱国主义说辞由来已久的迷恋。正是这种令无数人陶醉的激情，为我们那个时代最大的犯罪行为提供了恐怖的助力。

如今这代只经历过第二次世界大战的人，心里可能会产生这样一些疑问：在第一次世界大战中发生的那些情况，为什么没有发生在我们身上呢？到了 1939 年时，民众不再像 1914 年时那样满腔热血了，这是什么原因呢？在 1939 年，面对战争的号召，民众的态度是麻木、沉默、听之任之的，这是什么原因呢？眼下的这场战争，即第二次世界大战，是由意识形态方面的矛盾引起的，而不是由领土或殖民地方面的矛盾引起的，难道是因为这个，才使得眼下的这场战争比不上第一次世界大战？相比于第一次世界大战，第二次世界大战不是应该更高尚、更神圣吗？

答案很简单：不同于 1914 年的那个世界，在如今这个 1939 年的世界上，淳朴憨厚的民众已经没什么可相信的了，而在 1914 年的那个世界，民众是无条件相信权威人物的。在那时候，任何一个奥地利人都不相信：在并非迫不得已的情况下，最受民众敬仰的弗朗茨·约瑟夫皇帝会在自己八十四岁高龄时主动号召他的子民加入战争。要是没有奸险的敌人对帝国的和平构成威胁，皇帝是不会允许自己的子民受伤，甚至送命的。此外，德皇发给沙皇的电报内容被刊登在报纸上，德国的民众都看到了。在电报中，德皇反复强调，要为了和平而战。在那时候，民众不仅对大臣和外交家这些高层人物满怀敬意，而且对这些人物作出的判断和诚实的态度满怀敬意。民众都相信本国的政治家不愿意见到战争。倘若战争真的爆发了，那责任也不在本国的政治家身上。举国上下的人都没有任何责任，挑起战争的一定是其他国家。我们之所以拿起武器，完全是为了自我防卫，为了应对奸诈阴险的敌人。原本太平的奥地利和德国遭到了突如其来的攻击，而发起攻击的敌国根本就没有充足的理由。

而在 1939 年的第二次世界大战中，全欧洲的民众都不再相信政府是诚实的，也不再像信仰宗教那样相信政府的办事能力。在凡尔赛的外交活动中，外交人员的背信弃义致使长期和平的希望破灭。从那以后，愤怒的民众就开始对所有外交活动嗤之以鼻。各国的外交家明明作出承诺，说会裁军，说不会再进行隐秘的外交活动。然而事实证明，那些都是可耻的谎言。对此，各国民众都记得一清二楚。到了 1939 年时，民众对任何一位政治家都没有敬重和信赖了。谁都不愿意让政治家来决定自己的命运。在法国，即便是最平凡的修路工，也敢出言嘲讽达拉第[1]；在英国，自从《慕尼黑协定》签订以来，无论是那句"为了这一代人的和平"的口号，还是张伯伦的远见卓识，都没人再愿意相信了；在意大利，民众看着墨索里尼时，眼神中都流露出畏惧；在德国，民众一边用同样的眼神看着希特勒，一边在心中暗想：这个人又想指给我们一条什么路？当然了，在涉及国家安全和利益的事情上，民众是不能提出异议的。就这样，士兵扛起枪，母亲送自己的儿子启程，赶赴前线。不过这一次，人们已不再像过去那样抱着必死的决心。民众虽然听命，但不再喝彩；士兵虽然赶赴前线，但不再做英雄梦。各个国家的每一个人民都意识到：自己要么听从愚不可及的政治的摆布，要么听从变幻莫测的命运的摆布，无论如何，自己都是

---

[1]　爱德华·达拉第（Edouard Daladier，1884—1970），法国政治家，曾担任过法国总理。

一件牺牲品。

反观1914年时，人们已在和平的世界中生活了将近半个世纪。试问这样的人对战争能有多少了解呢？可以说，他们根本就不知道战争为何物。在此之前，他们几乎没想过战争有一天会降临在自己身上。他们将战争视为一次难得的机遇。而且由于战争的距离太远，所以它被披上了一件带有英雄主义和浪漫主义色彩的外衣。他们是通过教科书和美术馆里的画作了解战争的，所以他们觉得，所谓的战争，就是身穿崭新铠甲的骑兵在用令人目不暇接的招数进行拼杀，而且杀死敌人的那一枪往往是正中心脏的。经过一番战斗，一些士兵英勇牺牲了，其余的士兵高唱凯歌继续前进。正因为有这种想象，所以在1914年8月时，新入伍的士兵才会面带笑容地对母亲高喊："今年圣诞节，我们就会胜利归来！"

那时候，除了少数几个经历过1866年普奥战争的白发老者之外，无论是城里人还是乡下人，都不了解什么是真正的战争。说起那次普奥战争，它持续的时间很短——只有七周，牺牲也很少，而且是很久以前的事了。而在1914年的第一次世界大战中，普鲁士却与奥地利结成了同盟。

在1914年时，民众将战争视为一次浪漫的短途旅行，一次充满豪情的冒险活动。更有甚者，一些年轻人害怕自己不能入伍，从而缺少一次美妙的人生体验，错失一次激动人心的良机。受这种想法的驱使，他们赶紧去报名参军，在那趟送他们去丧命的火车上欢乐地呼喊、纵情地歌唱。奥地利举国上下都像昏了头似的，血往上涌，热情高涨。

　　然而到了 1939 年时，人们不再自我欺骗，因为他们已经知道战争意味着什么了。这将是一场旷日持久的战争。在这段时间里，他们一旦失去了什么，以后就再也没办法得到补偿了。在作战时，他们并非胸前佩戴勋章、身披彩色绶带，而是要一连数周待在战壕或营地里，忍受虱子在身上乱爬和几乎要渴死的痛苦。有时候，他们连敌人长什么样都不知道，就被远处射来的子弹或炮弹击中，就此落下残疾，甚至粉身碎骨。还没上战场的时候，他们就已经通过报纸、电影了解到了最新的杀人技术和手段。他们知道，在行军路上，庞大的坦克会将队伍中的伤员碾成肉饼；在睡梦中的女人和孩子，会被飞机空投下来的炸弹炸得血肉模糊。1939 年的第二次世界大战，由于实现了毫无人性的机械化，所以无论是它的卑劣程度，还是惨绝人寰的程度，都是以往战争的上千倍。在 1939 年那代人看来，战争中已经没有如上帝所愿的公平和正义了。更严重的是，由于人们仍将第一次世界大战带来的种种失望铭记于心，所以即便通过这次战争赢得了和平，人们也对这种和平的正义性和持续的时间心存质疑。通过战争，人们不但没有过上富裕的生活，反而变得愈加贫穷和困苦。战争并未使民众感到心满意足，而是引得民众怨声载道。战争只会造成饥荒、货币贬值、社会动荡；它只会令公民丧失自由，令一个国家被另一个国家任意驱使；它只会令人极度不安，令人们彼此失去信任。

　　当然了，两次世界大战之间还存在着一个不同之处，那就是：在精神层面上，1939 年的第二次世界大战独具深意。具体来说，这场战争是为了赢得自由，为了保住人类的精神财富。

在这种信念的鼓舞下，人们自然更加坚毅。反观 1914 年的第一次世界大战，当时的人们完全不了解战争的真面目。他们之所以加入战争，只是为了一个不切实际的梦想，那就是：创建一个更正义、更和平、更美好的世界。只有那种不切实际的梦想，才会让人忽略现实，以为加入战争是一件幸事。正因如此，那些牺牲品才会顶着花环和橡树叶，如醉酒般欢呼着奔赴坟墓。与此同时，街上像欢庆节日一样，处处欢声笑语、灯火辉煌。

我并没有沉浸在一时兴起的爱国热情当中，这不是因为我比别人更清醒，也不是因为我比别人更有洞察力，而是因为我过去的那段生活经历。仅仅两天之前，我还身在如今正与奥地利处于敌对状态的比利时，所以我非常清楚，比利时人民和我国人民一样，不仅热爱和平，而且完全不了解战争意味着什么。长期以来，我都过着国际化的生活，所以不可能在转眼间就对另一个国家产生恨意。在我心目中，那个国家同样是家乡，它与我的祖国并无分别。对于政治方面的事，我一直深表怀疑。而且在战争爆发前的那几年，我与法国和意大利的朋友们有过无数次谈话，内容正是探讨发生一场荒谬的战争的可能性有多大。因此，从某种程度上来说，我提前打过"疫苗"，已经对四处扩散的爱国主义热情"免疫"了。我已经做好了心理准备。在战争刚开始那段时间，人们肯定是激情澎湃的。在这种情况下，我一定要坚守这样一个信念：在这场由手段拙劣的外交家和冷酷的军火商挑起的骨肉相残的战争结束以后，欧洲必将统一。

如果我把自己当成某一个国家的公民，那么在看待问题时，我就很难保持客观公正，所以从战争刚刚爆发的那时候开始，我就决心做一个国际公民。那时候，尽管我才三十二岁，但由于在各种服兵役的检查中，我都被判定为不符合要求，所以在短期内我是不用去服兵役的。面对这个结果，我由衷地感到开心。原因之一是，我相当于节省了整整一年的时间，不用把它平白浪费在令人厌恶的服兵役上。原因之二是，我认为，在20世纪，一个人还要去掌握各种杀人工具和杀人手段，这完全是一种与时代不符的罪恶行为。我觉得自己应该这样做：面对战争时，公开宣称自己是一个"出于道义上的原因而拒绝服兵役者"，这才算是坚守信念的表现。可是在奥地利这个国家，那种做法是要受到严惩的（这与英国的情况截然相反）。只有当一个人具有英雄气概、决意为理想献身时，他才有胆量做出这种事来。而我的本性中是欠缺这种气概的——对于现在的我而言，坦白承认这一点并没有什么难为情的。回避危险是我一贯的态度。我常常因为这一点被指责为不够坚毅。这种指责可能是对的吧。在一个遥远而陌生的世纪里，一个我敬佩的前辈——鹿特丹的伊拉斯谟也常常受到同样的指责。

　　然而，从另一个角度来看，作为一个当时看来还算年轻的男人，我要是一味回避，等着别人把我揪出来，丢到一个自己本不该去的地方，那也是很痛苦的。因此，我决定主动去找一个不具煽动性的工作来做。我有个朋友是高级军官，他把我安排到了他所在的军事档案馆。我在里面的图书馆工作，这使我能够发挥自己在语言方面的长处。此外，我还负责一些公告的修改工作。当然了，在如今的我看来，这个工作并不值得炫耀，但在当时的我看来，相比于把刺刀扎进一个俄国农夫的肚子，还是这个工作更适合我。而且这个工作比较轻松，在做完它以后，我还有充裕的时间去做一些我认为最要紧的工作，那就是促进交战双方的沟通，使他们互相理解。

相比于图书馆的工作，还是跟维也纳那群朋友的相处更让我觉得难过。在我们这些作家当中，大部分人是以德意志视角来看待事物的，而非以欧洲视角。他们觉得自己能做的最大贡献就是激发民众的热情，并用充满诗意的宣传口号和所谓的科学思想去粉饰战争。以霍普特曼和德默尔为带头人的那帮官方德语作家基本上都认为自己的职责是用诗歌或文章来激励上前线作战的士兵，使他们像古时候的日耳曼士兵那样，充满自我牺牲的勇气。那帮作家想用瓢泼大雨似的诗歌来颂扬战争和死亡，想以此让人们将战争视为胜利，将死亡视为必须。那帮德语作家还一本正经地宣称，他们以后举办的任何文化活动都绝不会再让法国人和英国人参与。更过分的是，只在顷刻之间，他们就把源远流长的英国文化和法国文化给否定了。他们认为，在德意志人的艺术、气质以及个性面前，英国和法国的文化显得不值一提。比这更不堪的是学者们做的那些事，他们似乎在转眼间集体失智了，都把战争说成是一次能令举国上下充满力量的重大考验。医生也站在同样的立场上，他们把自己安装假肢的技术吹得天花乱坠，按他们的说法，有人失去一条原本健康的腿似乎还是一件幸事。各个教派的传教士也争先恐后地加入这场集体表演。有时候，我觉得自己听到的好像是一群着了魔的人歇斯底里的喊叫。而仅仅在一周或一个月以前，这群人还能理性思考，还富有创造力，还能站在人性的角度上看待问题。而且那时候，我对他们还相当钦佩呢。

这种狂热最令人震惊的地方在于：那些人中的大多数是诚实的、有正义感的。他们当中有很多人因为年龄太大或者体能不足而无法服兵役，可他们真心觉得自己应该"从旁协助"，并将这视为一种责任。他们认为自己以前的作品不仅辜负了德意志的语言，也辜负了德意志的人民。因此，他们现在决定用德意志的语言来服务德意志的人民，让德意志的人民听到自己所期盼的话，那就是：在这场战争中，正义将与德意志人民同在，而非与其他国家的人民同在。他们相信，德国一定会取得最后的胜利，而德国的敌人一定会输得很惨。那些人忽略了这样一点：作家的真正职责是守护人类身上的人性，而他们的做法是与这背道而驰的。当然了，在刚开始的那种热情逐渐消退以后，有些人很快就后悔了。回顾自己说过的那些话时，他们都有想吐的感觉。可在战争刚开始的那几个月，人们都发现：口号喊得越响，能够吸引来的人就越多。就这样，两个阵营里的人各自摇旗呐喊、高声歌唱。

我个人认为，恩斯特·利绍尔[1]是那些有着发自内心的热情，但做法又极其荒谬的人当中最具代表性、同时也最令人吃惊的一个。我与他彼此相熟。他写过一些精练犀利的短诗。在

---

[1]　恩斯特·利绍尔（Ernst Lissauer, 1882—1937），犹太裔德国剧作家、诗人。在 1914 年，即第一次世界大战期间，他因发表了一首名为《对英国的仇恨》的诗而红极一时。

我能回忆起来的人当中，他是心地最善良的一个。时至今日，我仍然记得他第一次来看我时的情景。那时候，我为了不笑出声来，只能紧紧咬住自己的嘴唇。在我们还未见面的时候，他在我的想象当中是一个高个子且清瘦的年轻人，气质就像他写的精练且富有力量的德语抒情诗那样。在写诗方面，他力求极致的简明扼要。然而，当他摇摇晃晃地走进我的房间时，我才发现，他又矮又胖，活像个大圆桶。他的下巴足有四层而非两层。他面色红润、精神饱满、信心十足。他有严重的口吃。一旦开口，他便彻底沉浸在诗歌当中，频频引用自己的诗句，简直停不下来。尽管他有这么多引人发笑的地方，但这并不影响人们对他的喜爱。人们是因为他的热情、友善、有正义感以及对艺术有着近乎疯魔般的自我奉献精神而喜爱他的。

他在一个殷实的德国家庭中出生，在柏林的弗里德里希·威廉高级文理中学读过书。在我认识的所有犹太人当中，他或许是最普鲁士化的一个，或者换句话说，他已经被普鲁士彻底同化了。他只说德语，而且一生都待在德国，从未去过其他国家。对他而言，德国就是整个世界。他尤其热爱德国的文化精华。在他的心目中，像约克 [1]、马丁·路德、施泰因 [2] 这样的人才

---

[1] 路德维格·约克·冯·瓦滕堡（Ludwig Yorck von Wartenburg，1759—1830），普鲁士元帅，参加过反拿破仑战争。他名字中的瓦滕堡是作为一种战斗荣誉附加上去的。

[2] 海因里希·弗里德里希·卡尔·冯·施泰因（Heinrich Friedrich Karl Reichsfreiherr vom und zum Stein，1757—1831），普鲁士政治家、改革家。于 1807—1808 年间担任过普鲁士首相。通常被称为施泰因男爵。

算得上是英雄。在创作方面，他最钟爱的主题是为德国的自由而斗争。在音乐方面，他将巴赫奉为上帝。虽然他的手指很短，又胖得像吸了水的海绵，但在弹奏巴赫的曲子时，他的表现相当出众。无论是对德国抒情诗的了解，还是对德语的热爱和沉迷，都没人能比得上他。尽管他的家族跟很多犹太人家族一样，是很晚才融入德国文化圈的，但他对德国的信任比那些最虔诚的德国人还要坚定。

战争爆发后，他在第一时间赶赴军营报名，想要当一名志愿兵。可是，我现在完全能够想象得到，当那个身材肥胖的他上气不接下气地爬上楼梯，出现在那些军士长和下士们面前时，那些人是怎样嘲笑他的。可想而知，他被无情地拒绝了。这使他垂头丧气。但是后来，就像跟他有过相似经历的作家们那样，他决定通过创作诗歌来为德国效力。在他看来，无论是德国发行的报纸，还是德国的战争通报，上面的内容都是真实可信的。在他看来，他的国家在猝不及防的情况下遭到了其他国家的攻击。这都要归咎于英国的外交大臣格雷爵士，是这个人违背承诺、不讲道义，犯下了最严重的罪行。而利绍尔所认为的这一切，完全是由威廉大街上的德国政府一手策划出来的剧情。由于利绍尔认为英国对德国发动的进攻是挑起战争的元凶，所以他创作出了一首诗，名为《仇恨英格兰之歌》。如今，虽然我手头上没有这首诗，但我对它的印象很深刻。在这首简练的诗歌中，他表达了对英国的仇恨，同时还信誓旦旦地宣称，英国所犯下的罪行，永生永世都不值得被谅解。

没多久，由这首诗导致的灾难性后果就显现出来了。通过这件事，我们也能看出，将人们的仇恨情绪煽动起来是一件多么简单的事情（利绍尔这个又矮又胖、被冲昏头脑的犹太人，抢先做了希特勒最擅长做的那种事）。利绍尔这首诗的横空出世，就像往火药库里丢了一颗炸弹。没多久，《仇恨英格兰之歌》就传遍了整个德国。即便是当年的《守卫莱茵》都没有这首诗的传播速度快。被这首诗深深打动的德国皇帝将一枚红鹰勋章授予了利绍尔。在大大小小的报纸上，人们都能看到这首诗；在校园里，老师对着学生读这首诗；在战场上，军官对着士兵读这首诗，一直读到所有士兵都能将这首带着仇恨的诗倒背如流。然而，发展到了这一步还不算完，这首短诗又被加上配乐，改编成一首大合唱，在剧院里上演。没过多久，在拥有七千万人口的德国，人人都对这首诗熟到不能再熟——从第一句直到最后一句。在很短的一段时间后，全世界的人都知道这首诗了。当然了，其他国家的人对它并没有那么喜爱。在那场战争中，身为诗人的恩斯特·利绍尔迅速成为炙手可热的名人，获得了前所未有的声誉。当然了，在以后的日子里，这种犹如涅索斯衬衫般的声誉也使他落得个玩火自焚的下场。

战争刚刚结束，商人都想赶紧恢复生意，政治家都竭尽全力地促使双方达成谅解，所有人都想把利绍尔那首宣称要永生永世与英国势不两立的诗给忘掉。于是，所有人都把煽动仇恨的罪责推给了他，并把可怜的他痛斥为"仇恨的利绍尔"。事实上，在1914年爆发的那场战争中，每个人都要对那种疯狂的仇恨情绪负责。然而到了1919年时，那些在1914年还盛赞利绍尔的人，态度全都来了个一百八十度大转弯——他们都不再理会他了。在报纸上，人们再也看不到他写的诗歌。当他在朋友面前出现时，大家马上一句话都不说，场面非常尴尬。后来，陷入孤独的他遭到了希特勒的驱逐，离开了他全身心为之奉献的德国。再后来，他悄无声息地去世了。他写的那首诗使他成为一件可悲的牺牲品。那首诗之所以将他送上前所未有的高度，只是为了日后让他从上面跌落，摔得粉身碎骨。

在那个时候，每个人都跟利绍尔一样。那些作家、教授以及忽然间出现的爱国人士，他们的感情是发自内心的，也的确想做点实事。对此我并不否认。然而，只通过短短的时间，人们就已经亲眼看到，颂扬战争、任仇恨情绪肆意疯长，这会造成多么恐怖的结果。1914 年，在那些参与战争的国家中，人人都处于极度兴奋的状态。转瞬之间，最卑鄙的流言蜚语变成了现实，最荒唐的诬陷也有人信以为真。几十个德国人言之凿凿地说，在战争爆发之前，他们亲眼看到满载着黄金的汽车从法国开往俄国。每次战役打响后的第三四天，报纸上就会出现各种谣言，要么说有人的眼睛被剜去了，要么说有人的手臂被砍断了。散布此类谣言的人不但不了解真相，还不明白这样一个道理：靠主观臆测来指责敌军采用暴力、手段凶残，这就跟子弹和飞机一样，也是战争时期所需的一种工具。他们不了解，每次战役刚打响后的那几天，这种工具就会被拿来重复使用，人们在报纸和杂志上就会看到类似的谣言。战争与理性、与人们平日里的情感本来就是水火不相容的。战争离不开激烈的情感状态，它需要人们保持热忱，保持对敌人的仇恨。

但是按照人的本性来说，激烈的情感状态是不可能长期维持下去的。无论是国家还是个人，都是如此。对于这一点，军方的领导者心知肚明。想让民众的激情保持下去，就要不断地煽动他们，不断地给他们注入"兴奋剂"。而诗人、作家以及记者这些知识分子是最适合做这项工作的。他们或心中坦然，或心存愧疚，或真的相信，或应付差事，但无论如何，他们终究还是那么做了。仇恨的战鼓被擂响以后，他们只能继续卖力，直到战鼓声在每一个心无偏见的人的耳边响起，直到这些人感到浑身战栗，他们的任务才算完成。德国、法国、意大利、俄国以及比利时的知识分子基本都是服从指示的，他们不但没有进行反战宣传，反而辅助政府和军方进行战争宣传，想通过这种方式来煽动民众情绪，使民众一直热衷于战争、热衷于仇恨。

上述行为导致了灾难性的后果。经历过此前的和平时期，宣传部门在各国民众心目中的形象还不像后来那么坏，所以尽管他们对局势非常失望，但还是愿意相信报纸杂志上登出的内容是真实可信的。就这样，刚开始那几天的单纯、美好以及甘愿自我奉献的激情，慢慢转变成了最糟糕和最愚不可及的情感上的放任自流。

人们觉得，最容易抗击英法两国的地方是维也纳、柏林、环城大道、弗里德里希大街。于是，招牌上有英法两国语言的店铺只能被迫撤下招牌。更有甚者，一家院名中带有"Englischen Fräulein（纯洁的少女）"的修道院，被情绪激动的人们强制要求改名。事实上，"Englischen"这个词指的并不是盎格鲁－撒克逊，而是"天使的"或"纯洁的"之意。然而，那些人根本就不想去分辨。为了继续做生意，本分的商人们只能把"上帝惩罚英格兰"这行字贴在或者印在信封上。社交圈的女人们不但口头宣誓"终生不再讲一句法语"，还把这份誓词寄给报社，希望公开发表。在德国，凡是莎士比亚的作品，一律不准在剧场里演出。在英国和法国，凡是莫扎特和瓦格纳创作的乐曲，一律不准在音乐厅里演奏。德国的教授都说但丁是日耳曼人。法国的教授都说贝多芬以前是比利时人。他们像抢夺敌国的粮食和矿产资源那样，毫无顾忌地抢夺着欧洲各国的精神财产和文化财产。在欧洲的各个国家，每天都有数千甚至数万个原本爱好和平的民众在战场上厮杀。与此同时，留在后方的人们还对敌国那些已经在坟墓里沉寂了好几百年的伟人进行羞辱和毁谤。

种种失智行为愈演愈烈。整天在灶台前做饭的女人们居然坚信，要是失去桑夏克[1]，奥地利就存续不下去。这些女人从没走出过自己所在的城市，而且自从离开校园以后，她们就没再看过一眼地图。在大街上，马车夫们就这样一个问题展开了争论：究竟应该向法国索要五百亿还是一千亿的战争赔款。而事实上，他们对于"十亿"这个数字根本都没有概念。每一座城市，每一个社会阶层的人，都沉浸在那种令人恐惧的、极端的仇恨当中。在讲坛上，传教士对教徒宣讲仇恨。仅在一个月之前，社会民主党成员还强烈地谴责军国主义，认为其犯下了

---

[1]　桑夏克（Sandschak），地区名。该地区呈楔形，位于塞尔维亚与黑山之间。1910 年，奥匈帝国在吞并波斯尼亚和黑塞哥维那时，把这个地区给舍弃了。

极其严重的罪行。而如今，为了不成为威廉皇帝口中的那种"出卖祖国的叛徒"，他们又开始大肆宣传战争，而且在这件事情上，谁都没有他们的声音大。那是盲目无知的一代人所进行的战争。在这场战争中，最严重的危机恰恰源自坚信本国代表正义的民众。

在 1914 年战争刚刚爆发的那几周，与他人进行一次理性的谈话已慢慢成为一种奢望。平日里最崇尚和平、心肠最软的人，都变得双眼充满杀意，像个醉汉似的。我的很多朋友也变了。在我的印象当中，他们此前一直是信奉个人主义，甚至是无政府主义的，可如今，他们突然开始极度疯狂地信奉爱国主义。没过多长时间，他们又变了，开始信奉贪婪的兼并主义。我与他们的谈话，不是以"心中无恨的人根本就不懂什么是真正的爱"这种老套的话告终，就是以毫无根据的猜疑告终。一些多年来未曾与我发生过争执的朋友，如今都开始毫不留情地斥责我了。他们说我不配做奥地利人，说我应该去法国或者比利时。更严重的是，他们给我这样一种暗示：持有战争是犯罪的这种"失败主义者"观点的我应该被举报到政府部门去。而事实上，"失败主义者"这个绝妙的词汇是在法国诞生的。

在众人情绪激动、吵嚷不休的时候，我唯一的选择就是守住本心，在人前一言不发。这可不是件容易的事。当时的我深刻地意识到：虽然留在奥地利的我形单影只，但离开奥地利去其他国家，我也不会过得更好。我跟维也纳的那些旧友已经渐行渐远了。想结识新朋友的话，在那种情况下也不太现实。能偶尔跟我谈论些心事的，唯有赖内·马利亚·里尔克一人。当时的里尔克跟我一样，在位置偏僻的军事档案馆里工作。他根本就不适合服兵役，因为过于敏感的他无法忍受脏乱和吵闹的环境，也无法忍受任何异味。直到现在，回想起他穿军装的模样时，我还是会忍不住笑出声来。

记得那天，我听见有人敲响了我的家门。我打开门，发现门口站着一个身着军装、一副胆怯模样的人。愣了一会儿之后，我才认出那是里尔克！是身着军装的赖内·马利亚·里尔克！他那副极不自然的样子不免让人心生同情。他那身军装的衣领很紧，牢牢地勒住了他的脖子。他看起来魂不守舍似的，因为身着军装的他必须时刻绷紧神经，一旦遇到军官，他就得马上立正敬礼。他做人一向严谨，各种不起眼的、陈旧的规章制度，他都一板一眼地照做。因此，他总是手足无措，无法放松下来。他小声说道："我从军校毕业以后就厌恶军装。我以为自己可以永远摆脱它了，可想不到，在我年近四十的时候，竟然再次穿上了它！"

好在他还算幸运，因为没过多久，他参加了一次体检，结果显示他不适合服役，他便因此获救了。在那之后，他又来看望我。这一次，换上了常服的他是来向我道别的。当他走进我的房间时，我还以为他是飘进来的（他在走路时总是这样悄无声息的，脚步声轻得简直不知该如何形容）。他对我说，他很感谢我，因为我通过罗曼·罗兰的关系把他在巴黎那些要被没收的藏书给拯救出来了。他看起来不再年轻，我还是第一次有这种感觉。这可能是因为他经常担惊受怕，已经身心俱疲了吧。他还说："如果有可能的话，还是出国去吧！无论何时，战争都是牢笼。"说完这话他就离开了，从那以后，我又变得形单影只。

几周以后，我决定对那种危险的、集体扭曲的心理避而远之。于是，我搬去了维也纳郊区。在那里，我要开始一场属于自己的战争：向当时人们的那种集体背离理性的行为宣战。

十

为团结而奋斗

我搬到了维也纳郊区居住，但这无济于事，身边的环境还是让我感觉透不过气来。这使我意识到，面对别人粗鲁的谩骂，一味消极避世、独善其身是不行的。另一方面，身为一个作家，我有义务通过作品来表明自己的观点和信念。尽管在那个时代，所有作品都要经过相关部门的审核才能发表，但达到这种要求其实也不难。于是，我试着写了一篇名为《致国外的友人们》的文章。在这篇文章中，我没有像其他人那样煽动仇恨，而是公开宣称：尽管当前形势严峻，我与国外的友人们还无法联络，但只要情况允许的话，我一定会与他们站在同一阵营，为重建欧洲文化而努力奋斗，而且我一定会一直忠实于我们之间的友情。

我将这篇文章寄给了《柏林日报》。那时候，这家报纸在德国是最受广大读者喜爱的。让我颇感意外的是，在几乎没进行删减的情况下，我的文章就被果断地发表了。唯有这句话没通过审核："无论最后是谁取得了胜利。"按照当时的审核制度，对于德国必将在这场世界大战中取得胜利这件事，谁都不能有一星半点的怀疑。尽管那句话没被刊登出来，但我还是没躲过狂热的爱国人士们的口诛笔伐。我收到了不知多少封怒气冲冲的来信。他们的大致意思是：在这种时候，我怎么能站在无耻的敌人那边呢？这简直匪夷所思。看到这些文字时，我并没有感觉太难过。因为一直以来，我都没指望别人坚守我的信念。只要能将自己的信念准确无误地公之于众，我就心满意足了。

两周后，就在我差不多已经把那篇文章忘掉的时候，我突然收到了一封信。信封上贴着瑞士邮票，并且盖了已通过审查的印章。我一看字体就知道，信是罗曼·罗兰寄来的，因为我对他的笔迹太熟悉了。可以确定，他已经看过我写的那篇文章了，因为他在信中说了这样一句话："不，无论何时，我都不会弃友人们而去。"仅凭这句话，我就马上明白他的意思了。他只是想通过那短短几行字来验证一下，看看在战争时期，他是否能与一个身在奥地利的朋友进行书信联系。我马上就给他回了信。自那以后的二十五年间，我们一直定期通过书信传音。这种联系后来被第二次世界大战给中断了，因为在这场比第一次世界大战更粗暴的战争中，各国之间的一切联系都被切断了。

收到这封信是我此生最幸福的时刻之一。它就像一只来自诺亚方舟的白鸽。而与此同时，诺亚方舟上还有无数的野兽在上蹿下跳、疯狂嘶吼。我的孤独感消失了，因为我总算找到了一个与我信念一致的人，而且我们还能通过书信联系。在精神上，罗曼·罗兰给予我一种异乎寻常的激励。在国境线另一头的他一直都坚守着自己的人性，我清楚这一点，同时也对他敬佩万分。身为一位杰出的文学家，他走上了战争时期仅有的一条正途，那就是：不与他人同流合污，去进行摧毁和厮杀，而是像沃尔特·惠特曼在南北战争时期主动去做医护人员那样，投身于人道主义救援工作当中。

当时，罗曼·罗兰在瑞士居住。由于身体状况不太稳定，所以他不能服兵役。战争爆发时，刚好身在日内瓦的他立刻报名加入了红十字会。从那以后，在红十字会那间极度拥挤的办公室里，他一直从事着那项有特殊意义的工作。我后来写了一篇名为《欧洲之心》的文章。在该篇文章里，我特地对他所从事的工作表示了感谢。

在一次惨烈的厮杀结束后，刚开始那几周，所有的通信都突然中断了。各个国家的军属们都不知道自己的儿子、兄弟、父亲究竟怎么样了——是牺牲，是下落不明，还是被俘了。"敌方"那边是没有指望的，除此之外，他们不知该通过什么渠道才能探听到消息。很多人都因得不到亲人的消息而极度痛苦。在这种残忍可怕的局面下，红十字会担负起了至少为人们减轻一点痛苦的责任。通过一些办法，这个组织从敌国那边得到了俘虏们写的信，并把那些信寄回了他们的家乡。虽然这个组织从创建至今已有几十年了，但在短时间内寄出上百万封信这种规模庞大的事，它还是第一次遇到。对军属们而言，等待亲人消息的日子真的太难熬了。为了让他们尽快得到亲人的消息，每天甚至每个小时都有人报名当志愿者。截止到1914年12月末，每天接收的信件已高达三万封。在日内瓦那个狭小的拉特博物馆里，最后居然有一千二百名志愿者为处理信件而忙碌。这些人当中就包括罗曼·罗兰。为了这项工作，最富人性且大公无私的他把自己的创作搁在了一边。

　　与此同时，罗曼·罗兰也没有忘记自己身为文学工作者的职责。这份职责就是：向大众表明自己的信念。就算这会使他遭到自己所属国家的反对，甚至遭到陷入战乱的世界各国的反对，他也在所不惜。1914 年秋天，当大部分被仇恨操控的作家正在竭力嘶吼时，当他们互相攻击和谩骂时，罗曼·罗兰写了一篇非常有价值的自白书，名为《超越纷争》。在这篇文章中，他一方面对国与国之间的仇恨进行了批评，另一方面呼吁文学工作者守住自己的正义感和人性——即便在战争期间，也应如此。他这篇文章导致文学界分成了两派：一派持反对态度，另一派持赞同态度。那时候，还没有哪篇文章能像他的《超越纷争》那样，引发如此广泛的讨论。

　　相比于第二次世界大战，第一次世界大战有一项特殊的优势，那就是：在这次大战中，由于言论还没有被政府编造的谎言，也就是那些宣传口号所压制，所以它仍有力度。民众愿意相信公开发表的文章中所说的内容，也期盼着新文章的发表。然而到了 1939 年时，无论作家们的文章写得好还是不好，民众都不予理会了。在第二次世界大战还未结束的今天，任何书籍、小册子、文章、诗歌，都无法令民众感动，也无法令他们的思想发生转变。而 1914 年时情形则截然不同。很多文学作品一经发表就能引起人们的广泛关注，比如利绍尔那首名为《仇恨英格兰之歌》的十四行诗，比如那项名为"九十三名德国知识分子"的可笑宣言，比如罗曼·罗兰那篇只有短短八页纸的

《超越纷争》的文章，比如巴比塞[1]那部名为《炮火》的长篇小说。

在那个年代，人们良知尚存，而不像现在这样，良知已几近沦丧。如果有人胆敢公然撒谎、罔顾国际公约、无视人道主义，那么民众就会用坚守了数百年的信念之力来与之相抗。像德国侵略中立国比利时这种事若是发生在过去的一战时，那么这大概率会在世界范围内引起公愤。而当它现在发生时，却基本没遭到多少严厉的谴责——这种情况是从希特勒把谎言当成事实，把反人类的行为变成法律以后开始的。过去在德国，卡维尔护士被枪决和"卢西塔尼亚"号邮船被鱼雷击沉这两起事件都引起了公愤，对德国而言，这种打击的沉痛更甚于吃了一场败仗。

在那时候，人们的耳朵和心灵还没有被收音机里那些源源不断的鬼话污染，所以人们都愿意相信作家们发表的言论。像罗曼·罗兰这样杰出的文学家所发表的言论，绝对不会毫无效果。相比于官方，他的言论效果要好上一千倍。人们知道，官方发表的言论是出于审时度势，是一种计策，是为了满足政治方面的需求，所以在这种言论当中，顶多能有一半是可信的。在那代人的心目中，大文学家是最杰出的公民，他们的观点是纯粹的、无私的。所以对于他们的言论，民众都深信不疑。当然了，在日后，很多大文学家的言论令人大失所望。军方和政

---

[1]　亨利·巴比塞（Henri Barbusse, 1873—1935），法国作家，代表作为反战小说《炮火》和《光明》。

府之所以想把那些道德高尚、颇有威望的人拉来充当煽动民心的工具，正是因为他们十分清楚这些人在民众心目中的分量。他们要求大文学家们发表声明、表明态度、给出证明、公开宣誓：所有非正义的、恶劣的事情都是敌人干的，所有正义和真理都属于自己的祖国。然而在罗曼·罗兰身上，军方和政府的图谋失败了。罗曼·罗兰认为自己的职责不是煽动民心，令民众的仇恨越来越深，而是消除仇恨。

如果现在有人再去看那八页名篇《超越纷争》，那么他也许并不明白这篇文章何以在当时造成了那样普遍的影响。但当他在头脑冷静的情况下去看时，就会发现，这篇文章里说的都是很浅显易懂的道理，只不过那些道理是在一个民众集体陷入疯狂的时代讲出来的。时至今日，人们再也不会见到当年的那种疯狂了。想当年，这篇文章刚刚发表，法国那些狂热的爱国者们就像猛然间被烧红的烙铁烫到了手似的，纷纷惊呼。罗曼·罗兰的好友们都开始抵制他。他那部《约翰·克利斯朵夫》也被书商从橱窗中撤了下来。军方一直想通过煽动仇恨来鼓舞士气，可该图谋被罗曼·罗兰的文章给破坏了。于是，他们想出了一个对策——大量发行小册子。小册子里提出了这样一个论据："在战争期间，公民凡事都要以祖国为先。"然而，跟过去一样，这种激烈的反应恰恰表明罗曼·罗兰的文章使军方受到了相当沉痛的打击。当时，所有知识分子都面临着一个不容回避的问题，那就是：在战争时期，知识分子应该持什么态度呢？

我没能把罗曼·罗兰那些年写给我的信保留下来，这是我现在回忆往昔时最遗憾的一件事。在如今这场大战造成的灾难下，那些信很可能已经被摧毁，或者遗失了。一想到这件事，我就感觉自己身上担负着一份沉甸甸的责任。他写给我的那些信被我视若珍宝。我在想，要是我能把它们保留下来的话，日后它们或许会被列入最优美、最具人性光辉的作品当中。通过那些信，罗曼·罗兰将自己广阔的心胸和极致的洞察力展露无遗。在给邻国的一位朋友写那些信时，他的心情想必是极度悲愤的。而他的这位朋友，按照官方的定义，应该算是他的"敌人"。正因如此，他的那些信或许可以被视为那个时代最能打动人心的品行记录。毕竟在那个时代，保持理性需要付出极大的代价，守住信念需要具备非凡的勇气。

没过多久，罗曼·罗兰就在我们彼此友好的书信联系中提出了一个具有正面意义的主张。他希望在瑞士举行一场联合大会，把各国有影响力的文化界人士请到场，通过讨论，使大家的态度妥当且一致。更理想的情况是，大家本着放下芥蒂、互相理解的原则，联合发表一份面向全世界的倡议书。身在瑞士的他打算从那边直接向法国和其他国家的文化界著名人士发出邀请。至于身在奥地利的我，按照他的想法，我应该先跟本国和德国的作家学者们沟通一下，看看他们对此事抱什么态度。只要是还没有因公然煽动仇恨而臭名昭著的人，我都可以试着去沟通。

我马上就着手做这件事。在当时的德国，地位最高且最具代表性的作家是盖哈特·霍普特曼。不过，我不打算直接去问他想不想参加这次联合大会，因为我不愿意让他陷入两难的境地。于是，我给我们共同的朋友——瓦尔特·拉特瑙写了封信，委托他在私下里帮我问问霍普特曼的意见。可惜拉特瑙回绝了我，理由是，促使文艺界达成统一战线、共同倡导和平这件事并不适合现在做。直到今天，我也不清楚霍普特曼对此事是否知情。这次沟通的失败意味着我再也没什么功夫可下了。因为在那时候，托马斯·曼[1]站在另一条战线上，而且他刚发表了一篇关于弗里德里希大帝的文章，通过这篇文章可以看出，他支持德国政府的观点。再一个就是里尔克，我知道他跟我们是同一战线，但我不能指望他去参加这次联合大会，毕竟在以往的这类场合中，他几乎从未露过面。德默尔也不必指望，因为曾以社会主义者自居的他，如今在给别人写信时已用上了"德默尔少尉"这个签名。由此可见，他已沉浸在幼稚的爱国主义热情当中，并引以为傲。霍夫曼斯塔尔和雅各布·瓦塞尔曼也同样不必指望，因为有人已经在私底下跟我说过，他们两个人不会去参加这次联合大会。看来在德国和奥地利这边，我已经没什么人可以争取了。

罗曼·罗兰跟法国那边的联系，结果也没有好到哪里去。在那个时候做这件事，的确有点太早了，毕竟在1914年和1915年，留在后方的人们都还认为战争距离自己很遥远。所以我和罗曼·罗兰当时算是孤军奋战。

所谓的孤军奋战，实际上并没有那么惨。因为经过一番书

---

[1]　托马斯·曼（Thomas Mann，1875—1955），德国小说家、散文家，代表作有《布登勃洛克一家》《魔山》《马里奥与魔术师》等。

信联系后，我们还算有所收获。根据初步掌握的情况来看，目前已有数十位身处中立国或交战国的同志在内心里是跟我们同一战线的。对于战乱国家的作者创作的书籍、文章、小册子，我们都去关心重视，这就容易产生思想上的共鸣。此外，我们的队伍也有望不断壮大。一开始，有些人可能还拿不定主意，但随着环境越来越压抑，他们的态度会越来越坚决。很多时候，这种并非孤军奋战的感觉都使我深受鼓舞。我想写出更多的文章，并通过这些文章来激励那些跟我们想法一致的人，让他们感觉有人相伴，从而愿意从暗处走到明处。

我频频向德国和奥地利的各大报纸投稿，想借此占据一个具有重要影响力的阵地。由于我的那些文章从不触及敏感的时事，所以从原则上来说，它们并不会遭到官方的强烈抵制。受自由主义精神的影响，当时各阶层的人对文学创作者都极为尊重。现在回看自己当初在私下里分发给广大群众的文章，我不禁想向过去那个胸怀广阔的奥地利政府致敬。因为在世界大战期间，我居然可以在文章中热情地讴歌贝尔塔·冯·苏特纳。要知道，作为和平主义组织的缔造者，她曾痛斥战争，说它是最严重的犯罪行径。此外，我的一篇文章上了奥地利的一家报纸，该文章详细地介绍了由巴比塞所著的长篇小说《炮火》。当然了，在战争时期，想让各阶层的民众都了解我那些与时代需求不符的观点，得运用一些巧妙的招数才行。由于这篇文章是在奥地利发表的，所以为了体现战争的残忍和后方的冷漠，我特地着重描述了一个"法国"步兵的痛楚。在那之后，我收到了好几百封从奥地利前线寄来的信件。由此可见，奥地利士兵对自身命运也有同样深刻的认识。

为了将自己的信念传达出去，我们这些作家还有一个办法可用，那就是通过写文章来假装互相攻讦。举例来说，我有个法国朋友，他在《法兰西信使报》上发表了一篇文章来批判我写的那篇《致国外的友人们》。通过这种批判的形式，我的文章得以被全文登出。这样一来，所有身在法国的人就都能看到它的全貌，而这正是我那位法国朋友的最终目的。通过这种方式，我们互相发送着信号。我们当中的任何一个人看到信号时都能心领神会。

关于我们彼此间的这种心意相通，后来发生的一件小事可以作为最佳证明。1915 年，意大利向它过去的盟友奥地利宣战。刹那间，一股汹涌的仇恨浪潮席卷了整个奥地利。凡是与意大利有关的人和事，全都要遭到斥责。记得那时候，一个意大利作家的一本回忆录刚刚发表。该作家是意大利复兴运动时期的一个年轻人，名叫卡尔·波埃里奥。在回忆录中，他描述了自己去拜访歌德的事。当仇恨的声音此起彼伏时，为了证实意大利人与我们奥地利文化之间的关系一直都非常紧密，我特地写了一篇名为《一位意大利人访问歌德》的文章。由于那本回忆录的前言是贝内代托·克罗齐[1]所写，所以借此机会，我也对克罗齐说了几句话，以示敬意。在那个年代，称赞敌国作家或学者的行为是不被允许的。毋庸置疑，当时身在奥地利的我对

---

[1] 贝内代托·克罗齐（Benedetto Croce，1866—1952），意大利著名文艺批评家、历史学家、哲学家。

一个意大利人表达敬意的行为无异于是一种示威。关于这一点，其他国家的人应该也能明白。日后，在意大利担任部长职务的克罗齐告诉我，他们部里一名不懂德语的下属有一天来找他，紧张兮兮地告诉他说，在敌国的一份很有影响力的报纸上，有个作者写了一篇对他很不友好的文章（这个下属觉得，他的名字出现在那个时候的敌国报纸上，肯定不是什么好事）。克罗齐立刻让人找来了一份《新自由报》。刚看到我那篇文章时，他非常惊讶。但过了一会儿，他又非常开心，因为他看到的根本就不是敌意，而是敬意。

对于我在孤军奋战的日子里所做的那些事情，我并不指望它们能起多大作用。事实上，它们也的确没能改变什么。但对我们自己和我从未见过的读者们来说，我做的那些事还是有一定助益的。在20世纪，当真正有人性的人类个体陷入孤独、感到绝望时，我所做的那些事多少能起到一些安慰作用。时隔二十五年，现在的我又一次面临当年那种局面。在强势的威压面前，我深感无力，束手无策。我甚至觉得如今的局面比二十五年前更可怕。其实在二十五年前，我就已经彻底看清了，通过写文章和运用一些巧妙的招数来表达反对意见并不能使我放下内心的重担。于是，我渐渐有了创作一部作品的念头。在这部作品中，我不但要写一些个人的事情，还要放眼全局，表明自己是如何看待时代、民众、苦难以及战争的。

然而，身为一个作家，想要运用多种文学手法来描述战争，最重要的一点就是亲眼看见过战争，而我是缺少这种经验的。在将近一年的时间里，我一直都老老实实地待在办公室里。而在这段时间里，在我看不到的远方，无比真实、冷酷无情的战争一直在进行着。几家大报社曾三次邀请我做战地记者，也就是说，我曾有三次亲赴前线的机会。可是我认为，身为一名战地记者，在报道那场战争时，必须得有爱国主义精神，而且还要对战争抱着支持的态度。这与我过去许下的诺言相悖，我的诺言是：无论何时，我都不颂扬战争，不污蔑其他国家。到了1940年，我同样坚守这个诺言。

就在这时，一个意外契机出现了。事情是这样的：1915年春天，在塔尔努夫，奥匈帝国和德国以猛烈的势头攻破了俄国人的防线，只通过一次集中兵力的进攻，便一举占领了加利西亚和波兰。在奥地利的占领区内，有许多俄国的战争宣传海报和公告原件，奥地利军事档案馆想趁它们被毁坏之前，抓紧时间将它们收集起来，放在自家的图书馆里。军事档案馆的负责人，就是之前帮助过我的那位上校，刚好知道我善于搞收藏，于是问我愿不愿意接受这项任务。我当然愿意接受，而且马上便动身了。

在执行这项任务时，我可以凭一张特别通行证任意乘坐军用列车。我不隶属任何特殊机构，也不用服从其他部门或领导的指示。我想去哪儿都行，完全自由。在这种特殊待遇下，我有了这样一段奇特的经历：我只是个挂名的上士，并非军官。我身着军装，不过军装上没有任何特殊标志。尽管如此，每当我向人出示自己的机密证件时，还是总能令对方肃然起敬。想必在前线那些军官和文员的眼中，我不是来暗访的总参谋部的某位领导，就是执行某项秘密任务的特派员。此外，我可以住酒店而不必住军官宿舍，这使我得以不受规模庞大的军事部门的约束。无论我想看什么，都无须他人引领。

对我来说，收集宣传海报和公告这项任务没什么难度。来到加利西亚以后，在任何一座城市——比如塔尔努夫、德罗戈贝奇、伦贝格——的车站附近，我都能看到一些被称为"百事通"的犹太人站在那儿。他们是专门帮人办事的，只要把差事交给他们，他们就一定能办妥。我对其中一个看起来经验老到的人说，我想收集俄国被占领时的那些宣传海报和公告。对方的动作既迅速又灵巧，如同一只黄鼠狼。通过一种隐秘的方式，他将这项任务分派给了数十名手下。而我什么都不用做，三个小时后，想要的一切就都到手了。

这个出色的组织使我有了充足的时间去观察很多人和事物。我先是看到了在灾难和痛苦中挣扎的普通民众。他们的眼神中流露出恐惧，可见过去的经历仍像乌云一样笼罩着他们。我还看到了生活在犹太人聚居区的那些人。他们的困顿处境是人们难以想象的。在平房或地下室的一个房间里，竟然挤着八个甚至十二个人。

此外，我还第一次亲眼看到了"敌人"。在塔尔努夫，我看到了正要被送去关押的第一批俄国战俘。他们席地而坐，边抽烟边聊天。那是一块正方形的区域，四周围着栅栏。负责看管战俘的是二三十个蒂罗尔人[1]。他们是通过战争总动员招募

---

[1]　蒂罗尔人（Tiroler），蒂罗尔是位于奥地利西南部的一个州，蒂罗尔人就是生活在那里的居民。

来的后备军，年纪比较大，胡子拉碴，衣衫破烂，精神不振，看起来跟战俘没什么区别。他们跟国内画报上的士兵形象相差太远了，因为画报上的士兵不但穿着新军装，而且胡子刮得特别干净。不过在看管战俘时，奥地利士兵的态度一点都不严苛。再看战俘，一点打算逃跑的苗头都没有。看样子，负责看管战俘的士兵根本就不准备严防死守，因为我看到他们跟战俘一起席地而坐，就像对待伙伴那样。虽然双方语言不通，但这并没有对他们之间的愉快交流造成什么影响。他们彼此交换香烟，通过手势来制造欢乐。其中一名年龄很大的蒂罗尔士兵从怀里掏出一个破旧的皮夹子，又从皮夹子里抽出几张妻子和儿女们的照片。他把那些照片递给"敌人"们看。在逐张欣赏照片的同时，其中一个"敌人"打着手势，询问那个蒂罗尔士兵，照片上的孩子是三岁还是四岁。

看到这个场景，我不禁觉得，相比于我们的大学教授和作家，这些粗野但又朴实的人对待战争的态度要更为端正。在他们看来，战争是突如其来的灾难。面对这种灾难，他们毫无抵抗之力。既然如此，有同样遭遇的人之间就应该互相理解、互相帮助。在外出办事的那段时间，这种感受一直伴随着我、安慰着我。

我在城市中穿行，到处都是被枪炮袭击过的痕迹，街边的店铺都被洗劫一空。街道中央满是各种各样的家具，它们如同人的断肢，或从身体里硬生生扯出来的内脏，就那么堆在一起。而当我看到战场间那些长势喜人的庄稼时，我的内心又燃起了这样的希望：几年后，遭到破坏的一切都会消失不见。当然了，那时的我还没有意识到这一点：虽然要不了多久，地面上的战争痕迹就会消失不见，但是人们对于战争的可怕记忆，也同样要不了多久就会消失不见。

刚到前线的那段日子，我还没有看到战争真正的恐怖之处。直到后来我才渐渐发现，战争的残酷和可怕程度是远远超乎我想象的。那时候，前线那边基本上没有客运列车。为了到达目的地，我搭乘过一次运送火炮的敞篷卡车，还搭乘过一次运送牲口的列车。记得那辆列车的车厢里充斥着刺鼻的臭味，精疲力尽的人们在地上挤挤挨挨地沉睡着，状态跟那些已被宰杀掉、正运往屠宰场的牲口没什么两样。

还有两三次，我迫于无奈，只能乘坐专门运送伤员的列车——这是最让我感到恐惧的经历。哎！那种专门运送伤员的列车跟车里车外都收拾得非常干净的白色救护车简直太不一样了。记得在战争刚刚爆发的时候，维也纳的公爵夫人和社交圈的名媛们曾假扮成护士，让摄影师为她们拍照。照片上的她们正是坐在那种白色的救护车里。而我亲眼看到的运送伤员的列车却是这副模样：外观普普通通，没有漂亮的玻璃窗，只有一扇用来通风的窄窗。车厢里，用来照明的煤油灯的灯罩被煤烟熏得黑黢黢的。一副副简陋的担架成排地摆放在那里，躺在担架上的那些伤员一直在痛苦地呻吟。他们的额头上冒着汗珠，面如死灰。那场景真是令人不寒而栗。他们费力地呼吸着。空气中满是排泄物和碘酒混合在一起的刺鼻味道。卫生员们都累得精疲力尽，走路时身体左摇右晃。在这个地方，照片上那种干净整洁的白色床单和被褥根本就不存在。伤员不是躺在草席上，就是躺在极硬的担架上。他们身上盖着毯子，那毯子上满是血痕。每节车厢里都有两三名死去的伤员，尸体就摆在那些气息奄奄、不断呻吟的伤员中间。

我曾和列车上的一名医生谈过话。对方向我坦言，他原本是匈牙利一个小镇上的牙医，来这儿以前已经有好多年没做过外科手术了。他的样子看起来特别绝望。他还说，他已经提前给七个车站发送过申请吗啡的电报，可得到的回复都是"所有药品都已用完"。目前列车上缺少的还不只是吗啡，脱脂棉和绷带这些东西也统统用完了。然而，距离到达布达佩斯的医院还需要二十个小时。由于他手下那帮卫生员已经累得走不动路了，所以他问我能不能帮他干点活。我答应了，我说我会试试看。虽然我比较笨拙，但至少能帮忙做点跑腿的小事。每当列车在站点停靠时，我都会下车去拎几桶水回来。那种水原本是用来加在蒸汽机里的，水质很差，里面还有很多杂质，可是现在，它却被当成了清热解渴的饮用水。即便不拿来喝，也可以用来给伤员擦拭身体，或者擦拭地面上的血迹。

还有一件很困难的事，那就是：来自不同民族的伤员统统被扔在了这个带着轮子不断往前跑的棺材里，由于语言不通，医患之间很难交流。医护人员既不懂鲁塞尼亚语，也不懂克罗地亚语。在这件事上，只有一位满头白发的牧师能帮上一点点忙。跟那位缺少吗啡的医生一样，他也因缺少物资而陷入了绝望。他缺少的是为去世的人做临终涂油礼时所用的圣膏油。老牧师对我说，他活了那么大岁数，还从没像上个月那样，在短短一个月的时间里，就为那么多死去的人举办遗体送别仪式。

记得当时，他用冰冷且愤怒的语气说道："作为一个六十七岁的老人，我也算是见多识广的。可在此之前，我从未想过人类会犯下这种罪行。"他说的这些话令我终生难忘。

黎明时分，我乘坐的那辆运送伤员的列车抵达了布达佩斯。下车以后，我径直去了一家旅馆。在火车上时，我只能坐在我的行李箱上休息，所以我现在必须得去睡个觉。过于疲累的我一直睡到了中午 11 点左右。起床后，我马上穿好衣服，打算去外面吃早饭。但是刚在街上走了几步路，我就觉得自己应该先揉揉眼睛，确认一下自己是否还在做梦。

那是一个阳光明媚的日子，早上还宛若春天，到了中午就已经是夏天了。布达佩斯的景色很美，给人一种轻松自在的感觉。街上有很多穿着白裙子的女士，她们正挽着军官们的手臂散步。那些军官的气质看起来跟前两天在列车上时完全不同，两者一点都不像是出自同一支军队。我昨天看到他们的时候，因为要运送伤员，他们无论是衣服上，还是嘴巴和鼻孔里，都有股碘酒味。可是现在，他们却正在把买来的紫罗兰花献给女士们，讨她们的欢心。在大街上，我还看到一辆极豪华的小汽车驶过，开车的男士胡子刮得非常干净，穿得也相当体面。

谁能想到，上述种种景象，居然是在一个距离前线只有八九个小时快车车程的地方出现的。但是，我们有什么理由去责备那些人呢？他们既然活在世上，就得活得快乐些，不是吗？人的天性不正是如此吗？他们之所以纵情享乐，或许正是因为有了危机感。趁现在还有机会，去买几套华服，尽情享受最后的时光，也是好的。生命是那么不堪一击，那么容易被毁灭。

只需一颗直径几毫米的铅弹，用千分之一秒的时间，就能夺走一个人的生命。随生命一同化为乌有的，还有人的记忆、认知、极致的快乐。正因如此，在这样一个美好的上午，我才能理解为什么有那么多人会来到水光潋滟的河畔晒太阳。他们感受着生命的存在，感受着血液在身体里的流动，这时的他们活得要比过去用力得多。

对于那些纵情享乐的景象，我从最初的异常惊讶逐渐转为基本上能接受了。可就在这时，餐厅里一位热情周到的服务员给我送来了一份维也纳的报纸。耐心地看了看上面的内容，我顿时感觉非常气愤。上面不是说"一定要坚信胜利属于我们"，就是说"我军损失极少，敌军损失惨重"，真是废话连篇，令人作呕。这些与战争有关的谎言正毫不掩饰、厚颜无耻、源源不断地涌向我！现在的我终于看透了：那些在街头漫步、满不在乎、无忧无愁的人并没有罪，有罪的是那些煽风点火、鼓吹战争的人。而我们要是不去痛斥他们，那我们同样有罪！

直到这时，我才算有了真正意义上的创作动力：我必须为反战而奋斗！如今，写作素材已经完备，但动笔之前，我还需要构思出一个具体的人物形象。这个人物形象要能把我内心的想法准确无误地表达出来。我很清楚自己要痛斥的对象是谁：一个是虚伪的英雄主义——这只会给人们带来苦难和死亡，另一个是没什么价值的乐观主义——这是那些无良的预言家所持的态度，他们之所以妄言政治和军事上的胜利，其实是想拖延时间，让残忍的战争持续下去。我要痛斥的对象还有一个，就是躲在那群人身后、受雇佣的合唱团。这个合唱团就像韦尔弗在自己的杰出诗作中痛斥的那样，是鼓吹战争的帮凶。质疑的人会被他们指责为影响了爱国主义事业，提出警告的人会被他们嘲讽为悲观主义者，反战的人会被他们说成是背叛者——毕竟在战争当中，他们自己是吃不到什么苦头的。哪个时代都少不了这样一群人：他们看不惯慎重的人，嘲讽人家是懦夫；他们看不惯有人性的人，嘲讽人家脆弱。然而，当他们的鲁莽引来灾祸时，他们又慌张起来，不知如何是好。这群人也嘲讽特洛伊的卡珊德拉和耶路撒冷的耶利米。在战争爆发以前，我们和这两个人物所处的环境还没有这样相似过，所以直到现在，我才对这两个人物的悲剧性和伟大之处有了深刻的理解。

自战争爆发以来，我从未对胜利抱有期待，因为我很清楚，即便我们用极大的牺牲换来了胜利，这胜利也弥补不了我们失去的东西。我曾把这个想法说给朋友们听，可他们没有一个赞同我。有人在战争刚刚爆发时就疯狂地嘶吼着胜利，好像能提前分得胜利果实似的。每当看到这种情形时，我都不禁陷入这样的自我怀疑当中：难道他们都是英明睿智的人，而我是其中唯一的愚者吗？还是他们都昏了头，只有我还保持着清醒呢？因此，我很自然地决定拿起笔来，将一个"失败主义者"的悲惨境遇通过戏剧的形式表现出来。事实上，造出"失败主义者"这个词的最初目的，是让一些致力于达成和解的人来承担失败的罪责。我终于找到了一个具有象征意义的人物形象，他就是耶利米——一个意欲警告和劝诫世人，却无济于事的人。在我要创作的这部戏剧中，我不想宣扬和平，虽然此前有很多人都是这么做的，而且相比于宣扬战争，还是宣扬和平要好一些。

我想塑造这样一个人物形象：当其他人都失去理智、陷入疯狂时，只有他一个人能承受住失败，而且最终还能将失败踩在脚下，可是他却遭人鄙视，被人看成懦夫。

自从创作第一部戏剧《忒耳西忒斯》以来，我一直在反复深入地思考一个问题，那就是：在精神层面上，那些经历过失败的人往往具有坚不可摧的力量。我想让人们知道，每一个执着于追求权势的人都会变得内心冷漠、没有人情味，每一场胜利都会麻痹民众的思想。而与上述情况相对应的，是预感到失败的人内心的痛苦与挣扎。在战争当中，双方都在以自得的姿态极力证明自己终将获胜，而我却将自己推进了一个痛苦的深渊，并试图从中找到一条爬出去的路径。

当我将《圣经》里的这个故事作为创作主题时，我无意间触碰到了一个我此前从未意识到的问题，那就是：通过血缘或传统这条隐线，将自己想表达的内容与犹太人的命运相联系。我们的犹太同胞不正是那种饱尝过失败滋味的人吗？虽然在历史上，我们一次次地被各个民族打败，但每一次，我们都靠一种神秘力量承受住了失败，一直存续至今。这种神秘力量就是坚信能扭转败局的顽强意志力。我们的先知早就预言了犹太人频频被驱逐的命运，不是吗？现在也是如此，许多犹太人被驱逐出境，就像磨完面粉剩下来的糠秕被随手扔掉那样。甚至提出，面对暴行下的失败，我们应该忍耐，应该去赞颂，因为它能为我们开辟出一条使灵魂获救的道路。

经受失败考验这种事并不总能让人从中获益，但庆幸的是，通过创作《耶利米》这部戏剧，我获益匪浅。所以在我心目中，它才是我真正意义上的第一部作品。直到今天，我才终于明白：如果当初我没有亲身体验过战争带来的痛苦，没有预见到后来的结局，那么今天的我还会像战争爆发前那样，像只会弹奏欢快乐曲的演奏者那样，是一个永远都写不出直击灵魂的文字的作家。我终于意识到，在尽情表达自己心中所想的同时，我也该为那个时代发声。我的本意是通过《耶利米》这部作品来帮助别人，不承想我自己也从中获得了慰藉。在我的所有作品当中，最有个人特色、最饱含深意的，除了《伊拉斯谟》以外，就是《耶利米》了。说起《伊拉斯谟》，它同样支撑我度过了一段难熬的日子——那是 1934 年，希特勒夺权的时候。总之，从我决定创作《耶利米》这部悲剧的那一刻开始，面对时代的悲剧，我心里就不再那么难过了。

不过，我从未指望《耶利米》能广受关注、大获成功，毕竟它涉及先知、和平主义以及犹太人这些敏感的内容。在这部剧的结尾，还有一段为升华主题而讴歌失败者命运的合唱。这个剧本的篇幅非常长，在剧院上演的话，需要两三个晚上才能全部演完。当时的时代背景也对这部剧不利，在那时的报纸上，每天都能看到这样一句宣传口号："要么胜利，要么灭亡！"在这种情况下，我那部预言失败，甚至赞颂失败的戏剧，怎么可能在德意志的剧院里上演呢？要是这样一部作品能够顺利出版，那只能说是发生奇迹了。不过，就算是出现了最糟糕的情况，即这部戏剧不能被搬上舞台，那它至少也帮我度过了人生中最难熬的一段时间。我把平时不能对朋友们说的话，通过那些诗句表达了出来。我卸下了心头重担，获得了自我解放。在我对那个时代的种种都感到不满的时候，我总算有了一样让我满意的东西，它就是我的《耶利米》。

十一

在欧洲的心脏

在 1917 年的复活节那天，我写的那部悲剧《耶利米》以书籍的形式正式出版了。不过，事情跟我预想的很不一样。因为我在写这个剧本的时候是抱着对抗时代的态度的，所以按我的预想，它应该会遭到激烈的反对。但事实正相反。没过多久，两万册书籍便宣告售罄。一个剧本能卖出这么多册，算是相当不错的成绩了。我的很多朋友都在公开场合对这个剧本表示赞赏，其中不光包括罗曼·罗兰，还包括拉特瑙和理查德·德默尔——在此之前，他们两个人一直是站在另一条战线上的。各个剧院的负责人也纷纷写信联系我——尽管他们当时连剧本都还没拿到手，他们的大致意思是说，虽然眼下还处于战争时期，任何一家剧院都不可能用德语来演出这部剧，但等战争结束后，希望我能把首演留给他们负责。支持战争的那些人虽然反对我的这部剧，但他们的态度还算客气，而且也给予了足够的尊重。在此之前，我虽然做过多方面的心理准备，但唯独没想到会是这样。

所以，这到底是怎么回事呢？无非是从战争爆发至今，已经过去两年半了。此刻，时间的冷酷使人们觉醒，战场上的伤亡使原本狂热的人们逐渐趋于冷静。在战争刚刚爆发的那几个月，人们普遍正气凛然、情绪亢奋，而现在，人们对战争的态度已经变得冷漠了。人们发现，在现实生活中，哲学家和作家们之前极力宣扬的至高无上的"道德净化"根本就没有显露出一丁点痕迹。于是，一致对外的感情变得不那么坚定了，国家和民族内部发生了严重的分裂。

随着时间的流逝，前线与后方的生活差异越来越大。士兵们在前线与敌人进行着殊死搏斗，与此同时，还要因食物和医药用品严重不足而饱受折磨。而留在后方的人呢，有的在家里安安稳稳地过日子，有的去拥挤的剧院里看戏，更有甚者还会趁机发国难财。与政府官员沾亲带故的人都在忙着谋求私利，而那些生计无着的农民和工人却源源不断地被送上前线。这种环境促使人们变得肆无忌惮、毫无底线。随着卑鄙的中间商的倒卖，生活物资的价格一涨再涨，食物越来越难买到，民众在困苦的泥沼中越陷越深。反观那些发了战争财的人，他们的奢靡生活就像闪烁在泥沼之上的鬼火般刺眼。

从民众的愤怒情绪中逐渐衍生出了各种各样的质疑：他们质疑本国货币，因为它的价值变得越来越低了；质疑将军、军官、外交官们的一言一行；质疑政府和总参谋部发布的所有公告；质疑各个报社，也质疑报纸上刊登出来的所有消息；质疑战争本身，也质疑战争的必要性。我的那个剧本之所以能取得意料之外的成功，并不是因为艺术水准高，而是因为我把别人不敢公然说出口的话说了出来：痛恨战争，质疑胜利。

在舞台上公然表达这种反战情绪当然是不现实的，毕竟那样做的话，很容易招来激烈的反对。所以我并不指望这部反战剧能在战争期间被搬上舞台。但令我意外的是，有一天，我收到了苏黎世城市剧院负责人的来信。他在那封信上说，要是我愿意的话，他的剧院马上就可以演出《耶利米》这部剧。而且在首演的时候，希望我能到场观看。对呀，我怎么把德语世界里这片宝贵的小天地给忽略了呢！作为一个中立国家，瑞士一直蒙受着上帝的恩典，保持着言论和精神上的自由（在第二次世界大战当中也是如此）。所以对于那位负责人提出的请求，我自然马上就答应了。

当然了，在没有获准出国，请假申请也没有获批的情况下，我所谓的答应只能是原则上的。好在我比较幸运，正好当时每一个参战国都设立了一个机构，名为"文化宣传部"——在如今的第二次世界大战中，这个机构已经不存在了。

为了让人们能够了解第一次世界大战和第二次世界大战在思想方面的差异，我觉得应该在这里插入一段说明。在第一次世界大战的时候，由于各个国家的领袖或君主都长期受宽仁慈爱的传统观念的熏陶，他们在内心深处都因参与战争而感到惭愧和歉疚。因此，在第一次世界大战期间，各参战国纷纷公开表明态度，不承认自己过去或者现在是军国主义国家，并一致认为这种指控是无耻的污蔑。此外，每一个参战国都争先恐后地表白、证明、解释、罗列事实，以彰显自己是个"文明国家"。1914 年时，人们普遍宣扬的是文化胜于强权。对于"神圣的利己主义"和"生存空间"这类有违道德的口号，人们都抱着轻蔑的态度。由于当时人们最迫切的愿望就是自己的国家能在精神文明方面取得举世瞩目的成就，所以各个中立国都热衷于搞文艺演出。德国把自己的交响乐团派了出去，由世界著名指挥家带队，前往瑞士、荷兰、瑞典这些国家进行演出；维也纳把自己的爱乐乐团派了出去；诗人、作家以及学者们也被派了出去——派这些人出去的目的，不是宣扬本国的军事行动或兼并倾向，而是用诗句或其他作品来表明德国人并非"野蛮人"，德国人除了能制造出火焰枪和烈性毒气以外，还能创造出惠及全欧洲的文化财富。说到这里，我想再重申一次，在1914年到1918年间，各国内部都存在一股势力，其目的都只有一个，就是在世界范围内拉拢人心。一个国家在道德和艺术方面的追求能对战争产生重要影响。在那时，各个国家还都想得到世人的怜悯，而不像1939年时的德国那样，通过种种非人道的、冷血的方式，将一切踩在脚下。

因此，我写了份请假申请，请假理由是我要去瑞士参加一部剧的首演——这个理由再好不过了。最令人担心的一个障碍就是：那是一部反战剧，而且里面有个作为一种象征而存在的奥地利人，他预言战争会失败。我来到文化宣传部，找到主管领导，把申请递交上去，并当面向那位领导阐述了我的想法。他马上就同意了，而且还表示会为我做好相应的安排。这让我感到非常惊讶。此外，他还对我说了一番别具深意的话，作为同意我请假的解释。他说："谢天谢地，一直以来，您都不是那种鼓吹战争的蠢人。好吧，出国以后，请您竭尽全力，争取将这项事业坚持下去。"四天后，我在得到假期的同时，还得到了一本出国护照。

一个奥地利政府的高层官员竟在战争时期如此开诚布公地对我说那些话，这让我颇为费解。其实这只是因为我并不知晓政治方面的秘密活动。事实上，在 1917 年时，由新皇帝卡尔一世领导的那些高层官员已经开始在暗中谋划着如何摆脱德国的军事专权了。那时候的德国军方完全不考虑奥地利的真正意愿，强行捆绑着它随自己一起向外扩张。对于鲁登道夫 [1] 的凶残和专横跋扈，奥地利参谋部已恨之入骨；对于无限制潜艇战，奥地利外交部极力反对，认为这必将逼迫美国与奥地利为敌；对于普鲁士人的骄横放纵，奥地利民众怨声载道。然而对于这些情况，人们只敢小心谨慎地通过看似无意的言谈表达出来。几天后，我不仅得知了更多情况，还提前获知了一项重大的政治机密——当时很多人还对此一无所知。

这件事的原委如下：去往瑞士途中，我在萨尔斯堡待了两天。我在那里买了栋房子，准备在战争结束后搬过去住。萨尔斯堡有个忠实信仰天主教的小圈子。那个小圈子里有两个名人，一个是海因里希·拉马施，另一个是伊格纳茨·塞佩尔。这两个人都担任过奥地利总理，对奥地利的战后历史产生了决定性的影响。拉马施是一位非常出色的法学家，曾参加过海牙会议。塞佩尔是一位天主教神父，才能和智慧均出类拔萃。在奥地利君主政体土崩瓦解后，他接过了弱小的奥地利的领导权，并借此充分展示了自己在政治方面的非凡才能。由于这两位都是意

---

[1]　埃里希·冯·鲁登道夫（Erich Von Ludendorff，1865—1937），德国陆军将领。

志坚定的和平主义者，是忠实的天主教信徒，是为人热忱、坚守传统的奥地利人，所以对于德意志、普鲁士以及新教军国主义，他们都深感厌恶。在他们看来，无论是从奥地利传统的角度来看，还是从天主教使命的角度来看，军国主义都是一种极不协调的存在。

在他们那个崇尚和平、信仰虔诚的小圈子里，我那部《耶利米》非常受欢迎。在我还没离开萨尔斯堡的时候，时任枢密顾问的拉马施——那时候，塞佩尔出去旅行了——向我发出邀请，希望我能去跟他见个面。谈起我那部诗剧，这位非常有分量的老学者的态度格外真诚、恳切。他认为我的剧本充分显示了我们奥地利人与人为善的处世态度。他还说，他热切地期盼着我的剧本能突破文学领域，在一片更广阔的天地里作出贡献。令我颇感意外的是，对于与他初次见面的我，他非常信赖，说起话来也非常坦诚。由此可见，他具有非凡的胆识。

从他口中，我得知了这样一个秘密：如今，身在奥地利的人们正面临着一个具有决定性意义的转折点。他告诉我，如果在军事上遭受了重创的俄国能就此停止对外扩张，那么无论对德国来说，还是对奥地利来说，缔造和平协定就不再有什么阻碍了。在这种情况下，我们一定要把握住机会。如果德国的泛德意志势力继续我行我素，拒绝和平谈判，那么奥地利就只能夺过主导权，然后独自行动，设法寻求和平。他含蓄地向我表示，目前，年轻的卡尔一世已作出承诺，说会帮助上述计划顺利实施。届时，这位皇帝将向我们展示自己在政治方面的影响力。拉马施还对我说，奥地利当前不应该再跟随德国军国主义的脚步鲁莽行事，靠牺牲士兵的性命去换取"通过战胜得到的和平"，而应该去争取"通过互谅达成的和平"。至于这一点能不能实现，那就要看奥地利是否有足够的力量了。因此，奥地利应该审时度势，及时从同盟中抽身，以防被德国的军国主义者拖入苦难的泥沼。拉马施语气坚定地说道："我们一百多万人的牺牲难道还不够吗？谁也没资格指责我们，说我们是背叛者，因为我们已经仁至义尽了。从今以后，我们不会再为德国称霸世界的野心牺牲任何一条性命！"

我屏住呼吸，默默地聆听着。过去，我们也曾在心里多次想过这些，只不过谁也不敢在光天化日之下把"我们要趁早跟德国人划清界限，跟他们的吞并政策划清界限"这种话说出口。毕竟一旦说出这种话来，我们就会被认为是背叛盟友。可是现在，一个在奥地利深受皇帝信赖、因在海牙会议上的出色表现而享誉国际的人却把这些话说出口了。对拉马施而言，我基本上算是个陌生人，可在我面前，他却用一种平和而果决的态度说出那些话。这使我马上意识到，奥地利试图从同盟中抽身的行动早就开始进行了，而非仍在准备当中。必须承认，这种想法很有魄力：奥地利可以先用独自谋和来威胁德国，迫使其接受和平谈判。如果德国不肯就范的话，那奥地利就从同盟中抽身，将威胁德国的事付诸实施。后来的事实证明，对当时的帝国和君主制度，乃至对整个欧洲而言，这都是力挽狂澜的最佳策略。

遗憾的是，在这个策略付诸实施的时候，奥地利表现得不够坚决。卡尔一世将一封密信交给他的妻弟帕尔玛亲王，并派帕尔玛亲王去见克里孟梭[1]。卡尔一世想通过这种方式进行试探，看看是否有可能在瞒着柏林宫廷的情况下启动和平谈判。与此同时，他也做好了和谈的准备。但是，不知什么原因，德国得知了这个秘密——直到今天，我都没搞清楚这件事的真相。坏就坏在，事发之后，卡尔一世并未向世人展现出坚守信念的无畏气概。原因据说是德国曾威胁奥地利，说会对其进行军事入侵。此外，卡尔一世也顾及自己的身份。作为哈布斯堡皇室成员，他不想做这样一件让人诟病的事：在紧要关头，亲手撕毁由弗朗茨·约瑟夫皇帝缔结、由无数奥地利同胞用鲜血来守护的盟约。因此，他没有把总理一职交给拉马施或塞佩尔。可是，敢于承担背叛德国这种罪名的，恰恰只有这两个人——作为笃信天主教的国际主义者，这两位威望甚高的重量级人物在做这件事的时候是有道德信念作为支持的。由于在关键时刻缺乏决断力，所以到头来，卡尔一世还是把自己给害了。拉马施和塞佩尔都是在风雨飘摇的奥地利共和国时期而非历史悠久的哈布斯堡帝国时期当上总理的。当初，如果拉马施真以独自谋和来威胁德国，或者真让奥地利从同盟中抽身，那么因此而获救的将不只是奥地利，还有德国——那时候，由于不断向外扩张，德国内部的危机已经相当严重了。如果英明睿智的宗教信徒拉马施当初坦白对我说出的那个计划能够顺利实施，而不是被怯懦和笨拙破坏的话，那么如今欧洲的局面或许会好很多。

---

[1] 乔治·克里孟梭（Georges Clemenceau，1841—1929），法国政治家，激进社会党领袖，曾任法国总理。

　　与拉马施见面后的第二天，我启程离开，越过了瑞士的国境线。现在这个时代的人恐怕很难理解，在那时候，从一个处于半饥饿状态、遭到封锁的交战国到一个中立国是怎样的一种感觉。国境线两边的车站之间只有几分钟的车程。刚来到这里的时候，我就感觉周围的环境从压抑变成了白雪皑皑、清新冷冽。原本昏昏沉沉的脑子也变得越来越清醒。时隔数年，当我从奥地利到瑞士，再次途经这个名叫布克斯（我通常不会把火车站的站名记下来）的边境站时，那种神清气爽的感觉跟上次一模一样。

　　从这个边境站下车后，第一个让我感到惊讶的是种类齐全的食品。那本来是一些生活中很常见的食品，而我却已经快把它们给忘了。我看到了果肉饱满、颜色橙黄的橘子和香蕉；看到了在我们那边必须通过特殊关系才能弄到手的巧克力和火腿；看到了面包和肉，而且这两样东西都无须凭票购买。下了火车的旅客立刻朝那些物美价廉的食物扑过去，毫不夸张地说，就像饿虎扑食似的。车站里有一家邮局，通过它，旅客可以向世界各地寄信、发电报，而且不必接受任何审查。邮局里还摆放着各种报纸，有法文的，有意大利文的，还有英文的，任何人都可以随意购买或阅读。总之，在我们那边不允许的，在这边统统都允许，而这两地之间仅仅隔着五分钟的车程。

　　在我看来，这两个距离非常近的边境站之间的差异，正好淋漓尽致地展现了欧洲这场战争的种种荒唐之处。在另一边，在我们那个边境小镇上，各家店铺的牌匾都还在，可每一栋公寓楼、每一座小草屋里，都看不见男丁了——他们都被送到乌克兰和阿尔巴尼亚，在战场上与敌人厮杀。而在只隔五分钟车程的这一边，与他们年龄相仿的男人却和自己的妻子坐在围墙爬满常春藤的家门口，嘴里叼着烟斗，一脸惬意。看到这些景象，我不由在想：在这条正好位于国境线上的小河里，那些鱼儿是不是也跟人类一样，右边的鱼儿在交战，而左边的鱼儿保持中立呢？

越过国境线，我立刻就感受到了两边的差异。相比之下，这边更自由、更令人振作，人们也更有尊严。次日，我又感觉到了战争给我们的精神和身体带来了多么严重的伤害。记得那天，一个亲戚邀我去他家做客。吃完饭后，我喝了杯黑咖啡，又抽了一支哈瓦那雪茄。突然间，我感觉眩晕和心慌。由于此前长期使用代替品，现在遇到纯正的咖啡和香烟时，我的身体已经不适应了。同样的，此前身处于战争环境中的我总是精神紧绷，现在突然来到一个和平的环境，我想我也需要做一番调整，才能放松下来。

我其实挺享受这种晕乎乎的感觉，因为在这种状态下，每棵树看起来都那么漂亮，每座山看起来都那么无拘无束，每处景致看起来都那么讨人喜欢。在发生战争的国家，在人们晦暗无光的眼睛里，安静祥和的草原似乎在昭示着大自然的冰冷淡漠，红色的夕阳似乎象征着遍地鲜血。但是在这个和平的环境中，我感觉天地辽阔，一切景色都是那么自然而然。我爱瑞士，而且这种爱要比以往任何时候都强烈。

过去每次来这个面积很小却物产丰富的国家时，我的心情都很愉悦。但直到现在，我才真正明白这个国家存在的意义。

瑞士人的梦想是各民族都能在这里像兄弟姐妹一样融洽地相处。尽管在语言和风俗方面存在差异，但只要我们秉持着互相尊重的原则，发扬真正的民主精神，那些差异就不会成为我们之间的阻碍。在我看来，这种态度是最英明睿智的。对于陷入乱局的欧洲而言，瑞士是一个多么出色的典范哪！对于这个世界而言，这个绝无仅有的、超越民族的国家的存在是多么重要哇！它是所有受迫害之人的避难营。几个世纪以来，它一直是和平与自由的所在地。它一方面忠诚地保留着自身的传统特色，另一方面，又以开放的态度接纳其他的思想观念。让这样一个国家拥有美丽和富足，在我看来是非常合理的。在这里，谁都不会有陌生感。当一个独立自主的人从发生灾难的地方来到这里时，他会觉得这里比祖国更有家的感觉。

我花了好几个小时的时间漫步在苏黎世的街头和湖边，直至夜幕降临，家家户户都亮起了灯，呈现在我眼前的是一派和平景象。这里的人们依然过着安安稳稳的生活。这时的我心里在想，这里不会有辗转难眠、挂念着儿子的母亲。在这里，我没看到受伤的人，没看到残疾的人，没看到刚入伍的、明后天就要被火车拉去前线的新兵。这里的人更有活着的动力，他们的心理并不扭曲。而在我们那个发生战争的国家，人人都带着恐惧艰难地活着。

对我而言，来到这儿以后，我的当务之急不是处理《耶利米》首演的事，也不是去见瑞士或其他国家的朋友们，而是去见罗曼·罗兰。之所以要去见他，是因为我相信他会让我的意志更坚定、头脑更清醒、做起事来更有激情。另外，我还要当面谢谢他，因为在我最孤独、最难受的那段日子里，是他一直激励我，给予我朋友的情谊。所以我的第一项安排，就是马上去日内瓦见他。

不过在那个时候，我和他是"敌人"，这样的关系使我们相处起来非常麻烦。很明显，交战国政府是不希望本国公民与敌国公民在中立国私下接触的。但要是这样的两个人真见面的话，法律也拿他们没办法，毕竟无论哪个国家都没有法律条文规定他们只要像这样见面，就要受到处罚。唯一被禁止的是商业交易行为，也就是法律条文中说的"与敌人互易商货"。要是有这种行为的话，那基本等同于犯了背叛国家罪。

我们这些朋友心里都非常清楚，一直有人在暗中监视着我们。因此，为了避免惹上"背叛国家罪"的嫌疑，我们在见面时甚至遵守这样一条原则：互不敬烟。为了不让人起疑，以为我们有什么不良企图，或者做了什么见不得人的事怕人知道，我们干脆选择了一个最简单的办法，那就是：将我们之间的一切往来彻底公开。比如在通信时，我们不留假地址，也不把信件放在邮局暂存待领；我们绝对不会在晚上见面；见面时，我们也从不偷偷摸摸，而是结伴走在街上，或者一起坐在咖啡馆里。

因此，在抵达日内瓦以后，我马上来到罗曼·罗兰所住的旅馆楼下，对看门人说出我的全名，然后大大方方地告诉他，我要找罗曼·罗兰先生。我是这样考虑的：要是我们这次见面被德国或法国的通讯社得知，并且准备登在报纸上的话，那么现在就让他们知道我是谁，知道我要见谁，这样更好。此外，我和罗曼·罗兰是相识多年的好友，虽然我们来自不同的国家，而且我们所属的国家目前正处于交战状态，但我们不会因此而回避对方——一对相识多年的好友见个面，这是一件非常自然的事。虽然世界变得很荒唐，但我们不能受此影响，变得古怪、别扭。

此刻，我总算站在罗曼·罗兰的房间里了。这个房间跟他在巴黎的那个房间几乎完全一样。各类书籍堆放在写字台和扶手椅上，各种杂志、文件、纸张铺满了写字台，一切都宛若当年。虽然他的房间安静、简洁、朴素，像修士隐居的地方一样，却能与全世界保持联系。无论身在何处，罗曼·罗兰都会把自己的房间布置成这个样子，这是他的习惯。

刚见面的那一刻，我忘记了寒暄，只跟他握了握手。在此之前，我已经有好几年没跟法国人握过手了。三年以来，罗曼·罗兰是第一个与我当面交谈的法国人。但是在这三年当中，我们的知心程度要胜过以往任何时候。相比于用母语跟国内的人交谈，我觉得还是像现在这样用外语跟他交谈更贴心、更坦诚。那一刻，我意识到自己面前的这位朋友是我们这个时代举足轻重的人物。我还意识到自己正在跟一个代表着欧洲良心的人交谈。

眼前的一切使我明白，长期以来，为了让各民族达成互谅，罗曼·罗兰付出了多少心血。他夜以继日地忙碌，身边连个助手或秘书都没有，一直是孤身一人。他密切关注各个国家的最新动向，并与数不清的人保持联络——这些人都向他讨教该如何开展人道主义救援工作。他一直保持着写日记的习惯，而且每天都要写很多页。他是那个时代唯一一个将记录时代历史视为己任的人，因为他觉得应该给后世之人一个交代。但是现在，那些日记又在什么地方呢？相信总有一天，他亲手写下来的那无数本日记会将第一次世界大战中道德和思想方面的冲突完整且彻底地揭露出来。他还发表文章，那时候，他发表的每一篇文章都能在世界范围内引起强烈反响。此外，他的长篇小说《格莱昂波》也在创作当中。

上述这一切就是罗曼·罗兰向世人许下的承诺。为兑现承诺，他本着自我牺牲的精神，将重大责任扛在肩头，全力以赴地投身于奉献当中。在那个狂热的时代，他一直坚持弘扬正义和人性，是这方面的杰出楷模。每一封来信，他都认真回复。每一本与时代问题有关的小册子，他都认真阅读。由于他一向体弱，当时的健康状况又非常糟糕，所以他说话的声音很小，与此同时，他还要克服经常轻咳的毛病。外出的时候，他必须裹上围巾，而且只要脚步稍快，他就不得不停下来歇一会儿。然而在重重困难面前，这样一个身体羸弱的人却展现出了坚韧不拔的意志力，爆发出了看似不可能的强大力量。在各种诋毁和攻击面前，他始终不为所动。他以一种无所畏惧且无比冷静的心态盯着那个动荡的世界。在他这个活生生的人身上，我看到了英雄主义的另一种体现形式，即思想和道德层面的体现。但是在我的作品中，我一直都没能把这种形式的英雄主义淋漓尽致地展现出来。即便在那部为罗曼·罗兰写的传记中，我也没能做到这一点。原因在于，我们总是不太敢把过多的赞誉奉送给一个仍然在世的人。在那样一个狭小的房间里，罗曼·罗兰正向全世界散发着一种肉眼看不见的激励人心的光芒。这使我深受感动，也使我感觉灵魂受到净化。自从那次见面以后，我才深深意识到，而且真切地看清楚了：虽然当时，面对无数受仇恨情绪操控、失去理性的人，罗曼·罗兰是孤军奋战，或者说基本上是孤军奋战，但在此过程中，他所爆发出的激励人心的力量却是难以估量的。他这个人的存在以及他堪称楷模的坚强不屈的精神对于那个时代的意义，只有身为时代见证人的我们最了解。正因为有了他，当时像染上了狂犬病一样的欧洲才得以保住了道德、正义以及良心。

在那天下午和接下来的几天中，我们有过多次交谈，可每一次，我都感觉他的话语中透着淡淡的哀伤。这使我想到了里尔克——每次提起那场战争时，他也是这样哀伤。对于那些政客，还有那些不惜牺牲无数国人性命，只为满足自己民族虚荣心的人，罗曼·罗兰深感愤愤不平，而对于那些根本就不知道自己为什么——实际上，这个"为什么"本来就毫无意义——会陷入苦难的人，还有那些在战争中死去的人，他一直都抱有怜悯之情。

罗曼·罗兰让我看了列宁发给他的电报。在乘坐那辆饱受争议的封闭列车离开瑞士以前，列宁专门发了那封电报。在电报中，列宁诚恳地邀请罗曼·罗兰跟他一起去俄国。其原因在于，他深知罗曼·罗兰在道德上的影响力对于他所从事的事业有至关重要的作用。但一直以来，罗曼·罗兰都拒不加入任何组织，只是独自投身于自己想要为之奋斗终生的事业当中。因为只有这样，他才能不受任何束缚。他从不让自己受任何束缚，就像他从不强制别人听从他的思想那样。他希望所有敬爱他的人都跟他一样，不让自己受任何束缚。他只想在这样一件事情上为人们树立榜样：始终保持自由，忠实于自己的信念，就算为此要与全世界对抗也毫不畏惧。

抵达日内瓦的第一天晚上，我就结识了一个以《报页》和《明天》为活动阵地的小团体。这个小团体中有法国人，也有其他国家的人，包括皮埃尔·让·茹弗 [1]、雷内·阿克斯、弗朗斯·马瑟雷尔 [2]。我们以年轻人结交朋友时的那种速度，在极短的时间内成为知己。我们都预感到我们会迎来一个新的开始。我们的处境都一样，很多相识多年的好友因为被爱国主义热情冲昏了头脑，已经不再跟我们联系了。结交新朋友是人的正常需求。而当我们发现，我们站在同一条战线上，在同一个思想堑壕中对抗着共同的敌人时，我们之间便产生了一种同志般的使人斗志昂扬的感情。只过了二十四小时，我们就已经像相识多年那样互相信赖，而且彼此间用上了"你"这种亲密的称呼。我们都有这样的感觉：我们"人数虽少，但非常快乐，彼此亲密无间"。我们都清楚，像我们这样的一群人贸然聚在一起，需要相当大的勇气，同时也要冒相当大的风险。我们都清楚，在距离我们仅有五小时车程的地方，德国人和法国人之间互相警惕，

---

[1] 皮埃尔·让·茹弗（Pierre Jean Jouve，1887—1976），法国作家、诗人、小说家、评论家。

[2] 弗朗斯·马瑟雷尔（Frans Masereel，1889—1972），比利时画家、版画家。

一旦相见，他们就会把刺刀扎进对方的胸口，或者用手榴弹把对方炸得血肉模糊——这样一来，他们就能获得奖赏。双方都有千百万人希望对方从这个世界上彻底消失，双方的报纸都在恶语相向。在那千百万人当中，只有像我们这样的极少数人才能同桌而坐、互相交谈。我们一团和气，每个人都尽力以诚相待，甚至可以说，我们之间的感情就像炽热的兄弟情一样。我们都清楚，我们的所作所为无一不是违反官方禁令的。公然展示友情、公然与自己祖国作对的做法会令我们置身险地，但正因如此，我们反而达到了一种近乎亢奋的状态。由于这种冒险行为能充分展现出我们的反抗之力，所以我们甘愿如此，并乐在其中。

为了表明我们是以郑重其事的态度加入这场冒险活动的，我们选择了"明牌"示众。比如，我与皮埃尔·让·茹弗联合举办了一场公开朗诵会（在战争时期，这种事是非常罕见的）。朗诵会是在苏黎世举办的。会上，他用法语朗诵了自己的诗篇，我用德语朗诵了《耶利米》中的选段。至于领事馆和大使馆如何看待此事，我们根本就不在乎。我们孤注一掷，就像科尔特斯[1]当年那样。之所以这样，是因为我们心里非常清楚，背叛者并不是我们，而是那些没能在特殊时期履行作家职责的人。

看看我刚结交的这几位法国和比利时的年轻朋友，他们是多么勇敢、多么有气魄呀！弗朗斯·马瑟雷尔通过版画对恐怖

---

[1]　埃尔南·科尔特斯（Hernando Cortes, 1485—1547），西班牙航海家、探险家，曾率军征服了正处于鼎盛时期的阿兹特克帝国。

的战争提出强烈控诉。他那只有黑白两色的版画丝毫不逊于戈雅的《战争的灾难》，给我们留下了难以磨灭的印象。他用版画将那场战争记录了下来，流传后世。这个坚毅的男人不知疲倦、夜以继日地在静默的木头上雕刻，塑造出一个又一个崭新的人物形象和场景。在他窄小的卧室和厨房里，堆放着数不清的木板。每天清晨，人们都会在《报页》上看到他的版画。那些版画批判的不是某一个国家，而是我们共同的敌人——战争。我们都渴望飞机从城市和军队上空飞过时，丢下来的不是炸弹，而是那些怒斥战争的版画。版画上那些关于战争的惨烈画面，就算是不识字的人也能看明白。我甚至坚信，在这种怒斥下，战争也许会提前结束。

只可惜，那些版画只能出现在《报页》这种发行范围基本仅限于日内瓦的小报上。无论是我们谈论的内容，还是我们想做的事情，都被封锁在小小的瑞士，即便有一天能发挥作用，那也已经来不及了。我们心里都清楚，在由总参谋部和各政府机构组成的巨型机器面前，我们什么也做不了。我们没有遭到迫害，或许正是因为我们的所作所为不具威胁性。我们的发言几乎一点力度都没有，我们什么都改变不了。不过，恰恰由于我们清楚自己势单力薄、孤立无援，所以我们才能如此坦诚相见、紧密团结。在日内瓦时，我与朋友间的那种热烈的感情是我成年以后从未体验过的。在那之后的很长一段时间里，我们一直保持着联系。

抛开艺术的眼光，以心理学和历史的眼光来看，在那个小团体中，亨利·吉尔伯克斯才是最值得关注的一个。我认为，相比于小团体里的其他人，这个人更能印证一个永远都不会被打破的历史规律，那就是：在风云突变之时，特别是发生战争或革命之时，短时间内，敢于冒险的精神通常要比有信念感和刚强正义更重要，比品性坚韧更具决定性意义。当时代的潮流翻滚着向前奔腾时，最受瞩目的往往是那些能当机立断、追赶上潮流的人。过去，库恩·贝拉[1]和库尔特·艾斯纳[2]曾在时代潮流的推动下，到达了一个超出自身才干所能胜任的位置——在历史上，像他们这种红极一时的人物曾出现过很多。

吉尔伯克斯个子不高，身材瘦弱，头发呈金黄色，一双灰色的眼睛透着灵动和不安。虽然他很会讲话，而且差不多早在十年前就把我的诗作翻译成了法文，但平心而论，我认为他的文学水平很一般。这个人其他方面的修养也不高。他有一种比较恶劣的天性，就是不管遇到什么，都要跳出来反对。虽然从本质上看，他是个心地善良的年轻人，但他却以这样一种事情为乐：像江湖人那样四处浪荡，专门找比自己强大的人较量。

在战争爆发之前，他就频频与巴黎文学领域里的一些人争论，对某些思潮表示反对。后来，他又加入了一些所谓的激进党派。可在他看来，所有党派都不够激进。如今，在这个发生战争的时刻，身为反军国主义者的他顿时锁定了一个强大的对

---

[1]　库恩·贝拉（Kun Béla, 1886—1939），匈牙利共产主义革命家，匈牙利苏维埃共和国的主要创始人和领导者，犹太人。

[2]　库尔特·艾斯纳（Kurt Eisner, 1867—1919），德国新闻工作者，德意志帝国时期巴伐利亚独立社会民主党领导人，犹太人。

手：世界大战。在这个对于整个世界而言都非常紧要的时刻，在大部分人都心存畏惧的时候，他却以勇敢无畏的姿态投身于战斗当中。正是这种举动使他变得非常重要，甚至不可或缺。正是"冒险"这种令人感到畏惧的事，让他觉得有异乎寻常的诱惑力。他做了很多别人不敢做的事，正因如此，一时之间，这个原本只会写写文章的人显得格外突出，无论是他的文学水平，还是他的战斗力，都受到了过分的吹捧。像这种不正常的情况，在法国大革命时期吉伦特派那些不起眼的律师和法学家身上也发生过。吉尔伯克斯非常果断地出手了，而在同一时间，别人都还在默不作声，还在瞻前顾后、缩手缩脚，思考着该做什么、不该做什么。

吉尔伯克斯有一项不可磨灭的功绩，在第一次世界大战期间，他创立并主持了反战期刊《明日》。作为当时唯一的一份反战期刊，《明日》在思想上具有非常重要的意义。对于想要深入了解当时各种思潮的人来说，《明日》是一份不可或缺的资料。在战争期间，吉尔伯克斯开辟了一个具有国际主义精神且超越国界的言论阵地。这恰好满足了我们当时的需要。

对于《明日》这份期刊而言，罗曼·罗兰所提供的帮助至关重要，因为正是他依靠自己的名望和人脉，为这份期刊请来了很多欧洲、美洲以及印度的编辑。此外，由于吉尔伯克斯的激进立场赢得了一批流亡海外的俄国革命者的信赖，所以这些人会定期在《明日》上发表文章。他们包括列宁、托洛茨基、卢那察尔斯基。因此，在长达一年或二十个月的时间里，《明日》都是世界上最受关注的期刊。要是能坚持到战争结束以后，或许它还能对社会舆论产生至关重要的影响。

当时身在瑞士的吉尔伯克斯还是法国那些激进小团体的代言人，因为在法国，那些激进小团体的言论被克里孟梭禁止了。由于在著名的昆塔尔会议和齐美尔瓦尔德会议上的表现，吉尔伯克斯成了一个具有历史性意义的人物。在这两次会议上，一直坚持国际主义的社会党人与那些转而支持爱国主义的社会党人彻底分道扬镳。这个头发金黄、个子矮小的人遭到了巴黎政军两界的忌惮和痛恨。在整个战争期间，除了他以外，任何一个法国人都没能做到这一点，就连叛逃俄国、加入了布尔什维克的陆军上尉萨杜尔也没能做到。

后来，吉尔伯克斯被法国情报局设计陷害了。法国情报局的人来到伯尔尼的一家旅馆，偷偷潜入一个德国情报工作者的房间，从里面带走了一些吸墨纸和几本《明日》期刊。这些东西其实并不能算是罪证，最多只能表明德国有些地方的人曾经订阅过几份《明日》。德国人一向行事缜密，所以据此判断，订阅这几份期刊的人应该是打算把它们送去德国的图书馆和政府机构。可是，巴黎那边的人却据此认定吉尔伯克斯是被德国收买的煽动分子，对他进行了起诉。吉尔伯克斯在本人并未出庭的情况下被判了死刑。这根本就不合法，后来的事实也证明了这一点。十年后，经过复审，此前的死刑判决被撤销。

然而此案发生后没过多久，吉尔伯克斯就被逮捕入狱了，因为他行事过于激进，冲撞了瑞士政府。慢慢地，吉尔伯克斯所做的事情牵连到了罗曼·罗兰，也牵连到了我们这群人。幸好列宁对吉尔伯克斯抱有好感，并且因为吉尔伯克斯曾在他处境最艰难的时候对他伸出援手，所以他把吉尔伯克斯从监狱里解救出来，并签字同意，使其成为一个俄国公民。在他的安排下，吉尔伯克斯乘坐第二趟封闭列车抵达莫斯科。有过被判死刑和进监狱的经历，吉尔伯克斯已经算得上是一个名副其实的革命者了，而且他还得到了列宁的信赖，所以在莫斯科，他完全可以像在日内瓦时得到罗曼·罗兰的支持那样，重新大展拳脚，为俄国的发展作贡献。此外，他在战争期间的出色表现也使他成为一个超越所有法国人的存在。所以，战争结束后，无论是在法国议会里，还是在法国民众心目中，他都有一定的影响力。毕竟法国的那些激进组织都认为他是一位勇敢的、能做大事的、有领导天赋的领袖人物。

只可惜，后来的事实表明，吉尔伯克斯根本就没有领导才能，他就像很多战争诗人和革命者一样，只是一个稍纵即逝的由时代催生出来的人罢了。一个才能不足的人，即便陡然间升至高位，最后也难逃从高处坠落的结局。

来到俄国以后，一向热衷于争论的吉尔伯克斯也像过去在巴黎时那样，经常招惹是非、与人争执，白白浪费了自己的才能。慢慢地，他与一些原本很敬佩他胆量的人决裂了，一开始是列宁，接着是巴比塞和罗曼·罗兰，最后是我们这群人。在人生的最后阶段，他只写了一些不值一提的小册子和与人争论的文章，正如他寂寂无名之时。在被免罪后不久，他在巴黎的一个角落悄然去世。没有人关注他的死亡。如果这个在战争时期有勇敢表现的反战者能够抓住时代机遇，那么他将有望成为一位伟人。可惜现在，除了少数几个人以外，再也没人记得他了。

我就是那少数人中的一个，毕竟对于他在战争时期创办并主持《明日》期刊的这个举动，我至今仍心存感念。

几天后，我离开日内瓦，回到苏黎世，开始商讨剧本排演事宜。我特别喜欢苏黎世这座城市，因为它坐落于湖光山色之间，风景宜人，也因为它的文化氛围——在高雅的同时，又略带一点保守。只可惜，苏黎世不像以往那么平静了，因为瑞士虽然是中立国，但它周围的国家都在打仗。如此一来，苏黎世便成了欧洲最重要的一座城市。它汇聚了很多思想流派，也会聚了各色生意人、投机者、特务、宣传家、鼓动家——这是很自然的事。由于这些人对这座城市的兴趣是在陡然间产生的，所以很自然地，在看到他们时，当地人的眼神中总是透着疑虑。

无论在什么地方，比如餐厅、咖啡馆、有轨电车上、大街上，你都能听到各种不同的语言。无论在什么地方，你都能碰见熟人，其中有你特别喜欢的，也有你非常讨厌的。但不管你是否乐意，你都会陷入激烈的争论当中，没完没了。这些人当中有的是被自己国家的政府派来的，身负重大使命，有的则是遭到迫害或排挤的。不管怎样，他们都被命运推着来到这里，他们都与战争的最终结果息息相关，他们都告别了过去的生活，试图在这里寻找机会。

来到这里的人都没有家，只能跟朋友们待在一起。相聚时，他们总是没日没夜地争论着，因为他们不会对政治和军事造成任何影响。这种空谈令人精神亢奋，同时也令人身心疲惫。当一个人经过长期的沉默，终于可以畅所欲言时，他自然一说起话来就滔滔不绝。当一个人终于可以不受任何束缚地思考和创作时，他自然想马上投入作品的创作和发表当中。在这种情况下，包括吉尔伯克斯那种文学水准一般的人在内，所有人都全力以赴，展现出了前所未有的创作热情。

这里会聚了许多作家和政治家，他们各说各的语言，各有各的立场。在这里，诺贝尔和平奖获得者阿尔弗雷德·赫尔曼·弗里德继续发行他的杂志《和平守望者》；在这里，在普鲁士当过军官的弗里茨·冯·翁鲁为我们诵读了他创作的剧本；在这里，莱昂哈德·弗兰克创作出了情节跌宕起伏的短篇小说集《人本善良》；在这里，安德雷阿斯·拉茨科创作的《战争中的人们》引起了强烈反响；在这里，弗朗茨·韦尔弗公开朗诵了他的作品。

在历史悠久的施韦德旅馆——卡萨诺瓦[1]和歌德都曾入住过。在这里有许多身份各异的外国人：我见到过一些俄国人，在后来爆发的革命当中，他们都充分展现了自己的才能，不过我始终不清楚他们的真名；我见到过来自意大利的天主教传教士；我见到过属于强硬派的社会党成员；我见到过属于主战派的德国社会党成员；在与我们同一战线的瑞士人中，有声名显赫的莱昂哈德·拉加茨神父，还有作家罗伯特·费西；在一家法语书店里，我碰见了翻译过我作品的保罗·莫里斯；在音乐厅里，我见到过指挥家奥斯卡·弗里德。总之在苏黎世，我能见到各种各样的人。可惜的是，这样的见面总是非常短暂。

各种观点都汇聚在苏黎世，其中有的荒谬到极点，有的理

---

[1] 贾科莫·卡萨诺瓦（Giacomo Girolamo Casanova，1725—1798），意大利冒险家、作家。

智到极点，有的令人沮丧，有的令人振奋。各种杂志在此创刊，各种论战在此进行，新矛盾在此频频出现，旧矛盾在此愈演愈烈，许多小型组织在此创建，或在此解散。在苏黎世的那段日子，更准确地说，是在那些晚上（直到贝莱菲咖啡馆或奥德翁咖啡馆打烊了，人们才会散去，而且很多时候，有些人还会转而去其他人租住的公寓里接着畅谈），我见到了太多身份各异的人，听到了太多不同的观点，感受到了太多的热情和专注，这些都是我自那以后再也没有过的体验。这样的交谈使人沉迷其中，从而忽略了周围的自然景色，也忽略了景色中透出的恬静。每个人的生活都离不开报纸、消息、讹传、争论。在这里看待战争时，人们的态度似乎更理性，无论胜利还是失败，都不会把它跟民族利益联系起来，这就导致了一个令人不解的现象：相比于在祖国亲身经历战争，这里的人们虽然只是在思想上加入了战争，但他们的感受更真实，也更深刻。在这里，人们不再从政治层面去看待战争，而从整个欧洲的层面，这就使他们得出了这样的结论：战争是一种残忍且冷漠的暴行，它改变的不只是地图上的若干条边境线，还有世界的格局和发展走向。

最让我有所触动的是这样一些人：他们没有祖国，或者比这更惨，有两个或三个祖国，自己也搞不清楚到底属于哪个国家。似乎从那时候开始，我就预见了自己未来的命运。

很多时候，我会在奥德翁咖啡馆的角落里看到一个孤独的年轻人。他留着棕色的小胡子，一双眼睛炯炯有神，戴一副眼镜，镜片很厚。听人说，这个特别显眼的人是一位才华横溢的英国作家。几天后，我结识了这个名叫詹姆斯·乔伊斯[1]的人。不过提到国籍时，他的态度非常坚决，他说自己是爱尔兰人，跟英国一点关系都没有。虽然在写作的时候，他用的是英语，但在思考问题方面，他与英国人截然不同。对于英国人的思考方式，他是不屑一顾的。那时候，他对我说了这样一番话："我希望用一种全新的语言来写作，这种语言要凌驾于所有语言之上，而且所有语言都要服从于它。英语无法将我的心中所想淋漓尽致地表达出来。我不愿意因为使用英语而成为一个因循守旧的作家。"由于当时我并不知道他正在创作《尤利西斯》，所以还不能完全理解他的意思。

他曾把自己手里唯一的一本样书《一个青年艺术家的画像》借给我看，还把《流亡者》这部剧本借给我看——为了帮忙宣传这部作品，我当时甚至打算翻译它。随着交往的深入，我对他在语言方面的知识储备越来越惊叹。在灯光的照射下，他那饱满圆润的额头看起来就像瓷器一般光滑。我在想，世间所有的语言应该都储存在了他的额头后面。通过纯熟的技巧，他将所有词汇编织在一起，形成了一张错综复杂的网。有一次，他不知该怎样用德语翻译《一个青年艺术家的画像》里的一个很难的句子，于是就来问我。我和他一起尝试用意大利语和法语来分析那个句子。在此过程中，我发现，对于那个句子里的每

---

[1] 詹姆斯·乔伊斯（James Joyce，1882—1941），爱尔兰作家、诗人，后现代文学的先驱之一，代表作有《尤利西斯》《芬尼根的守灵夜》《一个青年艺术家的画像》。

一个词语，他都能提供四五个备选词，而且其中居然还包括方言。他对所有词语的感情色彩和分量都一清二楚，甚至清楚它们之间最微妙的区别。

很多时候，他都是一副心中苦涩的样子。但我认为，正是那种敏感和那些愁绪，才让他在创作时更有激情和动力。他对柏林和英国抱有反感，对一些人也抱有反感。这些反感能为他提供创作动力，而且通过创作，他确实把这些反感表达出来了。他总是一副面无表情的样子，而且他似乎对此很满意。从始至终，我都没见过他的笑容，也没见过他开心的样子。他总给人一种非常神秘的感觉。每次在街上偶遇时，我都看到他那两片薄薄的嘴唇紧紧地抿在一起，而且步伐很快，像是急着赶往什么地方似的。每当这时，我都能感受到他的孤僻，这种感受比我们交谈时更强烈。因此，当他那部看似与时代格格不入、尽显孤独的作品《尤利西斯》像流星一样坠落到我们这个时代时，我完全没感到惊讶。

费鲁乔·布索尼也是那种游走于两个国家之间、过着两栖生活的人。虽然他在意大利出生，又在意大利接受教育，却按德国人的方式生活。这位钢琴演奏家是我从少年时期就钟爱的人。在进行钢琴演奏时，他的双手在琴键上游刃有余地展现着他无可挑剔的技艺。与此同时，他的双眼闪烁着奇异的光芒，似乎在思考着什么，并且头略微后仰，专注且痴迷地沉浸在自己弹奏的乐曲当中，仿佛置身于一个超凡脱俗的世界。过去，当我在音乐厅里欣赏他的演奏时，我总是盯着他那张神采奕奕的脸，就像中邪了一样。他演奏的乐曲也令我感到沉醉，那声音有时像水面上泛起的涟漪，有时又像清脆悦耳的银铃。

而当我在苏黎世再次见到他时，他已头发花白，眼神中透着哀伤。有一次，他问我："我到底该站在哪边呢？从睡梦中醒来时，我很清楚，我是用意大利语说的梦话，可在创作当中，我却是用德国人的方式在思考。"没错，世界各地都有他的学生，就像他说的那样，"眼下，这个学生或许正在把枪口对准那个学生"。那时候的他心情烦躁，已经没办法继续创作那部名为《浮士德博士》的歌剧了。为消除烦躁情绪，他创作了一部带有少量音乐的独幕剧，但这并未使他从战争的阴云中走出来。我再也听不到他那爽朗的笑声了。要知道，我过去非常喜欢他那种笑声。

一天深夜，我在火车站的餐馆里意外地碰到了他。他一个人坐在那里，已经把两瓶葡萄酒都喝光了。当我从他身边经过时，他叫住了我，然后指了指眼前的酒瓶，说道："过来自我麻醉一下吧！这不是喝酒，而是自我麻醉！有时候这也是无奈之举，要不然还怎么继续下去呢？音乐不可能让人一直沉醉其中。只有在美好的景色和时光中，创作灵感才会诞生。"

这种内心的挣扎在阿尔萨斯人身上显得尤为突出，而在这些人当中，处境最艰难的当属雷内·席克勒这种心系法国却用德语来写作的人。故乡陷入战乱的情况使他们的心像被劈成了两半一样。一群人想把他们拉到地图右侧的那个国家去，另一群人则想把他们拉到左侧去。他们被迫"二选一"——要么承认自己是德国人，要么承认自己是法国人。可是他们无从选择。他们跟我们一样，希望看到德国与法国亲如兄弟，互相理解而非互相仇视。夹在两个国家中间的他们饱受煎熬。

在这些人身边，还有许多不知该何去何从的人。他们有的是混血儿；有的是嫁给了德国军官的英国女人；有的是奥地利外交官的法国母亲；有的是一个儿子在这个国家服役，另一个儿子在那个国家服役，老两口既盼着这边的来信，又盼着那边的来信；有的在这边被抄了家，失去了仅剩的一丁点财产，与此同时，在那边的工作也丢了。这些家庭破碎的人无论待在哪边都有"通敌卖国"之嫌，于是他们只能到瑞士来躲避。来到瑞士以后，这些内心饱受摧残的人都尽量不说那两个国家的语言，为的是不让彼此陷入尴尬的境地。他们总是默不作声地走在路上，就像鬼影一般。一个人越是将自己视为欧洲人，他就越是会遭到意图击碎欧洲的铁拳的重击。

《耶利米》这部剧首演的日子很快到了。首演大获成功。然而《法兰克福报》却像通风报信似的，给德国传递了这样一个消息：美国公使和协约国的几位著名人物去观看了首演。面对这件事，我并不怎么担心。我们都发现，在战争进行到第三年的时候，德国内部已逐渐虚弱。对鲁登道夫固执己见还要继续打下去这种恶行的反对声越来越大，因为这时候，反对鲁登道夫这件事已经不像他起初肆意作恶、风头正盛时那么危险了。预计到1918年秋，这场战争就会迎来最终的结局。但是，我不想继续留在苏黎世等待那个时刻的到来了，因为随着时间的推移，我已变得更冷静，对周围的一切也更警惕。

一开始，我满怀热情地来到这里，以为能从这里的和平主义者和反军国主义者中找到一些与我志趣相同、渴望为欧洲和平贡献力量的斗士，但是没过多久，我就意识到这种想法是错的。因为我发现，在那些被迫流浪的人中间，在那些宣称自己信念坚定、愿意为理想献身的人中间，有一些居心叵测的人偷偷混了进来。

这些居心叵测的人为德国的情报机构效力。收了钱以后，他们便开始监视每一个人的言行。不久，每个人都凭借自身的经验得出这样一个结论：在瑞士安稳平静的生活，已经被来自战争两大阵营的间谍们给搅乱了。这些间谍就像鼹鼠一样，到处打洞。负责清理纸篓的女服务员，电话那边的女接线员，餐厅里故意在某个人身边慢吞吞提供服务的、形迹可疑的服务生，都有可能在为两大阵营中的其中一方效力。更有甚者，一个人同时为两大阵营效力的情况也屡见不鲜。行李箱的锁头被人暗中撬开了，吸墨纸上的内容被人拍了照，信件在中途突然就不见了。在酒店大堂里，一个长相靓丽、打扮得非常时髦的女人会突然向一个男人露出谄媚的微笑。一些我从未听说过的、分外热情的和平主义者会在某一天突然敲响我家的门，邀请我在一份声明上签字，或者假模假样地询问我那些值得信任的朋友的住址。还有一次，一个自称是社会党成员的人邀请我去一趟拉绍德封[1]，他说想让我给那里的工人们作一次演讲。过高的酬劳使我心生疑虑，于是我跟那边的工人们联系了一下，结果发现对方根本就毫不知情。由此可见，我必须时刻保持警惕。

---

[1] 拉绍德封（La Chaux de Fonds），瑞士西部临近法国边界的一座小城，当地人主要讲法语。

我很快就意识到，绝对信得过的人真的太少了。而且由于我不想跟政治扯上关系，所以我的社交变得越来越少。就算在那些信得过的人的家里，我也觉得没意思，因为那里总是出现这样一种怪异的情况：聚在一起的人当中有激进主义者，有自由主义者，有无政府主义者，有布尔什维克主义者，还有不谈政治的人。这些人总是争论不休，而且往往还得不出确切的结论。正是在那种场合中，我首次学会了观察一名职业革命家的正确方法。这种人的典型特征是：只要遇到与自己没什么关系的事，就表示反对——以此来自我抬高，自己没有任何立场，总喜欢揪住一件事不放。所以后来，我彻底跟他们断绝来往，因为我不想继续待在那种闹哄哄的、一争论起来就没完没了的地方。继续待在那里的话，我容易变得思维混乱，变得跟他们一样，而且我一直坚守的道德和信念也有动摇的危险。

在咖啡馆里谋划革命的那些人，其实没有一个是真敢那么做的。在那些临时拼凑起来的世界政治专家当中，没有一个是能在紧要关头发挥出政治才能的。终于熬到战后重建时期了，要是他们能发挥作用，那也不错，可惜他们还像以前那样，处处挑毛病，总是对这样那样的事感到不满、提出反对。事实上，在战争结束后，当年那些反战作家中只有少数几个人创作出了有分量的作品。随着战争的结束，一个让那些人沉迷于创作、谈论政治、无休止地争执的时代也宣告结束。一同宣告结束的还有反战运动。由引人注目、才华横溢的人物所组成的各种反战组织都悄无声息地解散了。解散是必然的。这些组织的成员之所以会走到一起，不是因为他们有共同信念，只是因为他们在短时间内有种同病相怜的感觉罢了。

我来到距离苏黎世大概有半小时车程的吕施利孔，并在那里找了一家合适的小旅馆。站在吕施利孔的山坡上极目远眺，能勉强看到苏黎世湖的全景，还能看到城里面的塔楼。在吕施利孔，我只跟罗曼·罗兰和马瑟雷尔见面。这两位都是我自己邀请来的我心目中真正的朋友。在吕施利孔，我可以专注于自己的工作，好好把握飞逝的时间。

得知美国也加入了战争的那一刻，之前那些眼睛被蒙上、耳朵被本国吹嘘出来的话震聋的人都清醒过来了。他们都意识到，德国注定要战败。忽然有一天，德国皇帝宣布：从现在开始，德国要实行“民主”制度。这时候，我们都意识到德国战败的丧钟已然敲响。坦白说，虽然我们奥地利人与德国人无论在语言方面还是在思想方面都密切相连，但事到如今，我们还是急切地盼望着那已然注定的战败时刻尽早到来。曾发誓要战斗到只剩下最后一口气的威廉皇帝，如今已越过边境，逃到国外去了。为了“通过战胜得到和平”这个目标，而让无数人牺牲掉的鲁登道夫，如今也戴上墨镜，暗中前往瑞典。

当战争结束的那天到来时，我们深感安慰。因为我们都相信，自这场战争结束以后，世界上永远都不会再发生战争了。当时，全世界人民的想法都跟我们一样。残害世界的猛兽已经被我们降伏，或者杀掉了。我们都把威尔逊提出的伟大纲领视为自己国家的纲领，对其深信不疑。在那段时间，俄国革命还抱着人道主义和理想主义在自己的国土上庆祝着，在蜜月期中沉浸着，这也使我们隐隐约约看到了光明的前景。

　　如今看来，那时的我们真是太愚蠢了。不过，愚蠢的不只是我们。凡是经历过那个时刻的人都记得这样的场景：每座城市的人们都来到街上热情欢呼，以此来向威尔逊这个为全世界带来和平的救星表达敬意。人们也都记得，曾经敌对的士兵们拥抱在一起，互相亲吻。

　　在刚刚迎来和平的那段时间，欧洲人个个信心十足。这种情况是以前从未有过的。我们一直渴望建立一个以正义和仁爱为基础的属于我们大家的欧洲。如今，地球上总算有合适的空间来让我们实现这个愿望了。所以我们都认为应该抓住这次机会，马上着手去做，否则以后可能就再也没机会了。水深火热的生活已经成为过去，现在的我们还有什么好怕的呢？我们即将迎来一个全新的世界。由于我们当时年纪尚轻，所以我们这样告诉自己：未来的全新世界是属于我们的。那是一个我们盼望已久的世界，一个更美好、更有人性的世界。

十二

重返祖国奥地利

在德国和奥地利战败后，我选择了重返祖国奥地利。从理智的角度来看，这种做法真是愚不可及。毕竟当时的奥地利身上还残留着前朝的旧影，而且从欧洲地图上看，它是一个版图不确定的地方，一个毫无生命力的、黯淡无光的地方。捷克人、波兰人、意大利人、斯洛文尼亚人都从奥地利身上割走了属于自己的居住地。剩下的奥地利就像一副残破的、各处都在流血的躯干。

当时，有六七百万人被迫宣称自己是"德意志奥地利人"，而其中的二百万人都挤在首都维也纳，忍受着寒冷和饥饿。曾使这个国家富裕起来的大量工厂，其所在的位置如今已经是其他国家的领土了；由于路基残破不堪，列车已无法通行；为偿还战争时期的巨额贷款，国家银行拿出了所有的储备黄金；国家的边境线还没有划定，因为此时和平会议刚刚召开，各国应该承担的责任还没有拟定下来；面粉、面包、煤炭、石油等物资一概短缺。在这种情况下，奥地利除了革命以外别无选择，否则结果将是灾难性的 [1]。

根据当时的情况客观来看，这个由战胜国一手建立起来的国家根本就没有独立的可能。当时的所有政党，包括社会主义的、教会的、民族主义的，也都口径一致地这样对外宣扬。此外，这个国家本身好像也没有独立的意愿。一个国家极力抗拒独立，却又不得不独立——据我所知，这种矛盾的情况还是史上头一遭。

奥地利希望自己并入原来的邻国，或者并入与自己同民族的德国。总之无论如何，它都不想像现在这样支离破碎着，像乞讨者一样耻辱度日。可是，邻国的想法却与之截然相反，它们不想再跟奥地利保持经济同盟关系，原因之一是它们嫌弃奥地利过于贫穷，原因之二是它们担心哈布斯堡王朝卷土重来。奥地利并入德国也不可能实现，因为协约国不想给战败的德国机会，不想让它强大起来，所以否定了这个方案。于是，协约国便在和平协议中明确规定：由德意志人构成的奥地利共和国一定得继续存在下去。这种事还真是史上罕见：一个国家自己抗拒继续存在下去，可它却被强制要求："你必须继续存在下去！"

直到今天，我也说不明白自己为什么会在祖国最艰难的时候主动回去。不过，作为在战争之前长大的人，我们始终有一种强烈的责任感，并且认为在这种最艰难的时刻，我们更应该与自己的祖国和家乡共患难。在我看来，只有胆小怕事的人才

---

[1] 指的是奥地利被其他国家瓜分，从此在地图上消失。

会追求安稳，对眼前的悲惨局面避而远之。另外，身为《耶利米》的作者，我应该有更强的责任感，应该用自己的语言去安慰和鼓励因战败而陷入困境的人们。在战争期间，我常常觉得自己起不到什么作用，但在战败之后，我反而有了用武之地。尤其是我曾对当局迟迟不结束战争之举表示强烈反对，因此在民众当中赢得了一定的声望，特别是在年轻人当中。再者说，就算我回去以后发挥不了什么作用，至少也能跟大家一起承受我之前就预见的苦难，这也算是作出一点补偿吧。

要在那时候返回奥地利，我所做的准备就像要去北极探险似的：冬天快到了，而众所周知，那边没有煤炭，所以我必须把厚实的衣服和羊毛衫给穿上；那边的鞋底都是木质的，所以我要在这边提前把鞋底换一遍；在领到那边的面包票和黄油票之前，我不想让自己饿肚子，所以我按瑞士允许出口的最大限度，把能带上的食品和巧克力全都带上了；考虑到行李车经常遭到抢劫，如果损失一只鞋或者一件衣服，那都是没办法再补充上的，所以我决定给行李上个保险，虽然明知道费用会很高，但只要在可承受的范围内我就接受。类似这样的准备工作，我只在十年后去俄国时做过。

火车停靠在瑞士的布克斯边境站。记得一年多以前到这里时，我的心情还很愉悦。我下了火车，站在那里犹豫了一会儿，心想：我该不该掉头回去呢？这可是最后的机会了。这是我人生当中的重要决定。不过最后，我还是决定回奥地利去面对种种困境。于是，我重新回到了火车上。记得一年多以前，当火车进入瑞士的布克斯边境站时，我经历了心情非常激动的一分钟。而如今，当火车进入奥地利的费尔德基希边境站时，我同样经历了难以忘怀的一分钟。

刚下火车，我就看到许多显然很紧张的官员和警察。对于我们这样的普通旅客，他们并不太在意，检查时都是草草了事。很明显，他们在等待一件更重要的事情。车站里响起了钟声，这表明从奥地利那边开过来的列车即将进站。警察们顿时严阵以待，车站的那些工作人员也纷纷走出小木屋，一脸慌张的样子。工作人员的妻子们也一拥而上，很明显，她们是被事先安排好的。在等待列车到来的人群中，有一位老妇人特别显眼。她带着两个女儿，身穿一套黑色衣服，根据举止和穿戴判断，多半是个贵族。她难以抑制心中的激动，多次拿出手帕来擦拭泪水。

那趟列车缓缓驶入车站，给人一种庄重肃穆的感觉。那不是一辆长期在风雨中穿行的表面颜色已经褪去的破旧的普通列车，而是一趟宽敞豪华的黑色专列。列车停了，等候在那里的人群开始躁动起来。直到现在，我也不知道这是怎么回事。忽然间，我从车厢的反光镜里看到了高高挺立在那里的奥地利末代皇帝卡尔一世，还有他的夫人，身穿一套黑色衣服的齐塔皇后。我顿时呆若木鸡。奥地利的末代皇帝，统治奥地利长达七百年的哈布斯堡王朝的继承人，如今就要从自己的帝国离开了！虽然他不同意退位，但新成立的奥地利共和国还是允许他按皇帝该有的排场离开奥地利，或者换种说法，是共和国强迫他离开的。卡尔一世神色庄重地站在车窗前，最后一次凝望着自己祖国的群山、房屋和民众。

想不到，我居然亲身经历了一个历史性的时刻。我是一个在帝国传统下长大的人。在上学的时候，我学的第一首歌就是献给皇帝的颂歌。后来，当我进军队服役时，我又面向这位此刻身着平民服装、神情庄重、若有所思的人宣誓："在领地、领海、领空，皆服从指挥。"而今天的这个亲身经历，更是令我感触良多。过去，我多次在隆重的节庆场合亲眼见过奥地利的老皇帝。时至今日，那种喜庆的场面已成了传说。我曾见到老皇帝站在美泉宫的台阶上，有八万名维也纳儿童向他宣誓会效忠于他。当时，他的家人们和身着耀眼制服的将军们紧紧围绕在他的身边。在一片开阔的草地上，那些儿童齐刷刷地站着，满怀深情地唱着那首由海顿创作的歌曲——《天佑吾皇弗朗茨》。我曾在宫廷舞会见过老皇帝，记得那是一次大型戏剧预演，老皇帝身穿一套金色的闪闪发亮的礼服。在伊施尔小镇上，我也见过他一次，当时正在狩猎途中的他戴着一顶施蒂里亚样式的绿色帽子。我曾见他垂着头，迈着虔诚的步伐，跟在圣体节的游行队伍当中，与众人一同前往圣斯特凡教堂。然而，在那个潮湿的、雾气蒙蒙的冬日，我最后一次见他时，眼前已是他的灵车。那时候，大战仍在进行当中，人们将这位上了年纪的老人安葬在嘉布遣会教堂墓穴。在我们的心目中，"皇帝"这个称呼不但意味着权力和财富，还意味着奥地利长存不灭。从年幼时起，我们就知道，说出这个称谓时一定要心存敬畏。

可是现在，我却要看着老皇帝的继承人，也就是奥地利的末代皇帝，被迫离开自己的国家。在这一刻，传承了数百年的哈布斯堡王朝正式宣告结束。我们这些身处这个悲凉场景中的人，都感觉自己正在经历一个历史事件，而且还是世界性的重大历史事件。在场军警们的表情都很不自然，并带有些许羞愧，因为他们不知道还应不应该向卡尔一世行老式军礼。女人们都不敢抬头。所有人都默不作声。在这种情况下，那位老妇人的啜泣声显得格外清晰，谁也不知道为了再看一眼心目中的皇帝，她是从多远的地方赶过来的。

司机拉响汽笛，发出开车的信号。火车头骤然向前挺进，像是必须这样做才能冲破某种阻碍似的。随后，列车慢慢地驶离了车站。工作人员满怀敬意地目送着列车远去，然后才开始照常工作。他们的表情有些尴尬，像是刚参加完葬礼似的。这一刻，一个存续了近千年的王朝统治正式宣告结束。我心里清楚，我即将返回的奥地利已经跟过去不一样了，那是另一个世界。

那辆列车刚消失在视线中，就有人要求我们离开整洁明亮的瑞士车厢，转而到奥地利车厢去。在奥地利车厢中的所见所闻使我提前得知了奥地利国内当前的情形。负责为旅客指引座位的列车员个个神情疲惫，走路时慢吞吞的，显然是没有吃饱。他们身上的制服破旧不堪，一块块布条在他们坍陷的肩膀周围来回晃动着。用来拉车窗的皮带都被人用刀割下来拿走了，因为在眼下，皮料是相当珍贵的东西。座位也被人用匕首或刺刀频频破坏，变得一塌糊涂。坐垫皮面不知被什么人给整张揭下来带走了，真是太粗鲁、太不知羞耻了。这种一看到皮料就下手的人是想用它来修补皮鞋。车厢里的公用烟灰盘全都不见了，就因为从那上面能得到些许的镍和铜。深秋的冷风夹杂着劣质柴煤燃烧后产生的烟雾和煤渣，从破碎的车窗呼呼刮进来，把车厢内的地板和墙壁都熏得黑黢黢的。不过，呛人的烟雾倒是把车厢里残留的碘酒味给掩盖了。闻到碘酒味时，我不禁想到，如今这个被劫掠到只剩下空架子的车厢不知在战争时期运送过多少名伤员。无论如何，这列列车如今还能正常行驶，真可以算得上是奇迹。当然了，这是一种令人饱受煎熬的奇迹。每当没抹润滑油的车轮发出刺耳的吱嘎声时，我们这些旅客就开始忧心忡忡，生怕这台超负荷的机器出故障。原本只需一小时的车程，如今却要用四五个小时。刚到傍晚时分，车厢里就黑下来了。没有灯光，因为灯泡不是被损坏，就是被偷走了。要是有人想找什么，就只能点燃火柴，借着火光去找。旅客们都不觉得太冷，因为自从进了车厢以后，他们就以六人或八人为一伙，紧挨在一起互相取暖了。

列车在第一站停靠时，许多旅客蜂拥而上。车厢里变得更拥挤了。刚上来的旅客都一脸疲态，因为他们已经等了好几个小时。过道里挤满了人，就连踏板都被人给占了，那些人将身体缩成一团，全然不顾夜晚的温度已经跟刚入冬时差不多了。每个人都把行李和装食物的包裹紧紧搂在怀里，一刻都不敢松懈，生怕一个不留神，这些东西就会被人趁黑顺走。我从一个和平的世界回到了一个在战争时期才有的恐怖环境中。人们都以为战争已经彻底结束了，然而事实并非如此。

在即将抵达因斯布鲁克站之前，火车头忽然发出一阵沉闷的喘息声，汽笛声也响个不停，尽管如此，列车还是无法越过前面的小山坡。工作人员提着冒烟的煤油灯，在黑暗中慌慌张张地来回奔跑。过了一个小时，一辆支援的列车才气喘吁吁地赶来。抵达萨尔斯堡用了整整十七个小时，而放在过去，这段车程仅需七个小时。在萨尔斯堡火车站那一带，我没有看到一个搬运工。好在我后来遇上了几个穿着破旧制服的士兵，他们帮我把行李搬到了一辆马车旁。但是我看到那匹马年龄已经很大了，而且明显营养不良，与其说是它在拉车，还不如说是马车在支撑着它，否则它都未必站得住。我不忍心让那匹可怜的马既拉着我，又拉着行李箱。于是，我没把行李箱放在马车上，而是把它们放在火车站的行李房寄存起来。虽然我特别担心它们会丢，但也只能如此了。

战争时期，我曾在萨尔斯堡买了栋房子。由于对战争的态度截然相反，我跟过去很多好朋友之间的关系都变淡了。从那以后，我就不想生活在大城市，也不想生活在人多的地方。此外，我的工作性质也决定了我需要隐居起来。在奥地利的所有小城镇中，萨尔斯堡是最适合我的，因为这里不但风景宜人，而且地理位置相当优越。它位于奥地利的边缘地带，铁路网络四通八达，是通往欧洲各地真正的交通枢纽。从这里去慕尼黑只需乘坐两个半小时的火车，去维也纳只需五个小时，去苏黎世或威尼斯只需十个小时，去巴黎只需二十个小时。

那时候的萨尔斯堡还没有因在夏季举办的各种艺术节而声名大噪，成为名流们的云集之地。当时的它只是一座坐落在阿尔卑斯山脉最末端的山脚下的小镇，带有一些古典和浪漫气息，很质朴，很安静。在这里，阿尔卑斯山脉连绵不绝的高山和山冈与德国的平原自然而然地衔接在一起。我那栋房子在一个小山冈上，周围绿树成荫。远远看去，那个小山冈似乎是阿尔卑斯山脉波浪般延绵起伏的最后一处隆起。想去那栋房子，不能开车上去，只能从一条弯弯曲曲的山路爬上去。那条山路已有三百年的历史，共有一百多级台阶。爬上小山冈后，站在上面极目远眺，可以看到萨尔斯堡城内的一座座塔楼，还可以看到密集且整齐的屋顶和外横墙。能够欣赏到这样的美景，之前爬山的辛苦付出也算有了回报。来到这个小山冈的背面，可以看到阿尔卑斯山脉的全景，那景象真可谓气势恢宏（在那里自然也可以看到与贝希特斯加登相距不远的上萨尔茨山 [1]。没过多久，当时还是一个无名之辈的阿道夫·希特勒就搬到了我对面居住）。

坦白说，我那栋房子虽然富有浪漫气息，实用性却很差。在 17 世纪时，这栋别墅是一位大主教外出狩猎的临时住所，背靠着坚固的城堡围墙。到了 18 世纪末，它的左右两侧都增修了一间房。在别墅里面，有一张华美但陈旧的挂毯，还有一只带有纹饰的九柱戏 [2] 球。弗朗茨皇帝于 1807 年访问萨尔斯堡时，曾在我们那栋别墅的长廊里用那只球玩过九柱戏。除此之外，别墅里还收藏着几张羊皮纸，上面书写着天主教的基本教义。可以说，这几张羊皮纸是这栋别墅拥有显赫历史的明证。

---

[1]　上萨尔斯堡山（Obersalzberg），纳粹德国时期，有人为希特勒在这里修建了一处别墅，人称"鹰巢"。希特勒的《我的奋斗》就是在这栋别墅里创作完成的。

[2]　九柱戏，现代保龄球运动的前身。

那栋别墅外表看起来宏伟气派，但由于进深不足，里面实际上只有九间房。后来到这里的客人无不对它悠久的历史和奇特巧妙的结构赞叹不已。然而，当我住进去的时候才发现，历史悠久对于一栋别墅来说并不算是优点，因为人在里面根本就无法正常居住。下雨的时候，屋顶是漏雨的；下雪的时候，门厅里到处都是积雪。我想把屋顶整修一遍，可在那时候，这是一件根本就实现不了的事，因为木工没有可以用来当椽子的木材，薄铁匠也没有可以用来做排水沟的铅皮。所以，对于那些特别严重的破洞，我只能找人用油毡凑合着修补修补。下雪的时候，我只能亲自爬到屋顶上，清理掉那些积雪。除此之外别无他法。电话也经常不好用，因为电话线用的是铁丝而非铜丝。山上完全没有供给，无论什么琐碎的生活用品，我们都得亲自下山采购，然后再搬到山上去。不过相比之下，最让人发愁的还是寒冷，因为无论跑多远都买不到煤炭。我把院子里的那些树砍了烧火，可它们的树龄太短，根本就烧不起来，只是一边冒泡，一边发出像蛇吐信子那样的"咝咝"声。无奈之下，多少能提供点热量的泥煤被我拿来凑合着用了。尽管如此，每年还是有三个月的时间，我基本上只能趴在被窝里，用被冻得发紫的手写作。每写满一张纸，我都要把手缩回被窝里暖和一会儿。

在困难时期，短缺的不只是食物和煤炭，还有住房。过去那种没法住人的房子，如今也变得珍贵起来。从四年前开始，奥地利就不再新建住房了。房倒屋塌的情况随处可见。可是在短时间内，许多退伍士兵和战俘却涌入这座小镇。他们都无家可归，急需住的地方。因此，这里每一栋能住的房子都得安置几个人。住房管理委员会的人已经上门来找过我们四次了。而很早以前，我们就已经主动让出了两间房。之前，这栋房子处处让我们不好过，可是现在，由于根本没人愿意爬一百多级台阶来这里跟我们一起挨冻，所以我们反倒得了便宜，不必跟太多的人挤着住了。

每次下山来到城内，我心里都很难受。直到那时，我才知道，原来饿到一定程度，人的眼睛是会发黄的，样子非常吓人。面包黑黢黢的，一掰就碎，吃起来味同嚼蜡；喝的咖啡是用烤焦的大麦煮出来的汁；啤酒的颜色倒是黄的，但喝起来跟水没什么区别；巧克力的颜色也正常，但吃起来感觉就像掺了沙子一样；土豆全都是冻坏的。大部分人家里都养起了兔子，为的是偶尔能吃吃肉，不至于把肉的滋味彻底忘掉。有个年轻人曾在我们的院子里捕到一只松鼠。那只松鼠成了他周日的一顿美餐。被喂养得还算不错的猫猫狗狗，一旦从家里出去，走得稍远点，基本上就再也找不回来了。那时候所谓的服装面料，实则是经过加工的纸。可以说，它们是代替品的代替品。男人们穿的衣服基本上都是旧的，甚至，有的人还把从仓库或医院里弄来的俄国制服穿在身上，那种衣服每一件都被不知多少个死人穿过。用旧麻袋做成裤子的现象也屡见不鲜。街上所有店铺的橱窗里都空空如也，像刚被洗劫过似的。墙皮从破旧的房屋上一片片地脱落，就像结痂脱落的伤疤那样。行人个个有气无力的，一看就知道营养不良。尽管如此，他们还是硬撑着前往各自的工作岗位。行走在这样的大街上，每向前一步，心里的痛苦就多一分。

在平原地区，食物供给要相对充足一些。但世风日下，在售卖自家产的黄油、鸡蛋、牛奶时，所有农民都不愿意按照法律规定的最高限价出售。他们把能储存的食物都储存在自家仓库里，当愿意出高价的买家上门时才肯脱手。于是没过多久，"囤货商"应运而生。一些无所事事的男人带着一两个大背包，挨家挨户去当地农民家中收购食物，更有甚者，还有一些人坐火车去能获得更多利益的地方进行非法收购，回城后再以四到五倍的价格卖出去。

起初，农民还很高兴，因为他们足不出户，仅靠自家产的鸡蛋和黄油就能换来大把大把的钞票。他们的手中的钞票越攒越多。可当他们带着鼓鼓的皮夹子去城里购物时才发现，在这段时间里，虽然他们把食物的价格抬高了五倍，可他们打算买的镰刀、铁锤、锅炉的价格却被抬高了二十倍，甚至五十倍，这使他们气愤不已。于是，他们决定从今以后只接受以物易物，用自家产的食物来等价交换工业制品。在战争时期，人们在战壕里体验到了原始的穴居生活。如今，人们又舍弃了有上千年历史的货币，回归到了原始的以物易物。于是在全国范围内，一种怪异的交易方式逐渐盛行起来。城里人纷纷把自家的一些东西卖给农民，比如中国制造的瓷器和地毯，比如刀剑、猎枪、照相机、书籍、灯具以及各种装饰品。由此导致了这样一种现象：当你来到萨尔斯堡的一个农民家里时，你会惊奇地发现一尊印度佛像正在注视着你，或者一个里面装着法国皮面精装书的洛可可式书柜。书柜的新主人会一脸骄傲地向你炫耀："这些书都是精装的！法国的！封面都是真皮的！"当时人们经常挂在嘴上的一句话就是："不要钞票，只要东西。"为了生存下去，一些人只能被迫用自己的婚戒或皮带去交换食物。

发展到最后，政府终于出面干预，因为在这种黑市交易中，只有那些手里有大批东西的才是最终受益人。各省都到处设卡，拦截并没收那些倒买倒卖者通过铁路或自行车运输的货物。没收来的食物被分发到各地的食物供给部门，进行统一调配。面对政府的围追堵截，那些倒买倒卖者的应对策略是：像美国西部那样进行夜间走私，或者对一些关卡检察人员行贿。而他们选择的那些对象，家里都有正在饿肚子的孩子。用真刀真枪打斗的情况偶尔也会发生。那些干走私勾当的年轻人都有过四年实战经验，不管是用刀还是用枪，都熟练得很，而且在平原地区逃跑时，他们也会采用一些军事伪装来隐蔽自己。

这种混乱的情况一周更甚一周。眼看着货币日渐贬值，民众的恐慌情绪越来越强烈。与奥地利相邻的几个国家纷纷用自己国家的纸币取代奥匈帝国的旧币，将承兑老"克朗"的负担多多少少地转嫁给了弱小无助的奥地利 [1]。政府在民众心目中丧失信用的首要标志是，市面上看不到硬币流通了。因为相比于只印了一些字的纸币，硬币上那一点点铜或镍怎么也算是实

---

[1]　奥匈帝国解体后，奥地利共和国负责兑付其他国家外汇体系中所持有的原帝国货币。从奥匈帝国独立出来的几个国家原来也使用帝国货币，在使用新货币之后，原来持有的货币也需要奥地利进行兑付，并且它们无须承兑他国所持有的原帝国货币。——编者注

实在在的东西。国家已开足马力满负荷启动印钞机，想用梅菲斯特[1]那种方法造出更多纸币来，尽管如此，印钞的速度还是不及通货膨胀的速度。

为了应对这种局面，各个城市、小镇乃至村子，都开始自行印起钞票来。可是这种钞票只能在本村流通，就连在邻村都花不出去。后来，大多数人把手中的钞票统统扔掉了，因为他们意识到钞票根本就没有任何价值。要是哪位国民经济学家能将起初在奥地利后来在德国发生的通货膨胀全过程原原本本地描述出来，那一定会是一部了不起的长篇小说，因为其中有太多牵动人心的离奇故事了。没过多久，飞涨的物价就致使民众丧失了对物品价值的基本认知。同样是一盒火柴，在一家由为人诚实、不赚黑心钱的老板经营的店铺里，其价格仍跟昨天一样，而在一家随时涨价的店铺里，其价格要贵上二十倍。诚信经营的老板得到的回报是，他不涨价的消息一传十、十传百，引得人们纷纷前来抢购。只在一个小时之内，他店铺里的商品就被买光。而抢购这些商品的人根本就不考虑自己是否真的需要。那时候，所有人都对实实在在的东西——包括一条金鱼或一架旧望远镜这样的东西在内——情有独钟，而对钞票不屑一顾。

房屋租金方面的事情最为离谱。一开始，为保障租房人的利益——毕竟他们都是平民百姓，而且为数众多，政府规定房主不得涨房租。这样一来，房主的利益就受损了。没过多久，

---

[1] 梅菲斯特(Mephisto)，《浮士德》中的魔鬼，能凭空变出钱来。

在奥地利出租一间中等大小的套间公寓，房东收到的全年租金还不够吃一顿午饭。后来，政府又进一步规定房东不得解除租房合同。因此，大概在五到十年的时间里，奥地利所有租房人都相当于是免费住房。

在彻底混乱的局面下，荒谬的、道德沦丧的情况一周比一周更甚。在战争时期，一些人出于爱国热情而购买了国债，可如今，他们省吃俭用四十年才攒下来的钱一下子全都没了，在这以后只能靠乞讨度日。欠债的人没有一个继续还债的。遵守规定、只吃分配粮的人全都饿着肚子，违反规定、胆大妄为的人反而能吃上饱饭。擅长行贿的人事事顺遂，投机取巧的人一夜暴富。按批发价往外卖东西的人被搞得倾家荡产，再精打细算的老实生意人也都屡屡受骗。在通货膨胀和货币贬值的环境下，人们只知道要见机行事、左右逢源、无所畏惧，只知道要想尽一切办法跳到这匹疾驰的马的马背上，而不是被它践踏。至于什么规则、价值、道德，人们早就弃之不顾了。

此外，当奥地利人在价值体系的崩塌中失去了所有的规范时，一部分注意到这个情况的外国人打算趁机捞点好处，因为在奥地利此次通货膨胀的三年当中，膨胀速度越来越快，只有外国货币的价值一直保持稳定。由于人们都怕自己手里的奥地利克朗会顺着指缝溜走，就像果冻那样，抓也抓不住，所以谁都想要瑞士法郎和美元。看到奥地利的这种经济形势，许多外国人想趁机啃噬奥地利克朗那萎靡不振的躯体。奥地利就这样被盯上了。随即，外国人纷纷涌入奥地利的灾难景象开始出现。

维也纳大大小小的酒店里都住满了外国人。这些人就像贪得无厌的秃鹫一般，见到能买的东西就买，小到牙刷，大到庄园。他们将个人手中和古董店里的宝贝统统买了下来，等宝贝的原主人沮丧地意识到自己因经济环境的影响而遭到洗劫时，一切都来不及了。来到维也纳以后，在瑞士当旅馆看门人的人，在荷兰当打字员的女人，都能在环城大道那几家大酒店的贵族套房入住。

这种事看似不可思议，但本人可以用自己亲眼所见的以下事实做证：在很长一段时间里，萨尔斯堡那家最出名的酒店，即"欧洲奢华酒店"，里面住的都是从英国来的失业者。那些人把从英国那边领来的失业救济金拿到这边来花，因为那些钱只能让他们在英国过贫民生活，而这边的物价极低，那些钱足以让他们潇洒度日。

在奥地利居住和购物特别划算的消息慢慢传开，一批又一批贪心的瑞典人和法国人也涌入了奥地利。在维也纳的大街上，说意大利语、法语、土耳其语、罗马尼亚语的人要比说德语的人还多。眼见克朗持续贬值，当时通货膨胀速度远低于奥地利的德国也行动起来，利用自己的马克从中谋利。但后来，它的通货膨胀速度却比奥地利快了上百万倍。

萨尔斯堡是一座边境小城，在这里生活的我有一种得天独厚的条件，就是每天都可以观察成群结队从这里经过的劫掠者。带着定做衣服、修理汽车、买药、看病等目的，成百上千来自邻近城镇或村子的巴伐利亚人如同潮水般涌入萨尔斯堡。慕尼黑的一些大公司为赚取差价，竟派人到奥地利来寄国际邮件、发电报。后来，德国政府开始设立关卡，因为发展到最后，在萨尔斯堡，一马克竟相当于七十奥地利克朗，以至于德国民众不再光顾本地店铺，而是纷纷跑到物价更低的萨尔斯堡购买生活必需品。德国海关也严格执行反倾销政策，一发现奥地利那边的商品便立刻没收。

但是，喝进肚子里的啤酒是不会被没收的。爱喝啤酒的巴伐利亚人每天都会看一看行市表，同时心里盘算着，能不能利用克朗贬值让自己花相同的钱在萨尔斯堡的酒馆里多喝上四五升乃至十升啤酒。没有什么能比这更有吸引力、更让人兴奋不已。就这样，费拉辛和莱辛哈尔那边的人纷纷拖家带口越过边境，只为在这边畅饮啤酒。这也使得火车站在夜晚变成了一个群魔乱舞之地：喝得醉醺醺的酒鬼随处可见，他们有的大呼小叫，有的打着饱嗝儿，有的不停呕吐，有的甚至喝到不省人事的地步——这种人只能被抬到放行李的小推车上，一路推进车厢。拉着他们回国的列车上挤满了这样的酒鬼，他们又唱又叫，趁着酒劲尽情地发着疯。很明显，这些正沉浸在快乐之中的巴伐利亚人并没有意识到，不久以后他们将迎来残酷的报复。在奥地利克朗的汇率趋于稳定时，德国马克的汇率却以令人吃惊的数字大幅跳水，于是，之前的荒诞剧情重演了一遍，只不过这次是逆向的——还是在那个火车站，换成奥地利人坐火车去德国那边畅饮价格低廉的啤酒。德国和奥地利在战后的通货膨胀时期爆发的这场啤酒战是一个疯狂时代的缩影，尽管它只是很小的一点，但我一直对它印象深刻。

然而让我费解的是，今天的我无论如何也想不起我们家是怎样度过那几年的。在那时的奥地利，每人每天的生活费需要几千甚至上万克朗。而在后来的德国，每人每天的生活费需要几百万马克。当时的人们是怎么搞到那么多钱的呢？我想不起来了。但匪夷所思的是，他们确实搞到了那么多钱。在那种混乱的情况下，人们自有应对之策。按照逻辑来讲，一个没有亲身经历过那个时代的外国人，心里一定会有这种想法：在当时的奥地利，买一颗鸡蛋的钱在过去能买一辆豪华轿车；在后来的德国，买一颗鸡蛋居然需要四十亿马克——放在过去，这些钱差不多能把柏林市区和远郊一些地区的所有房子都买下来。

在人们心目中，通货膨胀时期的景象一定是这样的：街上的女人们行色匆匆，披散着头发，一副疯疯癫癫的样子；由于没有商品可卖，各家店铺都十分萧条；剧院和其他娱乐场所就更不用说了，一个人都没有。但令人惊讶不已的是，实际情况正相反：在货币动荡的情况下，人们维持生活稳定的意愿变得格外强烈。经济的混乱基本上没有影响到人们的正常生活。

不过从个人角度来看，变化还是相当大的：原本富有的人变得一贫如洗，因为他们的存款和国债都基本等同于废纸了。与此同时，那些善于投机的人都发达了起来。然而，历史的车轮依旧按自己的节律一刻不停地滚滚向前，根本不顾及个人的命运如何。面包师照常烘焙面包，鞋匠照常做皮鞋，作家照常写书，农民照常种地，列车照常行驶，每天的报纸还像以前那样，在清晨准时被送到家门口，酒吧和剧院等娱乐场所每天都人满为患。

过去，货币是人们心目中最稳定的一样东西，可如今，它却在日渐贬值。这种出乎意料的情况使人们格外注重生活中真正有价值的东西，比如事业、爱情、友情、艺术、风景。在困境当中，人们反而比过去更有生活情趣、更有生命力。年轻男女都去爬山了，返回家中时，他们个个晒得黝黑。歌舞厅里放着音乐，直到半夜三更才安静下来。新的工厂和店铺遍地开花。在那几年当中，我在生活和事业上都比过去更有活力。每当回想起这些，我都觉得很不可思议。在那几年当中，人们把过去看重的东西看得更重了。货币的动荡使人们把目光转向了艺术，并对其表现出了空前的热情，因为他们都认为只有艺术才是永恒不变、最靠得住的。

举例来说，在最困难的那段时期，我从没把欣赏歌剧这件事抛在脑后。因为缺少煤炭，照明受限，所以去歌剧院时，人们只能在昏暗的街道上一步步试探着往前走。当时，即使是一张顶楼的歌剧票也要花一大笔钱才能买到。放在以前，那些钱足够在包厢里看上一整年的歌剧。歌剧院的大厅里不供暖，观众只能穿着棉衣，并且要跟旁边的人挨得紧紧的，以便互相取暖。过去，来歌剧院的男男女女都衣着光鲜、引人注目。而在那个困难时期，歌剧院里的景象却是那样的凄凉和乏味！如果货币持续贬值，如果歌剧院里的煤炭只能维持一周的话，那么人们此刻在欣赏的歌剧，到了下周可能就欣赏不到了。在那座像皇宫般奢华的歌剧院里，一切都倍显悲凉。身穿破旧燕尾服的乐队演奏者坐在乐谱架旁，食品短缺使得他们面容憔悴、无精打采。在那种阴郁的气氛中，我们这些观众也像鬼魅似的。但是，当乐队指挥举起指挥棒、帷幕缓缓拉开时，呈现在我们面前的却是史上最出色的演出。无论是歌唱演员，还是演奏者，都格外卖力，因为他们都觉得这可能是自己在这个最喜爱的歌剧院里的最后一次演出了。我们这些观众也比以往专注得多，因为我们也觉得这可能是最后一次欣赏演出了。在那几周、那几个月、那几年当中，在彻底绝望前的那段时间，我们都这样倾尽全力地生活着。如此强烈的生活意志是我在任何一个民族身上都从未看到过的。在我本人身上，这种情况也从未有过。那时候，"活下去"是我们心头的唯一要务。

话说在当时那种一贫如洗、困难重重的境况下，奥地利是怎么活下来的呢？对于这一点，我不知该如何解释。那时候，在奥地利的西侧，巴伐利亚创建了奉行共产主义的苏维埃共和国。在它的东侧，匈牙利已变成布尔什维克，其领导者是贝拉·库恩。所以，革命之火为什么没有烧到奥地利呢？直到今天，我也没想通这个问题。

那时候，奥地利并不缺少军火。复员的士兵也随处可见。看到因战争和通货膨胀而发达起来的人恬不知耻地挥霍时，那些处于半饥饿状态的衣衫褴褛的复员士兵都感到愤愤不平。在军队里，有一个赤卫队已经准备发动革命，而且当时根本就没有能与之抗衡的力量。仅靠两百个意志坚定的人就能够拿下维也纳，继而拿下整个奥地利。可是在那段时间里，一件后果严重的事情都没发生过。虽然其间有一次，一帮不守规矩的人企图发动革命，但仅出动了五六十名武警，就把这件事轻轻松松地给解决了。

于是，奇迹就这样发生了：尽管奥地利这个国家的能源被切断，尽管它的工厂、煤矿、油井都处于停滞状态，尽管它被洗劫一空，尽管它的货币崩盘，一泻千里，变得毫无价值，但是，它挺过来了，它存活下来了。其原因可能在于这个国家太虚弱，国民饿得太严重，根本就没有发动革命的力气吧。不过，其原因可能也在于这个国家有一种神秘的、标志性的内在力量，这种力量就是天生的温和与善良。当时这个国家的两大政党——社会民主党和基督教社会党——之间虽然存在着严重的矛盾，但在那段最艰难的时期，两党却携起手来，组建起联合政府。为避免欧洲因分裂而陷入灾难，这两大政党都作出了让步。就这样，局势逐渐趋于稳定，政权也逐渐趋于稳固。此外，还有一件连我们自己都感到不可思议的事发生了：这个残缺不全的国家不仅活了下来，而且后来，当希特勒准备买通这个在困境中表现出坚强和忠诚的民族时，它甚至打算奋起抵抗，坚决维护自身的独立。

虽然从表面来看，从政治角度来看，这个国家从重大危机中挺过来了，但事实上，在战争刚结束那几年，一场重大革命在这个国家的民众心中爆发了。有一种从我们年少时就被灌输的信念随着军队的溃散一同被毁灭了，这种信念就是：要敬畏权威，权威人物是绝不会犯错的。德国人岂能再敬重他们的那个威廉皇帝？这个人曾发誓要战斗到只剩下最后一口气，可后来呢，他却趁夜越过边境，逃到国外去了。德国人岂能再敬重他们的军事领袖和政治家？他们岂能再敬重那些在写诗的时候只会将"战争"与"胜利"、将"苦难"与"死亡"搭配在一起的诗人？

直到战争的硝烟散去，看到国家那遍体鳞伤的惨状时，人们才知道到战争所造成的创伤究竟有多深。在四年的战争当中，有些人嘴上说的是"勇敢无畏""依法征用"，可实际上干的却是烧杀劫掠之事，像这样的道德观念，还值得人们将其视为神圣不可侵犯的吗？国家拒不履行本应对公民所尽的义务，只因它觉得那些义务都是麻烦事。既然如此，民众又岂能再相信它作出的任何保证？然而现在，手握重权的还是原来那帮人。正是这帮自认为经验丰富的人干了一件比发动或参与战争更蠢的事——签订了一份烂透了的和平条约。

如今，每个人都知道——而在当时，只有包括我在内的很少一部分人知道，在当时的和平议会上出现了一个富有想象力的人，这个人提出了一项有望在世界范围内实现公平正义、永久和平的计划——尽管只是有望，而不是有极大的可能性。这个人就是威尔逊。只可惜，他提出的那项计划被过去那帮将军、国家领袖以及所谓的国家利益给扯碎，成了一堆没有任何价值的废纸[1]。威尔逊曾向世人承诺：这场战争将会是人类历史上的最后一场战争。然而，这个伟大而神圣的承诺只是把那些马上就要坚持不下去的士兵身上残存的力量给榨取出来了，仅此而已。在军火商的利益面前，在只为自身利益考虑、居心不良的政治家面前，这个承诺最终沦为了牺牲品。表面上，那些政客接受了威尔逊那项有人道主义精神、有智慧的计划，但背地里，他们却故技重施，继续上演秘密谈判和签订秘密条约的把戏，而且最后他们还得逞了。

---

[1] 指威尔逊的十四点计划。——编者注

但凡长脑子的人都意识到自己上了当，包括那些儿子在战争中牺牲了的母亲，那些回家后只能靠乞讨为生的士兵，那些在战争时期怀着爱国热情购买国债的人，那些相信政府许下的承诺的人，那些渴望迎来一个更美好的新世界的人。如今，我们终于认清了这样一个事实：过去那场把我们的性命、快乐、时间以及财富都押上了的赌博，即战争，又卷土重来了。这场赌博的发起者可能是原来那帮人，也可能是一批新的赌徒。

当时那一整代年轻人在看待父辈时，眼神中总是透着不满和鄙夷。这不足为奇，不是吗？因为他们的父辈起初在战争中失去胜利，后来又把和平给弄丢了。他们的父辈哪件事都没做好，什么都没预料到，每次都判断失误，不是吗？正是因为这些，害得他们连一点尊严都没有了，他们因此而不满，因此而鄙夷，不是很正常吗？无论是对父母，还是对政治家和老师，他们都不再信任。无论是对政府颁布的法令，还是对政府发出的通告，他们都心存质疑。

在战后成长起来的这代年轻人将传统观念统统抛在脑后，决定亲手掌控自身命运，对过去说再见，以充满活力的姿态迎接未来。于是，年轻人迎来了一个全新的世界。这个世界的秩序与过去截然不同，而且这种不同体现在了生活中的方方面面。当然了，刚开始的时候，他们做得有些过头，这是不可避免的。所有跟他们的年龄段不相符的人和事物，都被他们归入到过时的行列。

十一二岁的青少年不再像过去那样，随父母一起出去旅行，而是加入"候鸟协会"，男生和男生相伴，女生和女生相伴，成群结队地在全国范围内四处旅行。走得最远的青少年甚至到过意大利和北海[1]。在学校里，学生以俄国为模范，成立了学生会，以此来监督老师的一言一行。由于学生都认为他们只应该学习自己感兴趣的东西，或者说，他们只想学习自己感兴趣的东西，所以他们把"教学计划"给消灭了。他们把所有能够约束他们的规章制度都当成了革命的对象，纯粹是为了革命而革命。更有甚者，他们把男女之间的差别也当成了革命的对象。举例来说，女生都把头发剪得特别短，短到让人分辨不出男女的程度，而男生则把胡子刮得干干净净，目的是让自己看起来有些女性的柔媚之态。同性恋开始流行，这并非出于本能，而是出于对传统的、合法的、常规的恋爱模式的反抗。

总之，那代年轻人尽力让生活的方方面面都浸染上激进和革命的气息。当然了，也包括艺术方面。新的绘画开始进行大胆的立体主义与超现实主义的试验，而伦勃朗、荷尔拜因以及委拉斯开兹的所有绘画则都被认为是落伍的。各个领域内浅显和基础的东西都受到鄙视，比如音乐上的旋律、肖像上的相似性、文学上的通俗易懂。德语里的冠词，如 der、die、das 等，都被弃用，句子也被改成了倒装式。写作风格类似于发电报，开门见山、简单明了，末尾再加上语气强烈的感叹词。所有不属于唯意志论的文学作品，也就是无法进行政治理论化的文学作品，一概被当成垃圾丢掉。在音乐界，人们开始执拗地追求

---

[1]　指意大利威尼斯和德国汉堡，二者几乎是从维也纳出发通过陆路能够到达的重要城市节点南北端。——编者注

新调性和无调性；在建筑界，从里到外都发生了改变；在舞蹈界，传统的华尔兹消失了，取而代之的是古巴人和黑人的舞蹈；在时装界，时装款式越发荒诞，每一件时装都在极力强调裸露的重要性；剧院里，演员在演出《哈姆雷特》这部剧时，身上穿着燕尾服，想以此来突显自身的与众不同，制造戏剧效果。

一个勇于创新的时代开始了。在这个新的时代，年轻人渴望在各个领域内快速实现超越。年轻人越是年龄小、学识少，就越是受欢迎，因为年龄小和学识少正是与传统毫无瓜葛的标志。这代年轻人终于在针对父辈们展开的全面报复中取得了胜利。

这场近乎胡闹的、狂热的变革令很多老知识分子惶恐不安。他们担心自己被后辈们超越，担心自己失去分量。在绝望之下，他们立马换上一副勇于进取的面具，步履蹒跚地紧跟在后头，从此踏上了一条明显是错误的路。看到他们那滑稽的样子，我不免心中悲凉。纯朴的、胡须花白的大学教授们，开始在自己早就完成的、如今根本就没有市场的"静物写生"上象征性地添加一些立方体和六面体。促使他们这样做的原因是，当时，年轻的院长们在四处招聘年轻教授，而且希望对方越年轻越好。老教授们的画作都被撤出画廊，送进仓库——因为在年轻人看来，那些画作过于偏重古典主义。数十年来一直坚持用完整且清晰的德语写作的作家，如今也开始紧随时代潮流，用违背语法规则的方式写零散的句子。挺着大肚子的普鲁士枢密院顾问们站在大学的讲台上，讲授着卡尔·马克思的理论。那些不再年轻的宫廷芭蕾舞女演员穿着暴露的芭蕾服，将身体的四分之三裸露在外，用僵硬的舞蹈动作演绎着贝多芬的《热情奏鸣曲》和勋伯格的《升华之夜》。总之，无论在哪个领域，都有上了年纪的人在慌乱中追赶着时尚潮流。所有人都渴望变得更年轻些，并且都有这样一种野心：创造出一个更为激进的、前无古人的流派。要是能在一夜之间就实现这个目标，那就再好不过了。

那是一个极度狂热、丧失秩序、变化莫测的时代。在那几年的奥地利和德国，随着货币价值的不断下滑，其他方面的价值也在不断下滑。那是一个迷乱的、将不安与盲从少见地融合在一起的时代。所有难以被验证的学术都迎来了自己的鼎盛期，比如神智学、神秘学、招魂术、梦游症、人智学、手相学、笔相学、印度瑜伽术、帕拉切尔苏斯 [1] 的神秘主义学说；那些比吗啡、可卡因以及海洛因的刺激性更强、效果更明显的麻醉品，都成了极受追捧的商品；在戏剧领域，乱伦和弑父这类题材成为主流；在政治方面，人们只关心两个主题，一个是共产主义，另一个是法西斯主义，因为它们都比较极端。与之相反的是，人们纷纷贬低和排斥那些正常的、恰当的事物。

尽管那个时代乱象丛生，但从艺术发展的角度来说，我还是不想与它失之交臂。历史上发生的每一次思想革命，在刚开

---

[1]　帕拉切尔苏斯（Paracelsus, 1493—1541），原名 Philippus Aureolus Theophrast Bombast von Hohenheim，瑞士化学家、医学家、自然哲学家。他把自己冗长的名字改成了帕拉切尔苏斯，意为"超过古罗马名医切尔苏斯"。

始的时候都是铆足了劲头、无所畏惧地向前冲。那个乱象丛生的时代也是如此。它积极且珍贵的意义在于，它将传统中那些污秽的东西给清洗掉了，让人们紧绷了多年的神经终于放松下来了。从本质上来说，那个时代的年轻人渴望补偿父辈们因过分谨慎、置身事外而错失的东西。虽然他们态度激进，甚至可以说过火，但他们心底的直觉是对的。因此，我们没资格去指责他们、轻视他们、否定他们。他们认为，战后的时代必须是一个与战前迥然不同的、全新的、更加美好的时代。而我们这些年龄稍长的人，在战前和战争时期也有这样的渴望，不是吗？可惜在战后，我们这些年龄稍长的人还是没能显露出才干，只是眼睁睁看着那些耍弄不正当手段的人利用政治来操控世界局势，制造新的危机，而没能及时建立一个国际组织来与之相抗。

其实在巴黎和会期间，凭借《炮火》这部长篇小说而享誉国际的亨利·巴比塞曾试图以互相谅解为出发点，让欧洲的知识分子团结在一起。为此，他创建了一个名为"光明社"——寓意是"用光明清朗的头脑来思考"——的组织。该组织旨在联合各国的作家和艺术家，共同对抗一切煽动民族仇恨的行为。巴比塞希望我和雷内·席克勒共同担任德国作家小组的领导者。在当时的所有任务中，这项任务算是比较艰难的，因为在德国，民众因《凡尔赛条约》而产生的怒火还未熄灭。如果莱茵兰、萨尔地区以及美因兹的重要据点仍由外军驻守，那就基本不可能指望德国那些有名的知识分子站在超民族主义的立场上。不过话说回来，如果在后来那个最艰难的时刻，巴比塞没有抛弃我们的话，那么一个如他所愿的组织还是有望成立的。毕竟后来的高尔斯华绥[1]就通过笔会的形式达到了这个目的。巴比塞成立"光明社"的计划最后之所以失败，是因为在那次俄国之旅中，他看到了俄国民众的热情高涨，这使他深信：让世界各族人民团结友爱、亲如兄弟的这个目标，资产阶级的国家和民主是无法实现的，只有信仰共产主义的国家才可以。于是，他在暗中对"光明社"进行改造，意图使其成为阶级斗争的工具。但是这种激进的行为遭到了我们的反对，因为我们认为这会削弱我们这个组织的力量。就这样，这个本身非常有意义的计划提前宣告失败。很多时候，我们都因过分看重个人的自由和独立，而在追求大众思想自由的道路上遭受挫折。这一次也是如此。

如今看来，我能做的事情只有一件，那就是在与世隔绝的环境下专心致志地创作。在表现主义者——如果可以的话，我想把他们说成是思想上无拘无束的人——眼中，时年三十六岁的我已经可以归入该退休的作家行列了，因为我不愿意随机应变，按照他们的艺术标准去从事创作。事实上，对于我早年的那些作品，即追求唯美主义的那些作品，我自己也不感兴趣了。正因如此，我才没有让它们再版。为今之计，唯有重整旗鼓。不过眼下，我还需要等一等，等那些稍纵即逝的各种主义的浪潮退去。

---

[1]　约翰·高尔斯华绥（John Galsworthy，1867—1933），英国小说家、剧作家，1932年诺贝尔文学奖获得者，代表作为《福尔赛世家》三部曲和《现代戏剧》三部曲。

我这个人没什么野心，这带来的好处是，我可以让自己的内心保持恬淡。我开始了《世界建筑师》这套系列丛书的创作。为保证其内容真实可信，我花了很多年的时间在这上面。此外，我还在非常平稳的心境下创作了一些中篇小说，包括《热带癫狂症患者》和《一个陌生女人的来信》。

后来，周遭国家和世界都渐渐恢复了秩序。于是，我觉得自己不能再虚度光阴了。过去，我尚且可以对自己说"一切都只是暂时的"，但是现在，我不能再用这种话来敷衍了事了。已经步入中年的我再也不能只许诺而不兑现了。这时候，摆在我面前最重要的一件事就是：争取在磨炼中实现自己平生最大的心愿，如果无法实现，那就彻底放弃。

十三

再次走向世界

　　在奥地利战后最困难的那三年，也就是 1919 年、1920 年、1921 年，我一直待在萨尔斯堡，过着与世隔绝的生活。那时候，我已经对再去看看外面的世界不抱希望了。人们都打算只在国内这一小块地方度过余生，因为我们要面对的困难太多了：战后的全面崩溃、外国人对德意志人或用德语写作的人的敌意、货币贬值。不承想，一切又开始好转了。人们又能吃上饱饭，又能在写字台前安心工作了。劫掠之事和革命都不再发生。我还活着，既有精神，又有体力。既然如此，我为什么不出趟远门呢？毕竟这是我年轻时就喜欢做的事。

　　我暂时不打算走太远，但意大利挺近的，只需八小时或十小时就能到达。我何不去那儿走走呢？虽说意大利人一向对奥地利人抱有敌意，但我本人从没有感觉到这一点。难道为了避免尴尬，我就要用不友善的态度对待一位老朋友，不去人家那里旅行吗？这可不行。我倒要试试看。就这样，在一天中午，我越过了边境线。

　　当天晚上，我抵达了维罗纳，并在那里找了一家旅馆。工作人员把一张登记表递给我。我填好以后，对方大致看了一下。

看到国籍那一栏里填写的是"奥地利"时，他特别吃惊地问我："您是奥地利人？"我回答"是的"，同时心想：难道他要赶我走？但令我意外的是，他特别高兴地说："哎呀！太高兴了！总算有奥地利人来我们这儿了！"这是我第一次在国外受到如此友善的对待。由此可见，仇恨宣传和情绪煽动只会使人们一时头脑发热，但并不会真正改变广大民众心底的想法。早在战争时期，我就有这种感觉。十五分钟后，那位淳朴厚道的工作人员还专门来房间看望我，问我对这里的服务是否满意。他用热情的语气夸我意大利语讲得好。临别之际，我们友好地握了手。

次日，我抵达了米兰。我又一次来到米兰大教堂，又一次在长廊中漫步。我泰然自若地走过一条条街道，听着好听的意大利语和意大利音乐，欣赏着似曾相识的异国风景，那感觉别提多享受了。

在一栋大楼前，我看到了《晚邮报》几个字。这使我马上想起了一位老朋友，他就是朱·安·博尔杰塞，《晚邮报》编辑部的负责人。在柏林和维也纳的时候，博尔杰塞经常举办社交晚会，我去参加过很多次，每次都能收获愉快的一晚。当时与我一起去的还有凯泽林伯爵和本诺·盖格尔。博尔杰塞是意大利最杰出、积极性最高的作家之一，在年轻人中的影响力也非同寻常。虽然他翻译过《少年维特之烦恼》，也痴迷于德国哲学，但在世界大战时期，他却坚定地站在了德国和奥地利的对立面。起初，他和墨索里尼站在一起，主张对德奥开战。但是后来，他们两个人又各走各路了。在战争时期，我一直对这位身处敌国的老朋友有种怪怪的感觉，因为我知道他是个干涉主义者。但是现在，我有一种强烈的念头，想去跟这个"敌人"见个面。不过，我只给他留了一张写有我旅馆地址的名片，因为我担心贸然打扰的话会被他拒之门外。但我还没下楼，就有一个人冲到我面前，一脸兴奋地看着我。那个人正是博尔杰塞。只过了五分钟，我们之间的交流就像过去那样赤诚，甚至比过去更赤诚。其原因在于，他跟我一样，也从那次战争中吸取了教训。就这样，我们这两个被战争隔开的人变得比过去更亲近了。

这种情况随处可见。比如在佛罗伦萨，我和妻子正走在大街上，忽然，我的旧时好友、画家阿尔贝特·斯特林加迈着大步走过来，紧紧地抱住了我。我的妻子不知道这个满脸胡子的人是谁，还以为他想对我不利呢。他没有任何变化，不，他看起来比过去更诚挚了。我长舒了一口气，感觉很轻松，心想：战争总算结束了。

但战争其实并未结束，只是我们不明真相罢了。我们心中的善念蒙蔽了我们的双眼。我们误以为个人的愿景就是世界的愿景。不过，我们也无须为自己所犯的错误而感到惭愧，因为那些政治家、经济学家、银行家也犯了同样的错误，而且错得更离谱。在那几年当中，由经济复苏造成的繁荣假象同样蒙蔽了他们的双眼。正因如此，他们才甘愿四处奔忙。战争在国家与国家之间结束后，又在社会内部的矛盾中再次爆发。刚到意大利的那几天，我亲眼看见了这样的战争场面，但我当时并不了解其中的深意。

对于意大利当时的政治局势，我们这些奥地利人并不怎么清楚。我们只知道，在战后的意大利，民众深感失望，以至于极端的社会主义倾向甚至是布尔什维克主义倾向四处扩散。在每一面墙上，人们都能看到用黑炭或粉笔写下的歪歪扭扭的几个字：列宁万岁。据说有个叫墨索里尼的人，他本来是意大利社会党的领袖人物，但在战争期间，他脱离原来的党派，成立了一个与之对立的党派。但是对于这些传闻，人们只是听一听就算了，没觉得跟自己有什么关系。当时人们心里想的是：像那种不起眼的小党派，能有什么大的作为呢？在那段时间，那样的党派在各个国家都有。在波罗的海沿岸国家，自由军团的士兵们列队而行的场面随处可见。在莱茵兰和巴伐利亚都有分离主义者成立的组织。示威游行和武装暴动时有发生，但每一次暴动都被成功镇压。因此，根本就没人能想到，那些"法西斯分子"会在日后成为影响欧洲发展的一个关键因素。他们是"黑衫军"，而非加里波第的"红衫军"。

但是当我来到威尼斯时，我很快就对"法西斯分子"有了感性的认识。在一个下午，我离开米兰，来到了威尼斯这座建立在潟湖上的惹人喜爱的城市。下车后，我看不到搬运工，也看不到"冈朵拉^[1]"。铁路和车站的工作人员谁也不干活，而是双手插兜，以一副示威的姿态站着。由于我带了两个特别重的行李箱，走起路来很不方便，所以我向周围看了看，打算找个人来帮帮我。这时候，我遇见了一位年龄比较大的男士，于

---

[1]　一种独具特色的小尖舟，威尼斯人的代步工具。

是我就询问他，去哪儿能找到搬运工。"真不凑巧，"他带着遗憾的口吻说道，"我们最近经常这样。今天也是，而且这次还是大罢工。"我没有追问罢工的原因，因为这种事在奥地利很常见，我们早就习惯了。每次被逼得无路可走时，社会民主党人就会闹罢工。他们以为这种手段很有威胁性，但事实证明，这根本就没用。我只好拖着两个行李箱吃力地往前走。走着走着，我看见一条河道里有个船夫在向我招手，那样子鬼鬼祟祟、慌慌张张的。他把我和我的行李箱搬上了他的"冈朵拉"。在我们行进时，有很多人用摇晃拳头的方式向那个船夫表达不满，因为他违反了罢工的规矩。

半小时后，我们抵达了我想要入住的旅馆。刚安顿完，我就毫不犹豫地去了圣马可广场。这是我之前来就养成的习惯。令我失望的是，广场那一带的景象非常萧条。各家店铺基本关着门，咖啡馆里也看不到人。街上倒是有一大群工人，正三五成群地站在屋檐下，似乎在等待着什么。我觉得事情不太寻常，于是便跟着他们一起等。很快，事情就骤然发生了：一支由年轻人组成的队伍从一条巷子里走了出来，更准确地说是跑了出来。这支队伍秩序井然、步伐急促、整齐划一。他们一边行进，一边齐声歌唱。当时我并不知道他们唱的是什么歌，后来才知道，那是《青年》。在几乎是一对一百的局面下，他们毫无惧色，手握棍棒冲进罢工人群，而后又迅速撤离。工人们意识到自己受到了挑衅，气愤地攥着拳头，想要予以还击，可那支队伍已经跑远，根本就不可能追得上了。

亲眼所见的事情往往最有说服力。直到那时，我才头一次知道传闻中的"法西斯主义"在现实当中究竟是什么样的。法西斯主义有极为出色的领导能力，它能把那些坚定、顽强、勇敢的年轻人煽动起来，并得到他们的疯狂崇拜。从那天开始，对于佛罗伦萨和罗马那些年长的朋友的观点，我就再也不敢苟同。过去，每次提起法西斯主义者时，他们都耸耸肩膀，以一种蔑视的口吻称其为"一群受雇佣的恶棍"，还怒斥其为"恶魔的兄弟"。而他们口中的恶魔，指的就是墨索里尼。在好奇心的驱使下，我买了几期《意大利人民报》。通过墨索里尼那犀利、清晰、跟拉丁语一样简练的文字，我感受到了他的坚毅，这与我之前在圣马可广场看到的冲进罢工人群的那些年轻人完全一样。当然了，我无法预料到这场法西斯斗争会在一年以后发展成什么样子。但我当时已经意识到了，无论是意大利，还是其他国家，都面临着一场斗争。我们所拥有的和平还不是真正意义上的和平。

发生在圣马可广场的那件事算是对我的第一次警告，它在提醒我：欧洲看似和平，实则潜藏着很多汹涌的、极具威胁性的暗潮。没过多久，对我的第二次警告就到来了。这次意大利之行使我重拾了旅行的快乐，于是我跃跃欲试，打算趁着夏天到来，去德国北海边的韦斯特兰旅行。

在那时候，去德国旅行对于一个奥地利人来说是一件很有吸引力的事。不同于奥地利克朗的萎靡不振，德国马克依然价值坚挺、受人信赖。德国的战后恢复工作似乎进展得相当顺利：进出火车站的列车都很准时；酒店里的环境干净整洁；铁路两边新建了许多住宅和工厂，一切都秩序井然。在战争爆发之前，这种秩序令人反感，但在战争结束后，在一切都混乱不堪时，这种秩序却又为人所称道。

当然了，德国的空气中仍有些许紧张的味道，因为全国民众都在关心这样一个问题：在热那亚和拉巴洛举办的谈判会议中，德国是否能与过去的敌国以平等的身份商谈减少战争赔款的问题，或者至少能取得敌国的真心谅解。

负责主持这次在欧洲历史上具有重大意义的谈判的人，正是我的旧时好友拉特瑙。早在战争期间，他那非凡的组织才能便显露无遗了。他是第一个发现德国经济最薄弱环节的人。他认为，这个最薄弱的环节，也就是原材料供应，将使德国经济在日后遭受重创。因此，他及时（在时间点的选择上，他也是正确的）采取措施，将经济集中起来，交由政府控制。而在战后，德国正好需要一位外交部长来跟敌国那些善于随机应变的、经验丰富的人进行谈判，所以很自然地，这项重任落在了他的肩上。

抵达柏林后，我给拉特瑙打了个电话。其实我的心里很纠结，我觉得自己不应该去打扰一个正在缔造时代命运的人。他在电话里对我说："是啊！现在的确很难抽出时间来。公务繁忙，我只能暂时放下维系友情的事了。"

但是没过多久，他就为我们制造了一个见面的机会。他用的是一种非常巧妙的连一分钟都不浪费的办法。他对我说，他准备从格吕内瓦尔德出发，坐小轿车去几个大使馆拜访一下。路上有半个小时的时间，我们可以坐在小轿车上聊一聊——这个办法是最简单的了。所以他邀请我去他那儿，然后跟他一起上车。我心想：他善于集中注意力，而且可以随时从一件事转到另一件事上，所以无论在小轿车上，还是在火车上，他都能像在自己的办公室里那样，把话说得既清晰又透彻。我不愿意错失良机，而且我认为这次谈话也能让他感到愉悦，因为我既不涉政治，又与他有多年的交情。

那一次，我们谈了很多。现在的我可以做证：拉特瑙不是一个允许自己置身事外的人。对于德国外交部长这个职务，他并不怎么感兴趣，甚至可以说，他并不愿意。虽然他顶着压力接受了这个职务，但他心里很清楚：在短时间内，他是不可能完成任务的。目前最乐观的结果无非就是通过谈判把战争赔款降到原来的四分之一。此外，他也能让对手在某些方面作出妥协，但那都是些无关痛痒的方面。至于赢得真正的和平，以及让对手宽容以待，他目前还不敢奢望。

他跟我说："我们可能还要再等十年。到那时，不光我们老了，其他人也都老了。到那时，外交界那些资格老的人都离开了，将军们也都化为纪念雕像，沉默不语地矗立在广场上了。"

身为一个犹太人，他深知自己身上有两副重担。像他这样的人在历史上是很少见的，因为他在接受重任时心里不仅有诸多忧愁，而且有诸多疑虑。他很清楚，他接受了一项自己无法完成，而只能交由时代来完成的任务。此外，他也意识到，一旦接受了这项任务，他就面临着生命危险。自从阿兹贝格尔[1]遭到暗杀后——他接受了签订那份令德国人不满的《停战协议》的任务，而鲁登道夫却谨慎地避开了这项任务，逃到国外去了——拉特瑙就知道，身为谋求和解的先驱者的他也面临着同样的命运，这毫无疑问。但是他对我说，他无须考虑个人安危，因为他一生未娶，无儿无女，一直都是个内心孤独的人。而我也没有提醒他保护好自己，因为我没那个勇气。

在拉巴洛，拉特瑙出色地完成了任务。在当时的客观条件下，他争取到的结果已经是最理想的了。即便在今天看来，这也是不争的事实。他之所以能取得空前的成就，是因为他有善于把握时机的杰出才能，有世界级外交家的风范，有显赫的个人声望。然而在德国内部，已经有一些势力发展壮大到了一定程度。这些势力很清楚，要想让更多的人加入他们，他们就要反复向德国这个战败国的民众强调：我们根本就没有失败。谁答应谈判，或者作出妥协，谁就是卖国贼。当时，那些内部有严重同性恋倾向的秘密团体所拥有的力量已超乎共和国领导者们的想象。在治理国家时，那些共和国的领导者秉持着自由的理念，无论对什么样的组织，他们都给予充分的自由，就算是对想要在德国这片土地上彻底消灭自由的人，他们也抱着同样的态度。

---

[1] 马蒂亚斯·阿兹贝格尔（Matthias Erzberger, 1875—1921），德国政治家。他因代表德国魏玛政府签订了那份《停战协议》而被视为"卖国贼"，于1921年8月遭人暗杀。

在柏林市区的外交部门口，我向拉特瑙道别。想不到，这一别竟成了永别。后来，我看到了报纸上刊登的照片，并从中发现：他在遭人暗杀时坐的那辆小轿车正好是之前我们一起坐过的那辆，而之前我们一起经过的那条路，也正是他遭人暗杀的地方。我没有目睹德国历史上那场堪称惨剧的一幕，纯粹是因为侥幸。正因如此，那出惨剧更使我有一种切身之痛，更给我留下了难以磨灭的印象。那出惨剧落幕后，灾难开始降临在德国，降临在欧洲。

记得那天，我已经抵达韦斯特兰。在海滨浴场，有成百上千到此疗养的人正在游泳和洗浴。似曾相识的一幕再次发生了：一支乐队正在为悠闲的人们演奏着乐曲，就像弗朗茨·斐迪南遭到暗杀的消息传来那天一样。突然间，一名报童从林荫路那边飞奔过来，速度快得像一只白色的海燕，同时高声叫道："瓦尔特·拉特瑙被人暗杀了！"

这件事顿时引起了恐慌，德国上下一片哗然。很快，德国马克就一路贬值，最后竟然到了要以兆为单位的程度。从此时开始，由通货膨胀导致的混乱局面才真正呈现出来。相比于当时德国的通货膨胀率，我们奥地利之前那已经被认为十分荒谬的一比一万五千的通货膨胀率简直就是小儿科。那次通货膨胀中种种夸张的细情足够写成一本书的。现在的人们要是看到这样一本书，一定会为其中的情节感到不可思议。

说起那段日子，我是有亲身经历的：同样的一份报纸，早上花五万马克能买到，到了傍晚就得花十万马克才能买到。汇率每个小时都在变，所以有兑换外币需求的人就把手里的外币分成几批，每隔一小时去兑换一次，因为在 4 点钟去兑换时，能得到的钱要比在 3 点钟时多好几倍。等到 5 点钟再去兑换时，能得到的钱又比 4 点钟时多好几倍。

还有个具体的例子。我曾把一部自己写了整整一年的书稿寄给与我合作的出版商，并且要求对方马上预付一万册的稿费。我自以为这样做就已经很有保障了，可当支票汇过来时，我才发现，上面那些钱已经大大贬值，贬值到还没有我当初邮寄书稿时的费用多，而那部书稿仅仅是一周前寄出的。

电车的票价是以百万为单位的。国家银行用卡车把印好的纸钞一车车地运送到各家银行。两周后，我在一条排水沟里看到一张面值为十万马克的纸钞，那是一个乞讨者丢进去的，因为那点钱他根本就不放在眼里。一根鞋带的价钱要比之前的一只鞋还高，不，要比之前一家陈列着两千双鞋的奢侈品商店还高；打破一扇玻璃窗，修补窗户所需的价钱要比之前买下那栋楼的价钱还高；一本书的价钱要比之前买下一家拥有数百台印刷设备的印刷厂的价钱还高；只需花上一百美元，就可以在选帝侯大街买下一栋六层高的楼房；几间工厂加在一起所值的价钱还不抵之前的一辆手推车。一个刚成年的小伙子要是能在港口捡到一箱别人不小心落下来的肥皂，那他就可以在接下来的几个月里天天开着小轿车出去兜风，过上奢侈的生活——要实现这个目标，只需每天卖出一块肥皂。而这个小伙子那之前还是有钱人的父母，如今已沦为乞丐。

过去卖报的一些小贩，如今创办起了银行，靠着倒卖外汇大发横财。在这些人当中，最大的赢家就是施廷内斯。趁着马克贬值，他向银行申请巨额贷款，然后把钱都用在了收购矿山、轮船、工厂、股票、城堡以及庄园上。但事实上，他并没有为收购这些东西付出任何代价，因为随着货币贬值，他的那些贷款全都归零了。就这样，没过多久，全德国四分之一的资产都掌握在他手中。反常的是，德国人竟都为他欢呼，就像敬慕一位天才人物那样。德国人总是像这样迷恋那种肉眼可见的成功。

失业者成千上万，随处可见。他们高举着拳头，向坐在豪华小轿车里的投机商和外国人表达不满，因为这些人能把整条街上的商品都买下来，甚至连一盒火柴都不落下。能识字写字的人都开始做生意了，靠着投机倒把、倒买倒卖等方法赚钱。人人心里都清楚，所有人都在互相骗来骗去。与此同时，所有人又都被一只无形的黑手所欺骗。为了使这个国家摆脱由战败带来的负债和责任，这只黑手故意制造了上述种种混乱。

我自认为是熟知历史的。据我所知，如此之疯狂的时代，如此之高的通货膨胀率，是历史上绝无仅有的。所有的价值观都跟过去不一样了，这不光体现在物质上。人们开始嘲讽国家的法律法规，蔑视所有的道德准则。柏林俨然成了一个群魔乱舞之地。新的酒吧、游乐场、酒馆一家接一家地开着。德国人再也不像过去那样积极向上，再也不像过去那样严谨。一切都反过来了。我们奥地利之前的那种混乱局面跟那时候的德国相比，简直就像一段柔和的还没有完全放松下来的前奏。

在选帝侯大街上可以看到很多穿着紧身衣、化着浓妆的年轻男人走来走去。在这些人当中，不光有专门以此为业的人，还有中学里的小男生，因为他们也想通过这种方法来赚点钱。

在酒吧里，借着昏暗的灯光，可以看到国务秘书和财政官员们在百般讨好醉醺醺的外国水手，毫无廉耻之心。在柏林的舞会上，上百个身穿异性服装的男男女女在警察赞赏的目光下翩翩起舞，尽情放纵，那不堪的场面即使在苏维托[1]所描述的罗马中都未曾出现过。

在所有价值观都已崩塌的情况下，一种疯狂的情绪开始侵袭市民阶层。而在此之前，这个阶层一直过着有序的生活，从未受到过冲击。女孩们把有违传统观念的性关系当成炫耀的资本。在柏林的中学校园里，一个十六岁的女生如果仍是处女，那她就会遭到同学们的耻笑。女孩们都喜欢到处宣扬自己的风流事，而且都认为这种事越有异域风情就越好。然而，人们对于性的这种疯狂态度，最可怕和最让人讨厌的地方在于，它并不是发自内心的，而是在自欺欺人。事实上，德国人在通货膨胀的刺激下的种种放纵行为，只不过是为了跟风罢了。好比那些来自市民阶层正经人家的女孩，她们原来并不喜欢梳那种男士发型，而喜欢把长头发简简单单地往两边梳开；她们原来也并不喜欢喝烈酒，而喜欢用小勺子一勺一勺地挖奶油苹果派吃。

可是，通货膨胀所造成的影响无处不在，每天都不得不面对它的人们已经快被逼疯了。战争把这个国家搞得千疮百孔、民不聊生。所有的德国人都在渴望恢复法治，恢复和平安定，并且都在心中暗暗痛恨当时的那个共和国。其原因并不在于共

---

[1] 苏维托尼乌斯（Gains Suetonius Tranquillus，69—122），古罗马时期著名的历史学家、传记作家，代表作为《罗马十二帝王传》。

和国限制了人们肆无忌惮的自由，恰恰相反，原因在于它过分纵容了自由。

凡是经历过那段如同世界末日般恐怖的日子的人，心里都会有这样一种预感：反扑就要来了，而且会是一种相当凶狠的反扑。尽管对于这种反扑，人们的态度是憎恶的、愤愤不平的。而与此同时，那些把民众推入水深火热之中的人，却正在暗地里一边盯着时钟，一边乐呵呵地想着："国家越是乱糟糟的，对我们而言就越好。"他们很清楚，要不了多久，他们就能取得权势。一股反革命势力公然聚集起来，这股势力的核心是鲁登道夫。当时，支持鲁登道夫的人甚至比支持希特勒的人还多——那时的希特勒在政府当中还没有任何权势。那些被勒令撕下肩章的德国军官已经暗中组建起了团体。那些眼睁睁看着自己所有积蓄被骗光的小市民也开始在暗中团结起来，他们的打算是：一旦有承诺恢复秩序的组织发起号召，他们便随即响应。德意志共和国那种"要给予人民自由，同时也给予敌人自由"的治国理念是导致灾难的最大根源。一直以来，德意志民族都是讲求秩序、严守规矩的，所以在突然间获得自由时，他们反倒不知所措了。事实上，他们目前最迫切的愿望就是：有人能来把他们的自由给夺走。

1923 年的那一天，德国的通货膨胀结束了。那一天原本很有希望成为历史上的一个转折点。人们终于可以用让人看着都头晕的一兆马克兑换一个新马克，这可以说是一切都开始恢复秩序的标志。很快，由通货膨胀导致的混乱便回归正常。酒吧和小酒馆都不见了。社会逐渐恢复秩序。如今，所有人都可以清清楚楚地计算出自己究竟得到了多少、失去了多少。大多数民众都损失惨重。然而，当初挑起战争的人却没有为此承担任何责任，反倒是那些有奉献精神的人承担了一切责任，并使秩序得以恢复。可是对于他们的付出，人们却连一句感激的话都没说。

这个世界上再也没有什么能比那次通货膨胀更让德国民众感到愤慨和痛恨的了，所以他们才会那样疯狂地崇拜希特勒。为警醒世人，我们有必要反复强调这一点。从曾经的胜利中，德国这个无药可救的军国主义国家获得了极大的成就感。但是后来发生的通货膨胀却又使这个国家倍感耻辱。整整一代人都不会忘记那段艰难的日子，不会原谅曾经的德意志共和国。为了不再过那种日子，人们情愿让那些冷血的杀戮者重新回来执政。

不过，这都是后话。总之，在1924年的时候，社会上的种种乱象看似消散了，就像渐渐飘远的鬼火那样。随着秩序逐渐恢复，日子越过越好，我们都放下了心中的不快，并且以为战争永不会再来了。然而这一次，我们又犯傻了，真是没得救。但话说回来，要是没有这种自我欺骗的幻觉，我们又怎么会得到有工作、有盼头、有安全感的十年呢？

现在回顾起来，从1924年到1933年这短短十年，也就是从德国的通货膨胀结束到希特勒夺取政权的这十年，应该算是我们这代人的一段间歇期。从1914年开始，我们这代人就在不断地经历各种灾难。可以说，在这段历史中，我们既是见证者，又是受害者。不过，虽然说是间歇期，但在那十年当中也并非没有出现过局势紧张、社会动荡、面临危机的情况。在这些情况当中，最值得一提的是发生在 1929 年的那次经济危机。所谓的间歇期，指的是在那十年当中，欧洲的和平看似得到了保证。单从这一点上来看，那十年的存在就意义非凡。

在那十年当中，德国光荣地加入了国际联盟，并把得到的大笔贷款用于加强经济建设——表面上是这么说，但背地里，那些贷款都被用来扩充军备了；英国裁军了；在意大利，墨索里尼接管了对奥地利的保护。以上种种迹象均显示这个世界要开始新一轮的建设了。巴黎、维也纳、柏林、纽约、罗马……无论在战胜国，还是在战败国，城市都变得比从前更美丽。飞机使交通运输的速度提高了；办理护照的政策比过去宽松了不少；货币汇率大幅动荡的情况已不再出现。人们很清楚自己每个月可以赚多少、花多少。人们不再像过去那样，把精力都集中在那些细碎的事情上，而是开始投入工作，开始关注文艺。人们甚至再次做起了欧洲统一的梦。对于世界而言，那十年不过是短短一瞬，但对于饱受磨难的我们而言，它却意味着正常生活的回归。

对我个人而言，在那十年当中最值得一提的一件事情是：我迎来了一位客人，而且这位客人还愉快地留下来陪我了。事实上，我从未奢望过这位客人会来，这位客人的名字叫"成功"。当然了，我不怎么愿意提起我的书籍在外界取得的成功，因为这让我觉得有点别扭。通常情况下，关于我的成功，我连简要地概述一下都不愿意，因为我不想被人误以为我在自夸或者自鸣得意。但是现在，我准备提一提我当年的成功，因为在这件事上，我有一项特权，更准确地说，我人生历程中的这一事实迫使我无法保持沉默。

从希特勒执政开始算起，在那之后的七年当中，我在写作方面取得的成就都成了过眼云烟。我写的那些书的总印数有几十万册，甚至几百万册。过去，那些书在无数间书店和家庭中备受重视，可如今在德国，人们一本都买不到了。手里有我写的书的人必须细心地将其藏好。在公共图书馆里，我的书一直被放在一个类似于"毒品柜"的地方。只有那些声称是为了学术研究，实则是为了羞辱或批判我的人，才会得到相关部门的特殊许可，看我写的那些书。给我写信的读者和朋友，没有一个敢把我的名字堂而皇之地写在信封上，因为在德国，我的名字早就被列入了黑名单。光是这些还不够。在包括法国和意大利在内的所有处于被奴役状态的国家，我的书都被列为禁书——这是希特勒下的命令。而过去在那些国家，我的书的译本是最畅销的。当时，就像格里尔帕策说过的那样，身为作家的我简直就是一个"活死人"。四十年来，我在世界范围内所取得的一切成就，更准确地说，几乎是一切成就，都被希特勒的拳头给击碎了。因此，我提起的成功并不是属于现在的我，而是属于过去的我。同样的，当我提起我的家乡、我的祖国、我的自信心、我的自由以及我的毫无成见时，也都是属于过去的我。如果我不先把自己所处的高度描述出来，那么我如今在描述自己被人从高处推下来时，就不能让别人深刻地体会到我的处境——有我这种遭遇的无辜者不计其数。同样，我也不能让别人了解到我们那一整代文学创作者突然遭到的灭顶之灾。

据我所知，像这样的情况在历史上是绝无仅有的。

我的那些成功不是突然到来的，相反，它们是一点点到来的，并且带有一丝小心谨慎的味道。来到我身边以后，它们就一直忠诚地陪伴着我，直到希特勒下了禁令，它们才被这条鞭子给抽走了。

我的成功所造成的影响逐年增加。在《耶利米》之后，我出版的第一本书是《三大师》——它是《世界建筑师》三部曲的第一部。没多久，我就因这部作品踏上了成功之路。此前的文学领域可以说是表现主义者、唯意志论者以及实验主义者的天下，而现在，那条通向广大群众的文学道路终于畅通，这也使得之前那些长期坚持、不改初衷的作家有了出路。

我创作的两部中篇小说，即《热带癫狂症患者》和《一个陌生女人的来信》，都受到了广大读者的喜爱，其受喜爱的程度甚至跟那些热门的长篇小说相当。它们被改编成了戏剧，其中的一些片段被人们在公开场合朗诵。过了一段时间，它们又被改编成了电影。我的那本小书《人类群星闪耀时》，在当时的各所学校里都有读者。没多久，它就被列入了"岛屿丛书"，而且在出版后，印数迅速达到了二十五万册。

在短短几年之间，我就获得了巨大的成功。在我看来，身为作者的我最大的成功就是拥有一批忠实的读者，他们期盼着我出新书，而且只要我的新书一出，他们就会买来看。我知道他们信任我，所以我不能辜负他们的信任。慢慢地，这个读者群的规模越来越大。虽然我没在德国的报纸上宣传过，但我的每一本新书都会在发行当天卖出两万册。有时候，我甚至刻意回避这种成功，但让我意外的是，它一直追随着我。

出于个人爱好，我写了一本富歇的传记。我把书稿寄给出版商。不久，我收到了对方的来信。信中说，他准备马上印一万册。我马上给他回信，告诉他最好先别印那么多，五千册就够了。理由是，富歇并不是个能讨读者喜欢的人物，而且这本书里面也没有跟女人有关的情节，对大多数读者而言，它可能没什么吸引力。出人意料的是，这本书在德国一年卖出了五万册。但是现在，同样是在德国，我的文字却连一行都不许读者看。

在喜剧《狐狸》的创作过程中，我也有类似的遭遇。这也导致我在那段时间似乎陷入了一种不正常的自我怀疑当中。一开始，我打算把它写成一部诗体剧。我用了九天时间，把这部剧的各个场次用散文的形式写了出来。毫无疑问，这种形式会给人一种结构不紧凑、文字力量不强的感觉。我的第一部剧本《忒耳西忒斯》是在德累斯顿宫廷剧院首演的，因此对于这家剧院，我一直心存感激，并且觉得欠它一份人情。巧合的是，就在我创作《狐狸》的那几天，这家剧院的人给我写了封信，问我最近是否有新作。我把用散文写成的剧本初稿寄给对方，并在信中抱歉地说，这份初稿是用散文的形式写的，还没来得及改成诗体剧。对方马上给我来了电报，叮嘱我不要做任何改动。后来，当这部剧在世界各国的舞台上演出时，所用的剧本正是原来那种散文形式的（在纽约的演出是由戏剧公会承办的，主演是阿尔弗雷德·伦特）。总的来说，在那几年当中，我的新作品全都取得了成功，我的德语忠实读者也越来越多。

在评论外国作品和给某些人物写传记时，我一直都致力于探究这些作品和人物为什么会在那个时代造成影响，或者为什么没造成影响。我把这视为自己的职责。因此有时候，我会在自我反思中产生这样一个疑问：究竟是什么原因让我的作品取得出人意料的成功？最后，我得出的结论是，我有一种不太好的性格——作为读者，我不仅没有耐心，而且容易情绪激动。无论是小说和传记，还是思辨方面的著作，我都无法容忍废话连篇、夸大其词、艰深晦涩、表达含糊。只要看到这样的东西，我就觉得心烦意乱。只有那种高潮迭起、让人想一气呵成地读完的书，才能让我获得最大的满足感。但是我发现，我手头上的那些书里面有百分之九十都存在这样的问题：太多不必要的描写，啰里啰唆的对话，太多没有存在必要的人物，过于宽泛的内容，以致作品显得极其松散、毫无活力。就连一些世界名著中都存在拖沓的问题，这严重地影响了我的阅读体验。所以有很多次，我向出版商们提出了这样一个大胆的建议：出一套缩写版的世界名著丛书。这套丛书从荷马的著作开始，中间是巴尔扎克和陀思妥耶夫斯基的作品，最后以《魔山》结尾。相信经过提炼以后，这些传世巨著就能在我们这个时代重新焕发生机，发挥出更大的影响力。

由于在阅读外国作品时，我讨厌里面的啰唆和拖沓，所以在自己创作时，我自然会提醒自己避免这样的写法。因此，我在行文中格外注重轻松愉快、流利通畅。我在写每一本书的初稿时都很放松，总是把自己心中所想尽情地倾吐出来。在写传记的时候也是如此。我总是能从手头上那些可用的资料中挖掘出诸多细节，然后妥善利用。举例来说，在写《玛丽·安托瓦内特》这部传记时，我仔细地核对过这个人物的每一笔账目，只为了确定她的真实花销是多少。此外，我还把相关的报纸、小册子、审判时的档案统统研究了一遍。但在正式出版的书籍上，人们却完全看不到这方面的内容，因为当一本书的初稿刚刚完成以后，我才开始真正意义上的工作：进行内容上的精简和结构上的调整。我总是反复推敲各种表现形式，只为作品能至臻至善。可以说，这是一项永远也没有尽头的工作。在写作中，当时的大部分作者不但不愿意对一些自己知晓的事情保持沉默，反而会极力通过文字来表达一些比他们所知晓的更广泛、更高深的东西。而我却反其道行之，立志要让自己知晓的远比用文字传达出来的更多。

在印刷出来的校样上，上述对作品进行精简，以使其更戏剧化的工作还要再来一遍、两遍，乃至三遍。到最后，这项工作在我眼中就像狩猎一样，令我兴致勃勃。我要求自己在确保准确性和能加快整体节奏的前提下进行删减，有时是删掉一句话，有时甚至只是删掉一个字。记得有一次完成这种工作后，我心满意足地站起身来。妻子对我说，今天的我看起来格外开心。我骄傲地回应道："没错，我又删掉了一大段话。如此一来，这部分就更连贯、更流畅了。"

读者称赞我的作品结构紧凑，在我看来，结构紧凑并不是因为我生来就性格急躁，也不是因为我在写作时特别有激情，而是因为我采用了一种系统化的方法，把所有多余的停顿和噪声统统删掉了。如果说"能舍就舍"也算一种艺术手法的话，那么我所运用的艺术手法就是它。如果我在写出了一千页后，把其中的八百页丢进废纸篓，只保留精简后的二百页，那我是不会觉得可惜的。我取得成功的一个重要原因就是我一直秉持着"宁愿缩减字数，也要确保字字珠玑"的原则。

最让我感到庆幸的是，从创作之初，我就坚持面向欧洲、跨越国界，所以我接到了很多国外出版商的合作邀请，其中有法国的、保加利亚的、亚美尼亚的、葡萄牙的、阿根廷的、挪威的、拉脱维亚的、芬兰的以及中国的。没过多久，我那些书就有了非常多的译本，为了安放它们，我被迫去买了一个超大的书柜。

一天，我在日内瓦的国际联盟组织"知识界的合作"的统计表中看到，我是当时世界上作品被翻译得最多的作家（看到这种报道，我再次感到别扭，我的性格就是这样）。又一天，我收到一封俄国出版社的来信，对方打算出版我的俄文版全集，还打算邀请马克西姆·高尔基为我这部全集写一篇前言，问我是否同意。在上中学的时候，我就把高尔基的小说藏在长凳下面偷偷地看。多年以来，我一直很崇拜他。我从未想过他会知道我，还看过我的作品，更不敢奢望这样一位文学大师能亲自为我的作品写前言。又一天，一位美国出版商来到我萨尔斯堡的家里，并递上一封推荐信，好像跟我见面必须得这样似的。他希望我把所有作品的英文版权交给他陆续出版。此人就是来自维京出版社的本雅明·许布施。从那天开始，他成了我最可信赖的朋友兼顾问。当我在其他地方出版的书籍都遭到希特勒的践踏时，当我失去了以往的、德意志的、欧洲的一切时，是他用文字为我保留了最后一片精神家园。

这种显露在外的成功很危险，它容易使人产生一种如在云端的感觉，也容易使人过分相信未来的美好，从而忽略了自身的能力和作品的真实质量。任何一种形式的名声大噪都会打破一个人原来的平衡状态。一个人的名字通常就像雪茄表面的那层包装纸一样，只能起到识别作用，只是一个显露在外的、几乎无足轻重的客体而已，事实上，它与真正的主体，也就是一个人原来的自我之间的关系是很松散的。可当一个人成功的时候，他的名字便价值大增，而且会从它所属的那个人身上挣脱出去，独自成为一种权势、一股力量、一种有自己意志的东西、一种商品、一种资本。与此同时，名字所产生的反作用力还会影响甚至改变他原来所属的那个人。在不知不觉间，那些信心百倍、鸿运当头的人会习惯于这种力量的影响。头衔、社会地位、勋章以及随处可见的自己的大名大概率会让一个人的内心极度膨胀，误以为自己在社会上、在国家里、在时代中具有举足轻重的地位。于是，他们便不由自主地对外夸大自身能力，以使其与显赫的名声相匹配。但生性低调的人是不会这样的，他们会把显露在外的成功当成一种自我约束的工具，越是在那种容易让人忘乎所以的环境中，他们越是沉得住气。

前面所说的那些，并不是想表达我对自己取得的成功完全不感到欣喜。事实上，我非常欣喜，只不过我把它限制在了我自己所创造出来的成功范围内，意思就是说，我只因我出版的那些书和那些书上我自己的署名而欣喜。

我曾被这样一个场景深深打动：在德国的一家书店里，我偶遇了一名认不出我是谁的中学生，他把自己身上所有的零花钱都拿了出来，只为买一本我写的《人类群星闪耀时》。很多时候，我都会因为自己产生的影响而感到虚荣心得到极大满足，比如我把护照递给卧铺车厢的列车员，当他做完登记，一脸敬重地把护照还给我时。又比如在意大利，一名负责检查行李箱的海关工作人员看到我的名字以后给了我特殊优待，不再检查我的行李箱，只因为他看过我写的书。

记得有一次，我来到莱比锡，正好赶上我的一本新书印刷完成，准备交付。想不到，我花了三四个月时间写成的一本三百页的书，在不知不觉间竟然要让那么多人付出体力劳动，这让我心里充满了感激。我看到一些工人把我的书装进大木箱里，另一些工人费力地把大木箱从台阶上搬下来，装上大卡车，然后大卡车又把那些木箱拉到火车站、搬进车厢，经由火车运往世界各地。印刷车间里，有好几十个年轻女工在分拣纸张。不管是排版工、装订工、搬运工，还是图书批发商，都要从早忙到晚。通过印数来计算，如果把那些书换成同等大小的砖头的话，那么它们足可以铺成一条气势恢宏的大街。

对于人类追求物质和财富的天性，我从不持傲慢态度，也不会避而不谈。在刚从事创作那几年，我不敢想象自己能靠出书赚到钱，更不敢奢望自己仅凭版税收入就能过上不错的生活。但是后来，那些书突然给我带来了非常高的持续增长的收益。看样子，那些钱足够我无忧无虑地享受上一辈子——在那时候，谁能想到世界会变成现在这个样子呢？我可以毫不吝惜地去搜集名人手迹，满足我在年轻时就养成的爱好。我可以将那些名人留下的最精巧、最令人惊叹的遗物收藏起来，为它们提供一个安全的避风港。从更深的意义上来说，我的那些作品都属于稍纵即逝的东西，而我却能用它们换来一些永恒的东西，比如莫扎特、巴赫、贝多芬、歌德和巴尔扎克等人的手稿。因此，如果我说我不在乎那些外在的成功，或者说我对它们很反感，那就未免太虚伪了。

坦白说，只有当成功局限于我写的书和我在文学上的表现时，我才会感到欣喜。要是人们把注意力转移到我个人身上，我就心生抵触了。从年少时起，我就强烈地渴望保持自由和独立，而且这完全是出自本能。当一个极其珍视自由的人的照片被登在报纸上四处传播时，这个人身上的很多优秀品质就会遭到破坏，或者发生扭曲。另外还存在着一种危险，那就是：我原本只是凭个人爱好去做一件事，可慢慢的，这件事却变成了我的职业，更有甚者，我还要被迫为此宣传造势。邮递员每次到我家，都会带来一大摞信件、邀请函、通知书以及需要逐一回复的咨询。每次旅行回来，我都要花两三天时间来处理积压了一个月的数不清的信件，为的是让宣传造势工作恢复正常运转。我本不想把时间用在这些琐事上，但由于我的书过于畅销，所以我只能如此。而且在做这些事的时候，我必须有条理、有大局观、不拖延、干脆利落。这本来是一些很优秀的品质，但它们与我的个性完全不符，而且严重干扰了我不受束缚的单纯的思考和个人理想。因此，越是有人邀请我去大学演讲和参加各种庆祝活动，我就越是减少外出。我不想靠着在公开场合露面的方式让自己更出名。

一直以来，我都没能摆脱掉那种近乎病态的羞怯。在演讲大厅、在音乐会上、在剧院里，为了不让自己引起别人注意，我总是坐在最后一排——这完全是出于本能。我最受不了的就是坐在台上或者一个显眼的地方，接受众人的注视。我有一种想要隐瞒自己的真实姓名的本能，不管用什么方式隐瞒都好。从年幼时起，我就一直搞不懂这样一个问题：为什么老一辈的作家和艺术家喜欢穿那种天鹅绒外套，烫卷发，或用发胶把一绺头发固定在额头上——我非常敬重的朋友阿图尔·施尼茨勒和赫尔曼·巴尔就是这样。要不然就是蓄着独特的胡须，穿着款式夸张的衣服走在大街上，吸引别人的目光。在我看来，那些为了扩大知名度而在公开场合矫揉造作的人，都会在不知不觉间变成韦尔弗所说的那种"镜中人"。随着外表上的改变，一个人内心的诚实、真挚和自由自在，往往也会消失不见。

如果可以从头再来的话，我一定会在刚发表作品的时候就不用自己的真名，而取一个笔名来代替。这样一来，我就可以同时拥有双份快乐——其中一份来自文学上的成功，另一份来自不受外界打扰的自由生活。这种生活本身就充满了吸引力，而且处处有惊喜。要真能那样的话，该有多好哇！

十四

日落

　　1924 年到 1933 年那十年是欧洲比较平静的一段时期，希特勒还没让世界天翻地覆。想起那十年，我总是心怀感恩。对我们这代人而言，那十年称得上是意外之喜，毕竟在那之前我们承受了巨大的灾难。大家都认为，第一次世界大战以及战后艰苦的生活剥夺了我们的幸福、自由、精神文化，这一切必须在那十年得到补偿。为此，我们带着愉快的情绪拼命工作，去各地旅行，尝试新鲜事物，重新发现欧洲，发现这个世界。我们所做的旅行超过了以往任何一段时期，这是否意味着青年们正迫不及待想要补偿此前的封闭生活造成的损失，或者大家潜意识里预感到"囚禁"会再度降临，必须抓紧时间冲破自己的小小一方天地？

　　我在那十年也去过很多地方，由于已经有了些名气，那段旅行的经历跟年轻时很不一样。每到一个地方，都会遇到我的朋友、出版人和大批读者。旅途中，我不再是从前那个探索未知的无名氏，而是一个作家，这对我大有帮助。很多年前，让全欧洲在精神上达成统一就成了我奋斗一生的理想。成为作家后，我得以更有效、更广泛地宣传自己的理想：我在瑞士、荷兰演讲；我在布鲁塞尔的艺术宫以法语演讲；我在佛罗伦萨那建成于13世纪、颇具历史价值的大厅以意大利语演讲——米开朗琪罗、达·芬奇都曾踏足于此；我还在美国以英语发表巡回演讲，从大西洋东海岸一直走到太平洋西海岸。这是一种跟过去迥然不同的旅行。每到一处，我不用刻意寻找，就能与当地最杰出的人见面，像见自己的朋友。年轻时，我非常敬畏这些人，根本没勇气给他们写信。到了现在，我们却成了朋友。一些总是高高在上向陌生人关闭的圈子，也向我敞开了大门：我能参观圣日耳曼城区美轮美奂的建筑，也能参观意大利的高级住宅，欣赏私人收藏；我想看公共图书馆收藏的善本，不用像过去那样站在服务台前恳求，馆长会亲自送到我手上；我被费城的罗森巴赫博士这种身家百万的古董商奉为座上宾，小收藏家们却只能在大古董商的店门前匆匆走过，不敢正视一眼。生平第一次，我了解了所谓"上流社会"。而且我不必去求任何人，一切就自动送到了我面前，既舒服又方便。可这真能大大增加我对世界的了解吗？不，我依旧非常怀念青年时代的那种旅行，没人接待，独自一人的旅行让一切看起来那么吸引人。正因如此，我并不想放弃那种旅行方式。

　　每次去巴黎，我都会极力避免当天就让当地至交罗歇·马丁·杜·加尔、朱尔·罗曼、杜亚美、马瑟雷尔等人知道我来了。我会先去逛街，像学生时代一样想去哪里就去哪里。年轻时去过的咖啡馆和小饭馆，我会再去拜访，以此重温过去。写作时，我去的也是海边的布洛涅、蒂拉诺、第戎之类外省的偏僻地方，没人想到我会去那里。在我看来，住过了那些讨厌的豪华大酒店，最舒服的还是莫过于待在小旅馆，行踪完全对外保密，想干什么就干什么。虽然之后我的自由与写作都被希特勒夺走了，但我曾随心所欲、自由自在地过了十年欧洲式的生活，这段美妙的回忆是希特勒无法夺走或从我内心抹杀的。

在多次旅行中，去新俄国的那次旅行让我格外兴奋、获益良多。1914 年一战即将爆发时，我就准备去俄国，以便完成手头一本写陀思妥耶夫斯基的书。结果计划因残酷的战争推迟，此后又因某种顾虑继续推迟。一战过后，布尔什维克在俄国进行了一些实验，俄国因此成了知识分子最想去的地方。一些人狂热地赞美这个国家，另一些人极度仇恨这个国家。然而，这两种人都不了解真实的俄国。对俄国的宣传和反宣传同样轰轰烈烈，但当地到底是什么情况，外人并不知晓。大家只知道那里在做各种或好或坏的新实验，世界将来会变成什么形式，很可能取决于这些实验。萧伯纳、威尔斯、巴比塞、伊斯特拉蒂、纪德等很多人都去俄国访问过，带着满腔热忱或失望归来。我也迫切想从思想方面了解那里的新实验，想亲自去看看，得出自己的结论。

在俄国，我的作品正到处传播。当地出版了我的作品全集，序言是马克西姆·高尔基写的，还出版了售价仅几戈比的平价小开本，在普通民众中卖得很好。我要是去俄国，一定会受到款待。可我还是没有动身，顾虑如下：那时，不管我去俄国是为了什么，都表明了一种态度；在对一个未知的国家展开为期数周的常规考察之前，像我这种极度讨厌教条主义与政治活动的人，绝对无法公开赞美或否定该国，无法对仍待解决的问题给出答案。正因如此，尽管被巨大的好奇心驱使，我还是不能下定决心去俄国。

1928年夏初时节，一封邀请函来到我手上：莫斯科要举办列夫·托尔斯泰一百周年诞辰的纪念活动，请我作为奥地利作家代表团的一员前往参加，在纪念晚会上发表祝贺词。由于纪念活动与政治党派无关，我去俄国也就跟政治没有任何关系。机会摆在面前，我无法拒绝。托尔斯泰并非布尔什维克主义者，他信奉的是非暴力。而我也有资格谈论这位大作家，毕竟俄国出版了我写托尔斯泰的书，销量几万册。另外，我认为这在欧洲人看来是种很有意义的表态：各国作家联合起来，纪念一位最伟大的同行。就这样，我接受了邀请。尽管这个决定做得匆忙，但我并不后悔。

穿越波兰时，我便大开眼界。我看到时代迅速治好了自己亲手制造的伤口。1915年，我曾见证了加利西亚一带的城市只剩断壁残垣，如今却发现当地已面目一新。我再度意识到，在一个人的一生中，十年十分漫长，但在一个民族的历史中，十年转瞬即逝。在华沙，昔日军队拉锯战留下的残酷血腥荡然无存。衣着时尚、光鲜亮丽的女士坐在咖啡馆中。军官们在街上漫步，他们身材高挑、穿戴体面，宛如由皇家剧院的优秀演员所扮演。在过去几个世纪的废墟上，新的波兰共和国拔地而起，昂扬、自信与骄傲随处可见。

过了华沙，列车接着开往俄国边境。我们看见了越来越多的平原和沙地。那时，白天只有一列客车开往那个对外关闭的国家。能亲眼看到连接东西方的特快列车整洁的车厢，对当地人是件了不得的事。因此，列车每到一个车站，都能看到当地村民穿着五颜六色的民族服装等在那儿。

总算到了俄国边境的涅戈洛尔耶站。铁轨上，一条红色宽横幅高高挂起，上面写了句口号，是用西里尔字母写的，我不清楚是什么意思。有人帮我翻译，说是："全世界的无产阶级联合起来！"从红色横幅下走过，就算走进了新世界，走进了苏联这一无产阶级帝国。

接下来我们坐的当然不是什么无产阶级列车，而是从沙皇时期传下来的比欧洲豪华列车更舒适的卧车。车厢空间很大，车速缓慢。很奇怪，虽是初次坐火车穿过俄国，我却并不觉得这里陌生。眼前的一切都似曾相识：草原无边无际、空空荡荡，似乎带着些许哀伤，其中有小小的茅草屋；小镇上竖立着房顶宛如洋葱的建筑物；男人们跟我们打招呼，他们留着长胡子，既像农夫又像先知，笑声朗朗，充满善意；女人们戴着花头巾，穿着白色短衬衫，正在售卖克瓦斯、鸡蛋、黄瓜。为什么我会觉得这些似曾相识呢？因为托尔斯泰、陀思妥耶夫斯基、阿克萨科夫、高尔基这些俄国大文豪，已用非同一般的现实主义技巧将俄罗斯人民的生活描述出来。男人们都穿着又肥又大的白上衣，样子憨厚淳朴、打动人心。他们开口说话时，我认为自己能听懂他们说了些什么，哪怕我并不理解他们的语言。车上的青年工人都在下棋、读书或聊天。因被号召要献出所有力量，青年们心中再度涌现出青春期的焦躁与不羁，这种状态十分奇异。还没下车，我就喜欢上了这些纯真而动人、聪明却浅薄的人。至于这是否因为我回想起了托尔斯泰、陀思妥耶夫斯基对俄国人民的爱，其实无关紧要。

我在苏联待了十四天，每天都非常紧张。我既看又听，时而赞叹，时而厌烦，时而快乐，时而恼火。从头到尾，我都处在冷热交替的变换中。莫斯科这座城市本就存在巨大的反差：一方面有壮观的红场，有克里姆林宫的宫墙，还有房顶呈洋葱状的建筑，这些建筑的风格来自古代的俄罗斯，掺杂着些许鞑靼、东方和拜占庭的奇妙；另一方面，红场尽头耸立着一些大型建筑，现代化和超现代化的风格让它们像来自美国的巨人，显得那么陌生。两种建筑完全无法融合。教堂中隐约能看到被烟火熏黑的希腊东正教圣像以及嵌有宝石的圣坛。然而，距离教堂百步，就摆放着装有列宁遗体的水晶棺。不知是否因为要接待我们参观，水晶棺最近修整过，棺中人穿的是黑色西装。旁边行驶着几辆干干净净的小轿车，附近却是瘦马拉的马车，挥鞭赶车的车夫胡子拉碴，脏兮兮的。我们在大歌剧院演讲，这里灯火通明、富丽堂皇，在无产阶级观众看来跟沙皇时期没什么两样。城郊却有很多破旧的老房子，挤挤挨挨，像一群邋遢的孤寡老人倚靠在一起，以免摔倒。老旧、衰朽的景象遍布城郊各处。

在这样的情况下，人们却急于求成，想迅速实现现代化和超现代化。这导致莫斯科城内一片混乱，人头攒动。商店和戏院门前都人满为患。政府机构庞大臃肿、效率低下。不管办什么事，都要等很长时间。新官员本应制定新制度，却沉迷于签字批示，什么都办不成。作为欧洲人，我每次赴约都会提前一小时。这次本应在 6 点开始的托尔斯泰大型纪念晚会却一直拖延到9点半。凌晨3点，我已筋疲力尽，只好从大剧院走出去，此时台上的人还在演讲。大把时间都被浪费了，但大家好像每时每刻都在忙碌，看看这里、瞧瞧那里，出神、讨论，根本停不下来。无论对什么事，大家都满怀热忱、兴奋至极，热烈表达着各自的思想感情。我认为，所有人都被俄国人蛊惑人心的神秘力量操纵了，自己却毫无察觉。每个人都如此亢奋，这一定跟此处不安的陌生氛围脱不了干系。俄罗斯这个国家的灵魂可能已附着在了所有人身上。

当然了，这里也有很多伟大的事物，排在第一位的是列宁格勒。这座城市有着宏大的布局、壮观的宫殿，设计它的王公真是勇敢的天才。与此同时，这里还是小说《白夜》中阴郁的圣彼得堡，也是拉斯科尔尼科夫的圣彼得堡。如今，过去的宫殿变成了博物馆，改名隐宫。比起雄伟的建筑外观，隐宫内部的情景更让我印象深刻：一批批工人、士兵、农民穿着沉重的鞋子，拿着帽子，怀着忐忑不安的心情，走进这座过去的皇宫。他们认真观察着这里的画，如同面对圣像。他们心想："我们要对这些有所了解，它们已经是我们的了。"他们满心骄傲，但不知如何表达。大厅中，小脸圆圆的孩子正在老师的带领下走过。艺术品管理员在为农民们讲解伦勃朗和提香的画。农民们都很拘束，但听得非常认真。每当管理员指出画中细节时，农民们都会抬起沉甸甸的眼皮，投之以胆怯的目光。"人民"

大字不识几个，想让他们迅速了解贝多芬、维米尔 [1]，不免急于求成，惹人发笑。然而，这种纯粹而严肃的努力，在这里随处可见。介绍艺术奇珍的人和极力想了解这些奇珍的人都如此心急，恨不能马上如愿以偿。

在学校，老师让学生画最荒谬绝伦、离经叛道的画。十二岁的女生在上课的桌椅上摆放黑格尔和索雷尔 [2] 的书，后者连当时的我都没听说过。近乎文盲的马车夫手里也拿着书，只因那是书而已。接受教育是新无产阶级的光荣与义务，而读书便等于接受教育。他们带领我们参观工厂，只是一些普通的工厂，我们在欧洲、美洲都见过，他们却盼着我们像第一次见一样大吃一惊。我们只能装模作样笑一笑。有一次，一个工人指着一台缝纫机，骄傲地告诉我："这是电力驱动的。"他似乎觉得我一定会惊叹，因此一脸期待地看着我。此前，俄国人从未见过这些机器，所以理所当然认为它们都是革命的产物，是革命之父列宁和托洛茨基想象、发明出来的。我们只好装模作样笑着说些赞美的话。私下里，我们觉得这很滑稽。

这就是彼时俄国的状态，人们有着非凡的智慧和纯真的愿望，非常了不起，简直让人难以置信。这样一个国家真的能在短时间内发生翻天覆地的变化、完成他们的计划吗？这样宏大

---

[1] 维米尔，俄国作家陀思妥耶夫斯基的长篇小说《罪与罚》的主人公，小说故事就发生在圣彼得堡。

[2] 乔治·尤金·索雷尔（Georges Eugéne Sorel, 1847—1922），法国哲学家，革命工团主义支持者，强调阶级斗争的自发性。

的计划日后会变得更为宏大，还是会最终破灭，毁于俄国人类似于奥勃洛摩夫的懒惰？我们时常这样问自己。答案在确定与不确定之间左右徘徊。见识得越多，反而越无法确定。

不过，只有我才会有这种思想矛盾吗？俄国人就不会这样吗？更有甚者，我们赶来纪念的托尔斯泰就没有这种矛盾吗？我跟卢那察尔斯基探讨过这件事，当时我们正乘火车前往亚斯纳亚·波尔亚纳。

"托尔斯泰知道自己是什么人吗？革命者？反动者？作为真正的俄国人，他想一下就把历经数千年形成的世界全部改变。"卢那察尔斯基这样跟我说，然后笑眯眯地补充道，"眼下，我们也是一样，想用一种方法就改变全世界。谁要是认为我们俄国人极有耐心，就大错特错了。要说我们的身体甚至灵魂，的确称得上有耐心。然而，要论思想，任何民族都比我们更有耐心。我们总是迫不及待想要马上了解所有真谛，也就是真理。正因这样，那位老人托尔斯泰才会受尽折磨。"

在托尔斯泰位于亚斯纳亚·波尔亚纳的旧居，我时常能感受到这位伟大的老人给自己制造了多少痛苦。旧居有张书桌，他曾在此写出不朽巨著。可他竟为了去隔壁一座又破又小的房子里修补破靴子，告别了自己的书桌。旧居中有一道门和一道楼梯，他为了摆脱人生中的矛盾，从门和楼梯逃走了。旧居中还有一把枪，战争年代，他曾用它杀死敌人，而他本人却反对所有战争。我看到他人生的矛盾在这座白色庄园的矮房子里鲜明地呈现出来，就像发生在眼前。可在走向他最终的安息之地时，我已开始放下这种悲哀的情绪，真是神奇的经历。

　　托尔斯泰墓是我在俄国见过最伟大、最让人感动的事物。这高贵的朝圣所位于森林环绕的僻静之地。坟堆只是一座长方体土堆，前面是一条窄窄的小路，墓边有几棵遮挡阳光的大树，仅此而已，无人守护。这几棵树是托尔斯泰亲手种的，我在墓地听他的孙女提起，托尔斯泰儿时和他的哥哥尼古拉听村里一个女人说，据说人在哪里种树，哪里就会成为他的福地。于是，托尔斯泰种下了几株树苗。当时就像个游戏，老了以后他才想起这个美好的传说，马上要求死后葬在自己种的树下。他如何要求，他的后事就如何办理。

　　再没有比这更让人难以忘怀的坟墓了，如此朴素，让人看了难受：茂盛的大树下只有一座长方体小土堆，十字架、墓碑、碑文统统没有。名字与荣耀让伟人生前受尽旁人不曾受过的折磨。死后，他埋葬于此，连姓名都略去不提，仿佛这里埋葬的只是个刚好被人发现的流浪汉或姓名不详的士兵。四周疏疏落落的栅栏敞开着，任何人都能来他的安息地拜访。一般来说，宏伟的坟墓才会引起人们的好奇心。可对于托尔斯泰的坟墓，大家却迫不及待想看看它有多朴素。

　　周围静悄悄的，只有轻风吹过这座无名之墓的上空，发出窸窣之声，好像上帝的低声细语。过路人可能会在茫然无知中走过这里，完全不了解坟墓的主人是谁，只知道此处埋着某个人，某个俄国人正埋葬在俄国的土地上。森林中这座异常安静的坟墓没有任何语言文字，只有轻风的呢喃。坟墓因此动人至极，超过了巴黎荣军院教堂大理石拱门下的拿破仑墓，超过了皇陵中的歌德墓，也超过了威斯敏斯特大教堂那些墓。

在俄国逗留的十四天，我时常能感受到俄国人想要一蹴而就的迫切，以及些许的盲目自大。他们为什么如此兴奋？我很快找到了答案：只因他们都怀着热烈的激情，这是人类的共性。他们全都相信，自己正投身伟大的事业，与整个人类息息相关。为达成高尚的目标，他们必须忍受眼前的物质匮乏。他们似乎一下超越了全人类。面对欧洲人时，他们满怀骄傲，全然不复过去的自卑。"光明从东方来"——世界要靠他们拯救，这就是他们的想法，坦率而单纯，他们获得的"真理"就是如此。其他人梦想得到的一切，要由他们来实现。不管带我们参观的东西多么不值一提，都不妨碍他们双眼发光，用眼神宣布："这是我们的工作成果。""我们"即所有人民。"这是'我们'盖的。"赶车的车夫拿鞭子指着一栋新楼房，张嘴笑道。鞑靼、蒙古学生走出大学教室，走到我们面前，展示他们的书，自豪地说："这本书是达尔文的！""这本书是马克思的！"自豪得像在展示自己的作品。他们迫不及待把所有东西摆到我们面前，介绍给我们。我们来参观他们的"事业"，他们满怀感恩。对欧洲人，这里每个人都信任至极——但那是斯大林之前的时代！他们看我们的眼神善良而诚挚，跟我们握手时非常用力，对我们亲如手足。可在友善之余，他们又对我们缺少尊重，因为他们认为人类本就是兄弟和同志。

作家们也是如此。在亚历山大·赫尔岑旧居举办的聚会上，欧洲、俄罗斯、通古斯语族、格鲁吉亚、高加索的作家会聚一堂。苏联所有成员国都派出了作家代表，来参加托尔斯泰的纪念活动。尽管大多数时候语言不通，但大家依然能理解对方在表达什么。他们中的某个人会起身走到我们中的某个人面前，指着后者的某本书，然后指着自己的心口，意思是说："我太喜欢这本书了。"然后，他会紧紧握住对方的手用力摇晃，简直要将其关节摇断，好像不这样不足以表达喜爱之情。他们每个人都为我们准备了礼物，这让我们尤为感动。他们拿不出贵重的礼物，毕竟国家还很困难，但每件礼物都有纪念意义，比如不值什么钱的老旧版画，比如没什么阅读价值的书，比如乡下人做的木雕。我会回送给他们老人牌保险剃须刀、钢笔、上好的白色信纸、软皮拖鞋之类的东西。这些东西在俄国很少见，价值不菲，所以他们都更愿意跟我交换礼物。启程回家时，行李已被我送掉大半。

在欧洲，大家尚未形成所谓"人民"的觉悟，所以我们从没见过如此强烈的感情，甚至不需用语言就能表达出来。我们都被这种感情深深打动。每次跟俄罗斯人见面，我们都会被他们如此引诱，这很危险。访问期间，真的有作家落入了圈套。他们在这一政权下受到热烈欢迎，得到了真正的人民的热爱。这些人民大量阅读他们的作品，对他们喜爱有加。这让作家们觉得必须赞美这些人民所属的政权。没错，人类的天性就是要用真情回报真情，有来有往。连我在俄国期间也险些被这种热情冲昏头脑，说出一堆溢美之词，这点我必须承认。

不过，我终究没被宛如魔法的幻影迷惑。不是因为我内心强大，而是因为一个陌生人，我不知道他的名字，也永远不会知道了。那次，我去参加一些大学生的庆祝活动。活动结束后，我被他们包围，与他们拥抱、握手。他们如此热情，神采奕奕。

我很感动，满心欢喜地看着他们。回旅馆的路上，有四五个大学生与我同行，其中还有一个分配给我的女大学生翻译。不管大家说什么，她都会帮我翻译出来。

到了旅馆，进了房间，我关上门，终于有机会独处。俄国之旅已是第十二天，其间时刻有人陪在我身边，让我感受他们涌动的热情。这是旅途中的第一次独处。我脱掉上衣，听到衣兜里传来窸窣之声，而后我伸手摸到了一封用法语写的信。信不是从邮局寄来的，必然是有人趁着拥抱或人多时，偷偷塞到我兜里的。

信并未署名，内容相当精妙入理。这几年，俄国对自由的限制越来越多，信中表达了对此事的愤怒，尽管写信之人并非"白俄"。这个陌生人说："不管这里的人说什么，请你都不要相信。你看到的并非全部，很多事情他们都向你隐瞒了。跟你说话的人大多只说了能说的话，而不是真正想说的话，请不要忘记这一点。这里的人全都被监视着，你也不例外。你的女翻译会把你们的话全部上报，你的电话和行踪都有人密切关注。"他列举了很多事情和细节，我无从确认，但我还是照他的意思烧掉了这封信。——"只是撕掉可不行，垃圾桶里的碎片会被人捡走拼凑起来。"

我终于开始对这次旅行进行深刻反省。尽管这里有真诚热烈的感情和同志般美妙的氛围，但我从来没有机会跟任何人单独相处、自由交流，不是吗？我也没办法跟当地民众沟通，毕竟双方语言不通。更别说俄国的土地无边无际，短短十四天，我能看到的少之又少。我必须承认，若不对自己妥协，也不做其他人的应声虫，完全客观地评价俄国，结论就是：除了部分细节让人感动和振奋，没有任何参考价值。因此，这次回国后，我只写了寥寥几篇文章。大多数同行的欧洲作家却迅速出了书，表达对俄国强烈的赞美或批判。只过了三个月，当初看到的很多事就发生了改变。急剧的改革持续了一年后，对俄国的这些评价就全部被推翻，可见我保持谨慎的态度是对的。不过，终此一生，我几乎再没见过那样让人难忘的时代剧变。

从莫斯科启程回国时，我把能送的东西都送掉了，行李箱空空如也。我只把俄国人送我的两个圣像带回了家，之后一直放在屋里做装饰。至于别的礼物，我都没有带。跟马克西姆·高尔基的友情是我带回来的最宝贵的东西。

我和高尔基初次见面是在莫斯科。两年后，高尔基由于身体欠佳去意大利索伦托休养，我们在那里再次见面。我在他的住所待了三天，这是一段难忘的经历。

我们的第二次见面本就非同一般。我不懂俄语，高尔基也不懂外语。正常来说，我们坐在一起连话都没法说。如果非要交流，只能请我们可敬的好友玛丽亚·布德贝格男爵夫人充当翻译。可要说全世界最会讲故事的天才作家，高尔基当之无愧。对他而言，讲故事除了是一种艺术创作形式，还是他所有天赋与本能的体现。每次，他都会化身为故事中的人，全身心投入。尽管语言不通，但仅看他的表情变化，我就能猜到他说了些什么。单看他的外貌，是纯粹的"俄国人的样子"。除此之外，我不知该如何形容。他看起来平平无奇，没有任何吸引人的地方。高瘦的身材、枯黄的头发、过宽的颧骨，这就是他。他像田间地头的农夫、赶马车的车夫、鞋匠、流浪汉，总之就是一个平民百姓、最典型的俄国人，这便是他给人留下的印象。在路上遇到他，大家多半不会多看一眼，匆匆忙忙就过去了。

要了解他这个人，必须相对而坐听他讲故事。他会让你下意识把他当成故事的主角。直到现在，我依然记得那天他提到他在旅行期间遇到了一位疲惫的驼背老者。刚开口时，他的蓝眼睛还炯炯有神。一讲到这位老者，他就垂下头，塌了肩，双眼忧郁而疲倦，声音都在发颤。过渡如此自然，连他本人都不知道自己已化身为那个老者。

每次讲到快乐的事，高尔基都会爽朗大笑，额头闪闪发亮，身体向后倚靠，整个人都非常放松。做他的听众简直太快乐了。讲述任何风景或人物，他都能驾轻就熟地表现出相应的状态。无论坐还是走，无论倾听还是表达快乐，他的举动全都那么自然淳朴。他曾在一次晚会上腰挂军刀，装扮成贵族，眼中闪烁着威严的光芒。他仿佛在思考某项庄严的指令，挑着眉毛，迈着正步，气度不凡。可脱掉这身装扮，他随即又露出了朴实的笑容，看起来就像乡间的少年。

高尔基的肺部严重受损，从医学角度说，这种情况根本无法生存，他却奇迹般存活于世，这要归功于他顽强的毅力与责任感。每天早上，高尔基都会写作他的长篇小说，并就祖国的年轻作家和工人的无数问题作出解答。他总是用手写，字迹非常清晰。跟他相处，我总感觉像在面对整个俄国。这里所说的俄国是那个长久存在的民族，拥有广阔、强大、深邃的灵魂，不同于布尔什维克俄国，不同于现在的俄国。

那段时期，高尔基的心依旧犹豫不决。尽管他已在革命的道路上走了很久，过去也想过进行彻底的变革，还跟列宁有过私交，但他依旧难以决定是不是要全身心投入党的怀抱，他自己形容为是不是要做党的"神父与教皇"。彼时，俄国每周都会有新决策，但这些决策者跟他格格不入。正因如此，他总也无法摆脱良心的压力。

在索伦托与高尔基相伴的日子，我发现了俄国的一切矛盾所在。我有这个发现，是因为刚好见识了俄国极具代表性的一幕。一艘正在训练的俄国军舰开进那不勒斯，这是破天荒头一次。年轻的水军从未来过这个世界性大都市，他们身穿精美的制服走在托莱多大道上，一边漫步一边贪婪地欣赏周围的新鲜事物。他们那一双双农夫般的眼睛睁得大大的，写满好奇。其中几个青年决定第二天到对岸的索伦托，跟"属于他们的"大文豪见一面。他们并未提前通知高尔基。俄国人对同胞之情相当看重，他们认为高尔基既然是"属于他们的"，就该随时准备接待他们，这合情合理。就这样，他们成了高尔基家的不速之客。跟预想中一样，高尔基马上请他们进门。

第二天，高尔基笑着告诉我，刚见面时，那几个青年假装很冷酷。在他们看来，"事业"占据着至高无上的地位。因此，一走进这座舒适的豪华别墅，他们就问："你怎么像资产阶级一样住在这种房子里？怎么不回国？"高尔基只好作出解释，说得很详细。其实几个青年都是老实人，并非真的在意这种事。他们这样问，只是想表示自己对富裕的生活并不推崇，而且不管遇到什么人，他们都会先了解一下对方的信念。问完这些，他们完全放松下来，坐着跟高尔基闲聊。分别时，他们每个人都拥抱了高尔基。高尔基用打动人心形容那个场景。他很欣赏俄国青年无拘无束的姿态，完全不介意他们的粗鲁。

"我们总是处于胆怯或激进的状态中，永远无法掌控自己，他们则截然不同。"高尔基把这句话说了一遍又一遍，整个晚上都很兴奋。

我跟他说："我猜你当时应该很想跟他们一起回国。"

他惊呆了，目不转睛盯着我："你怎么知道？老实说，我直到分别时还在犹豫，要不要丢下书、纸、手稿，一切的一切，跟那些青年登上军舰，在蔚蓝的海上航行两周，重返俄国。回去后，说不定我会对俄国有更多的了解。离开故国，人们会渐渐遗忘那些最美妙的记忆。反正我们这些流亡者在外并未取得什么成就。"

高尔基错了，他在索伦托的生活根本不能称为流亡。他随时都可以回国，他也的确回去过。他不是梅列日科夫斯基，那位愤世嫉俗的悲剧人物被苏俄驱逐，作品也在苏俄被封禁，我曾在巴黎跟他有过一面之缘。高尔基也不同于现在的我们。格里尔帕尔策曾用一种很美的说法形容我们的处境：双方都视我们为外国人，我们没有祖国、没有家，只能在外流浪，说着别国的语言。高尔基算不上真正意义上的流亡者。

过了几天，我又在那不勒斯见到了贝内代托·克罗齐。过去几十年，这位极特殊的流亡者一直是年轻人的精神领袖。在祖国，他做过参议员，也做过部长，享受着很好的待遇和很高的荣耀。后来因为法西斯主义，他跟墨索里尼产生了矛盾，失去了原先的地位。他辞职归隐，但意大利强硬派不肯放过他，他们要让他再也无法反抗，如有必要，还要让他受到惩处。

彼时，意大利的大学生已变成了反动派的马前卒。他们到贝内代托·克罗齐的住所搞破坏，把窗玻璃都打碎了。这并未击垮贝内代托·克罗齐，尽管他看起来平平无奇，就像个乐观的平头百姓，蓄着山羊胡，身材又矮又胖，唯独双眼闪烁着智慧的光芒。

后来，他接到了美国等国家的大学的聘请，但他依旧留在意大利，在家里堆积如山的书籍的庇护下，继续发行《评论》杂志，宣传过去的主张，并继续出书。墨索里尼建立的严酷审查制度，在贝内代托·克罗齐的崇高威望面前失去了威力。不过，贝内代托·克罗齐的学生和志同道合的朋友都屈服了。贝内代托·克罗齐在用书建成的书房壁垒中毫无忌讳地发表讲话，政府都看在眼里。在政府的威慑下，任何意大利人乃至外国人都不敢去拜访他。这样一来，他的住所就像煤气罐一样完全封闭了，四千万意大利同胞都在煤气罐外。城里有数十万居民，国内有数千万民众，他却遗世独立，这种处境既可怖又伟大。相较于我们后来的待遇，用这种方式让一个人的思想销声匿迹要仁慈许多，但彼时的我还没有意识到这一点。

贝内代托·克罗齐已是一个老学者了，却依旧能清醒理智、活力满满地面对每天的战斗，这让我佩服不已。他笑着告诉我："我能保持年轻的状态，正是因为我一直处在战斗中。若还像以前一样做议员，我早就变成一个散漫、软弱的老人了。不懂反抗是思想者最大的敌人。青年们远离了我，我成了孤家寡人，就更要保持年轻的状态。"

几年后，我终于明白了，若某个人坚决不屈服于摧残和孤立，别人就会变本加厉地伤害他。间接的经验无法让我们获得如此重要的人生领悟，只有亲身经历过才会明白。

我不喜欢跟政客走得太近，从来没见过意大利的头号人物墨索里尼，这是我故意为之。就算在面积狭小的奥地利——我的祖国，我也没见过塞佩尔、多尔菲斯、许士尼格等领袖人物。我的朋友们，同时也是墨索里尼的朋友们告诉我，我的书刚传到意大利，墨索里尼就成了我的读者，他也是最热情的读者之一。我第一次向一位政客提出请求，就是向墨索里尼。他热情地帮我达成了心愿，我本该去见见他，跟他道声谢。

是这么一回事：有个朋友从巴黎寄了封快件给我，让我立刻准备接待一位意大利女士，她要来萨尔斯堡拜访我，有重要的事情跟我说。翌日，她到了，说了一件惊人的事。她丈夫出身贫寒，在马泰奥蒂的资助下，成了一名出色的医生。马泰奥蒂是社会党领袖，被法西斯主义者残忍杀害。尽管此前已饱受冲击，但世人的良知还是对这样的罪行感到愤怒，欧洲各地都怒不可遏。马泰奥蒂下葬时，六位勇士抬着他的棺材公然走上罗马街头。作为马泰奥蒂忠诚的朋友，医生就是勇士之一。此后，医生遭到刁难与胁迫，被迫流亡，但他依然心系马泰奥蒂的家人。他准备悄悄将马泰奥蒂的孩子送往国外，以报答马泰奥蒂的恩情。可惜他被不知是间谍还是特务破坏分子发现并逮捕了。若以帮助马泰奥蒂的罪名对他提起诉讼，不会对他造成多大威胁，反倒会让意大利政府处境尴尬。正好当时发生了一桩针对墨索里尼的炸弹谋杀案，起诉人便将此案栽赃到医生头上，通过巧妙的安排，将这位曾在战场上获得最高奖励的医生判处十年重刑。

年轻的医生太太当然非常心急。她告诉我，她必须反抗这一判决，必须与欧洲文学界所有知名人士联名提出强烈抗议，否则刑期还没结束，她的丈夫多半就被折磨死了。她请求我帮助她。可据我了解，这种舆论抗议在一战开始后就失去了效果，因此我马上劝她放弃，并尽量让她明白，任何国家都不会迫于外国的压力而对本国法律作出修改。在美国，曾经发生过萨科－万泽蒂案，欧洲方面对此提出抗议，只起到了反效果。她这样做也一样，只会让她丈夫的情况更糟糕。我心急如焚地劝她打消这个念头。墨索里尼断然不会因为外界施压就给她丈夫减刑。即便墨索里尼愿意，也办不到。不过，她的诚意让我非常感动，我承诺会竭尽所能帮助她。我告诉她，下个礼拜我刚好要去意大利，当地有我一些朋友，他们都有些力量，说不定能私下里帮她丈夫疏通一下。

到意大利后，我马上去处理这件事，却发现朋友们都畏畏缩缩。大家一听到医生的名字，就一脸为难，表示束手无策，事情没有任何疏通的余地。我问遍了所有朋友，结果都一样。那位女士可能会觉得我并未倾尽全力，我满怀内疚，铩羽而归。

其实还有一个办法，就是直接给掌权的墨索里尼写信。我真的写了。我给墨索里尼写了一封信，内容非常坦率。我不愿一上来就对他大加吹捧，索性直截了当地说自己并不认识那位医生，对详细情况也不了解。不过，我见过医生的太太，这位女士当然没有任何罪过。可是丈夫的刑期如此漫长，对她不也是种折磨？判决本身如何，我无意发表意见，但我想若不送她的丈夫去监狱，而是将他流放到哪个岛上，并准许妻子孩子跟他同住，便能拯救这位太太于水火。

这封写给贝尼托·墨索里尼先生的信，被我投进了萨尔斯堡一个再寻常不过的邮筒。过了四天，我收到了意大利驻维也纳公使馆的信，说墨索里尼阁下向我致意，已经满足了我的心愿，并将缩短医生的刑期。与此同时，意大利那边的电报证实，医生的确已被改判。墨索里尼亲自达成了我的心愿。没过多久，医生直接被赦免。这封写给墨索里尼的信是此生最让我感到愉悦和满足的信，是我作为作家最成功的作品，我满怀感恩。

在最后那几年的和平时光，出去旅行固然快乐，偶尔回一次故乡也颇有趣味。在这平静的生活中，发生了一些很有意思的事。我选在有四万居民的萨尔斯堡定居，就是看中了这是一座浪漫的偏僻小城。岂料夏天一到，这里竟成了欧洲乃至全世界艺术家云集的大都市，这种转变真让人惊讶。

一战结束后的几年生活艰难，马克斯·莱因哈特和霍夫曼斯塔尔为了帮助夏天没有工作收入的演员、音乐家，特意在萨尔斯堡办了几次演出，其中最重要的是戏剧《每一个人》，演出地点是萨尔斯堡大教堂前的露天广场。刚开始，除了附近的观众，他们没指望还会有什么人来。后来，世界各地的观众都被吸引过来，因为演员们开始尝试歌剧表演，水平不断提高，臻于完美。在好胜心的驱使下，最出色的指挥家、歌手、演员都不再满足于只为本国观众演出，纷纷来到萨尔斯堡，高高兴兴地为外国观众表演。多种艺术在萨尔斯堡轮番上演，宛如新时期的奥林匹克艺术会。全世界的观众涌来，各国艺术家都将他们的最高艺术成果带到这里展出。演出精彩荟萃，大家都想一饱眼福。

几年时间，萨尔斯堡城内便会聚了国王、贵族和美国富豪，以及电影明星、音乐爱好者、艺术家、诗人和冒充的业内人士。奥地利只是个小国，萨尔斯堡也只是个小城，长久被人忽视，现在却聚集了这么多出色的演员和音乐家，这在整个欧洲都没有先例。

萨尔斯堡成了繁华之地。欧洲人、美洲人来此寻求最高级别的艺术表演形式。他们在夏天的城市街头四处游走，身穿本地民族服装：男的都穿着短款上衣和白色亚麻布短裤；女的都穿着束胸、褶裙，装扮得好像阿尔卑斯山的农妇。原本默默无闻的萨尔斯堡，忽然成了世界服装流行的风向标。旅馆房间被争抢一空。汽车开往演出大厅的那条路十分热闹，堪比去往皇室宫廷舞会的路。火车站永远人满为患。游客给萨尔斯堡带来了丰厚的收入。别的城市想把游客吸引过去，都以失败告终。那十年，萨尔斯堡始终是欧洲的艺术朝拜圣地。

这样一来，我就相当于住到了欧洲的中心地带。一个此前根本不敢有的奢望，在命运安排下变为了现实：欧洲各地的宾客纷纷来到我位于卡普齐内山上的家，试问有哪位客人没来过呢？比起空口说出的回忆，我的访客登记册是更为有力的证据。不过，跟那座房子和很多东西一样，访客登记册后来也被纳粹抢走。任何一位访客的到来，在当时都是一段愉快的经历。日后那个毁灭者希特勒就住在对面的贝希特斯加登山上，我们却一无所知地在阳台上欣赏着外面风平浪静的美景。

我曾让罗曼·罗兰、托马斯·曼在家中留宿，还热情招待过以下作家：赫伯特·乔治·威尔斯、霍夫曼斯塔尔、雅各布·瓦塞尔曼、房龙、詹姆斯·乔伊斯、埃米尔·路德维希、弗朗茨·韦尔弗、格奥尔·勃兰兑斯、保罗·瓦雷里、简·亚当斯、沙洛姆·阿施、阿图尔·施尼茨勒。此外，音乐家拉威尔、理查德·施特劳斯、阿尔班·贝尔格、布鲁诺·瓦尔特、贝拉·巴托克都曾是我的座上宾。哪位世界知名的画家、演员、学者没来过我家呢？每到夏天，我们就一起大聊文学艺术，这是多么愉快美妙的经历！

某天，阿尔图罗·托斯卡尼尼登上了我家陡峭的台阶，开启了我们之间的友情。从这以后，我更加喜欢音乐了，从中获得了更多乐趣。接下来的几年，阿尔图罗·托斯卡尼尼排练时，我成了他最忠诚的观众。我写过一篇文章，讲述他如何排练。为达到艺术的完美境界，他拼尽全力，那样的场景我亲眼见证过好几次。在其后公开的音乐会中，他完美的艺术表演堪称奇迹，却又顺理成章。在任何艺术家看来，他的排练都是最佳典范。同行们纷纷效仿，非要达到同样的完美境界不可。"灵魂从音乐中汲取营养"，莎士比亚如是说。我对这句话有了深刻的体会。

我运气太好了，能接触到各个艺术领域，欣赏各类艺术比赛。在艺术与美景的环绕中，我度过了几个精彩的夏天。在那之前，小城萨尔斯堡及其相关回忆都让我十分沮丧。犹记得一战刚结束时，房子里很冷，房顶还漏雨，住在这里的每一天都是煎熬。两相对比，我终于意识到，一战后的几年和平时光帮我重新建立起了对世界和人类的信任，这便是那段时光之于我人生的价值。

那几年，我在家接待了很多可爱的名人。当家里只有我一个人时，我依然能感到身边好像围绕着很多高贵、神秘的人。之前说过，我将不同时代最出色的艺术家的手迹收集成册。利用这种方式，我将这些名人召唤到身边。这是我的个人爱好，从十五岁就开始了。随着时间的推移，经验和方法不断累积，最重要的是我的热忱不断高涨，我不再只是简单地收藏，而是开始进行系统汇总，这近乎一种真正意义上的艺术工作。

跟所有新手一样，我一开始收集的只是名人签名。之后我扩大范围，开始收集名人作品的初稿和片段，以满足自己的好奇心。我从中看到了世人敬重的大师是如何创作的。创作的奥秘是世间无数奥秘中最高深莫测的。地球如何诞生、花朵如何绽放、诗歌如何创作、人类如何出现，这些都属于创作的奥秘，人类永远别想从大自然中得到答案。大自然藏在面纱后，坚决不让人看清自己。即便是诗人和音乐家本人，也对自己何以会在某个刹那产生灵感茫然不解。创作者完全记不清自己大获成功的作品的源头在哪里、诞生的过程如何。聚精会神之际，诗句是如何在笔下流淌出来的，某些旋律是如何成了传世经典的，创作者永远或近乎永远都不会明白。要了解神秘莫测的创作过程，仅有的参考便是作者亲手写下的一页页手稿，特别是很多内容尚不确定的初稿，上面满是修改的痕迹，距离印刷出版还有相当一段距离。在初稿的基础上，才慢慢产生了最后的定稿。

　　当收集进入更高层次、更有意识的阶段后，我开始收集所有大诗人、大哲学家、大音乐家的初稿。这些经过一再修改的初稿，展现了他们艰难的艺术创作过程。我很享受去拍卖市场收集这种初稿的过程。有些初稿藏得很深，找起来费心费力，但我心甘情愿。收集手稿之余，我还收集一切相关评论书籍和已出版手稿的目录，这已成了一种研究。我收集的手稿及相关资料总共四千余册，个人收藏能达到这种数量相当可观，简直找不出对手。极少有人能对一个特殊领域倾注这么多时间精力，就算是能从中获利的商人也做不到。有三四十年，我一直在收集手稿，简直可以自诩为这一行最具权威的代表。任何重要手稿的收藏地点、收藏者，以及传到收藏者手上的过程，我都一清二楚。我成了真正的鉴赏家，任何手稿只要打眼一看，就能分辨是真是假。我在估价方面也累积了丰富的经验，超过了大部分专业人士。要是文学或其他方面，我可不敢这样自吹自擂。

　　取得这些成果后，我依然热衷于收集，想更进一步。只收集展现各国文学、音乐创作方法的手稿，或一味增加数量，已经无法让我满足。最后那十年，我将精挑细选当成了收集工作的重点。一开始，收集展现诗人、音乐家创作过程的手稿，我已经很满足了。之后，我逐渐转向收集展现艺术家巅峰期最高成就的手稿。可以说，我从收集诗人某首诗的手稿，转变为收集诗人代表作的手稿。收集传世之作的手稿更是我努力追求的方向。当诗人用墨水或铅笔写下自己的灵感时，传世之作就开始存于世间，永不失传。我的选择标准相当严苛，要从流芳百世的艺术家珍贵的手稿中挑选流芳百世之作，这是他们留给世界的财富。

收集工作仿佛大河，一刻不停地向前奔流。每次找到一份更关键、更特别，也就是更具永久收藏价值的手稿（若能这样形容的话），我都会剔除一份不能完全代表最高标准的手稿，将其卖给别人或换成别的东西。由于像我有这种知识储备、强大意志和丰富经验的人少得可怜，我总能得偿所愿。

我收藏的那些珍贵手稿，先是汇聚成一皮包，接着又装满了一个由金属、石棉保护的箱子——这些手稿是世间最具创造力之人最具永久性意义的作品。如今，我不得不四处流亡，收藏的手稿已经丢失，目录也不在我这里了。我就随便列举几项收藏，天才创作传世之作时的状态从中可见一斑。

我的收藏中有一张达·芬奇用左斜体写的素描附注，是他工作笔记的一部分；有四张拿破仑给里沃利的军队手写的命令，字迹难以辨认；有用巨大的纸张印刷的一部巴尔扎克完整的小说，小说在创作时显然经过仔细的推敲琢磨，每张纸上都有一千多处清晰的改动（如今人们还能得知这件收藏的面目，多亏当时美国一所大学需要用其影印件）。我的收藏中还有尼采《悲剧的诞生》初稿，这是尼采为心上人科西玛·瓦格纳写的，写成许久才发表问世，极少有人知道这份初稿的存在。收藏中还有巴赫的一部康塔塔[1]、格鲁克的《阿尔西斯特》咏叹调，以及亨德尔的一首咏叹调。在各种音乐手稿中，最罕见的莫过于亨德尔的手稿。一直以来，我都热衷于寻找最经典的音乐手稿，并如愿以偿找到了大部分，比如勃拉姆斯的《吉卜赛人之歌》、肖邦的《威尼斯船歌》、舒伯特的不朽名篇《音乐颂》、海顿《皇帝四重唱》里的传世名曲《天佑吾皇弗朗茨》。

我甚至能以收藏音乐家的某一创造性手稿为起点，最终将音乐家毕生的创造性手稿全部收入囊中。我的收藏中既有莫扎特十一岁时尚显稚嫩的手稿，又有他的传世代表作——为歌德的《紫罗兰》创作的歌曲手稿。我收藏的莫扎特舞曲手稿包括以《费加罗的婚礼》为主题的小步舞曲《不要心慌》；《费加罗的婚礼》中关于可爱姑娘的咏叹调；莫扎特写给贝斯勒的几封信，这几封措辞亲热的信从未全文发表过；一首轻佻的《卡农》；《狄托的仁慈》咏叹调的一页手稿，写这份手稿时，莫扎特已命不久矣。

从我收藏的歌德手稿中同样能看到他毕生的创作轨迹。最早的是他九岁时的拉丁文译稿；最晚的是他八十二岁时的诗歌手稿，写完这首诗没多久，他就离开了人世；中间还有一张双开页的大幅手稿，上面是他的巅峰之作《浮士德》；此外还有

---

[1] 康塔塔（Cantata），原意为"歌唱，赞美"，意译为清唱套曲。是与清唱剧同时并行发展的声乐体裁，是一种包括宣叙调、咏叹调、重唱、合唱和管弦乐的多乐章声乐套曲。巴赫一生创作的康塔塔绝大多数为宗教康塔塔。——编者注

他的自然科学论文初稿、多篇诗歌手稿，以及从他人生不同阶段选取的绘画手稿。这些手稿共计十五件，从中能看到歌德的一生。

我最敬重的是贝多芬，可惜我收藏的贝多芬手稿无法全面展现他的人生。在我收集歌德和贝多芬的手稿期间，我的出版人基彭伯格教授处处跟我竞争。这位瑞士富豪收藏了贝多芬的罕见手稿，其他人收藏的贝多芬手稿都无法与他相比。不过，我收藏了任何博物馆都没有的东西，那就是贝多芬的遗物，清晰地展现出了他人生最悲惨的时刻。另外，我还收藏了贝多芬年轻时的笔记簿、他创作的歌曲《吻》的手稿以及《埃格蒙特》部分乐谱手稿。我还收藏了贝多芬房中所有的家具摆设。贝多芬离开人世后，这些家具摆设被拿去拍卖。奥地利宫廷枢密顾问布罗伊宁将其买下，后转让给我，我真是太幸运了。其中最重要的是一张大书桌，还有书桌抽屉里珍藏的朱丽埃塔·圭恰迪妮伯爵夫人和埃德迪伯爵夫人的两张画像，她们都是贝多芬的情人。重要的家具摆设还包括：一个装钱的箱子，贝多芬弥留之际将其放在床边；一张桌面倾斜的小写字桌，贝多芬卧病在床时用的就是这张桌子，他在上面写下了最后一些乐谱和信；贝多芬离世后，从他头上剪下的一绺白色卷发；贝多芬的讣告、信；他颤颤巍巍写下的最后的洗衣单、家具杂物拍卖清单；为了照顾贝多芬孤苦无依的厨娘萨莉，在维也纳的所有友人买下他遗物时留下的签名。

在得到贝多芬的全部遗物后，我很快又得到了贝多芬弥留之际的三幅素描肖像。我实在幸运，真正的收藏家都是幸运儿。

众所周知，3月26日那天，贝多芬到了弥留之际。舒伯特的朋友——那位名叫约瑟夫·特尔切的青年画家，画下了贝多芬弥留之际的样子，却被宫廷枢密顾问布罗伊宁赶走，因为布罗伊宁认为此举很不尊重贝多芬。此后几百年，这几幅素描一直不为人知。后来在布吕恩的一次小型拍卖会上，这位寂寂无名的画家有数十本素描手稿被拍卖，价格低得让人心酸。大家到这时才发现，其中有三幅素描画的竟是弥留之际的贝多芬。

幸运接二连三降临到我头上，我又收到一个商人打来的电话，说有贝多芬弥留之际的原版画像，问我是否感兴趣。我说那几张素描已经在我手上了。之后才得知，他说的是丹豪泽后来创作的著名石版画——弥留之际的贝多芬。我得到了丹豪泽的原版手稿，并把它跟其余弥留之际的贝多芬画像放在一起。这些画共同将贝多芬极具纪念价值与传世价值的最后一刻，以画面的形式保存了下来。

我当然不会觉得这些收藏属于我个人，我不过是在一段时期内负责保管它们。我收集它们，是想把这些珍贵的东西聚集到一起，这对我而言是一项艺术工作，我对它们并没有占有欲。那时候，我已明白，从整体、长远的角度看，比起我的创作，我的收集工作价值更高。

在收集了很多珍贵的藏品后，我依然处在这项工作的初始阶段，所以一直没有整理藏品目录。部分名人手稿以及部分最完美的手稿，我还未收入囊中，需要继续努力完善。我仔细思考过，决定在自己死后将这些独有的藏品托付给某个能满足我的特殊条件的研究机构，该机构必须每年拨付一笔钱，用于藏品的进一步完善，具体操作要按我的标准来。这样一来，我的收藏就不会死去，它会变成活生生的生命，哪怕我死了五十年、一百年，它依然能源源不断得到补充，变得越来越丰富全面、臻于完美。

不过，死后那些事不是我们这一代受苦受难的人能考虑的。希特勒上台后，我从故乡出走，便对收藏失去了兴趣，也无力再确保藏品的安全。我一度将部分藏品收进保险箱，存放在朋友家，之后决定接受歌德那句话："若无法继续完善博物馆、收藏和武器库，索性跟它们一刀两断。"对于我的收藏，我已无法再做什么，索性与之断绝关系。部分藏品基本都是同时代的朋友送我的，我将其转送给维也纳国家图书馆，部分藏品被变卖。至于剩下的藏品，我已不再关注它们过去和现在的命运。之后，我的兴趣从收集别人的创作转移到自己的创作。经历过得到又失去的过程，我并不难过。毕竟我们这些被驱逐的人身处仇视所有艺术与收藏的时代，不得不掌握勇于舍弃这门新艺术：舍弃自己为之骄傲、喜爱的一切。

在创作、旅行、学习、阅读、收藏、享受中，我度过了一年又一年。1931 年 11 月的一天早上，我醒过来，发现自己五十岁了。萨尔斯堡那个满头白发的老实邮差，不会觉得这是什么好日子。因为当作家过五十大寿时，报纸上便会为他大肆庆祝一番，这是德意志人的好习惯。老邮差不得不给我送来一大堆信和电报，台阶陡峭，他走得十分艰难。

这一天对我有什么意义呢？打开信和电报之前，我就在思考这个问题。过五十岁生日，意味着人生迎来转折。很多人会回想过去，心怀不安，询问自己走过了多少路，以后是不是还要接着往上走。这天，我也仔细思考了自己的过去。

我待在家里，眺望阿尔卑斯山连绵起伏的山脉，以及平缓向下延伸的山谷，同时回想自己过去那五十年，只得出一个结论：我若还有一点良知，就该对过去心怀感恩。我实际得到的，远比我期待的或希望得到的更多。哪怕是小时候想象力最天马行空时，我也想象不到后来的媒体会变得如此神通广大。我的个人发展，靠的正是媒体。我的文学作品都发表在媒体上。为祝贺我的五十岁生日，岛屿出版社特意准备了一份礼物：我已出版的所有译本的目录大全。这是一本囊括了多种语言的书，有保加利亚语、芬兰语、葡萄牙语、亚美尼亚语、汉语、马拉提语。通过盲文、速记、各国语言的印刷体、方言，媒体将我的思想言论四处传播。比起我的生活范围，我的影响范围要大得多。当代一些最出色的人都成了我的朋友。我看过最好的演出、历史悠久的城市、不朽的画作和最美的风景。我一直在享受自由，不必忍受职位工作的束缚。工作让我快乐，我还能把快乐带给别人！

有什么倒霉事会落到我这个幸运儿头上呢？难道可以把我随处可见的作品全部销毁？（这就是我彼时的想法，之后发生的那些事，已经超出了我的想象）难道可以把我从家里赶出去？那可是我自己的家。难道那么多朋友都会离我而去？我想过死亡和疾病会降临到我身上，对此没有半点畏怯。可是我绝对想象不到，我会被迫离开故乡，离开自己的家，不断遭到驱赶，在不同的国家间流亡；我的作品被烧毁、封禁，不再受到法律保护；在德意志人的故乡，我像罪人一样受尽谴责；在我生日当天发来一桌子信函、电报的朋友，之后再跟我偶遇时，竟会脸色惨白；我历经三四十年才取得的成就，竟会被全盘否定；我眼中稳定的生活竟会彻底崩溃；即将抵达事业最高峰时，我竟必须再从零开始，而我已疲惫不堪，心有余而力不足。

老实说，之后这些匪夷所思、荒诞不经的事，是五十岁生日当天的我绝对想象不到的。那时的我对一切都感到满足，对生活充满热爱。就算不写作了，已经出版的作品也能让我的余生衣食无忧，我根本没有烦恼。我好像什么都有了，什么都不用再操心了。小时候，我在父母那里获得了安全感，却在一战中失去了。如今凭借自己的努力，我再次把安全感找回来了。那么，我还想要什么呢？我搞不清楚。

就在这时，一种难以理解的不悦出现在心头。似乎有个并不属于我的声音在心底问我：难道你就满足于生活一直保持这种状态——生活诸事顺利、井井有条，事业上不断取得新成果，每天都感到舒适轻松，也不用再经受任何挫折？想想你的天性吧，你根本不喜欢这种无忧无虑的优越生活，不是吗？

我在家里来回踱步，陷入沉思。过去几年，我随心所欲改造萨尔斯堡的住所，将它变成了一所很美的房子。往后我就一直住在这里吗？一直坐在同一张书桌前写下一部部作品，收取一笔笔版税？我会逐渐变成一位拥有正直品格的高贵绅士，对自己的声誉和作品爱护有加？我会彻底摆脱所有意外、忧虑和危险吗？往后我的生活就是一直走在这条康庄大道上，走到六七十岁吗？

　　我开始想象一种会让自己变得更年轻的处境：某些新状况发生，我陷入焦虑与恐慌，被迫进行此前没有经历过的战斗，其中可能潜藏着危险。对我而言，这是不是一种更好的处境？没错，艺术家都有种莫名其妙的矛盾心理：在不安定时极度向往安定，在安定时又想体验不曾有过的心理压力。

　　五十岁生日当天，我便在心底许下了一个常人难以理解的愿望：我希望接下来会发生什么事，让我被迫脱离安全舒适的现状，结束现有的生活，一切重新开始。我是出于对年老体衰、思维迟钝的恐惧，才许下了这样的愿望吗？还是我已有了难以解释的预感，因而极度向往艰苦的生活，以便获得从未有过的心理压力？我也不明白是前者还是后者。在那个特殊的时间段，从我模模糊糊的潜意识中诞生的心愿本就说不清道不明。这不过是我突然产生的想法，绝对谈不上清醒理智。

　　也许这种连我自己都说不清的想法根本不属于我，而来自深深的地狱。不过，这种想法应该瞒不过主宰我人生的神秘力量。毕竟在过去的那些年，很多我不敢有的妄想都被这种力量变成了现实。那天，神秘力量决定满足我的新愿望，它挥起拳头击碎了我的生命基石，将我的生活变成断壁残垣，让我不得不重塑自己的人生，去过一种跟过去截然不同的苦难人生。

十五

希特勒的崛起

关乎时代命运的大运动刚开始时，人们多半并不了解这些运动。这是历史规律，人们无力改变。正因如此，阿道夫·希特勒这个名字是何时传到我耳朵里的呢？我也说不清了。可过去这么多年，这个名字一直萦绕在我们耳畔。差不多每天甚至每时每刻，我们都要被迫联想或谈及希特勒的名字。过去任何一个时代都找不到一个人，像阿道夫·希特勒一样带给世界这么多苦难。我一定早就听说过他，毕竟慕尼黑离萨尔斯堡并不远，坐火车两个半小时就到了，当地发生的事都会迅速传到萨尔斯堡。我唯一记得的是，某天——具体是哪一天，我实在想不起来了——有个从慕尼黑过来的熟人发起了牢骚：慕尼黑又陷入了混乱，有个叫希特勒的家伙疯狂煽动大家在会议中大打出手，用最无耻的手段怂恿大家反对德意志共和国即魏玛共和国，反对犹太人。

在我毫无察觉时，这个名字进入了我的记忆。不过，我根本没将其放在心上，也未曾多想。德国饱经沧桑，煽动者、政变者大批涌现，他们的名字都迅速消失，没有留下任何痕迹。其中包括波罗的海海军上校埃尔哈特、卡普，政治谋杀犯、巴伐利亚共产党、莱茵分离主义分子、志愿军团首领。就像在发酵的淤泥池中，数百个这样的小气泡不断翻涌，没有炸裂或发生什么反应，只是散发着阵阵臭气，清楚展现着德国的伤口是如何溃烂的。我曾偶然看到新纳粹运动办的一份小报《米斯巴赫报》，之后改名为《人民观察家》。不过，米斯巴赫只是个小村子，没人会在意当地一份粗鄙的小报。

差不多每个礼拜，我都会去边境的莱辛哈尔镇和贝希特斯加登镇。后来，当地忽然来了一支年轻的队伍，这些青年都穿着褐色衬衫，脚蹬翻口长筒靴，胳膊上戴着鲜艳的"卐"字袖标，按身高排成队列。他们集会、游行，从马路上经过时总是傲慢地唱着歌，或齐声喊着口号。他们在墙上贴上巨大的标语，画上"卐"字标志。我终于意识到，必然有财雄势大之人在背后支持，这些乌合之众才会突然出现在众人面前。这场新运动的幕后推动者一定力量强大，不会是希特勒，他那时还在巴伐利亚的啤酒馆演讲呢，凭他个人的力量，也无法组织数千人的武装部队，花销太大了。那是个贫困的时代，士兵退伍后只能穿着破烂的旧军装。这支冲锋队却穿着崭新的军装，从这座城市调派到那座城市。他们拥有大批全新的汽车、摩托、卡车，存放在一座面积惊人的停车场上。那些青年很明显在军队接受过正统训练，即所谓的准军事化训练。这种系统的技术训练必然有德国国防部在背后支持。希特勒也是从德国国防部秘密情报处的探子做起的。

没过多久，一场经过事先排演的作战行动刚好被我赶上了。当时，社会民主党人正在一座边陲小镇举行和平集会。跟我在威尼斯圣马可广场附近见到的一模一样，四辆满载青年纳粹党的大卡车迅速开过来，青年们手上拿着橡胶棍，对着没有任何准备的群众，发起了暴风骤雨般的突袭。这种做法是从意大利墨索里尼的纳粹党处照搬的，但经过了更专业的军事训练，对细节也做了充分部署——德意志人这样说。哨声响起，冲锋队员迅速跳下车，抡起橡胶棍就打，不放过沿途任何一个路人。事后，他们迅速跳回车上，风驰电掣般逃离现场。警察甚至来不及作出反应，工人也来不及组织起来采取行动。

我简直不敢相信，他们上下卡车的动作竟那么精准。首领尖锐的哨声一响，他们就行动起来，没有半点差错。为了避免撞到别人，危及整支队伍，队员们显然都演练好了，要握住哪个把手，要从哪个车轮爬上汽车，要快速站到哪个位置。这些记忆已嵌入他们的肌肉和神经，只凭聪明灵活是绝对办不到的。在军营、训练场时，他们已将所有动作训练了几十上百遍。这支队伍完全是为暴力、袭击、制造恐怖事件训练出来的，这点显而易见。

巴伐利亚正在秘密演习的消息不断传来，青年队员趁人们睡觉时偷偷跑出来集合，开展夜间野外训练。有国家或政党的秘密人士资助他们，有现役或退役的国防军官指挥训练他们。对于这种莫名其妙的夜间训练，政府没有任何反应。政府是睡着了，还是闭着眼睛装睡？政府是觉得这种运动无关痛痒，还是悄悄在背后支持？事实上，之后运动突然变得残暴、迅猛，连运动支持者都对此感到震惊，不知如何应对。

政府各部门某天早上醒来时，赫然发现慕尼黑已被希特勒掌控：所有行政部门都被占领；在手枪的威胁下，各家报纸纷纷报道革命胜利的消息。魏玛共和国不知所措，只能迷迷糊糊地看着鲁登道夫将军如同救星般从雾气中走来。在那些自以为胜过希特勒的人中，鲁登道夫的力量是最强的。然而，这些人都被希特勒戏弄了，所谓胜过希特勒只是妄想。

我不必再将这个历史事件详细重复一遍，那场众所周知的啤酒馆暴动以掌控德国为目标，上午爆发，中午就失败了。希特勒逃走，很快又被逮捕，运动好像随之结束了。那是1923年，"卐"字标志消失，人们基本忘记了冲锋队，忘记了希特勒这个名字。当时的人都无法想象，希特勒后来还能东山再起夺取德国的掌控权。

几年后，希特勒卷土重来。民众对现实感到不满和愤怒，未加思考便推举他上台。这段时期，德意志人心惶惶，内有通胀、失业和多种政治危机，外有各国愚不可及的行为。德国各个阶级都相信，比起自由和权利，秩序更加重要。他们热切期盼秩序能重新建立起来。如歌德所言，相较于不公，他更讨厌混乱。因此，任何人若承诺能重新建立秩序，就能马上收获无数支持。

危机潜藏其中，却无人注意。有些作家花了大力气读希特勒的书，却只关注他的文字乏味、空洞，根本不把他的政治纲领放在心上。大型民主报纸不去提醒大家保持警觉，反而天天说希特勒的宣传耗费巨大，靠重工业领域的资助和高风险借债苦苦支撑，必将迅速走向彻底的失败，试图用这些说法抚慰他们的读者。

那几年，对于希特勒这个人及其不断膨胀的势力，德国国内始终态度轻蔑。至于为什么会这样，外国人可能永远搞不懂。真正的原因在于，一直以来，德国不仅等级制度森严，还对学历极为看重。那时在德国，除了部分将军以外，只有高学历的人才能担任高级职位。与此同时，国外却有出身平民的首相，包括英国的劳合·乔治、意大利的加里波第和墨索里尼、法国的白里安。现在德国有一个人，别说他上没上过大学，就连市立中学他都没毕业。夜晚，他只能睡在成人收容所里，平日里，他用某种无人知晓的谋生手段过着神秘的生活。就是这样一个人，竟有机会继承冯·施泰因男爵、俾斯麦、比洛侯爵的位子？对德国人来说，这真是天方夜谭。对学历的重视导致德国的知识分子都被希特勒蒙骗了。希特勒在他们眼中，只是个在啤酒馆煽动众人情绪的跳梁小丑，根本不可能造成多大威胁。岂料希特勒却借助背后的支持者，将各个阶层有权有势的人都变成了自己的同党。

1933 年 1 月，希特勒成为德国总理。到了这时，很多人——包括亲手推动他成为总理的那个人——仍坚持认为，无论是希特勒的任职还是纳粹对德国的统治，都只是暂时的。

希特勒的奸诈在他上台后展露无遗。过去这么多年，他能赢得各党派代表的支持，靠的是他对各方作出的承诺。各党派代表都相信，可以对希特勒这个小角色背后的神秘力量加以利用，以达成自身目标。在之后的重要政治事件中，希特勒也故技重施：对准备消灭的敌人立下誓言、表明忠心，从而哄骗对方跟自己合作。他能当上总理，证明这一手段是十分有效的。用承诺蒙骗各方人士，希特勒可谓驾轻就熟。因此，他上台时，连敌对阵营都表示热烈欢迎。

多伦那些拥护君主政体的人相信，希特勒是德意志皇帝前进路上的开路人，再没有比他更值得信任的人了。君主政体的拥护——慕尼黑历史悠久的巴伐利亚维特尔斯巴赫皇族，同样把希特勒当成了自己人，热烈欢迎他上台。德意志民族主义者则盼着希特勒能把大块的木柴劈小，分给他们添进自家炉灶。靠着先前的约定，民族主义者首领胡根贝格占据了希特勒内阁的最高位，他以为这样就能稳稳立足。结果短短几周后，约定的誓言还在耳畔回响时，胡根贝格就被逐出了内阁。重工业家暗地里资助希特勒很多年，如今希特勒上台了，他们相信他能帮他们摆脱布尔什维克的威胁。由于希特勒曾在上百次集会中承诺帮普通市民"击碎利息的枷锁"，生活每况愈下的市民同样支持希特勒。小生意人最惦念的是，希特勒曾承诺要将他们最有力的竞争者——大型商场全部关闭。不过，以上承诺，希特勒一个都没有兑现过。

由于希特勒思考问题是站在军事角度，对和平主义总破口大骂，所以军人们对他的上台也格外欢欣鼓舞。社会民主党盼望希特勒能铲除躲在背后的共产党，他们对这些可恶的共产党深恶痛绝。因此当希特勒登上高位时，社会民主党并不像大众认为的那样不满。德国任何阶层、党派、倾向的代表人物，都得到过希特勒的承诺与誓言，所以连跟希特勒最格格不入的党派都将这个昔日的小角色视为朋友。

更有甚者，德国犹太人也没有过分恐慌，他们自我安慰：雅各宾派分子一旦坐上高位，就不能算是雅各宾派了。作为德意志的总理，希特勒肯定会禁止反犹主义者采取暴力。况且德意志已建立了稳定的法律体系，国会成员又大多站在希特勒的对立面，加上神圣的宪法已赋予所有公民自由平等的权利，希特勒也不敢为所欲为。

可是国会纵火案的爆发直接铲除了国会的存在。戈林一声令下，冲锋队大打出手，德国的所有法律瞬间崩塌。没有战争，却设立了集中营。军营中设置了秘密审讯室，不必经过法庭的正规流程，就能将无罪之人处以极刑。这些都让民众深感恐慌。大家以为，已经进入 20 世纪了，这种情况只是暂时的，等疯狂的怒火发泄完毕，一切又会回归正常。岂料这还只是开端。

一开始，全世界都不相信这些荒谬绝伦的事情真的发生了，大家时刻关注着后续的发展。我跟大家不一样，刚开始那几天，我就发现了第一批难民。借着夜色的掩护，他们有些穿越萨尔斯堡山区，有些从边境的河游到对岸的奥地利。他们全都瘦弱不堪、衣着破烂，一遇到陌生人就满脸惊惧。他们开启了恐怖的大逃亡，逃离那些惨无人道的迫害。这场大逃亡接下来扩散到了世界各地。逃亡者惨白的脸色预示了我之后的命运。跟他们一样，我也将沦为希特勒残暴统治的牺牲品。可初见他们时，我还对这些后续一无所知。

人们在三四十年间建立起了对世界的信念，怎么可能在短短几周就被一个人摧毁？我们依旧相信德意志人、欧洲人乃至全世界的人都是有良知的，人性不可能彻底泯灭，人类绝对不容许这样的事情发生。这是坚定的道德观念让我们得出的结论。但我必须老实承认一点，1933 年至 1934 年经常出现这样一种情况：几周前还被认为是不可能发生的事，几周后就真的发生了。当时住在德国、奥地利的大部分人对此都深有体会。在那些不可避免的艰难、问题、仇恨出现之前，我们这些独立自由的作家就预感到了它们必将出现。

我在国会纵火案发生之初就对我的出版人说，用不了多久，在德国就看不到我的作品了。他脸上的惊讶之色让我难忘。"为什么要封禁你的作品？你的作品没有任何反德内容，也跟政治毫无牵连。"那是 1933 年，他用震惊的语气说出了这番话。

就算再高瞻远瞩的人，在希特勒刚上台一个月时，也想象不到几个月后会发生烧毁书籍、残酷刑讯等一系列可怕的事。这要归因于纳粹一贯以下流手段欺骗人，除非时机已到，否则他们绝不会公开自己的终极目标。他们经常先作出谨慎的尝试，再观察一段时间，就好比先试用一颗药，观察药效如何，有没有超出人们良知的承受范围。结果欧洲人竟忙不迭地撇清关系，称纳粹的残暴跟他们没有任何关系，只因那些暴行发生于"国界那边"。这对人类文明的侮辱与伤害，就是欧洲人的良知。纳粹见状，不断加大药的剂量，最终毁灭了每个欧洲人。

希特勒能取得成功，正是因为采用了正确的策略：对于在道德、军事方面相继变弱的欧洲，不断加以试探，一步步采取更为残酷的手段。

纳粹早就决定要消灭一切自由的言论，毁灭一切具有独立思想的书，但在德国执行时，他们依旧采取了逐步试探的方法。两年后，他们才出台法律，宣布封禁我们的作品。出台法律不是他们的第一步，他们的第一步是小心试探大家的忍受限度。

他们安排了一群加入了纳粹党的大学生对我们的作品展开第一轮进攻，反正这些学生也不用承担什么责任。

纳粹在此之前已经编排了一出所谓民愤的闹剧，以达成他们长久以来排斥犹太人的目的。仿照那出闹剧，纳粹又在背地里教唆大学生公然对我们的作品表达愤怒。而只要能表现叛逆，德国大学生就甘愿受纳粹挑唆。学生们组织起来，在多所大学大闹，从书店抢走我们的书，高举大旗，将这些战果带到公共场所，将其钉在耻辱柱上。这项德国中世纪的古老风俗忽又流行起来。有个大学生朋友完成任务后，抢救出一本我写的被钉上耻辱柱的书，当成礼物送给我，我保存至今。大学生们还会把柴火堆成小山，把书放在上面，一边念叨爱国言论一边烧书，因为烧人已被禁止。踌躇许久，时任宣传部部长的戈培尔才决定支持烧书，但一直没有通过当局直接下令。大学生肆无忌惮地烧书，民众却熟视无睹。德国人对这种残暴行径的麻木不仁，由此显露无遗。受到警告后，书商们再也不能把我们的作品放在橱窗展示，报纸也不敢再提及这些作品。不过，真正读这些书的人，依旧有办法把书弄到手。

1933 年至 1934 年，我的书受尽磨难与羞辱，但销量跟之前相差无几。为了逼迫几十上百万德意志读者跟我们的书断绝关系，纳粹政府只能下达了所谓《保护德意志人民》的法令，宣布任何人若参与印刷、售卖、传播我们的作品，就犯了卖国罪。可是德意志人民直到现在依然是我们的忠实读者，爱读我们的书。对那些忽然出现的赞美"热血和土地"的作品，他们毫无兴趣。

这段时期，托马斯·曼、亨利希·曼、韦尔弗、弗洛伊德、爱因斯坦等优秀的德国人都失去了创作的权利。承受跟他们相同的命运，我并不觉得羞耻，反而认为这是种荣耀。这种具有普遍性的遭遇我本不愿提起，我实在讨厌摆出殉道者的样子，但事实就在那里，我只能如实表述。有一件事很神奇，我竟让纳粹甚至希特勒陷入了异常窘迫的境地。我从中得到了一点点成就感：那么多人的公民权被剥夺，只有我笔下的角色频频让贝希斯特加登别墅中的高级官员甚至是首领感到愤怒、发生争执。我能不断让这个时代最权势熏天的希特勒感到愤怒，这称得上是我人生的一件乐事。

纳粹上台没几天，我便莫名其妙成了罪人，罪名是制造混乱。那时，一部电影正在德国各地上映，那是根据我的中篇小说《欲望燃烧的秘密》改编而成的，电影的名字中也包含"燃烧的秘密"这几个单词。电影刚上映时，没人提出半点异议。然而，纳粹密谋栽赃共产党的"国会纵火案"以失败告终后，忽然有一群人挤在电影院的招牌和海报旁，又是扮鬼脸又是哈哈大笑。盖世太保很快弄清了他们为什么笑。警察当晚就骑着摩托当街巡逻，勒令停止放映这部电影。第二天，因名称带有"燃烧的秘密"字眼，这部电影彻底消失了。无论报纸还是路边的广告，都看不到它的任何宣传。

原本纳粹轻而易举就能封禁任何让他们惶恐的标题，毁掉我所有的作品。这次，他们却拿我没办法了。因为他们非常需要某个人帮他们维系国际声望，若对我下手，就不可避免会连累这个人。这个人就是理查德·施特劳斯，德意志在世最伟大、最出名的音乐家。那段时期，我刚好跟他合写了一部歌剧。

　　这是我跟他的初次合作。在此之前，我从没见过他。他的歌剧全部由胡戈·冯·霍夫曼斯塔尔作词，从《厄勒克特拉》《玫瑰骑士》时期就是如此，但霍夫曼斯塔尔去世了。通过我的出版人，理查德·施特劳斯跟我取得了联系，说他想写一部新歌剧，问我是否愿意为他作词。收到邀请，我倍感荣幸。我早期创作的部分诗歌曾由马克斯·雷格谱曲，我也由此进了音乐圈，与音乐家们交往甚密。布索尼、托斯卡尼尼、布鲁诺·瓦尔特、阿尔班·贝尔格都是我的好朋友。可同时代的音乐家中，理查德·施特劳斯毋庸置疑是我最愿意合作的那位。他是最后一位了不起的纯德意志血统的音乐家。他那了不起的血统传承始于亨德尔、巴赫，接着是贝多芬、勃拉姆斯，最后是他。

　　我毫不犹豫地接受了这一邀请。初次见面，我就向他提议，歌剧可以用本·琼森的《沉默的女人》作为主题。我非常惊喜地发现，不管我有什么提议，施特劳斯都能快速、准确地领会。他的艺术理解力之强、戏剧知识储备之丰富，超乎我的想象。在我讲解完歌剧素材之前，他就已经让这些素材具备了歌剧的形式。他还将素材和自己最擅长的东西完美融合，让人惊叹。他非常清楚自己最擅长什么。我从未见过比他更清醒、更了解自己的伟大艺术家。

　　合作之初，理查德·施特劳斯便向我坦言：他已经七十岁了，失去了音乐家那种源于灵感的本能力量。他告诉我，创作纯音乐对创新性要求很高，所以像《梯尔·艾伊伦施皮格尔》《死与净化》之类的交响乐，他可能再也写不出来了。可他还能从歌词中获取灵感，还可以做到将已经成型的主题展现为戏剧化的音乐。当这些意境和诗歌摆在面前时，他心里自然而然就飘出了音符。上了年纪后，他开始集中精力创作歌剧。他说自己很清楚歌剧是种过时的艺术，而且瓦格纳像高山一样矗立在那儿，无法超越。"但是我能绕道走。"他补上一句，像所有巴伐利亚人一样豪放地笑了起来。

我们先梳理好了剧本的框架。然后，他谈到了一些细节，提醒我不要忽略。他表示，以威尔第的歌剧为模板创作的歌词，无法让他产生任何灵感。能给他许多灵感的是那些真正的诗歌。因此，他给了我百分之百的创作自由，并且十分期待我能写出形式多变的歌词，这样他才可能创作出变化多端的乐曲。他说："我一般会先写比较短的主旋律，不像莫扎特，灵感一来，就能写很长的旋律。可主旋律写出来以后，变奏或随意装点都难不倒我，我会发掘出主旋律蕴藏的所有东西。除了我，现在应该没人用这种方法创作了。"他这样坦诚，让我再次为之惊叹。的确，理查德·施特劳斯的音乐大多只有几个节拍，可是像《玫瑰骑士》圆舞曲那样，那些只有几个节拍的旋律都得到了升华，在赋格手法的作用下，变得那么精彩，无与伦比！

每次跟施特劳斯见面，我都对他崇拜不已。这位大师在这样的年纪，还能对创作充满信心、讲求实际，实在让人赞叹。一次，他的《埃及的海伦》在萨尔斯堡艺术节的演出大厅彩排。现场黑漆漆的，只有我跟他两位观众。他听得聚精会神。突然，我发现他正在用手指轻叩座椅扶手，显然已失去耐心。

"不行！真的不行！根本找不到灵感。"他低声对我说。

过了几分钟，他又说，"当初就应该删除这部分！啊，上帝呀，既无聊又冗长！"几分钟过后，他再次开口，"听，这部分挺好！"明明是自己的作品，他评价时却像初次听到一位陌生作曲家的作品那样真实客观。而且他能一直以这种客观的眼光看待自己，这非常不可思议。自己是什么人、有多少才能，他永远一清二楚。他无意拿自己跟别人比，比别人好还是坏，具体差距如何，他不感兴趣。别人怎么看他，他也不在意。创作这件事本身，才是他的兴趣所在。

理查德·施特劳斯的创作过程是独一无二的。传记中记载的贝多芬、瓦格纳在创作时，会有鬼神上身般的灵光一闪，会有艺术家的疯狂，会情绪低落甚至绝望，但这些在理查德·施特劳斯身上统统不存在。创作时，他总是冷静而实际，平和而有序，跟约翰·塞巴斯蒂安·巴赫以及一切高明的艺术大师一样。

他会在每天上午9点坐到书桌旁，从前一天结束的地方往下写。他的初稿总是用铅笔写成，再用墨水笔抄写成一份总谱，一直埋头苦干到中午12点或下午1点。午后，他会打纸牌，再抄写两三页谱子。到了晚上，他经常会去剧院担任乐队指挥。他从不受神经衰弱的困扰，无论白昼还是黑夜，都对艺术始终保持着清醒的头脑。佣人敲门送来乐队指挥要穿的燕尾服了，他就把工作放到一边，然后坐车赶往剧院。做乐队指挥时，他像午后打斯卡特纸牌时那样自信又从容。第二天早上，他又从前一天结束的地方精准地开启自己的灵感。

如歌德所言，理查德·施特劳斯能驾驭灵感。艺术在他眼中就是一种才能，这种才能涉及方方面面。"什么是真正的音乐家？连菜单都能谱成曲子。"理查德·施特劳斯幽默地说。遇到难题，这位独具风格的大师非但不害怕，反而乐在其中。他曾扬扬自得地跟我说："我给女歌手出了个难题，想把这里唱好，她可得费尽心机才行了。"如今回想他说这话时闪闪发亮的蓝色小眼睛，我还是会忍不住想笑。他闪亮的眼睛让人觉得，这个怪人体内似乎深藏着神秘莫测的力量。

按时、按计划埋头苦干，就是他的工作方法。他创作音乐就像做手工活一样，偶尔还会走神。就像他的脸，初看会有些失望。他有一张孩子般的胖圆脸，额角有点靠后，初看平平无奇。不过，只要看到他那双闪亮有神的蓝眼睛，你就会发现一种奇异的力量潜藏在他普通的外表之下。在我见过的所有音乐家中，他的眼睛是最干净澄澈的。他眼中没有魔法，却流露出智慧，显示了这个男人对于自己的人生使命有多么清楚的认知。

跟施特劳斯的见面让我大受鼓舞。随后，我返回萨尔斯堡，投入工作。我想尽快确定自己的歌词他能否接受，两周后就给他寄去了歌剧《沉默的女人》第一幕。没过多久，他寄来一张明信片："很棒的开头。"这是瓦格纳有名的歌剧《纽伦堡的名歌手》中的一句歌词。收到第二幕时，他寄来了更加热情的贺词："哦！可爱的孩子，我总算找到你了！"这是他自己的一首歌中开头几句歌词。他的这份快乐甚至是兴奋，让我满怀愉悦地投入了接下来的写作。我写好剧本后，理查德·施特劳斯没有作出任何改动，只请求我在某处又添了三四行，以满足反向声部的需要。

我们之间最真诚的合作就此开始。他会来我家拜访，我也会去他位于加米施的家。在他家，他照着第一稿乐谱，用修长的手指断断续续为我弹完了这部歌剧。第一部歌剧成稿后，我马上开始写第二部，同样得到了他全面的肯定。我们的合作就像事先商量好了一样默契，但其实我们并没有任何约定或协议规定好什么义务。

阿道夫·希特勒 1933 年 1 月掌权时，我们的歌剧《沉默的女人》已完成了第一幕中全部的钢琴总谱和大部分的管弦乐谱。然而，政府几周后就严令禁止在德国公开表演雅利安人以外的作者创作的作品，或任何有犹太人参与的作品。就算对已经过世的人，这项可怕的禁令都同样适用。同时，门德尔松在莱比锡音乐大厅门口的立像因此被毁，这让全世界喜爱音乐的人都感到愤怒。我以为我们的歌剧合作也彻底画上了句点，理查德·施特劳斯会放弃我，然后选择其他人。可他并未这么做，他写了很多封信催促我尽快准备下一部歌剧的歌词，他已在为我们的第一部歌剧创作管弦乐了。"任何人都不能阻止我们的合作。"他这样告诉我。我必须承认，由始至终他都是我忠诚的朋友。不过，以防不测，他还是做了一些我不认同的事：他开始向当权者靠拢，跟希特勒、戈林、戈培尔频繁碰面，还奉纳粹之命出任国家音乐局总监。同一时期，他的同行富特文格勒公然宣布不会效忠希特勒。

这段时期，纳粹很需要施特劳斯这样公然的示好。因为最出色的作家、音乐家都看不起纳粹，对其心怀愤恨。在广泛的艺术圈里，只有少数小角色选择跟纳粹同流合污。在纳粹处境艰难之际，作为彼时德国最出名的音乐家，理查德·施特劳斯竟对纳粹公然示好。不过这样粉饰现实的虚名仍然使戈培尔和希特勒十分受用。听理查德·施特劳斯说，希特勒在维也纳流浪时，曾用辛苦赚来的钱去格拉茨欣赏施特劳斯的歌剧《莎乐美》，并向他表达了仰慕之情。彼时，几乎只有瓦格纳和理查德·施特劳斯的作品，才能登上贝特斯加登节庆晚会的舞台。

选择跟纳粹合作，也是因为理查德·施特劳斯有自己的长远打算。无论何时，施特劳斯都毫不隐瞒自己只崇尚艺术的立场。政府由什么人掌控，对他来说无关紧要。他效忠过德国皇帝，做过宫廷乐队指挥，还为皇帝的军队谱写了军乐。此后，他又投靠了奥地利皇帝，到维也纳担任宫廷乐队指挥。无论奥地利共和国还是魏玛共和国的当权者，都对他喜爱有加。现在他这样迎合纳粹，也是为了维护切身利益。纳粹形容他是个负债累累的人：他的儿媳是犹太人，他生怕心爱的孙儿会被视为蠢材，无法去学校接受教育；我作为他下一部歌剧的共同创作者，也会成为他的累赘；他此前的合作者胡戈·冯·霍夫曼斯塔尔不是"纯雅利安人"，同样会连累他；同时，他的出版人也是犹太人。他知道自己太需要靠山了，于是便果断决定向纳粹靠拢。纳粹成了他的主人，只要主人下令，他可以去任何地方做乐队指挥。1936年，奥运会在柏林举行，也是他为那首奥运会的会歌作曲。不过，在那些忧郁而坦诚的信中，他告诉我，对于这项任务，他兴致寥然。艺术家只崇尚艺术的神圣立场，他只关注自己的作品能否展现出价值。而当务之急是让自己的新作《沉默的女人》公开演出，他无时无刻不在担心这件事。

他对纳粹作出妥协，极易让人觉得我也可能在私下里做了同样的事，或者我也盼望纳粹对我格外开恩，不要让无耻的封杀落到我头上。我因此处境尴尬，朋友们纷纷指责我，并反对那部新歌剧在纳粹德国演出。可我一方面很反感在公众面前表现出激烈的情绪，另一方面也不想为难那位天才音乐家。理查德·施特劳斯毕竟是在世最伟大的音乐家，年过七旬的他已为这部歌剧耗费了三年时光。这三年间每次与他接触，我都能感受到他的友情、正直与勇敢。因此，我认为理性的做法是缄默不语，让事情自然发展下去。另外，我也明白，只有这种百分之百被动的态度，才能给德意志文化坚定的新守护者制造更多麻烦。

纳粹德国文化局与宣传部为了名正言顺地封杀那位了不起的音乐家，到处寻找堂而皇之的理由。他们将歌剧剧本送到各个官员、名人处，名为征询意见，实际却是想让这些人帮忙找出封杀的理由。《玫瑰骑士》中有一场戏，从一名已婚女士的卧室中走出来了一名年轻男士。如果《沉默的女人》中也有这种场景，离封杀就不远了。纳粹多半会以维护德意志道德为由，下令封杀这部戏。可我的剧本根本找不到任何有伤风化的情节，他们很失望。他们找遍了盖世太保那里关于我的索引和我的全部作品，发现我竟没诋毁过德国或任何一个国家，也没参与过任何政治活动。

经过多日奔走与谋划，纳粹依然无法决定应不应该禁止已是风烛残年的理查德·施特劳斯大师的歌剧演出，毕竟他们已亲手将纳粹音乐的大旗授予了大师。他们也无法决定应不应该将作词人斯蒂芬·茨威格的名字跟理查德·施特劳斯一起宣布，这是对德国剧院节目单的再次侮辱——类似的事情已发生过很多次。若掌权的纳粹真决定这么做，那真是让德国蒙受了极大的羞辱！私下里，我其实窃喜于纳粹掌权者因我陷入巨大的焦虑和痛苦的纠结。我预感到我参与的这部喜剧必会被赋予政治色彩，成为敌对党的眼中钉、肉中刺。就算我一直置身事外或不做任何表态，结果也是一样。

纳粹掌权者迟迟无法作出决定。到了1934年初，他们拖延不下去了，必须决定是抛开自己颁布的禁令网开一面，还是对理查德·施特劳斯这位彼时最了不起的音乐家实施禁令，让他的歌剧无法演出。我们已准备好歌剧总谱、钢琴配乐、剧本歌词。德累斯顿皇家剧院已确定了道具、服装和每个角色对应的演员，并已开始排练。到了这时，各级相关部门、戈林、戈培尔、国家文化局、文化委员会、教育部和施特赖歇尔那帮人还是没能达成一致，多么荒诞哪！

跟《沉默的女人》相关的一切终于发酵成政治事件，引发了巨大的关注。相关部门没有一个站出来批准或是禁止，他们都不敢承担责任，最终只能让德国的国家元首和政党首领阿道夫·希特勒亲自处理这件事。之前就有很多纳粹对我的书兴趣浓厚，而他们最感兴趣的、反复拿来讨论的无疑是《富歇传》，他们还将其视为没有任何政治忌讳的代表作。可是现在连阿道夫·希特勒都要追随戈培尔、戈林的步伐，亲自上阵研究我的三幕抒情歌剧《沉默的女人》，这种情况还是超出了我的想象。希特勒同样无法决定此事该如何处理。我通过私人关系打听到，他们为此开了很多会，无休无止地讨论。最终，希特勒——那个站在权力顶端的人召见了理查德·施特劳斯，亲口对他说，虽然新德意志帝国的所有法律都不允许，但自己还是决定打破常规，准许他的歌剧演出。作出这个决定，并非希特勒的本意。他不过是在耍弄权谋，一如他后来跟斯大林、莫洛托夫签订《苏德互不侵犯条约》那样。

让纳粹德国饱受折磨的日子还是来了。斯蒂芬·茨威格的歌剧再次在各家剧院上演，他被纳粹封禁的名字再次出现在海报上，那样醒目。考虑到首演时，穿褐色制服的希特勒党卫军必会遍布剧院大厅各个角落，希特勒本人也可能在某场演出中现身，所以我并未出席首演。

演出极为成功。我一定要向诸位音乐评论家致敬，他们之中有九成人欣然利用了这次机会，再次对纳粹的种族歧视提出抗议。这次过后，他们再也没有机会表达心底的抗议了。他们在评论我的剧本时，毫不吝惜赞美之词。德国的各家剧院，如柏林、汉堡、法兰克福、慕尼黑的剧院，全都在第一时间宣布了下次演出的时间。

意外在第二次演出后降临。德累斯顿乃至德国各地都在同一天收到了歌剧的禁演令。随后，更让我震惊的消息传来，理查德·施特劳斯辞掉了国家音乐局总监一职。一定有不同寻常的事情发生了，这点所有人都想到了。我很快了解到了整件事的来龙去脉。原来《沉默的女人》演出后，理查德·施特劳斯又写信催我赶紧写下一部歌剧，他的态度在信中表露无遗。盖世太保截获了这封信，拿去跟理查德·施特劳斯对质。这件事的后果是，施特劳斯被迫辞职，《沉默的女人》也被禁止演出。

只有在自由的瑞士、布拉格，这部德语歌剧才得以继续上演。而墨索里尼尚未臣服于种族歧视，得到他的特批后，歌剧的意大利语版也很快在米兰的斯卡拉歌剧院上演。然而，理查德·施特劳斯——这位德国在世最伟大的老音乐家暮年所创作的美妙歌剧的任何一个音符，德国人民都听不到了。

因此前考虑到奥地利的局势很不稳定，会影响工作，所以这场轩然大波发生时我已身在国外。我在萨尔斯堡的住所紧邻德国边境，随时都能看到阿道夫·希特勒家所在的贝希特斯加登山。作为我的邻居，德意志第三帝国极少带给我愉悦，反倒经常让我紧张。当然，我住在这里也不是全无好处，至少能更清楚地了解奥地利的处境有多危险。我在维也纳的朋友们可无法了解这些。不管是维也纳咖啡馆里的客人，还是各部门的政府官员，都不相信纳粹会进犯奥地利，国家社会主义在他们看来只是"那边"的事。奥地利不是还有个组织相当严密的社会民主党吗？支持他们的奥地利人，差不多有总人口的一半。在希特勒的"德国基督教徒"公然挑战基督教徒，又宣布元首"伟大更胜于基督耶稣"后，奥地利基督教社会党不就跟奥地利社会民主党团结起来，积极采取措施御敌了吗？奥地利民族联盟不是还有法国、英国的庇护吗？墨索里尼不也坚定地表示，他是奥地利的保护者，他要确保奥地利的独立吗？就连奥地利的犹太人也对自己的事漠不关心、毫无反应，仿佛犹太的医生、律师、学者、演员的权利被剥夺，不是发生在距此仅有三个小时路程且同样说德语的国家，而是发生在遥远的中国。维也纳人都在家过着舒适的生活，出门开着私家车。"这种情况很快就会过去。"每个人都把这句话挂在嘴边，自我安慰。

我却想起了我跟列宁格勒的出版人的一次交谈，当时我正在俄国短期旅行。听那位出版人说，过去他生活优越，十分富有。我问他为何没在革命爆发之初一走了之，很多人都是这样做的。他说："哦，当时谁能想到，某某委员会、某某士兵共和国之类的东西能维持两周以上？"跟他一样，奥地利人也不想放弃原有的生活，所以才自我欺骗。

可是什么都瞒不过住在边境附近的萨尔斯堡人。窄窄的界河上常有人往来穿梭：青年趁夜渡河去对岸受训，煽动者或乘车从对岸过来，或拿着登山杖假扮游客步行过来，在奥地利建立纳粹基层组织。这种组织后来遍布奥地利各地，他们一边招收新成员，一边放出狠话：不想日后被报复，就马上站到我们这边。奥地利警察和官员都深感恐慌。奥地利人心不稳，大家越来越不知所措。这些都瞒不过我的眼睛。

最有力的证据是我自己的日常经历：萨尔斯堡有位很出名的作家是我最亲密的好友，我们的友情已维持了三十年，从年轻时一直到现在。我们称呼彼此都不用尊称，还常在自己的书上写寄语送给对方，我们每周都要碰面。一次，这位老友跟一个陌生男人走在街头，我正好迎面走向他们。老友马上在一个他向来毫无兴趣的橱窗前驻足，饶有兴趣地指着什么让陌生男人观看，只留给我一个背影。我觉得他一定看到我了，但怎么会是这种反应呢？也许是凑巧遇到了什么事吧。

第二天，他忽然打电话问，今天下午来我家拜访是否方便。我们之前都是在咖啡馆见面，这次改了地方，我有点奇怪，但还是说方便。他匆匆忙忙赶过来，谈的都是些无关紧要的内容。我很快醒悟到这是怎么回事：他不想失去我这个朋友，但考虑到我是犹太人，他也不想因为跟我之间的友情而被人怀疑。他不想在外面跟我走得太近，萨尔斯堡只是座小城，很快就会传得尽人皆知。此后，我开始关注类似的事，发现跟我往来频繁的很多故交都消失了，这说明我在这里已经很危险了。

我还不想跟萨尔斯堡彻底了断。不过，为了避免日常的尴尬，我决定这个冬天去国外度过。1933 年 10 月，我离开了我美丽的家，想不到这竟是永别。

来年的 1 月到 2 月，我本想一直待在法国写作。这个国家美丽且文化氛围浓厚，我很爱这里，一直把它看作我的第二故乡。在这里，我完全没有身在异国他乡的感觉。法国文学领袖都是我的故交好友，包括瓦雷里、罗曼·罗兰、朱尔·罗曼、安德烈·纪德、罗歇·马丁·杜·加尔、杜亚美、维尔德拉克、让－理查德·布洛克。读我的作品的法国读者跟德国读者人数不相上下。法国人从不认为我是外国作家或陌生人。我爱法国人，也爱法国和巴黎，这里就像我的家。每次坐车进入巴黎北站，归家之感便油然而生。不过，1933 年 10 月的情况很特殊，我特意提前几天出发，想过了圣诞再到巴黎，中间有段日子还不知该去哪里。我突然想起上次去英国旅行还是大学时期，距今已有三十年。我问自己：干吗老去巴黎，去伦敦待上十天半个月不好吗？那些博物馆已多年未去了，这次再从新的视角去看看如何？就去英国伦敦转转吧。就这样，我放弃了开往巴黎的特快列车，乘车前往加来。

　　距离上次来访三十年后，我又在 11 月一个大雾天到达了伦敦维多利亚车站。刚到这里我就惊讶地发现，现在去旅馆要坐汽车了，以前可是坐马车的。不变的是这里的雾气，灰蒙蒙的雾气依旧那么轻柔、潮湿、凉爽。来到市区，我首先注意到的是这里的气味，而非风景。一如三十年前，那潮湿、浓烈的刺鼻气味扑面而来，一点都没变。

　　我对此行并未抱什么期待，我的行李跟我的期待一样少得可怜。在伦敦，我没有太亲密的朋友。欧洲大陆的作家跟英国作家很少进行文学方面的往来，双方的习惯很不一样，英国作家有他们自己的圈子，有他们与众不同的生活方式。我的书桌上摆放着从世界各国寄来的书，但我不记得其中有英国作家送的。在德国海勒劳，我曾跟萧伯纳有过一面之缘。威尔斯来萨尔斯堡访问时，也曾到我家拜访。英国一直是我的作品影响力最弱的国家；我的作品多次被翻译成英文出版，也没能帮我在英国打开知名度。我从没见过我的英国出版商，美国、法国、意大利、俄国的出版商可都是我的朋友。我觉得伦敦还像三十年前一样陌生，我已准备好面对这一切。

　　然而结果出乎我的意料。到伦敦几天后，我觉得这里舒服极了。其实，伦敦并没有改变，是我变了。我老了三十岁，熬过了紧张的战争时期，以及更紧张的战后时期。我迫切地想要远离政治、安稳度日。英国当然也有政党，以前是辉格党和托利党，现在是保守党、自由党和工党。不过，无论这些政党如何竞争，都不会对我有任何影响。英国文坛当然也有派系、成见、辩论和背地里的竞争，但这些同样跟我没有任何关系。而最让我舒服的莫过于这里的气氛，亲切、平和、远离仇恨。过去几年对我伤害最大的是，不管在乡村还是城市，仇恨与紧张时刻围绕在身边，我必须随时随地保持谨慎，否则就会被纷争裹挟。生活在英国，就不必忍受这些麻烦。而且德国和奥地利社会都被谎言充斥，根本无从谈论道德，英国社会却诚实正直。英国居民过着稳定、满足的生活，他们才不在乎自己的邻居，只关心自家的花园和宠物。在英国，我可以自由自在地呼吸和思考。不过，完成自己的新作才是我待在英国最主要的目的。

彼时，我刚刚出版了《玛丽·安托瓦内特》，正在看我的《鹿特丹的伊拉斯谟——成就与悲剧》样稿。伊拉斯谟是位人文主义者，他比专业改造世界的人更了解时代的不合理之处，却无法用理智改变这些，这是他的悲哀。我试着在书中描绘他的精神世界，在他身上投射自己的影子。写完这本书，我准备再写一部内容已构思了一段日子的长篇小说。

我已经写够了人物传记，但计划之外的事还是发生了。到伦敦的第三天，我到大英博物馆的公共阅览室，欣赏自己一向很感兴趣的手稿。在看到一份处决苏格兰女王玛利亚·斯图亚特的报告手稿时，我忍不住问自己：玛利亚·斯图亚特到底遭遇了什么？她的第二任丈夫遇害，真是她痛下杀手？凶手会不会另有其人？我买了本跟她有关的书，以打发夜晚无事可做的时光。书写得浅薄庸俗，充斥着对玛利亚·斯图亚特的赞美与偏袒，简直把她当成了圣人。第二天，我又买了本关于她的书，以满足自己强烈的求知欲。两本书的说法几乎截然相反，我觉得很有意思。哪种说法更接近真相呢？我四处打探，却没有一个人能告诉我答案。我开始自己查证，就这样开启了一个新的题材——创作一部玛利亚·斯图亚特的传记，在创作过程中寻找真相。此后接连几周，我都无法从图书馆走出来。1934 年初，我返回奥地利。当时我已决定，为了能静下心来完成这部作品，我还要回可爱的伦敦住段日子。

返回奥地利不过两三天，我就发现在这短短几个月里，奥地利的局势已急剧恶化。从英国回到奥地利，从稳定安宁的环境回到疯狂凶恶的环境，就像在纽约 7 月酷暑天走出清凉的空调房，走上炎热的街头。宗教人士和普通市民都能感受到来自纳粹的压力不断增加。除了经济压力越来越大，德国毁灭奥地利的意图和行动也愈演愈烈。

为了保持奥地利独立，抵挡希特勒的攻击，奥地利多尔菲斯政府竭力寻求最后的依靠。法、英两国距离太远，且都对奥地利冷酷无情。捷克斯洛伐克仍对捷、奥两国过去的仇恨念念不忘。如此一来，意大利就成了奥地利唯一的指望。为了让通向意大利的阿尔卑斯山隘口畅行无阻，也为了保护意大利边城里雅斯特，意大利迫切想要成为奥地利的政治、经济庇护者。不过，墨索里尼表示，奥地利必须用以下严苛的条件换取庇护：解散国会，消除民主，接受法西斯主义。要做到这些，必须铲除奥地利最强大、最严密的政党组织即社会民主党，或夺取该党的权力。要做到这些，唯一的办法就是暴力夺权。

为了发起这种残酷的暴力，在多尔菲斯之前掌权的伊格纳茨·塞佩尔建立了"保国军"。这个组织表面看来乏善可陈，成员才能平平、运气欠佳，且对彼此充满仇恨，其中包括外省一些默默无闻的律师、退役军官、不明身份之人、丢掉工作的工程师。年轻的施塔尔亨贝格侯爵成了他们的首领。过去，侯爵臣服于希特勒，反对共和国，痛骂民主。如今，他却站在希特勒的对立面，带领这些雇佣兵四处游走，宣布要展开屠杀。没人真的了解保国军究竟要做什么。他们其实只是想养家糊口。他们只是任凭墨索里尼差遣的工具。这些看似爱国的奥地利人完全没意识到，他们是在自寻死路，就像拿着意大利的刀砍自己身下坐着的树桩子。

真正的威胁在哪里，奥地利社会民主党心知肚明。这个政党不怕直接开战，他们拥有武装部队，还能组织大罢工，切断全国的铁路和水电供应。可他们明白，希特勒就是想借所谓"红色革命"爆发的机会出兵奥地利，扮演救星。因此，社会民主党宁愿在奥地利各党派之间寻求团结，哪怕要让出本党的大部分权力和国会。国家被希特勒吞并的危机迫在眉睫，任何奥地利人只要还有理性，都会接受社会民主党的妥协计划。连老谋深算、权欲熏心但实事求是的多尔菲斯，也希望各个政党能团结起来。然而，年轻的施塔尔亨贝格及其同谋法伊少校（少校之后在多尔菲斯遇刺案中发挥了重要作用），却要求社会民主党的"共和国保卫同盟"缴械，将一切民主、自由、平等扼杀在萌芽中。社会民主党不肯答应，双方互相威胁，相持不下。

决战就要爆发了，所有人都神经紧绷，我也不例外。我想起了莎士比亚戏剧中的名句，预示着奥地利接下来的命运："天空污浊，只有狂风骤雨才能清洗。"

在萨尔斯堡，我只逗留了几天，然后就启程去了维也纳。狂风骤雨在 2 月初降临。社会民主党领导的工会驻地在林茨，保国军误以为那里设有军火库，为抢夺军火发起进攻。工人的回应就是举行大罢工。对方已主动发起所谓的革命，多尔菲斯便再度下达了军事镇压令。靠着机枪和炮弹，正规国防军打到了维也纳工人生活区附近。整整三天三夜，双方一直在进行激烈的巷战。在西班牙内战爆发前，这是民主和法西斯在欧洲的最后一次交锋。面对对方强大的精锐武装，工人们坚守了三天三夜。

我刚好在维也纳见证了这次武力交锋，见证了奥地利人自相残杀，亲手摧毁本国的独立。可是我并未亲眼看到这场革命，因此，我的见证者身份是掺了水分的。若决定勇敢地揭露时代的真相，就不怕打破华而不实的想象。在我看来，最能展现现代革命精妙之处与根本特征的，莫过于现代大都市爆发革命时，市民往往无法亲眼见证，因为革命只发生在寥寥几个城区。

于是，匪夷所思的事情发生了：1934 年 2 月，这段会被历史铭记的日子，身处维也纳的我竟完全没看到城内发生了这些大事，甚至没有耳闻。炮弹轰鸣、大片房屋失守、数百人死亡、尸体被转移，而我却没见到一具尸体。维也纳居民作为见证者，竟不及纽约、伦敦、巴黎的报纸读者了解整件事的来龙去脉。之后，这种匪夷所思的情况反复被证明：现代不管发生了什么大事，远在数千里外的人都能清楚地了解真相，离事件发生地仅十条街的居民反而被蒙在鼓里。

就像几个月后的一天中午，多尔菲斯在维也纳遇刺身亡。我正在伦敦，当天下午 5 点半外出时我就得知了此事。我立即打电话到维也纳。电话马上接通了，这让我很惊讶。而更让我难以置信的是，伦敦街头的人对遇刺事件的了解，居然大大超过了离维也纳外交部仅五条街的人。除非事件刚好发生在眼前，否则现代人很难亲眼见证改变世界和个人生活的历史事件。我在维也纳经历的革命证明了这一点。

革命发生时，我已跟歌剧院的芭蕾舞女导演玛格丽特·瓦尔曼约定，当晚要在维也纳环城大道的咖啡馆碰面。我是走路去的，正要穿过环城大道到对面去，就见几个人快步走到我面前。他们穿着旧军装，袖子高高挽起，手上举着枪。他们问我要去哪里，我说去 J. 咖啡馆。他们没再说什么，放我走了。这些军人怎么会忽然出现在这里，要做什么？我对此一头雾水。这时，战斗已在维也纳郊外持续了几个小时，城内却无人知晓。这天晚上，我回到旅馆想要结账，准备明早启程返回萨尔斯堡。守门人却说我的行程大概要推迟，铁路工人闹罢工，火车不开了，城郊也在闹事。

第二天，报纸上报道了社会民主党和政府军队的交锋，但言辞闪烁，还说战斗已经结束。其实，双方仍在激烈交战。政府决定先用机枪扫射工人生活区，再展开炮轰。我并未听见炮轰声。就算奥地利全境都已被社会民主党或纳粹、共产党占领，消息也不会传到我这里。这就好比当年慕尼黑居民早上睡醒后才在《慕尼黑最新消息报》上看到慕尼黑被希特勒占领的噩耗。当郊外的战斗趋于白热化时，维也纳市区照旧波澜不惊、井然有序。报纸上说战斗结束了，我们便毫不怀疑，实在愚蠢。我去维也纳国家图书馆查资料，看到很多大学生坐在那儿读书学习。各家店铺正常营业，市民平静如常，一切都跟平时没什么两样。

事情真正结束是在第三天，到了这时，维也纳市民才逐渐了解到发生了什么。第四天一大早，我登上刚刚恢复运行的火车返回萨尔斯堡。在萨尔斯堡街头，我遇到了几个熟人，他们急急忙忙向我打听维也纳的情况。我虽是革命见证者，却只能坦诚地说："我也不清楚。你们要了解真相，还是去买份外国报纸吧。"

想不到这次的事件会牵连到我，返回萨尔斯堡第二天，我就要作出关乎个人命运的选择。那天，我回到家中已是下午，忙到半夜才把家里堆积如山的样稿和信都处理完。第二天早上还没起床，我就听到了敲门声。敲门的是我的老用人，这个老实人从来不会叫我起床，除非我要求他。他一脸紧张，说警察有事找我，请我到楼下去。我觉得有些奇怪，穿上晨装就下了楼。四个便衣警察站在楼下，说上级有令，派他们过来搜查，还让我赶紧把共和国保卫同盟藏在我家的武器交出来。

到了现在，我必须实话实说：那一瞬间，我大吃一惊，不知如何回应。真是荒唐，我家会藏着共和国保卫同盟的武器？我没加入过任何政党，对政治毫无兴趣。过去几个月，我一直待在外地，更别说用城郊山上的房子储存武器，真是个大笑话！往山上运送武器，会有多少目击者！"请搜查吧！"我冷冷地说。除了这句话，也没什么好说的。四个警察走到里面打开柜子，敲击墙壁，非常随意地搜了一下。我马上意识到他们只是在走过场，他们也不相信我家真的藏了什么武器。他们搜了半个小时，说搜完了，就走了。

真是胡闹。那天我非常愤怒，因为最近数十年，欧洲乃至全世界的人差不多都忘了公民拥有神圣的权利与自由。1933年以来，大家已习惯了搜查、逮捕、抄家、驱逐、流放和形形色色的贬黜。我在欧洲的朋友大多对此有所耳闻。不过，在 1934 年初的奥地利，搜查民宅仍是对民宅主人严重的羞辱行为。除非有特殊原因，否则不能搜查我这种人的私宅，毕竟我跟政治毫无关联，连选举权都已放弃多年。

其实，搜查民宅是奥地利当时的常规做法。每天晚上，纳粹都会用炸弹或其他爆炸物扰民。萨尔斯堡警察局局长只能对纳粹进行严厉打击，监视他们的行动。这是相当勇敢的举措，因为纳粹已成为恐怖分子，天天写信恐吓政府，说政府再"迫害"他们，就要承担严重的后果。纳粹后来真的这么做了，希特勒军队开进奥地利的第二天，就把奥地利最忠心耿耿的官员全部关进了集中营。

这次对我家的搜查证明：为了维护本国的安全，奥地利官员不会对任何人网开一面。这本是无关紧要的插曲，我却由此发现奥地利承受着来自德国的巨大压力，处境已相当危险。那几名便衣警察走后，我就对自己的家失去了兴趣。我有种直觉，这不过是序幕，对人权的大肆侵犯还在后面。

当晚我就收拾好重要文件，决定出国定居。我的妻子很爱这所房子和这个地方，甚至超过了她对家乡的爱。让她离开这里，比离开家乡更让她难以割舍。可我觉得个人的自由胜过世间一切。我并未对任何熟人或朋友说起自己的计划。过了两天，我回到伦敦，第一件事就是跟萨尔斯堡政府取得联系，宣布放弃当地的房子。就这样，我开始跟祖国脱离关系。维也纳发生事变没几天，我就明白奥地利终将陷落。不过，当时我还不清楚这会给我造成多大损失。

十六

和平垂死挣扎

　　罗马的夕阳落下，

　　我们的白昼终结。

　　阴云、夜露、危险将至，

　　我们的事业化为灰烬。

——莎士比亚《尤里乌斯·恺撒》

　　刚到英国那几年，我就像身处索伦托的高尔基，几乎没有流亡的感觉。奥地利并未毁于上次的所谓革命和紧随其后的那个阴谋——奥地利的纳粹刺杀多尔菲斯，妄图夺取政权。接下来的四年，我的祖国仍在艰难维系。我是自由之身，没有遭到驱逐。只要我愿意，任何时候我都能回奥地利。我仍持有奥地利护照，那里依旧是我的祖国，我依旧是奥地利公民，其他公民享有的权利，我一样不少。我并未失去祖国。除非亲身经历过，否则不会明白这种失去有多恐怖。那是对神经的摧残，身处混乱之中，神志却无比清醒，睁大双眼观察何处可以栖身，同时又明白在任何地方栖身，都会受尽歧视。我不过刚置身于这种境况的开端。

1934 年 2 月末，我刚从伦敦维多利亚火车站出来，就觉得眼前这座我已决定长住的城市有些别扭，跟我之前作短期旅行的伦敦相差甚远。我也不确定要在这里住多长时间。我唯一在乎的是能继续写作，保持身体和心灵的自由。我没买房子，财产只会成为拖累，只是租了个公寓小套间，刚好能摆两个放书的柜子。书不多，却是必需品。公寓里还有空间，可以容纳一张书桌。作家所需的装备都齐了，只是没有地方招待客人。我希望随时都能外出旅行，所以住最小的房子也无所谓。不知不觉间，我失去了为生活制订长期计划的权利，一切都成了暂时。

我在一个晚上第一次踏进收拾完毕后的小公寓，当时光线昏暗，墙壁模糊不清。刹那间，我感觉像踏进了三十年前自己在维也纳的小房间，不禁大为惊讶。那个房间也很小，唯一的慰藉也是墙边摆放的书，还有墙上挂的那幅布莱克的《国王约翰》，国王如梦似幻的双眼始终追随着我。这么多年了，我从未回想过在维也纳住过的第一个小房间，眼前的景象让我恍惚。这是否意味着多年以后，我又回到了过去的生活，我变成了自己的影子？

三十年前，我住进了维也纳的小房间。当时，我的人生刚刚起步，尚未开始写作，准确说来是尚未写出自己的代表作。我的作品和我这个人在国内寂寂无名。现在我的处境跟那时极为相似：在母语世界中，根本找不到我的作品，我写过什么，纳粹德国的民众一无所知。一切都跟过去相差无几：朋友们远离了我，我失去了旧日的社交圈，也失去了房子，还有房子里的收藏、画和书，现在周围的一切都那么陌生。过去那么多年，我试过、做过、学过、享受过的东西，好像都已消失得无影无踪。我已年过五旬，却重新开始了自己的人生，像是重新回到了坐在写字桌前的学生时代，每天早上步履匆匆赶往图书馆，但已没有了从前的专注与热忱。我头发花白，精神疲倦，情绪低落。

我很犹豫要不要谈谈 1934 年到 1940 年英国发生的一些事。写到那几年，已经逐步接近当前这个时代了，所有人的经历都相差无几：在广播、报纸的蛊惑下，大家忐忑难安，怀抱憧憬，又忧心忡忡。如今回想那几年在政治方面的迷茫，没人会觉得是值得骄傲的事。想起每个人被其引向了什么方向，我们都会后怕。要想说清这些，必然少不了批判，但现在每个人都失去了批判的权利。

另外，我的犹豫也是因为在英国过得太小心翼翼。在流亡或近似流亡的日子里，我拒绝了一切社交，因为我太老实了，不擅长掩饰满心的失落。别人谈论时政时，我觉得我这个外国人无权参与。在自己的祖国奥地利，眼看着高层官员作出种种愚蠢的举动，我尚且什么都做不了，眼下到了英国，又能做些什么？对这个可爱的岛国来说，我只是过客。我很清楚就算我说希特勒会危及全世界，拿出众所周知、明确可信的证据，英国人也只会认为这是我的私人看法，只是听起来很有意思而已。

看到英国坚持大错特错的绥靖政策，我却只能一言不发，真是一种折磨。更让我深恶痛绝的是，诚实和毫无保留的信任本是英国人最美好崇高的品格，却不断被纳粹处心积虑设计的政治宣传利用！英国人一直在上当受骗，他们相信希特勒只想掌控德国边境附近的德意志人，一旦心愿得偿，他就会心怀感恩，转而去消灭布尔什维克主义。这是希特勒给英国人设下的诱饵，效果惊人。每次希特勒在演讲中提到和平，英国的报纸就会无视他的一切罪恶，拍手叫好。英国人还无视他大肆扩充军备，完全不考虑他此举有着怎样的目的。英国人从德国旅行归来，都对德国的秩序和秩序设计师希特勒赞不绝口。实际上，为了迎合旅客，纳粹德国早对他们参观的环节做好了安排。英国人逐渐接受了德国新领袖希特勒建立德意志大帝国的"请求"。殊不知若把欧洲比作一面巨大的墙，奥地利就是墙下的地基，一旦挖掉地基，欧洲这面墙就会垮塌。

在祖国，我亲耳听到纳粹冲锋队唱："今天我们拥有德国，明天我们将得到世界。"因此，看到英国人及其领袖如此单纯，如此轻率地相信别人，因为品格高尚而上当受骗，我真是担心极了。政局越紧张，我跟人接触越少，对公开露面的活动避之不及。在昨日的世界中，只有在英国时，我会拒绝在报纸上发表文章谈论时政，拒绝在电台讲话，拒绝一切公开讨论。没人知道我躲在伦敦的小公寓里，就像三十年前我还是大学生时，没人知道我住在维也纳一个小房间里。因此，现在谈起英国当时的情况，我无法以真正的见证者自居。何况后来我不得不承认，在战争爆发前，我从未真正认识到英国那在极端危险时才会爆发的最深沉、最内敛的力量。

我甚至很少跟英国的作家见面。我跟约翰·德林克沃特和休·沃波尔两位英国作家往来过，可惜他们都英年早逝。我跟比较年轻的英国作家接触更少。因为作为外国人，我觉得自己的处境很不安全，所以拒绝去俱乐部、宴会厅和一切公共场所。尽管如此，我还是在英国领略了一次特殊的让人印象深刻的辩论。辩论双方是思维极为敏捷的萧伯纳与赫伯特·乔治·威尔斯，二人都对彼此有着很深的成见，但在辩论时仍保持体面。

这场辩论发生在萧伯纳家的小型午餐会上。两位大作家有什么不可调和的矛盾，我一无所知。不过，他们向对方打招呼时，都带着玩笑般的嘲讽口吻，显然关系不太好，随时可能发生冲突。我一方面觉得这种关系很尴尬，另一方面又充满好奇：他们两个肯定有严重的矛盾，刚刚化解或要在今天的午餐会上化解。半个世纪前，这两位英国的大人物都加入过费边社，共同为跟他们一样年轻的社会主义奋战。此后，遵循各自的性格特质，他们走上了不同的道路，渐行渐远。威尔斯是对人类未来充满希望的理想主义者。与之相反，萧伯纳对现在和未来持质疑、讽刺的态度，以此来验证自己理性的"愉快的戏剧"[1]。

光阴流逝，如今两个人的外表也形成了鲜明的对比。萧伯纳是一位八十几岁的老者，依旧神采奕奕，午餐只啃些脆生生的核桃和水果。他又高又瘦，不知疲倦，说起话来滔滔不绝，比过去更加沉迷于发表匪夷所思的观点，时常朗声大笑。威尔斯是一位六十多岁的老者，生性乐观，比过去更热衷于享受与闲适。他又矮又瘦，红扑扑的脸上经常露出快乐的表情，但真实的他却冷酷而严肃。萧伯纳很擅长进攻，不断改变进攻的方

---

[1] 萧伯纳将自己的戏剧分为"愉快的戏剧""不愉快的戏剧""为清教徒写的三部戏剧"。——编者注

向，灵活多变。威尔斯则是防御高手，像虔诚的教徒般镇定自若。

　　来到现场不久，我就发现威尔斯此行真正的目的是解决他和萧伯纳的根本性分歧——进行一场原则性辩论，他不会只满足于一次友好的午餐会谈话。我很紧张，因为我还不清楚他们为何会产生这样的矛盾。两个人所有的表情、眼神、话语都那么自负，充满严肃的胜负欲。好比两位击剑运动员，也以相同的方式试探对方，锻炼应变能力，以便开始接下来的激斗。萧伯纳思维十分敏捷，浓眉下的双眼闪闪烁烁，回答或逃避着对方的问题。他很骄傲自己讲话如此幽默，妙语连珠，六十年来少有对手。当他低声冷笑时，浓密的白胡子偶尔会随着笑声轻颤。他似乎一直在留意自己的剑尖有没有击中对方，所以一直微微偏着头。有着红润脸色和深沉目光的威尔斯，领悟能力出众，说起话来犀利、直接。他总是直截了当说出自己的看法，不懂得迂回曲折。两个人的辩论锋芒毕露、进展迅猛，像击剑比赛，剑光闪烁，你来我往，闪转腾挪，有趣至极，引得观众赞不绝口。在进行这场有来有往、水准极高的对谈时，两个人一直压抑着内心的愤怒，完全没有损害英国绅士的风度，没有影响辩论的优雅文明，达成了严肃与游戏的完美融合。

　　他们两个人似乎是对什么事持截然相反的态度，所以进行了这场激烈的辩论。具体是什么事我不清楚。不过，能亲眼见到英国最出色的两位先生精彩绝伦的辩论，是我的荣幸。此后接连数周，他们以《新政客与国家周刊》为阵地，继续发表辩论，我却兴致索然。看不到辩论者生动的面孔，只有抽象的论据，再真实的问题也会变得面目模糊，因此，比起面对面针锋相对的辩论，落在字面上的辩论显得毫无吸引力。很少能见到两个聪明绝顶的人发生冲突。观看他们的辩论，是一次难得的体验。如此引人入胜的谈话艺术，我从没在任何戏剧中看到过。因为他们二位的谈话艺术追求的是以最高贵的方式展现在众人面前，至于戏剧效果如何，他们并不在乎。

总之，那几年，我的人虽住在英国，但我的心经常游离于英国以外。从希特勒上台到二战爆发那几年，对欧洲前途的担忧让我饱受折磨。我频繁外出旅行，两次前往大西洋对岸。频繁旅行可能是因为我预感到以后世界会更加暗无天日，必须趁着外面的世界还没关上大门，趁着轮船还能安然行驶在海面上时，去获取更多体验。此外，可能也是因为人与人之间的怀疑与矛盾让欧洲大陆满目疮痍，我迫不及待想看看对岸的世界是什么样子。也许潜意识里我还觉得，对岸遥远的美洲将来说不定会成为我和所有欧洲人的栖身之所。我曾在美国巡回演讲，见识了这个强国的生活多么精彩，见识了美国各地多么团结。

更让我难以忘记的是南美洲。那次，国际笔会邀请我去南美参加代表大会，我欣然接受。在当时的环境中，我认为更应该推动精神方面的团结，打破不同国家和语言的隔阂。启程前往南美前的几个小时，欧洲发生了一些事，让我非常担心。

那是 1936 年夏天，西班牙爆发了内战。表面看来，内战的原因是这个美丽而悲惨的国家内部发生了矛盾。真正的原因却是两种意识形态的势力在为日后的开战演习。我此行搭乘英国轮船，从南安普敦港口出发。按照之前的惯例，船中途停靠的第一站是西班牙维戈。现在西班牙开战了，我以为船会绕行。

结果我们还是开进了维戈港，乘客还能到岸上待几个小时，这让我很意外。维戈离战场很远，但已经被佛朗哥的同党控制。上岸不过几小时，我就目睹了一些让人难过的事。

市政厅升起长枪党党旗，很多青年排队等在门口，大部分都有神父带领。他们明显是从周围的乡村赶来的，一身农民装扮。政府要对这些青年做些什么？我很疑惑。他们是被紧急招来做工的，还是丢掉工作来领失业救济金的？

十五分钟后，青年们走出市政厅，已跟来时判若两人，一身新军装，佩戴着枪和刺刀，登上闪闪发亮的新汽车，在军官的目送下朝城外疾驰而去。我感到恐惧。这一幕我在别处也见到过，不是吗？先是在意大利，接着在德国！现在这些新军装、新汽车和机枪又出现在了西班牙维戈。军装是哪儿来的？钱是谁出的？是谁组织起了这些贫穷的青年？谁让他们对抗政府、选举产生的国会和正当的民权组织？我思考着这些问题。听说西班牙合法政府还掌控着国库和兵器库，那这些汽车、军火就是从国外来的，肯定是从邻国葡萄牙越境运过来的。那么，幕后支持者是谁？钱又是谁出的？

是一种活跃的新势力，他们需要并热衷于暴力，想将国家政权据为己有。这种新势力将和平、人道、友好视为软弱的旧思想，而我们却将这三者奉为信仰，一直在努力实现它们。新势力的成员潜伏在办公室或垄断企业中，身份对外保密。他们利用青年们天真的理想主义，满足自己的权欲和阴谋，用心实在险恶。他们是暴力的推崇者，妄图通过新手段，将战争这种旧的野蛮带给欧洲。欧洲真是灾祸不断。就算在报刊、宣传册上读过成百上千遍，也比不上亲眼看到更让人难以忘怀。在神秘的幕后黑手操控下，那些无辜的青年拿起武器走上战场，跟同样无辜的青年同胞开战。这一幕让我忽然产生了一种预感：我们——即全体欧洲人都将遭受跟这些青年相同的命运。

几小时后，船再度起航，我急忙进了船舱。美丽的西班牙正因别国的罪恶走向恐怖的灭亡，我于心不忍，不敢再看下去。欧洲人已经疯了，我隐约预感到这些疯子将亲手毁灭欧洲——我们神圣的故乡、我们西方文明的孕育之地、我们的帕尔忒农神庙。

不过，之后在阿根廷看到的一切，又让我心生安慰。作为翻版西班牙，阿根廷无边无际的新土地还没有被血和仇恨污染，历史悠久的西班牙文明在这里得以保留。这里有丰富的粮食、财富、盈余，发展潜力巨大，能为将来提供给养。太幸运了，我又看到了希望。文明已在不同国家之间传播了数千年。只要留下种子，即便树被斧子砍倒，还是能长出新的大树，结出新的果子。无论何时，人类都不会失去一代一代传承下来的东西。不过，人类一定要在更广阔、更长久的范围内思考。我觉得以后我们的思考范围要扩展到欧洲以外，不能再仅仅局限于本土。我们要重新创造历史，而不是用过去的历史将自己埋葬。

我来到布宜诺斯艾利斯，这是一座新城市，居民多达百万。他们热烈欢迎国际笔会在这里召开，我有种宾至如归的感觉。为实现精神方面的团结，我们不惜献出最好的年华。我感到这种团结就在这里，正在发挥作用。另外，我感到人类的思想并不会因漫长的距离而彼此疏远，因为时代在发展，速度越来越快。这次代表大会迎来了新的任务：在更大范围内，用更天马行空的想象建设人类共同的理想事业。在西班牙维戈目睹了战前最后的准备，我已对欧洲丧失信心。在南十字星的照耀下，我又找回了希望与信仰。

让我记忆深刻、希望重燃的还有巴西。这是一片备受上帝宠爱的土地，拥有里约热内卢这座全世界最美的城市。巴西的土地十分广阔，直到现在还有一些地区没有开通铁路、公路和航线。相较于欧洲人，巴西人在保留欧洲文明史方面更用心。巴西各民族的风俗习惯、精神面貌，都没有受到一战的恶劣影响。在巴西，各个种族的人都能和谐相处，没有欧洲人那种强烈的敌对情绪。巴西居民不会根据血统、种族、家庭出身将人分成三六九等，这种分类本就十分荒谬。我因此产生了一种奇异的感觉：留在巴西，我可以宁静度日。这里空间广阔、前途光明。而欧洲各国经常大打出手，只为争夺小小的地盘，让政客们疲于应对。巴西还有很多土地等待开发，人类可以在其中任意发挥自己的才能。欧洲人可以将文明成果全部带到巴西，在这里找到新的发展方式，取得更多成果。这里如此多姿多彩，看到这些使我心情愉悦，如同看到了自己的将来。

不过，就算千里迢迢来到一个完全不同的世界，我也无法放下欧洲和对欧洲前景的焦虑。借助科技，现代人掌控了自然界最神秘的力量，但自然界好像也会不怀好意地反击人类，让人类因科技而心神不宁。科技对人类最恶劣的束缚，就是让人无法逃避现实，哪怕只是极为短暂的逃避。从前灾难降临时，人类的祖先能逃到偏远的地方躲起来。现在任何地方发生灾难，消息都会迅速传遍世界各地。欧洲发生的一切都会在第一时间传到我耳中，哪怕我已离开千万里。

登陆巴西伯南布哥当晚，我头上是南半球的满天星光，身边是黑皮肤的行人。然而，极度疲倦的我还是在报纸上看到了巴塞罗那被轰炸的新闻，并获悉一名西班牙的朋友死在了枪口下。就在几个月前，我还跟这位朋友一起度过了美好快乐的几个小时。

在接下来的旅途中，我登上了一列普尔曼高级卧铺车。列车高速行驶在得克萨斯州的土地上，从休斯敦开往另外一座石油城市。忽然，疯狂的德语吼叫声传来，原来某位乘客将车上的收音机调到了德国电台。列车疾驰在得克萨斯州的平原上，我却要被迫听希特勒蛊惑人心的演讲，想转移一下注意力也不行。我日夜思念欧洲和欧洲的奥地利，满腹愁苦，没有一刻能放松。可能是由于我比较狭隘的爱国主义，这段时期，从中国一直到西班牙的埃布罗河、曼萨纳雷斯市大片地区都危在旦夕，我却只对奥地利格外担心。我非常清楚，奥地利虽然面积不大，却关系到全欧洲的前途，而且这个小国正好是我的祖国。

如今回想一战结束后各国犯下的政治错误，我认为其中最严重的莫过于欧洲、美国的政客曲解了简要明确的威尔逊计划，没能将其付诸实践。威尔逊认为应让小国获得独立自由，而为了维护这种独立自由，必须让大国和小国加入同一个组织，接受组织约束。威尔逊的主张非常正确。若只让小国获得独立自由，达成威尔逊计划的一部分，却不成立范围广阔、强大有力的国际联盟组织，那么世界局势只会越来越紧张，安稳越来越遥不可及。因为世间最危险的莫过于小国野心勃勃，谋求大国的地位。

建国之初，欧洲各个小国就开始密谋抢夺地盘，争执不断。波兰跟捷克开战，匈牙利跟罗马尼亚开战，保加利亚跟塞尔维亚开战。奥地利是争夺战中最弱小的国家，对手却是强大的德国。奥地利君主曾在欧洲唯我独尊，但奥地利如今已残破不堪。奥地利是欧洲之墙不可或缺的地基，我必须反复强调这一点。如果奥地利沦陷了，紧接着就是捷克斯洛伐克，随后巴尔干半岛都将成为希特勒的囊中之物，我对此心知肚明。伦敦作为英国的大都会，拥有百万居民，却无一人意识到这点。纳粹德国已在维也纳建立了各种各样的纳粹组织，彻底掌控了维也纳。以此作为切入点，纳粹德国也许会让全欧洲土崩瓦解。英国人对此同样一无所知。

唯有奥地利人清楚，维也纳见证了希特勒一生最狼狈不堪的阶段，希特勒因此对这座城市充满仇恨，无论如何都想要以胜利者的姿态回到这里。每次返回奥地利，又匆忙离开后，我都会庆幸希特勒还没来。回头再看奥地利，只觉每次分别都像永别。我明白厄运必将降临。每天早上拿起报纸，普通人都满怀憧憬，我却战战兢兢，生怕看到奥地利陷落的头条。我自欺欺人到何种程度，才会对外假装对奥地利的前途漠不关心。眼见奥地利苦苦挣扎，还是不可避免地一步步走向死亡，我虽远离祖国，却比留在祖国的朋友更煎熬，没有一天是好过的。留在祖国的朋友还能自我欺骗，他们参加爱国游行，天天彼此鼓励："法、英两国不会丢下我们不管，墨索里尼更加不会。"

一如生病的人迷信商标精美的药物，他们也迷信国际联盟与和平契约。他们继续快乐度日，没有任何烦恼。我却要崩溃了，因为我对政局有着更加清晰的了解。

我最后那次回奥地利，同样是出于害怕奥地利很快就会沦陷，我无法压抑满心的忧虑。那是 1937 年秋，我回维也纳看望老母亲。这次到维也纳，我没有任何需要长时间去处理的事，更没有任何急需处理的事。我来之前，已在伦敦住了几周，大概是 11 月末的某个中午，我在回家的路上经过伦敦摄政街，买了份《标准晚报》。这天，英国的哈里法克斯勋爵乘飞机前往柏林，首次尝试跟希特勒本人谈判。我大致看了看晚报，看到头版右侧用黑体字罗列了哈里法克斯希望跟希特勒达成的共识，其中一点跟奥地利有关。我从中感受到，准确说来是意识到奥地利被出卖了。跟希特勒谈判，还能有什么结果？在这件事情上，希特勒无论如何都不会妥协，奥地利人对此一清二楚。很奇怪，只有这天中午发行的《标准晚报》刊登了跟希特勒谈判的主要内容，午后发行的报纸就看不到了。（之后，有小道消息称，《标准晚报》能打探到这些情况，靠的是意大利使馆的帮助。1937 年，意大利最害怕的就是德、英两国达成合作，意大利却被蒙在鼓里。）

《标准晚报》上这篇报道应该不会有多少人留意。报道内容是真是假，我也无法确定。一想到希特勒正在就奥地利的问题跟英国人谈判，我震惊得拿报纸的手都在发抖，现在说出来也没什么不好意思。这么多年来，我从未如此震惊过。这件事不管是不是真的，只要有一点点依据，都表明奥地利已开始沦陷，欧洲之墙的地基开始崩塌，接下来整个欧洲都将彻底瓦解。我马上跳上旁边一辆开往维多利亚火车站方向的公交车，去了大英帝国航空公司。我想最后一次回去看看我的老母亲、其他家人和家乡，就去航空公司询问明早飞奥地利的班机还有没有票。我幸运地买到一张票，急忙收拾好行李就出发了。

看到我匆匆赶回维也纳，奥地利的朋友都很不解。得知我在担忧什么，他们都冷嘲热讽地说我是老"耶利米"。他们说奥地利人全都支持总理许士尼格。他们还对多尔菲斯的"祖国阵线"组织的大游行赞不绝口。在萨尔斯堡时，我见过这种游行。大部分参与者都在外套领子上戴了统一的徽章，同时在慕尼黑纳粹组织那边登记，以防遇到不测，影响自身地位。我读过那么多历史，也写过那么多历史，很清楚大部分民众都见风使舵支持强大的一方。今天，他们大声呼喊："许士尼格万岁！"到了明天，他们也会大声呼喊："希特勒万岁！"

可我在维也纳的朋友们一点都不担心。他们组织聚会，穿着礼服抽着烟聊天，完全想不到自己很快就会换上集中营囚服。他们忙着买圣诞礼物，把家里装扮一新，完全想不到一切财物都会在几个月后落入纳粹之手。古老的维也纳总是这么悠闲。过去，我对这种悠闲喜爱有加。终此一生，我都梦想自己也能如此悠闲。我这样说是发自真心的。维也纳民族诗人安岑格鲁贝尔曾用一句话形容这种悠闲："你会安然无恙。"生平第一次，我开始为这种悠闲感到痛苦。不过，归根究底，维也纳的朋友可能比我更睿智。当事情真正降临时，他们才会痛苦。我却要在对事情的想象和真正经历的过程中，两次承受痛苦的折磨。我和他们都无法理解对方。回维也纳的第二天，我便不再提醒大家了。既然大家都不想被打搅，我何苦还要惊扰他们？

现在回想起在维也纳的最后两天，我默默无语，满怀永不归来的绝望，注视着这座自己出生的城市中每一条熟悉的街道，每一座教堂、花园，每一个历史悠久的角落。这种心情毋庸置疑是真实的，而非在事情过去后的夸大其词。拥抱母亲时，我也怀着与她永诀的感情，却无法宣之于口。对于维也纳和奥地利所有人与物，我都怀着与之永诀的感情。我明白这就是最后的道别，一次诀别。

火车经过萨尔斯堡车站时停了下来。尽管我的房子就在这里，我在此生活、工作了二十年，但我并未下车。透过车窗，能望见山坡上原本属于我的房子，过去一幕幕又会浮上心头，但我并未朝那边张望。那里已不属于我，多看一眼又能怎样？我就如同《圣经》中的先人罗得，在火车开过边境的瞬间意识到，身后所有人与物都将化成灰，变成盐一般又咸又苦的记忆。

之前我说过，一旦希特勒复仇成功，以胜利者的姿态占据维也纳——那么这座在他一文不名、碌碌无为的青年时代抛弃他的城市里，无论发生多么骇人听闻的事，我都不会感到意外。可1938年3月13日，奥地利沦陷，奥地利乃至欧洲都成了残暴纳粹的牺牲品，这天发生的那些事，证明我，也可以说所有普通人在对一些惨绝人寰的事展开想象时，是多么保守、胆怯、卑微！纳粹已卸下伪装。面对纳粹的暴行，各国都无法掩饰自己的畏怯，既然如此，纳粹也就不在乎英、法两国甚至全世界了，直接将所有道德束缚抛开。在政治方面毁灭马克思主义，是先前纳粹为自己的暴行找的借口，眼下他们用不着这样惺惺作态了。

大肆抢掠无法让纳粹满足，他们开始随心所欲地发泄个人仇恨。他们逼迫大学教授直接用手擦拭街面。年轻纳粹拖着胡子都白了的虔诚犹太教徒进入犹太教堂，咆哮着命令他们下跪高喊"希特勒万岁"。纳粹在街头随意抓捕无辜者，像捕猎兔子，然后将他们关进纳粹冲锋队军营，命令他们清扫厕所。这些狂徒满怀扭曲、卑鄙的恨意，从前只能躲在黑夜里胡思乱想，现在却能在大白天将这些疯狂的念头付诸实践。他们闯入私人住宅，不顾女士们被吓得瑟瑟发抖，直接扯下她们耳朵上的珠宝。数百年前，中世纪时期就出现过这类抢掠，但中世纪乃至过去任何时期都没人像纳粹这样卑鄙龌龊，公开折磨人、迫害人的精神，用各种方式羞辱人。这些罪恶的记录者不是某个或某几个人，而是无数受到摧残的受害者。

当这个道德缺失的时期结束，安定的时期到来时，大家会怀着极度的恐惧读到，在著名的艺术之城维也纳，希特勒这个20世纪前无古人后无来者的疯狂复仇者，做出了何种罪恶的行径。在希特勒所有的军事、政治胜利中，这种胜利最让人心惊胆寒。通过不断升级的做法，希特勒居然毁灭了所有法律观念。有了他建立的新秩序，杀人都不用上庭接受审判。所谓的理由更让人难以置信：到了20世纪，刑罚毫无用处，不如直接杀人。当时，没收个人财产尚未被明确定性为抢劫。圣巴托罗缪

之夜 [1] 不断上演，人们被抓到纳粹冲锋队的军营和集中营中，在铁丝网后面遭受酷刑折磨。在这种情况下，其他不公也好，痛苦也罢，又能算得了什么？

1938 年，希特勒占领奥地利后，全世界都习惯了面对惨绝人寰、毫无法纪和残酷的暴力。数百年前，这是根本无法想象的。换作过去，可怜的维也纳发生了这些事，世界各国都会指责加害者。可到了 1938 年，面对维也纳的遭遇，世界的良知缄默不语，或只是嘀咕了几句，就将其丢到一旁，不予追究了。

这是我此生感到最恐怖的时期。每一天，我好像都能听到从祖国传来的尖锐呼救。我很清楚，每天都有我的至爱亲朋被非法抓捕，遭受酷刑和羞辱。而我什么都做不了，只能为自己所爱的每一个奥地利人忧心不已。当年我年迈的母亲留在了维也纳，1938 年，得知她去世时，我既不惊讶，也不伤心，只觉欣慰。时至今日，再谈起这件事，我并不觉得羞愧。在那种时局下，人已失去了正常的感情。想到母亲再也不用忍受折磨和威胁，我唯一的感觉就是欣慰。母亲当时八十四岁了，听力所剩无几。她留在故乡生活，按新"雅利安法律"的规定，暂时不会被赶走。我们本打算过段日子就想办法接她出国。

维也纳沦陷后，首批法令颁布下来，就对母亲造成了沉重打击。八十四岁的母亲双腿没什么力气，但每天都要出去艰难地散步五到十分钟。结束后，她会在环城路边或公园长椅上坐

---

[1]　1572 年，法国天主教暴徒对新教徒胡格诺派进行的长达几个月的大屠杀。

下休息片刻，这是她的习惯。结果希特勒掌控维也纳不过一周，就残酷地宣布禁止犹太人再坐公园的长椅。为了肆无忌惮地折磨人，希特勒下达了很多毫无人性的命令，这是其中之一。纳粹把犹太人的财产抢走，好歹还有合乎他们利益的理由：从工厂、民宅、别墅抢夺财物，制造职位空缺，都能让纳粹的追随者获利，多亏希特勒慷慨大方地"赠送"了那么多东西，戈林才有了豪华的画廊。然而，除了20世纪的希特勒，有谁会禁止疲惫不堪的老太太、老头子坐到公园的长椅上稍作休息呢？就是这样一个希特勒，居然被无数人吹捧为这段时期最了不起的人。维也纳沦陷几个月后，我的母亲去世，再也不必忍受纳粹的暴行和羞辱了，也许是值得庆幸的。

有件跟母亲去世相关的小事，我想记录在此。在我看来，那个时代的种种小事都非常重要，一旦那个时代结束，就再也不会发生类似的事了。

那天早上，八十四岁的母亲忽然昏倒。医生赶过来，迅速下了结论：她大概熬不过今晚了。医生请来一名四十岁左右的女看护，在床边照顾弥留之际的母亲。母亲只有我和哥哥两个儿子，刚好都不在身边，也没法赶回去。因为那些捍卫德意志文化的人认为，就算母亲要死了，犹太儿子回去送她最后一程，也会冒犯德意志文化。

为了避免母亲去世时身边一个亲人都没有，一位堂兄决定留宿在母亲家中。堂兄已经六十岁了，身体欠佳。在那之后仅仅过了一年，他也永远离开了我们。当晚，他正在隔壁房中收拾床铺，女看护过来说她很抱歉，他不能留宿在此，这是纳粹刚刚颁布的法令。她还说，她作为一名女性，还不到五十岁，堂兄却是个犹太男人，她不能跟他在同一个家中度过一夜，哪怕是为了守护一位弥留之际的老妪。因为根据施特赖歇尔思维定律，犹太男人在这种情况下，一定会首先想到对她实施"种族羞辱"，即性侵。她表示这种规定让她很尴尬，但既然出台了法令，她也只能遵从。六十岁的堂兄只好连夜离开，好让女看护继续照料弥留之际的母亲。

我现在提起这件事，会对女看护的声誉有损。不过，大家听到这里应该都能理解，为何母亲远离那些人，去往另一个世界，我会觉得是种幸运。

奥地利沦陷后，我的生活也受到了影响。我的奥地利护照失效了，只能作为失去国籍之人，向英国政府申请办理一张白色证件。一开始，我以为这不过是形式上的改变，不会有实质方面的影响。过去，我时常偷偷想象我的世界主义，那是个多么美好的世界，所有人都生活在一起，彼此没有任何差异，每个人都没有国籍，不必为任何国家担负责任。这就是我心中一直向往的世界。现实再次证明，人类的想象有多荒谬。同时，我意识到，那些至关重要的人生感悟，除非亲身经历，只凭想象是无法获得的。

十年前，我在巴黎邂逅了梅列日科夫斯基，他抱怨自己的作品在俄国遭到封禁。彼时，我还没有类似遭遇，只说了些无足轻重的安慰话。我说，再怎么抱怨也没用，现在很多国家都是如此。我真正理解他的怨言时，我的作品也被德语国家封禁了，再出版只能翻译成其他语言，或改编为其他艺术形式，或大量加入其他内容。

那天我在等候室的椅子上等待良久，才被准许走进英国官员的办公室，在那一刹我才意识到，用外国居民居住证替换护照是种怎样的改变。过去，获得奥地利护照是我的权利，作为奥地利公民，我拥有全部公民权，为我签发护照是全体奥地利领事馆官员、警察的义务。如今，我必须申请，才能获得英国政府下发的外国居民居住证。这是英国政府的额外关照，任何时候只要他们愿意，就能撤销。

仅仅过了一夜，我就失去了跟其他人平等的身份。昨天，我还是外宾，算得上一位高贵的绅士，可以用外汇在英国付账、缴税。到了今天，我就变成了流亡之人、"难民"。我被迫降了一级，沦为少数群体，只是还没像该群体的很多人一样名誉扫地。从这以后，我去任何国家，都要发起特殊申请，才能用白色居民证办理签证。失去法律和祖国庇护的人，若在别国做了坏事或滞留太长时间，别国政府没办法像对待有国籍之人那样，将他们驱逐出境或遣返本国，所以任何国家都无法信任他们。忽然，我也成了他们中的一员。我不能不想到一名俄国流亡者几年前跟我说的话："过去，人拥有身体和灵魂就够了。现在他若想得到人的待遇，必须还有护照。"

限制人的行动以及减少人的自由和权利，是一战后世界倒退最明显的表现。1914 年之前，任何人都能随心所欲去任何地方，逗留再久都没问题，不必征求他人同意或批准。那时候，世界属于所有人。1914 年之前，我没办护照就去了印度、美国旅行，当时没人知道护照是什么。我跟现在的青年说起这件事，看到他们一脸惊讶，我扬扬自得。那时候，上下车都不用问别人，别人也不会来问你。那时候，不用填任何表格，现在却要填差不多一百张。那时候，许可证、签证根本不存在，更不会有人来为难你。国境线只是名义上的边界，大家可以随意穿越，跟穿越格林威治子午线没有区别。现在，国境线已被海关、警察、宪兵架起铁丝网，因为人与人之间失去了信任，进入了一种很不正常的关系。

一战过后，世界在国家社会主义的作用下走向反常，20世纪的精神瘟疫由此开始。对其他民族反常的恐惧感，恐惧甚至仇恨外国人，是这种情况最初的体现。外国人不断遭受抵制和驱赶。原本只用于羞辱犯罪者的手段，这时全都用来打击即将外出或已经上路的旅人。旅行开始前，必须把头发剪到露出耳朵，拍下左侧面、右侧面和正面照；要留下大拇指的指纹，之后发展到十根手指的指纹都要留下；要开具健康证明、防疫注射证明、有无犯罪记录证明，还有推荐信；要准备邀请函，要能提供亲人的住址，要准备个人道德、财务状况的担保证明，并要填三份甚至四份表格，在上面签字。如果文件没有备齐，哪怕只是少了一份，旅行就会变成妄想。

一开始，我并未把这些看似微不足道的事放在心上。结果我们这代人却为这些事白白浪费了许多时间。回头再看那几年，我填写的表格不计其数。每次外出旅行，都要填写无数声明、纳税证明、外汇证明、过境许可证、居住证、户籍申请和户籍注销证明，诸如此类，不胜枚举。在领事馆、政府等候室，我站着等了无数小时，面对过无数或友善、或冷酷、或刻板、或热情的官员，在边境站被盘查了无数次。回想这一切，我才发觉人类在 20 世纪失去了多少尊严。

青年时期，我们真心实意期盼 20 世纪会充满自由，一个新的时代开启，人类将成为世界公民。结果我们却将无数原本应该用于生产、创作、思考的精力，全都浪费在这些复杂的程序上，它们不会创造任何价值，只会让人感到受辱。那几年，所有人都没什么精力读书，因为要花很多时间去研究政府规定。过去，每到一个新的国家和城市，我们首先要去的是当地的博物馆和风景名胜。现在却要先赶去领事馆、警察局，办理居住证。过去，我跟朋友们相聚，不是讨论波德莱尔的诗歌，就是针对文学艺术展开激烈的辩论。到了这时，我们不是讨论盘问和许可证，就是打探长期签证好，还是旅游签证好。这十年，若能跟领事馆哪怕级别很低的女性官员成为朋友，办手续都不用等那么长时间。这比 19 世纪跟托斯卡尼尼、罗曼·罗兰交朋友更实用。

人类与生俱来的感悟力让我们明白，我们不是施的一方，而是受的一方。我们所有的权利都是政府赐予的，我们本身一无所有。我们不断遭受盘查、登记、编号、盖章。我出生在相对自由的时代，不喜欢被规训，做着成为世界公民的美梦，到了现在还认为护照上的印章像打在罪犯额头的烙印，认为每次盘查都是对自己的羞辱。可这些事终究是微不足道的，在这样一个时代，人的生命比货币贬值还快，这些事又算得了什么？可我们必须记下这些，它们是时代的病症。有了这些记录，日后才可能还原正常和异常精神状态的外在表现。一战结束后到二战爆发前这些年，世界一直处在这种异常状态的阴影中。

我日渐敏感，可能是因为之前过惯了好日子，也可能是因为近几年变化太剧烈，让我难以承受。流亡生活必然让人心理失衡。没有了安身之所，人会逐渐丧失勇气、决断力和自信。只有亲身经历过，才能理解这些。事到如今，我可以坦白地说，当我的生存必须依靠外国居民身份证或护照时，我就彻底失去了对人生的掌控权。原先的一些天性不复存在，那些使我成为真正的我的天性已被摧毁。我变得小心翼翼，过去那个支持世界主义的我，现在时常觉得自己的每次呼吸都是来自其他民族的恩赐，有了他们的空气，我才得以生存。我当然知道这是一种荒诞至极的念头，但理性要击败感性谈何容易！过去近五十年，我一直在训练自己适应世界公民的身份，结果却一点用都没有。五十八岁这年，我失去了奥地利护照。我随即意识到，祖国沦陷后，个人失去的不只是那片土地，还有很多很多。

失去安全感的不止我一个。欧洲各地都开始陷入混乱。希特勒进犯奥地利后，局势将如何发展，没人能说得清。之前，英国人为避免本国卷入战争，偷偷为希特勒进犯别国大开方便之门。到了这时，英国人也开始小心翼翼。从1938年开始，伦敦、巴黎、罗马、布鲁塞尔乃至一切城市和乡村，所有人在交谈时，无论一开始在谈什么，无论距离世界大战的话题有多远，最后都会谈到世界大战能否避免、如何避免，或是退一步，如何让大战延后。这个问题任何人都逃避不了。如今回想起那几个月，欧洲各地的民众越来越害怕大战爆发。其间只有几天，大家还真心相信不会开战，阴霾终会散去，大家能继续安享和平，想干什么就干什么。这是欧洲人最后一次有机会持有这种想法。事实上，那几天堪称近代史上最恶劣的几天，张伯伦和希特勒在慕尼黑举行了会谈，并且签订了《慕尼黑协议》。

现在，大家都很抗拒回顾慕尼黑会谈：张伯伦、达拉第向希特勒、墨索里尼举手投降。我很理解大家的这种抗拒，但要如实展现历史，必须说出真相。那三天，所有身处英国的人都对会谈评价极高。让人绝望的情况在 1938 年 9 月最后几天才出现。张伯伦刚好从希特勒那边回来，结束了两个人的第二次会面。过了几天，真相才对外公开。原来张伯伦去了德国哥德斯堡，此行的目的是全盘接受希特勒在贝希特斯加登提出的条件。然而，仅仅过了几周，希特勒的权欲就膨胀到了无以复加的程度，先前的条件已无法让他满足。于是，绥靖政策破产，再三尝试的策略也宣告无效，真是悲哀。

一夜过后，英国人轻易相信别人的习惯画上了句点。要么屈从于希特勒的强权，要么拿起武器奋起反抗，英国、法国、捷克斯洛伐克甚至全欧洲都不得不二选一。英国决定背水一战。大家纷纷表示自己已决定上战场。备战不再是禁忌话题。伦敦的海德公园、摄政公园都成了工人游行示威的场地。尤其是工人为了应对可能的轰炸，在德国大使馆对面建造了防空洞。舰队积极备战。为了在最终应战举措上达成一致，总参谋部军官频繁乘飞机往来于伦敦、巴黎两地。外国人想尽快逃到安全的地方，去美国的船票被抢夺一空。

英国人终于醒悟了，上次他们这样大彻大悟还是 1914 年。走在街头的英国人看起来更加不苟言笑，像是陷入沉思。他们看着房子和热闹的大街，想着这里明天会不会被投掷炸弹，变成一片废墟？大家在房间里或站或坐，围着收音机听晚上的新闻。整个英国都处在恐怖、紧张的氛围中，这种氛围弥漫到每个人身边，看不到却感受得到。

接下来，英国国会开了一次会。在这次历史性的会议上，张伯伦作了报告，表示自己先前又一次尝试跟希特勒签订协议，然后第三次提出可以去德国任何地方跟希特勒见面，以挽回岌岌可危的和平，依旧没能得到回应。

会议正在进行，张伯伦竟收到了希特勒回复的电报，这太戏剧化了。希特勒在电报中表示，他已和墨索里尼达成一致，愿意在慕尼黑召开会议，由他们二人和张伯伦共同出席。收到这个消息的刹那，英国国会史无前例地失控了。议员们又跳又叫，鼓掌欢笑，声音传遍了整个会议厅。国会大厦的气氛一向严肃，多年来从未如此欢快过。站在人性角度评价，这一表现堪称精彩。由此能够看出，英国人抛开了平日的矜持，热切期盼有人拯救岌岌可危的和平。然而，从政治角度评价英国国会这种异常欢快的情绪，却是严重的错误。因为这显示了英国多痛恨战争，他们将不计代价，舍弃自身利益甚至尊严，只为换取和平。由此可见，张伯伦此去慕尼黑的真正目的是乞求和平，而非争取和平。不过，人们那时还想不到此行的结果会是投降。全体英国人（我得承认其中也包括不是英国人的我）都相信，张伯伦是抱着谈判而非投降的目的去慕尼黑的。

大家怀着万分急切的心情等了两三天，全世界都好像在聚精会神地等待着。英国人在公园挖战壕，在兵工厂忙碌，在某些地方安装防空炮，派发防毒面罩，并计划着把孩子们全都送到伦敦以外。私下里，大家还在为某些事做准备，所有人都明白这是为了对付什么人，当然也有部分人对准备的具体内容不够了解。人们专心从报纸、广播中寻找谈判的最新进展，想知道谈判有没有成功。大家满怀忧虑地熬过了早上、中午、晚上和整个黑夜，疲惫不堪。1914 年 7 月一战爆发前那段日子，大家也是这种状态。

好像忽然有飓风吹散了让人窒息的阴霾，一切尘埃落定，大家都松了口气。据说，希特勒、张伯伦、达拉第、墨索里尼达成了一致，张伯伦还跟德国协议规定，以后任何国家发生冲突，都必须通过和平的方式化解。表面看来，张伯伦彻底打赢了这场仗，这位政治家没有傲人的背景，也不热衷于创新，获胜全靠执着追求和平的坚定信念。一开始，人们都对他满怀感恩。大家先从广播中听到了那份"为了我们这个时代的和平"的公告，这是在向历尽磨难的我们这代人宣布：世界恢复了和平，我们可以继续生活，不必再为世界担忧，我们可以努力工作，建造美丽新世界。大家必须承认，这些冠冕堂皇的大话让我们全都信以为真。要说希特勒这个在一战中落败的士兵居然在密谋打垮英国，有谁会相信呢？

张伯伦从慕尼黑归来的那天早上，要是知道他准确的到达时间，也许会有数十万人赶去克罗伊登机场欢迎他，庆贺他此行取得的成果。所有人都认为，是他让欧洲的和平得以维持，让英国的尊严得以保全。张伯伦归国的照片刊登在伦敦所有报纸上：他站在机舱门口，挥舞着可以载入史册的"为了我们这个时代的和平"文件。平日里神色呆滞甚至沮丧的张伯伦，在照片中显得那么高兴、那么骄傲。他将这份文件送给本国民众，相当于送了一份再珍贵不过的礼物。当晚，张伯伦归国的画面在电影院播放，观众都站起来快乐地大喊大叫，几乎要跟身边的人抱成一团。大家都以为世界又恢复了和平。这天对伦敦乃至整个英国的居民而言，都是前所未有的扣人心弦的体验。

这是一段历史性的日子，我想对这种历史氛围有更强烈深入的感受，想亲自呼吸特殊时代才有的空气，因而总在街头徘徊。"为了我们这个时代的和平"文件宣告大家不再需要防空洞了，于是，英国工人的花园防空洞工程停止，大家围在防空洞附近聊天，脸上洋溢着笑容。我听到两个青年用纯正的伦敦腔说笑：反正伦敦的公厕不够用，不如把防空洞改成地下公厕。旁边的人都哈哈大笑。每个人都精神抖擞，像经过雨水洗礼的草木花卉。走路时，他们比昨天更昂首挺胸，双肩比昨天更放松。英国人的眼神一向冷淡，现在却洋溢着快乐。轰炸的阴霾散去，房子好像更亮堂了，公交车好像更漂亮了，阳光好像更明媚了，所有人都好像过得更快活更充实了。我也觉得很兴奋，走路速度不断加快，却完全不觉疲惫，反而越来越轻松。人们又有了信心，这种信心像潮水一样推着我往前走，推得那么用力、那么欢喜。

忽然，从皮卡迪利大街拐角处快步走来一个人，是个跟我交情不深的英国官员。此人极其含蓄内敛，很少表现出激动的情绪。平日里，他对跟我交谈毫无兴趣，见面只会客气地打个招呼。这次，他朝我走过来时却两眼冒光、眉飞色舞，兴奋至极。他对我说："您如何评价张伯伦？大家都不信任他，结果证明他是正确的。他拯救了和平，而且靠的不是妥协让步。"这天，每个英国人也包括我在内，对张伯伦的评价都跟这位官员一样。

第二天，大家依旧非常快乐。报纸的内容依旧欢欣鼓舞，交易所行情暴涨。距离上次德国对外表达善意，已过去了很多年。法国有人提议立碑纪念张伯伦的功绩。可惜这只是火苗最后熄灭前的扑闪。

种种恶劣的细节在接下来的几天暴露出来。原来英国完全投降了希特勒，英国之前信誓旦旦说要支援捷克斯洛伐克，现在却背叛了后者，真是无耻。一周过后，真相暴露得更加彻底。就算英国投降，希特勒也不能满意，短短几天就推翻了一切协议。戈培尔大肆吹嘘自己如何在慕尼黑逼得英国走上绝路。过去几天，了不起的希望光芒曾带给人们明亮和温暖。如今，光芒熄灭了，我仍对它念念不忘。

慕尼黑发生的一切传到英国后，我跟英国人见面越来越少。这不能怪他们，是我在避免跟他们见面，准确说来是避免跟他们谈话。不过，我对他们更加敬重了。大批难民涌入英国，英国人对这些难民十分慷慨。英国人总是同情别人、帮助别人，这是一种高尚的品格。然而，心底的一道墙将他们和我们德意志人分隔开，我们经历过的，他们还没经历。之前发生了什么事，之后还会发生什么事，我们都心知肚明。他们却对根本性问题一味逃避，其实有些人也不想逃避，但还是这样做了。事实就摆在眼前，他们却不愿面对，一直幻想着承诺会兑现、协议会执行。他们一直认为，只要在沟通时坚持理性和人性，就能继续跟希特勒谈判。

英国领导人最近这几个世纪立誓要用民主传统维持公正，他们根本不会或不想了解现状：在离英国不远处，已经诞生了某种故意作假、违背道德的新手段，即纳粹新德国在跟别国往来或跟法律打交道时，一旦发现任何规则会阻碍他们，就索性将规则彻底推翻。英国人清醒理智、深谋远虑，看不起任何冒险举动。在他们看来，希特勒既然在短时间内轻而易举达成了这么多目标，就不会再轻易冒险。英国人一直相信并期待希特勒会进攻其他国家，要是进攻俄国就再好不过了。进攻期间，英国人就能跟希特勒签订协议。然而，我们德意志人都明白，事情一定会发展到最糟糕的境地。德意志人看事情更深刻、残酷，因为我们每个人都曾因朋友被施以酷刑甚至活活打死的照片惊讶得无以复加。我们遭到歧视与驱逐，原有的权利都被夺走。我们都很清楚，为抢劫、夺权编造出再荒谬绝伦、自欺欺人的借口，都是很正常的。因此，我们这些过去经历过、以后还要经历苦难的流亡者，跟英国人的看法截然不同。

现在我可以毫不夸张地说，当时的英国，除了为数不多的英国人外，没有被蒙骗、能看清一切危险的只有我们这些人。我在英国跟之前在奥地利一样，都在心碎的煎熬中无比清晰地预感到那些必定会发生的事。不过，我不方便提醒英国人，毕竟我只是被他们收留的外国客人。我们身上带着罪人的烙印，在提前品尝到将来的生活之苦时，除了跟其他流亡者交流一番，什么都做不了。可是英国善意收留了我们，我们为其命运深感担忧、受尽折磨。

若能跟品格高贵的大思想家交流，就算处在最绝望的黑暗中，也能得到无穷无尽的慰藉与鼓舞。灾难降临前几个月，我幸运地见到了西格蒙特·弗洛伊德。我永远不会忘记那段美妙的时光。当时，弗洛伊德已经八十三岁了，身体抱恙。到英国之前，他一直滞留在被希特勒掌控的维也纳。那几个月，身处英国的我一想到这件事就非常难过。好在弗洛伊德有位最忠诚的女学生，即优秀的玛丽亚·波拿巴公主，她将这位大人物从沦陷的维也纳解救出来，送到了伦敦。有一天，我在报纸上看到弗洛伊德已到了英国，那天真是我的幸运日。他是我最敬重的朋友，我本以为再也见不到他了，岂料他竟逃离地狱，回到了人间。

西格蒙特·弗洛伊德是了不起的思想家，思维严谨，他对人类心理知识的研究之深入广泛，此前从未有过先例。我在维也纳与他结识。那时，维也纳人普遍对他持敌对态度，认为他是个过分坚持个人看法的怪人。他热情追求真理，同时清楚了解所有真理都有其局限性。"百分百的真理就像百分百的酒精一样少见！"他曾这样跟我说。他告别维也纳大学，将大学中过于谨慎的学院派研究方法抛诸脑后，坚定地进入了当时被严厉禁止的研究领域，即人类不为人所知的性冲动，直到现在都没人有勇气进入该领域。乐观主义、自由主义的世界信奉这样的理论：借助理性与进步，能逐步压抑性冲动。而这位坚决不肯让步的思想家，直接用潜意识理论推翻了上述理论。乐观主义、自由主义的世界意识到，这个世界回避尴尬问题的研究方法，因大思想家拆穿一切的做法而难以为继。

这个让世人尴尬的叛逆者，除了被维也纳大学和奉行老一套的神经科医生组织抵制，还被全世界即那个老派的世界、思维和道德，以及害怕他这种做法的时代抵制。渐渐的，他无法再在医生行业立足，诊所也开不下去了。不过，从学术角度看，他提出的理论包括那些最离经叛道的问题在内，都无法被证明是错误的。于是，医生们对他展开了冷嘲热讽，将他关于梦的理论变成恶俗的笑话，想用这种维也纳人的办法毁掉他的理论。

这个孤独的人身边只剩了下为数不多的忠实追随者，他们每周都会过来跟他一起开夜间讨论会。这些讨论会促成了精神分析这门新学科的雏形的诞生。一场思想变革在弗洛伊德早期的奠基作品中孕育出来。弗洛伊德是个了不起的人，在道德方面的立场坚定不移，我对他十分敬重。当时，我甚至还没意识到那场思想变革会在多大范围内产生影响。我还是个青年，而弗洛伊德是维也纳的科学家，我崇拜他是很正常的。

在最终证实自己的理论、将其百分百确定下来之前，弗洛伊德对任何理论都持相当谨慎的态度。可只要假设被证实，那么就算全世界都反对，他也决不妥协。在捍卫自己的学术观点时，这个平日谦逊有礼的人会化身永不言败的战士。只要是他认定的真理，他就会誓死捍卫到底。在思想研究领域几乎找不到什么人比他更勇敢。即便明知直截了当、无所顾忌地表达自己的观点会让人紧张尴尬，他依然会在任何时间勇敢地表达。尽管处境艰难，他也绝不会用任何微不足道甚至仅限于形式的让步，来让自己的处境得到改善。

现在我可以确定，弗洛伊德本可以不被学院派视为仇敌，本可以公开发表自己百分之八十的理论，只要他能小心装扮一下这些理论，比如用"情欲"代替"性欲"，用"爱的欲望"代替"性本能"，只要他能用暗示取代对最终结论的执着坚持。可他坚决不对自己的学术和真理作出任何妥协。众人对他的抵制只会让他更加坚定。世间仅有的不要求他人作出牺牲的英雄主义，就是道德勇气。如果要为此找一个代表，我马上就会想到弗洛伊德那刚强、漂亮的脸和宁静、真诚的深色眼眸。

他给祖国奥地利带来的荣耀超越了国别和时代，但他不得不离开祖国来到伦敦。到了这个年纪，他本应是个身体虚弱、病入膏肓的老人，但他还像过去一样昂首挺胸，没有半点疲倦。私下里，我有点担心他，因为他在维也纳肯定历尽磨难，再见面时难免形容枯槁、身心俱疲。结果真的见面了，我才发现他竟比过去更快乐、更神采奕奕。

他住在伦敦郊外一所房子里。他带我来到他家花园，问："这里比我以前的家还要美，对不对？"他收起一贯的严肃表情，露出放松的笑容。在玛丽亚·波拿巴的帮助下，他离开祖国时带走了一些珍爱的希腊小雕塑，他请我欣赏这些艺术品。"这里就是我的家，不是吗？"他用很大的对开纸写手稿，摊放在书桌上。尽管已经八十三岁了，他依旧坚持每天用圆体字写作，依旧思维敏捷、活力充沛，跟年轻时没什么两样。疾病、衰老、流亡，都在他强大的意志力面前败下阵来。他善良的天性在过去多年的拼搏中一直不为人所知，这时却完全释放出来了。年纪大了，只让他变得更平和；磨难多了，只让他变得更豁达。

在伦敦，他跟我相处时，会将手臂放在我的肩头，从亮晶晶的眼镜片后面投来热烈的目光，那么平易近人。过去，他总是很内敛，从未以这种方式对待过我。

我跟弗洛伊德的往来持续了几年，这期间的每次对谈都让我在精神上倍感愉悦。我学到很多知识，也对他感到非常敬佩。他对人没有任何偏见，我感觉他能理解我说的每一句话。他不会对任何真诚的自白感到惊讶，也不会对任何观点感到兴奋。他的心愿是教人们看清一切，获得清晰的感知，这种心愿许久之前就成了他的本能。

他人生的最后一年，即1939年，是人们身处黑暗的一年，其间他跟我有过几次长谈，那种无可比拟的经历让我感恩至极。对我来说，每次一走进他的房间，外面那个癫狂的世界就消失了，最糟糕的一切都变得抽象，混乱不堪的思绪也瞬间理清，当下正在发生的事只是世界发展的一个阶段，世界就处在一个个阶段组成的无限循环中。我第一次发觉弗洛伊德是个真正的智者，他已超越自身。在他眼中，痛苦与死亡并非个体的人生经历，而是超脱于个体之上的研究对象。

跟他的生一样，弗洛伊德的死也是伟大的道德功绩。这一年，他已病入膏肓，时日无多。他戴了假牙，讲话非常费力。听他艰难地吐出每一个单词，真让人难过。可是用沉默不语送别朋友，不是他的风格。他为自己的强大意志深感骄傲，想让朋友们也看看他如何用意志战胜这不值一提的疾病。事实上，疾病带来的剧痛让他的嘴都喝斜了。

直至人生最后那几天，他还坚持伏案写作。八十多年来，他的睡眠质量一直很好，因而总是精力充沛。这时，他却被病痛折磨得无法入睡。他坚决不肯吃安眠药，也不肯打麻醉药。药物虽能减轻疼痛，却会影响他的精神状态。他不希望自己的精神状态受到影响，就算只是一个小时也不行。他不想用药物模糊自己的意识，宁可在清醒的状态下感受疾病，在感受中进行思考。当人生走到尽头时，他依然坚持做精神上的英雄。这是一场残酷的战斗，坚持得越久，他的人格就越伟大。死亡的阴影不断落到他脸上，越来越清晰。他面容消瘦，太阳穴凸出，嘴巴扭曲，难以言语。只有这位英雄般的思想家用来观察世界的眼睛并未受到死神的影响。那双眼睛就像灯塔，死神无力攻占。到了生命最后一刻，他的眼睛依旧明亮，他的思维依旧清晰。

我最后几次去探望弗洛伊德时，曾有一次跟弗洛伊德的崇拜者——画家萨尔瓦多·达利同行，我觉得此人是新一代画家中最出色的一位。当我跟弗洛伊德交谈时，达利就在旁边为弗洛伊德画速写。由于那张速写清楚地展现了弗洛伊德是如何被死亡的阴影笼罩的，我并未拿给弗洛伊德看。

这位当代最敏锐的思想家与死神之间的战斗，堪称无可比拟的意志力之战，战况越来越惨烈。他将清醒视为思想的至高境界，最终却清醒地意识到自己无法继续写作了。他终于允许医生帮他结束这种生的折磨，像古罗马英雄一样迎来了伟人辉煌的死亡。在那个遍地屠杀、死伤无数的时代，弗洛伊德的死依然让人难以忘怀。朋友们将他安葬在英国，我们都很清楚，我们将祖国最出色的人留在了英国。

跟弗洛伊德相处的那些天，我时常谈起希特勒和战争将世界变得多么可怕。弗洛伊德的人性让他对这些大为惊讶，但从思想家角度看待这种恐怖的兽性宣泄时，他又一点都不觉得意外。他说过去因为他不相信文明能击败本能，很多人都谴责他太悲观。现在发生的一切却以最震撼的方式证明了他的观点：人类无法消除内心的野蛮和本能的毁灭欲。不过，对他而言，这不是什么值得骄傲的事。他还说，人类的上述本能可能是保持生命力的必需要素，要在平日的生活中、要在人性深处彻底消除这些本能是不现实的，但将来说不定会有一种方式至少能压抑这些本能，让其不至于影响各民族的公共领域。相比于这个问题，弗洛伊德去世前几天更关注的是犹太人的命运与悲剧。可惜这位科学研究者没能找到解决的办法，尽管思维依旧清晰，但他想不出该怎么办。

去世前夕，弗洛伊德出版了一部与摩西有关的书。他在书中谈到摩西时，将其视为埃及人而非犹太人。这种观点在学术方面根本经不起推敲，但这种认定对忠诚的犹太教信仰和犹太民族意识造成了严重的伤害。这本书出版时，犹太人正处在前所未有的危险中。弗洛伊德满怀愧疚，说："犹太人已经一无所有了，我还要抢走他们最出色的摩西。"我必须承认，弗洛伊德的这种说法是正确的。在这个影响世界的悲剧中，犹太人是真正的受害者，他们无论身处何地，都无法摆脱迫害，每个犹太人都深感恐慌。事实上，这次灾难降临之前，犹太人就已生活在恐惧中了，他们明白无论遇到何种灾祸，首先遭殃的都会是自己，事实也正是如此。

希特勒——史上最疯狂的复仇者，他侮辱和驱逐的正是犹太人，这点众所周知。希特勒要将犹太人驱逐到世界边缘，要让他们堕入地狱。来英国避难的难民每个礼拜、每个月都在增加，越是后期的难民越是狼狈、萎靡。那些最早从德国和奥地利逃离的难民，还有时间带走衣服、箱子、家具甚至现金。可很多犹太人仍对纳粹德国抱有信任，不愿背井离乡。而拖延的时间越长，后果越惨痛。

一开始，纳粹让犹太人失去了工作，接着让戏院、电影院、博物馆、图书馆都对犹太人关上了大门。到了这时，很多犹太人仍因忠诚、懒惰、怯懦或自尊，不肯离开奥地利。与其去别国流浪乞讨、被人羞辱，他们宁可留在本国忍受欺压。接下来，纳粹赶走了犹太人的佣人，拆掉了犹太人家里的收音机、电话，将犹太人的房子充公，最终逼迫犹太人戴上了专属的六芒星。走在街上，戴着六芒星的犹太人身份暴露无遗，其他人将他们看成无家可归的流浪者，像躲避麻风病人一样躲着他们，并对他们大加嘲讽。

犹太人失去了一切权利，被迫承受各种精神和肉体的残酷折磨，而这些折磨在施暴者看来仅仅是对犹太人的嘲笑。俄国有句历史悠久的俗语："要么做流浪汉，要么蹲大狱，没有第三种选择。"这句话忽然变成了每个犹太人必须面对的残酷现状。没能及时逃走的犹太人都被关进了纳粹的集中营。哪怕最强硬的犹太人，面对集中营的种种手段也只能服软。接着，纳粹夺走他们的财物，只给他们留下一套衣服和十马克，将他们赶出本国。至于他们接下来能去哪里，纳粹才不理会。这些被驱逐的犹太人站在别国的国境线旁不知所措，只能找到领事馆拼命求救。然而，他们已被洗劫一空，跟流浪汉没有分别，其他国家怎么可能收留他们？他们再怎么恳求也没有用。

一天，我来到伦敦一家旅社，看到里面满满的都是难民，基本都是犹太人，这一幕让我终生难忘。他们的居留证已经到期，不得不离开英国。不管去什么地方，对他们都没有分别。只要有地方能去，就算是严寒的北极或酷热的撒哈拉沙漠盆地，他们都不会有任何怨言。他们不得不带着妻子孩子重新踏上流浪的征途，走到陌生的苍穹下，进入说着陌生语言的国度，跟那些对他们没有好感的陌生人相处。

在旅社，我遇见了一位故交。过去，他是维也纳的工业家，拥有巨大的财富，还是一名艺术品收藏家，学识过人。现在，他却头发花白、苍老疲倦，用颤抖的双手扶住桌子，像变了一个人，以至于我起初根本没认出他。相认后，我问他想去什么地方。他说："我也不知道。事到如今，我们想去什么地方，有谁会在意呢？无论什么地方愿意接收我们，我们都愿意去。听人说，这家旅社可能会给我们办理去海地或圣多明哥的签证。"我一下愣住了：老人已疲惫不堪，拖家带口，诚惶诚恐地盼着去一个他从没在地图上仔细看过的陌生地方，背井离乡，乞讨度日，只求能活下去就好！

旁边有个人急不可耐地打听如何去上海，据说中国人还愿意接收犹太人。这些从前的教授、银行经理、生意人、地主、音乐家，现在正在旅社挤作一团。他们只剩了一点点行李，随时可以出发去大洋彼岸。他们只想离开欧洲，离得越远越好！为此，他们心甘情愿做任何事、忍受任何对待。

这群难民个个忍饥挨饿、消瘦憔悴。更让我心惊胆寒的是，这五十个受尽苦难的人只是个零头，大队人马还在后面，那是五百万、八百万甚至一千万犹太难民。这数百万人被抢走了一切财物，尝尽战争之苦，正焦急地等待慈善机构将他们送走，等待相关部门下令放行，给他们发放盘缠。面对希特勒的大屠杀，这数百万人惊惶万分，纷纷外逃。欧洲各国边境的火车站和监狱，都挤满了他们的身影。

犹太民族就是这样一个遭受驱赶、无人认可的民族。两千多年来，他们想要的只是停止流浪，有个和平安宁的栖身之所而已。在犹太人遭遇的这场 20 世纪的悲剧中，犹太人并不清楚他们犯下了何种罪过，才要承受这样的悲剧，这是最悲哀的。中世纪，犹太人的祖先至少清楚他们是因为宗教信仰和法律规定，才承受了那么多磨难。坚定不移地信奉唯一真神，是犹太人灵魂的庇护。如今，这种庇护早就不复存在。在犹太人的祖先看来，犹太民族被造物主赋予了独一无二的命运与使命，这就是整个民族存在的理由。在这种让他们引以为傲的虚幻中，他们习惯了承受苦难。他们把《圣经》中的预言当成戒律清规，就算整个人被丢进火中，他们也会默默朗诵所谓的神圣经文。这是他们炽热的宗教信仰，有了它，就连被火焚烧的剧痛也能得到缓解。就算遭到驱逐，流离失所，他们依然有唯一真神雅赫维，这是他们最终的归属。任何政权、皇帝、国王或宗教法庭，都不必妄想解除犹太祖先对唯一真神的信仰。只要犹太教的信仰还在，犹太祖先就能维持其群体凝聚力。信仰与习俗让犹太祖先刻意疏远了所有民族，而被其他民族排挤、驱逐，就是犹太祖先为自己的行为付出的代价。

可到了 20 世纪，犹太人早就不是什么群体了，也没有了共同的宗教信仰。犹太人的身份只会增加他们的压力，不会让他们感到骄傲。他们对所谓的使命一无所知。《圣经》中那些戒律清规跟他们的生活毫无关联。那种历史悠久的共同语言，他们都不想再提起。到了 20 世纪，犹太人迫切想跟其他民族融为一体，过上跟其他民族相同的生活，成为他们中的一分子。犹太人这么做的唯一目的只是想结束漫长的流亡，找个地方安顿下来，远离一切伤害，平静度日。犹太人就这样成了法国人、德国人、英国人、俄罗斯人，融入了形形色色的民族。在这些国家中，犹太人早就不是犹太人了，他们对彼此所知甚少。结果他们却统统遭到纳粹驱逐，像街边被清扫的垃圾一样，又集中到了同一个地方。

他们之中包括在柏林拥有豪宅的银行总裁、犹太正统教堂执事、巴黎哲学教授、罗马尼亚车夫、以哭丧为业的女人、洗尸工、诺贝尔奖获奖者、音乐会女歌手、作家、酿酒工。其中有富人，有穷人，有大人物，有小角色，有虔诚信徒，有无信仰自由人士，有放高利贷的，有贤明高人，有犹太复国主义人士，有同化论信徒，有德国、西班牙、葡萄牙的犹太人，有明事理的犹太人，有不明事理的犹太人，还有已经改信基督教的犹太人和混血犹太人。最后这两种犹太人以为自己早就远离了诅咒，岂料还是落入了这种茫然无措的境地。

数百年来，犹太人以为他们告别了始于古埃及时期的共同命运——不断遭到驱逐。纳粹却再次将这种命运赋予了他们。

为什么犹太人要承受且反复承受这种命运？为什么这种无缘无故的迫害要落到他们身上？其意义和目的何在？任何国家都不肯收留犹太人，又不给他们土地建立自己的家园。纳粹禁止犹太人跟他们站在同一片土地上，又不说什么地方准许犹太人安身。纳粹强行宣布犹太人有罪，又不给他们任何机会洗清罪过。于是，逃亡途中，犹太人满眼忧虑，瞪视着彼此：为何我要逃？为何你要逃？为何我们要结伴而逃？我们互不相识，语言不通，互不理解，彼此毫无关联，却要结伴而逃，这是什么道理？我们这些人全都要结伴而逃，又是什么道理？答案无人知晓。就算这个时代思维最清晰的天才弗洛伊德（当时我们往来颇密），也不明白如此荒诞的行为中包含着怎样的动机和意义。可能犹太民族生存下来的终极意义就在于此：尽管历尽磨难，犹太民族还是神奇地存续至今，以此提醒人们别忘记约伯如何反复提出那个永恒的问题，请上帝作答。（约伯问：约伯无罪，为何要承受这种伤害？上帝答：约伯承受这种伤害，不是因为约伯有何罪过，而是因为上帝的安排就是如此。）

世间最恐怖的莫过于我们认为早就已经死掉的、被埋葬的一切，忽然又以同样的形式出现了。已是 1939 年夏，《慕尼黑协定》也好，"为了我们这个时代的和平"的短暂妄想也好，都成了过眼云烟。捷克斯洛伐克的苏台德地区被割让后，希特勒又推翻了此前的承诺，攻占了捷克斯洛伐克。同样沦陷的还有梅梅尔。在政治宣传的怂恿下，德国的报纸彻底抛开理智，无所顾忌地宣扬要夺取但泽和波兰走廊。

英国一下清醒过来，放弃了之前满怀诚意的轻信，这种转变的滋味非常难受。即便是对战争的痛恨全来自本能的、没什么文化的英国普通民众，现在也都怒不可遏。再拘谨的英国人也会主动跟人谈起战争。我们公寓的看门人、电梯管理员、清洁女工，全都利用工作间隙大谈战争。这些人并不知道整件事的细节，却都忘不了张伯伦首相三度飞到德国挽回和平，讨好希特勒，结果仍不能让对方满足。这件事早已公之于众，任谁都否认不了。"停止入侵别国"的强硬话语，不时在英国国会内部响起。英国到处都在备战，准确说来是准备反战。伦敦的天空再次飘起防空气球，这些浅色气球优哉游哉地飘在那儿，像是给孩子玩的灰色大象玩偶。大家又开始建防空洞，认真检查发给民众的防毒面罩。跟一年前那次相比，这次的形势同样紧张甚至更紧张，毕竟英国政府背后的人民已丢掉当初轻易相信别人的忠厚，变得坚定而愤怒。

这时，我已告别伦敦，住到了巴斯乡下，远离世事。我有种前所未有的无力感，无力改变世间的一切。在伦敦期间，我头脑清醒，思想丰富，远离政治，埋头写作。与此同时，在柏林威廉大街、巴黎凯道赛、罗马威尼斯宫和伦敦唐宁街有十几二十个人，他们远离人们的视线，人们不知道他们是谁，也没跟他们打过照面。他们交谈、写信、打电话、签订条约，处理一些还在对民众保密的事。他们之中真正聪明有才华的只有寥寥几个。他们决定的一些事，其他人既不能参与，也无法了解个中细节。可欧洲包括我在内的每个人，我们能过怎样的生活，全看上面这些人作出了怎样的决定。他们掌控着我的命运，我却什么都做不了。我们千千万万的普通民众没有任何权力，由他们全权决定是消灭还是保护我们，是给予我们自由还是将我们变成奴隶，是开战还是保持和平。

跟一切普通人一样，这时的我也只能待在伦敦的家里，无力作出任何反抗，跟苍蝇、蜗牛没什么分别。可那些决定关乎生死，关乎心底深藏的我和将来的我，关乎我正在产生的思想和现有的、未来的创作计划，关乎我的日常作息、我的愿望、我的财富乃至我生活的方方面面。我被困在家中，像正在服刑的囚犯，对着墙壁满心迷茫、不知所措，只能徒劳地等待。

周围的朋友好像觉得，我们之中有谁已经了解或即将打听到，那些作决定的人会对我们做些什么。于是，大家不停地打探消息，大胆推测，盲目讨论。我不时接到朋友打来询问我的看法的电话。报纸送来了，大家看了报道，却更摸不着头脑了。打开收音机，广播的内容也经常前后矛盾。我离开家，进入一条小道，遇到的第一个人就问我会开战吗，但我跟他一样茫然。

虽然大家都明白，一旦那十几个陌生人作出决定，民众就算拿出常年累积的所有知识、经验和预感提出不同意见，也不会有任何作用，但大家还是会紧张地反问自己会不会开战，还是会不停地跟别人争论。距离1914年一战爆发已经过去了二十五年，大家都明白二战就要来了，这是任谁都无法改变的命运。大家也都明白，就算想这些事情想得头都疼了，也毫无用处。

最终，我对伦敦这座大都会忍无可忍：写满刺目话语的海报、贴满伦敦街头的标语，那些词句像发了狂的狗一样追着人不放，让人心惊胆寒；经过热闹的人群时，我不经意间看到他们皱起的眉头，意识到所有人都在思考会不会开战，思考这关乎生死的赌博结果如何。我生活中的一切都成了这场赌博的赌注，包括我人生最后几年的时光、我还没完成的作品，以及我整个人生的使命与价值。在这场外交赌博中，骰子滚得缓慢犹疑，叫人不堪忍受。骰子滚来滚去，时而红时而黑，时而给人希望，时而让人失望，时而带来好消息，时而带来噩耗，不断变化，迟迟没有结果。

我告诉自己：把这些全都忘掉吧，逃离这里，躲进你的心底，藏在你的工作中。到了这里，你就不是什么公民或悲惨的赌注了，可以自由自在地呼吸。只有在这里，你才能远离癫狂的世界，理智运用自己仅有的智慧。

我有很多工作可做。这些年，我一直在搜集资料，想写一部关于巴尔扎克其人与作品的两卷本论著。这本书涉及的范围很广、时间很长，我始终不敢动笔。现在我终于勇敢地开了头，想借此忘记眼前的苦恼。灿烂的英国文学史上，以菲尔丁为代表的很多优秀作家都是在巴斯开展写作工作的，我便搬到了巴斯生活。这座小镇真实生动地展现了 18 世纪英国宁静的状态，这种景象如今在英国任何城市都看不到了。可是，巴斯的风景越是优美动人，越反衬得其他地区的形势日渐紧张，也让我越发难过。

我还记得 1914 年 7 月的奥地利风景宜人，跟 1939 年 8 月的英国一样。天空都是湛蓝的，色彩温柔如丝绸。整个天空仿佛上帝搭起的帐篷，那么温馨。阳光灿烂，落在草地、森林上。五颜六色的花儿都开了。无论是 1914 年 7 月的奥地利，还是

1939 年 8 月的英国，都拥有和平宁静的自然风光。与此同时，人类却正忙着为开战作准备。我欣赏着茂盛、宁静的植物，感受着巴斯山谷迷人的安宁，不禁回想起 1914 年 7 月的奥地利巴登，那里的风景同样美丽动人。人类真是匪夷所思，竟会在遍地和平的风光中，不顾一切地发动疯狂的战争。

我还是不愿相信二战真会爆发。我想再作一次夏季旅行，并开始为此作准备。1939 年 9 月第一个星期，国际笔会将在斯德哥尔摩举行。瑞典的同行邀请我参加，身份是特殊嘉宾，因为我失去了国籍，现在是借住在英国。笔会要开几个星期，友好的会议主办方安排好了每天中午、晚上的行程。

笔会开始前，我订了船票，却不断收到英国宣布紧急战争动员的消息。在英国，我是外国人，若是开战，我还是从敌对国来的外国人，可能会受到各种限制，失去自由。面对这种情况，我最应该做的是马上把书和手稿打包好，从可能参战的大不列颠逃离。然而，我并未逃离，内心某些让人无法理解的情绪阻止了我。这些情绪首先是执拗，我知道无论逃往何处，都无法改变自己的命运，就不想再一次次逃亡了；其次就是我太累了。我对自己说出莎士比亚的名言："生活在这种时代，是我们命中注定的。"你快六十岁了，若是命中注定要遭遇这种时代，就不用再反抗了。时代不会因为你拼尽全力，因为你创作了那么多作品而改变什么。因此，我选择继续待在英国。

正式开战前，我要抓紧时间为自己的世俗生活做好安排。我离婚了，准备再婚，我不想再拖延下去，如若不然，开战后敌对国公民的身份会让我的自由被限制，也可能面临难以想象的处置办法，那样我就很难再跟爱人共同生活了。

9月1日，周五上午，我们来到巴斯民政局，办理结婚手续。接待我们的官员非常友善、热情，知道为什么我们希望尽快办好手续，当时所有人都能理解这种心情。事情都安排好了，我们第二天就能去教堂结婚。官员开始用圆体字在登记册上为我们登记。

此时大约是上午11点，里面那个房间的门一下开了，一名青年官员一边穿大衣一边匆匆忙走进来，用大嗓门儿打破了房中的安静："德国侵略波兰了，开战了！"我的心像被大锤击打了一下。不过，我们这代人经历过无数痛击，早就习惯了。我说出了自己诚挚的期待："未必真的开战了。"青年官员愤怒地大叫："不，我们被骗得已经够多了！每半年就要被骗一次，我们受够了！"

正在帮我们登记的官员放下笔，思考了片刻，然后说，我们终究是外国人，眼下开战了，我们还是属于敌对国的外国人，他不确定继续帮我们办手续是否符合规定，需要请示伦敦方面的意见，请我们谅解。

我们在极度的紧张中等待着、盼望着、忧虑着，就这样熬过了两天。到了周日上午，我们通过收音机得知，英国已经向德国宣战了。在这个非同一般的上午，我从收音机旁走开，沉默不语。接下来的几百年，这个消息将持续不断地影响着世界。我们的世界以及所有人的生活都将彻底改变。此刻这些沉默的听众中，会有千千万万死于接下来的战争。这个消息让我们每个人都陷入了悲痛、不幸、绝望、危险。这个消息可能要到很多年后才会产生其他意义。战争又来了，这次的战争如此恐怖，涉及的范围如此之广，超过了此前任何一次战争。旧时代终结，新时代拉开了序幕。

房中一下变得无比安静，我们都不说话，也不看对方的眼睛。鸟鸣声在外面响起，暖风和畅，小鸟快乐地嬉闹，没有任何烦恼。金灿灿的阳光下，树枝摇晃，树叶彼此轻轻碰撞，像在互相亲吻。古老的大自然母亲创造的人类有无数苦恼，大自然却一无所知。

我回到自己的房间，开始收拾东西，将它们装进我的小箱子。我听一个高官朋友说过，我们奥地利人到了英国，会被当成德国人，受到跟德国人同样的对待。若此话当真，我可能今晚就要告别我的床了。现在英国向德国宣战，我在英国又从外国人降级为敌对国的外国人，我成了大家的敌人。我会被放逐到一个我这颗跳动着的心百般抗拒的地方。

眼下，我的处境荒诞绝伦：先前我因犹太人身份和思想问题，被定性为德意志反叛者，被德国赶出来；如今到了英国，我又因一个教条的规定被划为德国人，而我实际是奥地利人，根本不是什么德国人。这个"一刀切"的规定将我的人生变得如此荒谬可笑。

写作、思考时，我用的都是德语。可我所有的想法、心愿都属于为自由奋战的国家。我跟所有事物的关联都毁灭了，所有的过去都不复存在，所有拥有过的都失去了。这次世界大战结束后，又要全部重新来过，我对此心知肚明。四十年来，我一直把欧洲和平当成自己的人生使命，为此竭尽全力，现在这个心愿已经破灭。二战终究还是爆发了，比起自己可能死于战争，更让我恐惧的是人类将在战争中自相残杀。人性和思想的团结一致是我一生努力追逐的目标，坚定地团结在战争中尤为重要。结果我本人却被彻底孤立了，我觉得非常孤独，束手无策，这是前所未有的体验。

我想最后看看和平的光景，便步行下山去往巴斯。正值晌午，阳光照耀着宁静的小镇，眼前的一切都跟之前没有分别。镇上的人们并不忙碌，以习惯的节奏走在平日的路上，也不会凑到一块儿讨论什么。每个礼拜日，他们都是这样平静、悠闲地度过。我问自己：战争已经开始了，他们还被蒙在鼓里吗？不过，他们是内敛的英国人，一旦下定决心，就用不着敲锣打鼓为自己打气了。

1914 年 7 月，我在奥地利看到的景象跟现在截然不同。那时的我还是个什么都不懂的青年，当然也跟现在背负沉重记忆的我截然不同。我清楚战争爆发后的光景。看着巴斯街头商店明亮的橱窗、琳琅满目的商品，我仿佛又看到了 1918 年的奥地利，被抢掠得一干二净的商店仿佛睁得大大的眼睛，凝视着从旁经过的我。我像身处梦境，恍惚间看到卖食物的商店门口排起长长的队伍，队伍中都是形容枯槁的女人。过去我噩梦中的所有人，包括悲伤的母亲、伤兵、残废者，等等，全都出现在这个阳光明媚的晌午，宛如一群鬼魂。我想起当初从战场上归来的奥地利士兵，个个破衣烂衫、憔悴不堪。一战的整个过程，我跳动的心还能感受得到。到了 1939 年，这一刻，战争又爆发了，尽管恐怖的景象还未出现，但我明白我们过去取得的成果都将毁于一旦。欧洲是我们共同的家，我们为之献出了一生，但这些成果都将毁于战争，而战争毁灭的远不止这些。一个完全不同的新时代开始了，但要经历无数地狱般的折磨，我们才能真正抵达这个新时代。

　　灿烂的阳光照耀人间。回家途中，我无意间看到自己的影子落在前方。同样，我也看到了这场战争背后是另外一场战争的影子。这个时代无法摆脱战争的阴影，我也无法摆脱，我每时每刻的每个想法都被阴影笼罩，本书部分内容可能也处在阴影下。不过，有了光明这个母亲，阴影才会诞生。一个人若没有经历过光明与黑暗、战争与和平、兴旺与衰落，就不算真的活过这一生。